高职高专“十二五”规划教材

经济数学

主　编　段　瑞　张绪绪
副主编　郑春华
参　编　郝　军　刘　楠
主　审　张广学

机械工业出版社

本书是在充分调研了高职高专院校培养应用型技术人才的教育现状，认真研究了高职高专各经济类专业对高等数学教学内容需求的基础上编写而成的．全书共设九章，主要内容包括一元函数微积分、多元函数微分简介、线性代数、线性规划、概率论与数理统计、MATLAB 软件与数学建模简介．

本书注重坚持"数学为体，经济为用"的原则，力求淡化理论，突出数学概念的直观性，强化知识的应用性，注重培养学生用数学概念、数学思想和方法解决实际问题的能力．

本书可作为高职高专以及成人高等教育经济管理类各专业的高等数学通用教材，也可作为在职经济管理人员和数学爱好者的经济数学自学教材．

图书在版编目(CIP)数据

经济数学/段瑞，张绪绪主编．—北京：机械工业出版社，2013.8(2016.7 重印)

高职高专"十二五"规划教材

ISBN 978-7-111-43225-8

Ⅰ.①经… Ⅱ.①段… ②张… Ⅲ.①经济数学—高等职业教育—教材 Ⅳ.①F224.0

中国版本图书馆 CIP 数据核字(2013)第 185569 号

机械工业出版社(北京市百万庄大街 22 号 邮政编码 100037)

策划编辑：王玉鑫 责任编辑：王玉鑫 李 乐

责任校对：张晓蓉 封面设计：陈 沛

责任印制：乔 宇

北京铭成印刷有限公司印刷

2016 年 7 月第 1 版第 4 次印刷

184mm × 260mm · 16.75 印张 · 409 千字

7001—8500 册

标准书号：ISBN 978-7-111-43225-8

定价：33.00 元

凡购本书，如有缺页、倒页、脱页，由本社发行部调换

电话服务 网络服务

服务咨询热线：010-88379833 机 工 官 网：www.cmpbook.com

读者购书热线：010-88379649 机 工 官 博：weibo.com/cmp1952

教育服务网：www.cmpedu.com

封面无防伪标均为盗版 金 书 网：www.golden-book.com

前　言

高职高专教育是我国高等教育体系的重要组成部分，在高等教育大众化的新形势下，为适应高职高专教育改革的要求，编者根据教育部高等职业院校的培养目标，依据《高职高专高等数学课程教学基本要求》，在总结多年教学改革经验的基础上，结合高职高专院校经济管理各专业的特点，以培养学生创新意识和实践能力为目标，“以应用为目的，以必需够用为度”，并兼顾学科体系的特点，编写了本书.

根据全息式教学思想，高职数学的教学应由实践——数学知识——数学思想 3 个层次的知识体系构成. 学生对知识的掌握、理解和运用，实质上就是学生对知识形成过程的全息有选择重演，亲历知识形成中的曲折、磨难和创造，使学习成为一种亲历性的探索和创造，在学习中成为自我生命的体验者和创造者. 在编写过程中，为便于教师和学生使用，更好地为学生学习后续专业课程和持续性发展提供数学基础，编者在编写思想、体系安排、内容取舍和处理等方面特别注意了以下几点：

1. 新知识全息化的学习过程. 原来的高职数学教材只局限于数学教学呈现出来的纵向的逻辑联系，而本书致力于创造性地开掘新旧知识的横向的多维联系，注重学科各部分知识的全息性，将新知识纳入原有的知识结构；注重不同学科间的全息性，使多学科产生协同效应.

2. 力求用通俗的语言及直观形象的方式引出数学概念，在叙述中尽量采用几何解释、数表、实例，以便于学生对概念、方法的理解，尽量避免理论推导，着力表现解决问题的基本步骤.

3. 配备的例题、习题难易和数量适中，由简到难，层次分明，并在每章后进行知识归纳和总结，强调重点.

4. 为培养学生使用相应数学软件求解数学模型的能力，本书第九章介绍了数学软件 MATLAB 及其简单应用，便于各校结合实际教学条件灵活处理.

5. 书中渗透了全息方法在数学教学中的应用，有利于发挥学生学习的主动性，提高学生的创造性思维能力.

教师在使用本书教学过程中应借助于各种教学工具和设施，最大限度地利用环境的全息度提高学生接收信息的完整性，使学生以全息的形式接收信息，通过各种形式来感知方方面面的信息，优化教学效果.

本书由段瑞、张绪绪担任主编，由郑春华担任副主编. 参加本书编写的有段瑞(陕西工业职业技术学院,第一章、第四章、第五章)、郑春华(陕西工业职业技术学院,第二章、第七章)、郝军(陕西工业职业技术学院,第三章、第六章)、张绪绪(陕西工业职业技术学院,第八章)、刘楠(陕西工业职业技术学院,第九章). 本书由张广学主审。

由于编者水平有限，加之编写时间仓促，书中难免存在缺点和错误之处，诚恳期望有关专家、学者不吝赐教，诚恳期望广大读者批评指正.

编者

目　录

第一章　函数、极限与连续

函数是自然现象或工程技术过程中变量依从关系的反映．极限方法是研究变量的一种基本方法，是微积分学的重要工具．本章将在函数有关知识的基础上，讨论函数的极限和函数的连续性等问题．

第一节　函　　数

一、区间、邻域

1. 区间

区间是用得较多的一类数集．设 a，b 都是实数，且 $a<b$，数集 $\{x|a<x<b\}$ 称为**开区间**，记作 (a, b)，即

$$(a, b)=\{x|a<x<b\}.$$

数集 $\{x|a\leqslant x\leqslant b\}$ 称为**闭区间**，记作 $[a, b]$，即

$$[a, b]=\{x|a\leqslant x\leqslant b\}.$$

类似地，数集 $\{x|a\leqslant x<b\}$ 和数集 $\{x|a<x\leqslant b\}$ 称为**半开半闭区间**，分别记作 $[a,b)$ 和 $(a,b]$，即

$$[a,b)=\{x|a\leqslant x<b\},\ (a,b]=\{x|a<x\leqslant b\}.$$

以上这些区间都称为有限区间，a 和 b 称为这些区间的端点，数 $b-a$ 称为这些区间的长度．这些区间在数轴上的表示如图 1.1 所示．

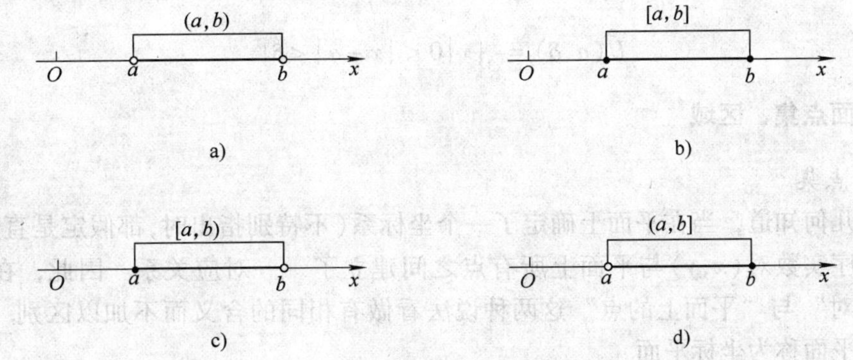

图 1.1

引进记号 $+\infty$（读作正无穷大）和 $-\infty$（读作负无穷大），则全体实数 **R** 的集合可记作 $(-\infty, +\infty)$，它是无限的开区间．此外，还有一些无限区间表示如下：

$$[a, +\infty)=\{x|a\leqslant x\},\ (-\infty, b]=\{x|x\leqslant b\}$$

为无限的半开区间．

$$(a, +\infty)=\{x|a<x\},\ (-\infty, b)=\{x|x<b\}$$

为无限的开区间.

其中，无限的半开区间$[a,+\infty)$和无限的开区间$(-\infty,b)$在数轴上的表示如图 1.2 所示.

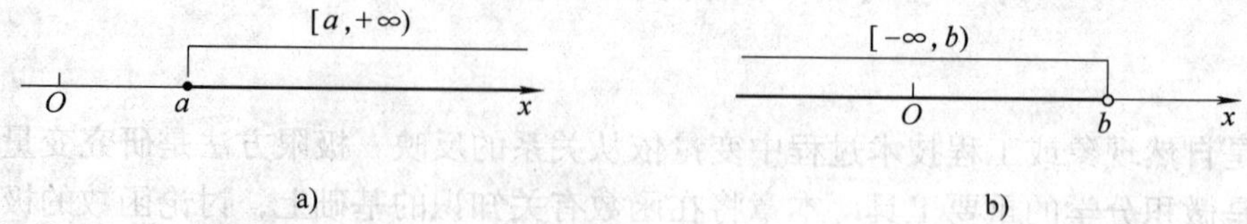

图 1.2

以后在论述时为了方便起见，可用“区间 I”代表各种类型的区间.

2. 邻域

邻域也是一个经常用到的概念. 设 a 与 δ 是两个实数，且 $\delta>0$，则数集$\{x \mid |x-a|<\delta\}$称为点 a 的 **δ 邻域**，记作 $U(a,\delta)$，即

$$U(a,\delta)=\{x \mid |x-a|<\delta\}.$$

点 a 叫做 $U(a,\delta)$的中心，δ 叫做 $U(a,\delta)$的半径.

因为$|x-a|<\delta$ 相当于 $a-\delta<x<a+\delta$，所以

$$U(a,\delta)=\{x \mid a-\delta<x<a+\delta\}.$$

由此看出，$U(a,\delta)$也就是开区间$(a-\delta,\ a+\delta)$，这个区间以点 a 为中心，而长度为 2δ(图 1.3). 可见 $U(a,\delta)$也可以表示到定点 a 的距离小于定长 δ 的一切点 x 的全体.

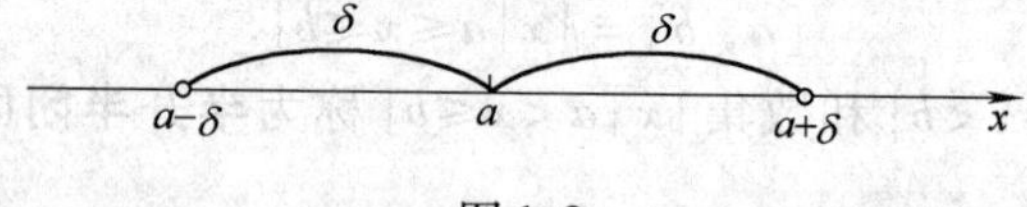

图 1.3

有时用到的邻域需要把邻域中心去掉，$U(a,\delta)$去掉中心 a 后，称为点 a 的**去心 δ 邻域**，记作 $\mathring{U}(a,\delta)$，即

$$\mathring{U}(a,\delta)=\{x \mid 0<|x-a|<\delta\}.$$

二、平面点集、区域

1. 平面点集

由解析几何知道，当在平面上确定了一个坐标系(不特别指出时,都假定是直角坐标系)后，所有有序实数对(x,y)与平面上所有点之间建立了一一对应关系. 因此，在今后叙述中，把“数对”与“平面上的点”这两种说法看做有相同的含义而不加以区别. 这种确定了坐标系的平面称为坐标平面.

平面上点的集合(简称平面点集)E 就是满足某种条件 P 的有序实数对(x,y)的集合，记作

$$E=\{(x,y) \mid (x,y)\text{满足条件}P\}.$$

例如，平面上所有点构成的集合是

$$\mathbf{R}^2=\{(x,y) \mid -\infty<x<+\infty,-\infty<y<+\infty\}.$$

集合

$$E_1=\{(x,y)\mid a\leqslant x\leqslant b,c\leqslant y\leqslant d\}$$

是矩形上点的全体，为书写方便也常把它记作$[a,b;c,d]$.

集合

$$C=\{(x,y)\mid x^2+y^2<r^2\}$$

是平面上以原点为圆心、半径为 r 的圆内所有点的全体.

2. 区域

在数集中，邻域及区间是经常用到的概念. 类似地，在讨论平面点集时，也经常用到邻域及区域的概念.

与点 $P_0(x_0,y_0)$ 距离小于 δ 的点 $P(x,y)$ 的全体，称为**点 P_0 的 δ 邻域**，记作 $U(P_0,\delta)$，也可简记作 $U(P_0)$，即

$$U(P_0,\delta)=\{P\mid |PP_0|<\delta\},$$

也就是

$$U(P_0,\delta)=\{(x,y)\mid \sqrt{(x-x_0)^2+(y-y_0)^2}<\delta\}.$$

从图形上看，$U(P_0,\delta)$ 就是以点 $P_0(x_0,y_0)$ 为圆心、$\delta>0$ 为半径的圆内部的点 $P(x,y)$ 的全体.

设 E 是一个平面点集，P 是平面上一个点，如果存在点 P 的一个邻域使 $U(P)\subset E$，则称 P 为 E 的**内点**. 显然，若 P 为 E 的内点，则 $P\in E$. 如果点 P 的任何一个邻域中既有属于 E 的点，也有不属于 E 的点(P 可以属于 E,也可以不属于 E)，则称 P 为 E 的**边界点**. E 的边界点的全体称为 E 的**边界**. 如果平面点集 E 的点都是内点，则称 E 为**开集**.

例如，点集

$$E_1=\{(x,y)\mid 1<x^2+y^2<4\}$$

中每个点都是 E_1 的内点，故 E_1 为开集，E_1 的边界是圆周 $x^2+y^2=1$ 和 $x^2+y^2=4$.

设 D 是开集，如果对于 D 内的任何两点，都可以用完全位于 D 内的折线连接起来，则称开集 D 是**连通的**.

连通的开集称为**区域或开区域**. 例如

$$\{(x,y)\mid x+y>0\},\{(x,y)\mid 1<x^2+y^2<4\}$$

都是区域.

区域连同它的边界一起，称为**闭区域**. 例如

$$\{(x,y)\mid x+y\geqslant 0\},\ \{(x,y)\mid 1\leqslant x^2+y^2\leqslant 4\}$$

都是闭区域.

对于点集 E，如果存在正数 K，使一切点 $P\in E$ 与某一固定点 A 间的距离 $|AP|$ 不超过 K，即对一切 $P\in E$ 有 $|AP|\leqslant K$ 成立，则称 E 为**有界点集**，否则称为**无界点集**.

例如，$\{(x,y)\mid 1\leqslant x^2+y^2\leqslant 4\}$ 是有界闭区域，$\{(x,y)\mid x+y>0\}$ 是无界区域.

三、映射

在自然科学和工程技术中，常常会遇到各种不同的量，其中有的量保持一定的数值，这种量叫做常量；还有一些量可以取不同的数值，这种量叫做变量. 例如，计算匀速直线运动的位移公式 $s=vt$ 中，v 是常量，而 s，t 是变量. 我们还看到这两个变量之间有一定的对应关系，这种对应关系正是函数概念的实质.

但仅仅是变量之间的对应关系还不能完全准确地描述实际中的对应关系. 例如，不同的

人与他们的体重之间的对应. 所以我们引入两个集合之间的对应关系——映射.

定义 1 若两个集合 X、Y 间的一种对应关系 f 满足如下条件:

1)对于集合 X 的每一个元素, 都能按某种规则与集合 Y 的某个元素对应;

2)对于集合 X 的每一个元素, 集合 Y 中与它对应的元素只有一个,

则称这样的对应关系 f 为从 X 到 Y 的**映射**, 记作 $f: X \to Y$.

对上述定义, 还需说明两点:

(1)在映射中, 并不要求集合 Y 中的所有元素都与集合 X 中的某个元素对应;

(2)集合 Y 中的一个元素可以允许与集合 X 中的两个或两个以上的元素对应.

例 1 设 X 是某大学经济系具有助教职称以上的教师组成的集合, Y 是职称集. 把集合 X 中的每个教师与职称集 Y 中的某一职称建立对应关系, 则这种对应关系满足映射定义的两个条件, 因而构成映射(图 1.4).

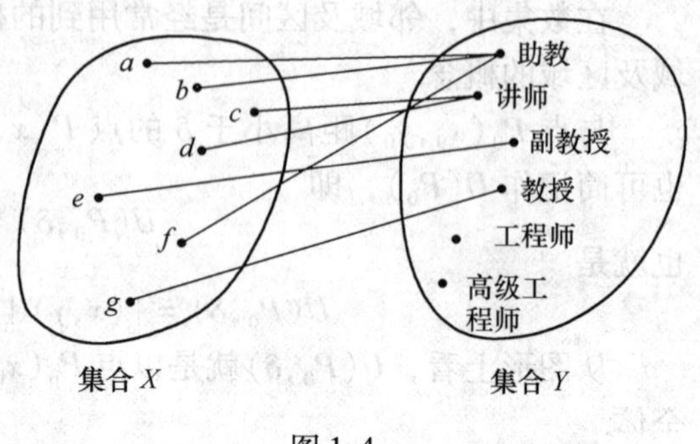

图 1.4

四、函数的定义

1. 一元函数

我们在映射概念的基础上, 给出函数的定义.

定义 2 设 x 和 y 是两个变量, D 是一个给定的数集, 如果对于每个数 $x \in D$, 变量 y 按照一定法则总有确定的数值和它对应, 则称 y 是 x 的**函数**, 记作 $y=f(x)$. 数集 D 叫做这个函数的**定义域**, x 叫做**自变量**, y 叫做**因变量**. 当 $x_0 \in D$ 时, 与 x_0 对应的 y 的数值称为函数在点 x_0 处的函数值, 记作 $f(x_0)$. 函数值全体组成的数集 $W=\{y \mid y=f(x), x \in D\}$ 称为函数的**值域**.

由定义可看出, 函数定义只是映射定义的特例, 而且确定函数要有两个要素: 定义域与对应法则. 函数 $y=f(x)$ 中表示对应关系的记号 f 也可改用其他字母, 如函数 $y=\varphi(x)$, $y=\psi(x)$, $y=F(x)$ 等.

在实际问题中, 函数的定义域是根据问题的实际意义确定的.

在数学中, 有时不考虑函数的实际意义, 这时我们约定: 定义域是自变量所能取的使算式有意义的一切实数值. 例如, 函数 $y=\sqrt{1-x^2}$ 的定义域为 $D=[-1,1]$.

如果自变量在定义域内任取一个数值时, 对应的函数值总是只有一个, 则这种函数叫做**单值函数**, 否则称为**多值函数**. 以后我们所讨论的函数都为单值函数, 简称函数.

下面对几个特殊的函数举例说明.

例 2 取整函数 $y=[x]$, $[x]$ 表示不超过 x 的最大整数, 例如, $[\sqrt{2}]=1$, $[-3.5]=-4$, 则函数 $y=[x]$ 的定义域 $D=(-\infty,+\infty)$, 值域为全体整数. 它的图形如图 1.5 所示, 称为阶梯曲线.

例 3 函数 $y=f(x)=\begin{cases}2x-1, & x>0 \\ x^2-1, & x \leqslant 0\end{cases}$ 的定义域 $D=(-\infty,+\infty)$, 当 $x \in(-\infty,0]$ 时,

$y=x^2-1$；当 $x\in(0,+\infty)$ 时，$y=2x-1$. 例如，$-1\in(-\infty,0]$，则 $f(-1)=0$；而 $1\in(0,+\infty)$，则 $f(1)=1$. 函数图形如图 1.6 所示.

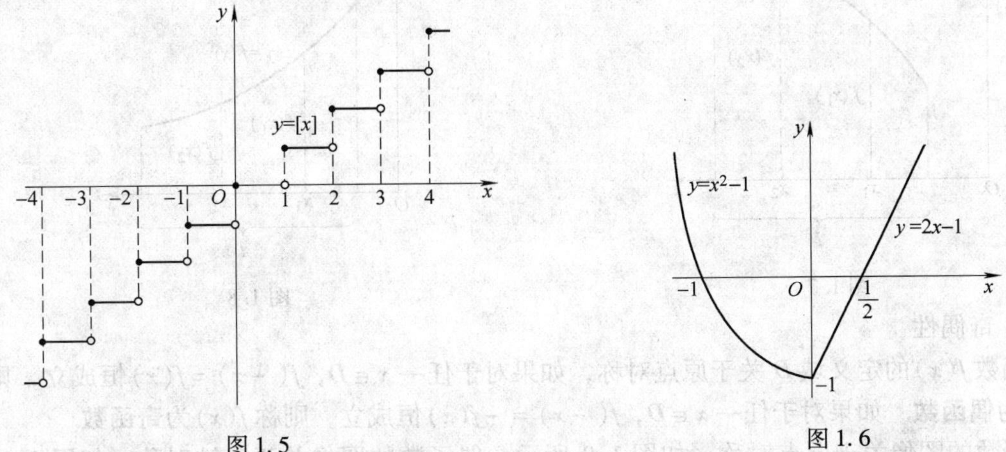

图 1.5　　图 1.6

像这种在自变量的不同变化范围中，对应法则用不同的式子来表示的函数，称为**分段函数**.

常见的还有

符号函数
$$y=\operatorname{sgn}x=\begin{cases}1, & x>0\\ 0, & x=0\\ -1, & x<0\end{cases}$$

狄利克雷函数
$$y=D(x)=\begin{cases}1, & \text{当 } x \text{ 是有理数时}\\ 0, & \text{当 } x \text{ 是无理数时}\end{cases}$$

等.

在研究函数时，经常接触到函数的几种特性.

(1) 有界性

设函数 $f(x)$ 的定义域为 D，数集 $X\subset D$，如果存在正数 M，使得与任一 $x\in X$ 所对应的函数值 $f(x)$ 都满足不等式
$$|f(x)|\leqslant M,$$
就称函数 $f(x)$ 在 X 内**有界**；如果这样的 M 不存在，就称函数 $f(x)$ 在 X 内**无界**.

例如，函数 $f(x)=\sin x$ 在 $(-\infty,+\infty)$ 内是有界的，因为无论 x 取任何实数，$|\sin x|\leqslant 1$ 都能成立. 而函数 $f(x)=\dfrac{1}{x}$ 在开区间 $(0,1)$ 内是无界的，因为不存在这样的正数 M，使 $\left|\dfrac{1}{x}\right|\leqslant M$ 对于 $(0,1)$ 内的一切 x 都成立.

(2) 单调性

设函数 $f(x)$ 的定义域为 D，区间 $I\subset D$，如果对于区间 I 内任意两点 x_1 及 x_2，当 $x_1<x_2$ 时，恒有 $f(x_1)<f(x_2)$，则称函数 $f(x)$ 在区间 I 内是**单调增加的**(图 1.7)；如果对于区间 I 内任意两点 x_1 及 x_2，当 $x_1<x_2$ 时，恒有 $f(x_1)>f(x_2)$，则称函数 $f(x)$ 在区间 I 内是**单调减少的**(图 1.8).

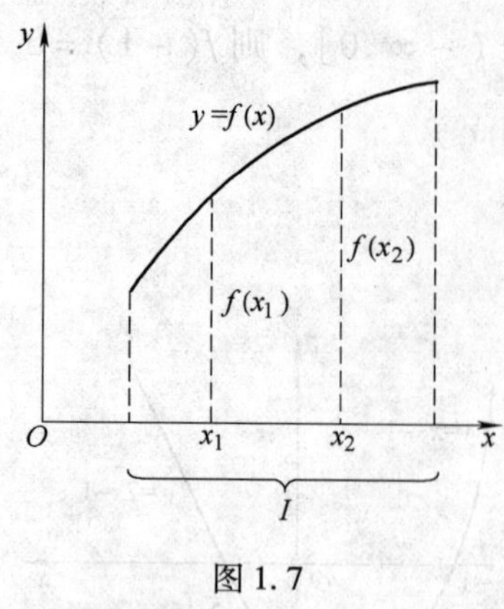

图 1.7

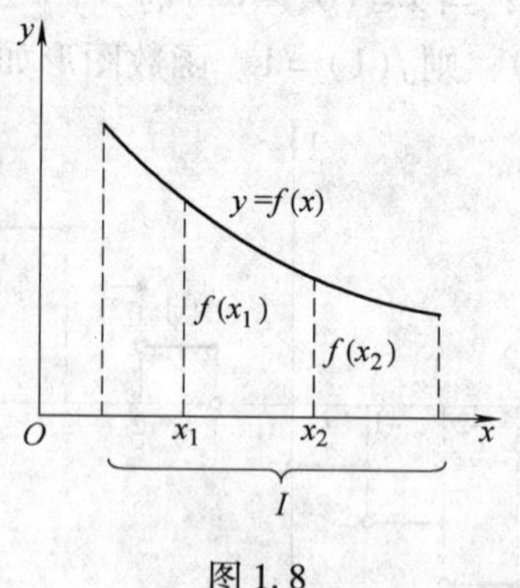

图 1.8

(3) 奇偶性

设函数 $f(x)$ 的定义域 D 关于原点对称，如果对于任一 $x\in D$，$f(-x)=f(x)$ 恒成立，则称 $f(x)$ 为**偶函数**. 如果对于任一 $x\in D$，$f(-x)=-f(x)$ 恒成立，则称 $f(x)$ 为**奇函数**.

奇函数的图像关于原点对称，如图 1.9 所示；偶函数的图像关于 y 轴对称，如图 1.10 所示.

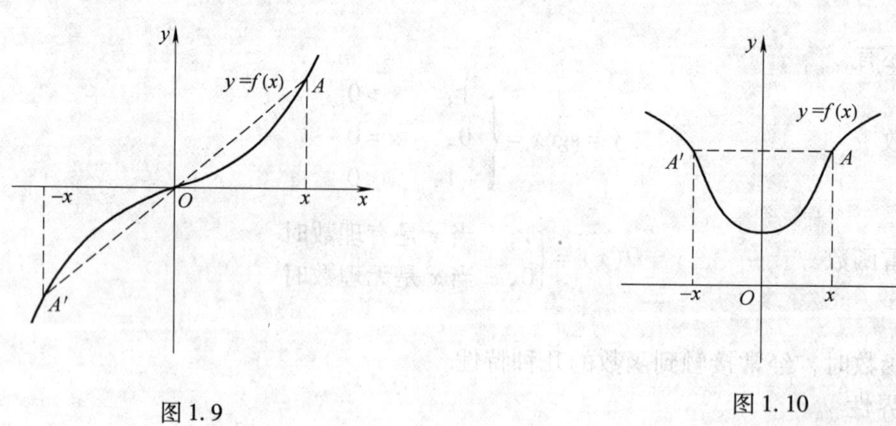

图 1.9　　图 1.10

例如，$y=\sin x$ 是奇函数，$y=\cos x$ 是偶函数，$y=\sin x+\cos x$ 既非奇函数也非偶函数.

(4) 周期性

对于函数 $f(x)$，如果存在一个不为零的数 l，使得对于定义域内的任何 x 值，$x\pm l$ 仍在定义域内，且关系式

$$f(x+l)=f(x)$$

恒成立，则 $f(x)$ 叫做**周期函数**，l 叫做 $f(x)$ 的**周期**. 通常周期函数的周期指其最小正周期. 一个以 l 为周期的函数，它的图像在定义域内每隔长度为 l 的相邻区间上，有相同的形状，如图 1.11 所示.

如果函数 $f(x)$ 是周期为 l 的周期函数，则函数 $f(x+a)$ 也是周期为 l 的周期函数，函数 $f(ax)$ 是周期为 $\dfrac{l}{a}$ 的周期函数. 三角函数为常见的周期函数.

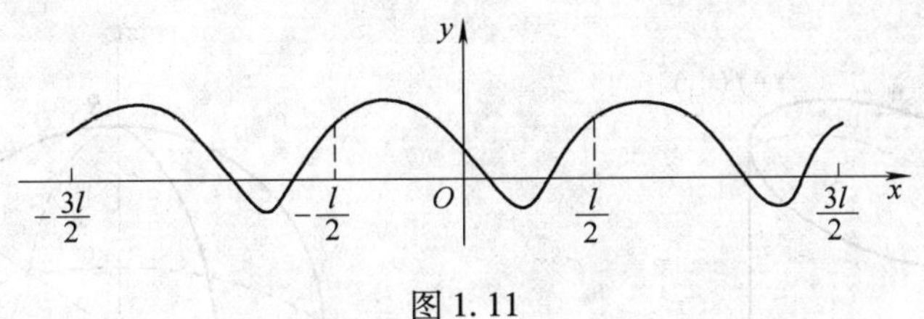

图 1.11

2. 多元函数

前面我们所讨论的函数都是只限于一个自变量的函数，简称一元函数. 但是在实际问题中所遇到的很多情况是一个变量依赖于多个变量的变化，从而产生了多元函数的概念. 下面我们给出二元函数的定义.

定义 3 设变量 x，y 和 z，如果当变量 x，y 在一定范围内任取一对值(x,y)时，按照某一确定的对应法则，变量 z 总有唯一确定的值与其相对应，则称变量 z 为变量 x，y 的**二元函数**，记作

$$z=f(x,y).$$

其中 x，y 称为自变量，函数 z 称为因变量. 自变量 x，y 的变化范围称为函数 z 的定义域.

类似地，可以定义三元函数以及三元以上的函数. 二元以及二元以上的函数统称为**多元函数**. 从一元函数到二元函数，由于自变量个数的增加，往往会产生许多新问题，而从二元函数到二元以上的多元函数则可类推，所以多元函数中我们以研究二元函数为主.

函数的定义域与对应法则仍是多元函数的两个要素. 显然我们可以用 xOy 坐标面上的点 $P(x,y)$来表示二元函数的自变量的取值. 因此，二元函数 $z=f(x,y)$的定义域是 xOy 平面上的点集，表示二元函数的定义域常用到前面介绍过的邻域及区域的概念.

一般地，二元函数的定义域是使函数有意义的有序实数对的全体. 例如，函数 $z=\ln(x+y)$的定义域为满足 $x+y>0$ 的点(x,y)的全体，即区域：$\{(x,y)\mid x+y>0\}$，如图 1.12 所示.

函数 $z=\sqrt{1-(x^2+y^2)}$的定义域为满足 $x^2+y^2\leqslant 1$ 的点(x,y)的全体，即闭区域：$\{(x,y)\mid x^2+y^2\leqslant 1\}$，如图 1.13 所示.

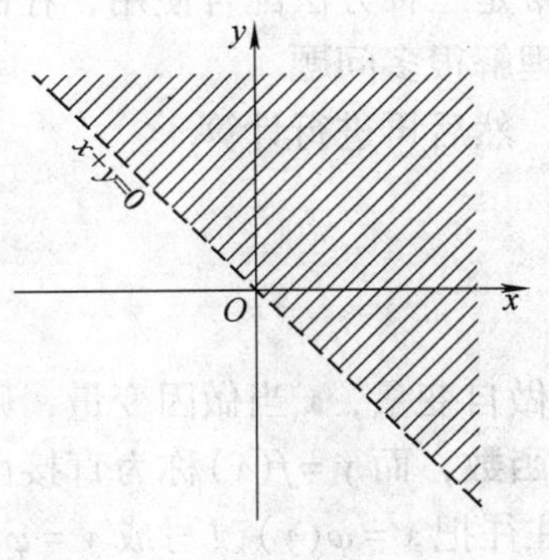

图 1.12

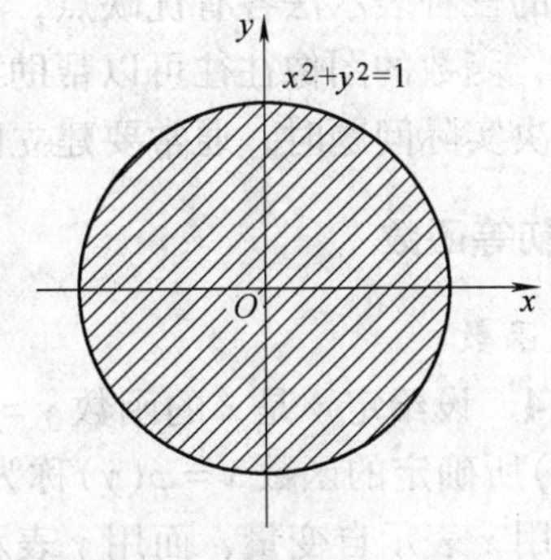

图 1.13

把自变量 x，y 和因变量 z 当做空间直角坐标系中点的坐标，当 $P(x,y)$取遍定义域 D 中的每对数值时，动点 $M(x,y,f(x,y))$的轨迹就是二元函数 $z=f(x,y)$的图形. 一般地，它是一曲面，而其定义域 D 就是此曲面在 xOy 平面上的投影，如图 1.14 所示. 例如，函数 $z=\sqrt{R^2-(x^2+y^2)}$的图像就是放置在 xOy 平面上的半球面，如图 1.15 所示.

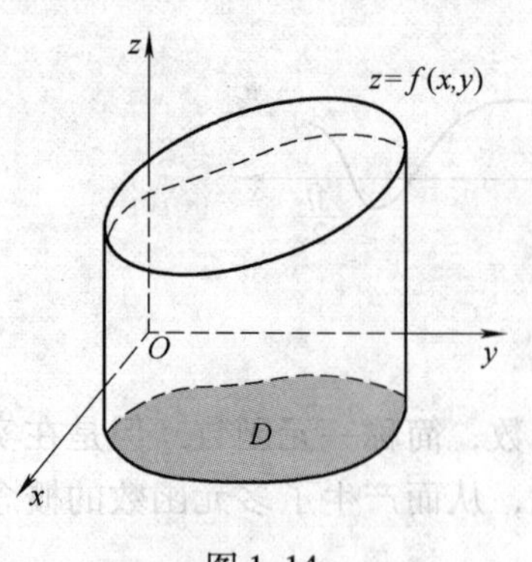

图 1.14

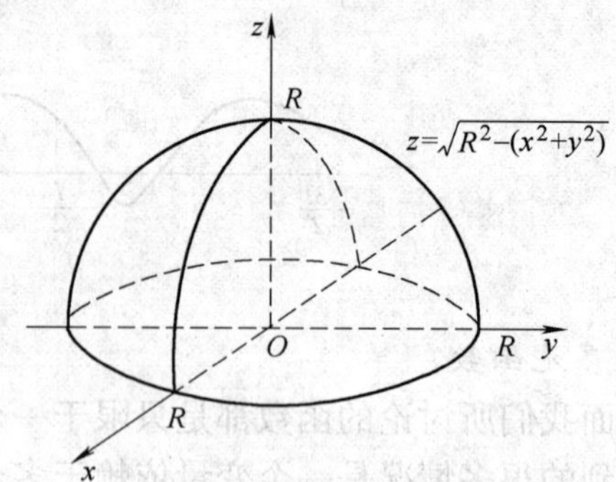

图 1.15

五、函数的表示法

表示函数的方法主要有以下三种：

1. 解析法

当函数的对应法则借助于数学式子给出时，称这种表示函数的方法为解析法. 高等数学中讨论的函数，大多由解析法表示，这是由于对解析式子可以进行各种运算，便于理论研究. 用解析法表示函数，不一定用一个式子表示，如分段函数.

2. 表格法

在实际应用中，常把自变量所取的值和对应的函数值列成表，用以表示函数关系，函数的这种表示法称为表格法. 我们所用的各种数学用表都是用表格法表示的函数关系. 表格法的优点是简单明了，便于应用，但它所给出的变量之间的对应关系有时是不全面的.

3. 图示法

由图像给出函数的对应法则的方法称为图示法. 根据定义，函数定义域 D 中的每一个 x 及值域 W 中与 x 对应的 y 可以构成有序实数对 (x, y)，每一个 (x, y) 与坐标系中的点一一对应，因此所有的 (x, y) 在坐标系中可描出函数图像. 图示法表示函数可使变量之间的对应关系更具直观性.

函数的三种表示法各有优缺点，在具体应用时，常常是三种方法配合使用，在高等数学的研究中，函数的图像往往可以帮助我们有效地分析、理解很多问题.

在解决实际问题时，通常要建立问题中的函数关系，然后再进行计算.

六、初等函数

1. 反函数

定义 4 设给定 y 是 x 的函数 $y=f(x)$，如果把 y 当做自变量，x 当做因变量，则由关系式 $y=f(x)$ 所确定的函数 $x=\varphi(y)$ 称为函数 $y=f(x)$ 的**反函数**，而 $y=f(x)$ 称为直接函数. 习惯上总是用 x 表示自变量，而用 y 表示因变量，因此，往往把 $x=\varphi(y)$ 改写成 $y=\varphi(x)$，称为 $y=f(x)$ 的**矫形反函数**，记作 $y=f^{-1}(x)$. $x=\varphi(y)$ 称为 $y=f(x)$ 的**直接反函数**.

若函数 $y=f(x)$ 在某区间的自变量 x 与函数值 y 一一对应，则 $y=f(x)$ 在此区间一定有反函数 $y=f^{-1}(x)$，且 $y=f(x)$ 与 $y=f^{-1}(x)$ 的图像关于直线 $y=x$ 对称.

2. 基本初等函数

常值函数、幂函数、指数函数、对数函数、三角函数和反三角函数称为**基本初等函数**.

它们的定义域、值域、图像和性质见表 1.1.

表 1.1　基本初等函数表

函数		定义域	值域	简单性质	图像
幂函数 $y=x^a$	$y=x^2$	**R**	$y\geqslant 0$	偶函数；$x>0$，递增 $x<0$，递减	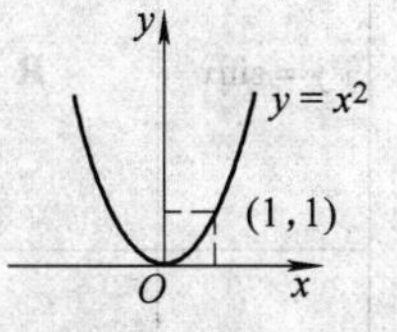 $y=x^2$；(1,1)；O；x；y
	$y=x^3$	**R**	**R**	奇函数 单调递增	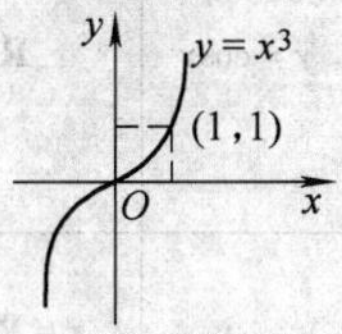 $y=x^3$；(1,1)；O；x；y
	$y=\frac{1}{x}$	$x\neq 0$	$y\neq 0$	奇函数 在区间$(-\infty,0)$和 $(0,+\infty)$上 分别单调递减	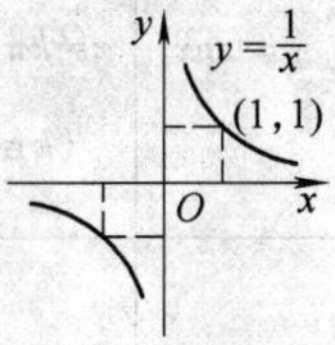 $y=\frac{1}{x}$；(1,1)；O；x；y
	$y=\sqrt{x}$	$x\geqslant 0$	$y\geqslant 0$	非奇非偶 单调递增	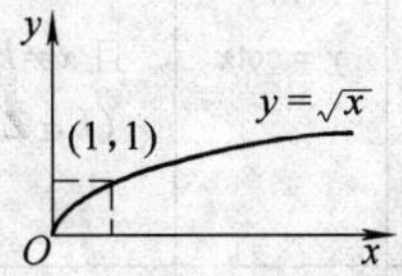 $y=\sqrt{x}$；(1,1)；O；x；y
指数函数 $y=a^x$ $(a>0, a\neq 1)$	$a>1$	**R**	$\mathbf{R}^+$	单调递增 过点(0,1)	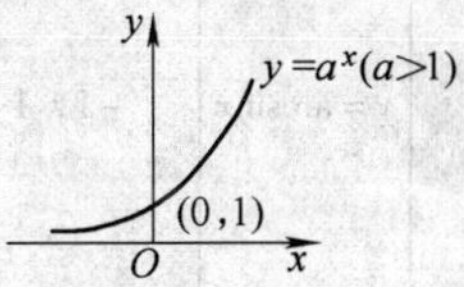 $y=a^x(a>1)$；(0,1)；O；x；y
	$0<a<1$	**R**	$\mathbf{R}^+$	单调递减 过点(0,1)	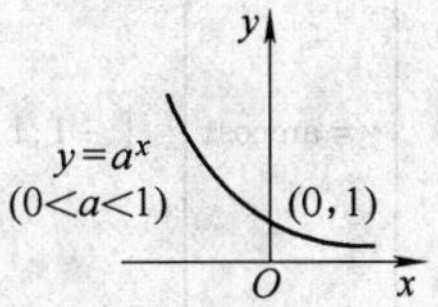 $y=a^x$ $(0<a<1)$；(0,1)；O；x；y
对数函数 $y=\log_a x$ $(a>0, a\neq 1)$	$a>1$	$\mathbf{R}^+$	**R**	单调递增 过点(1,0)	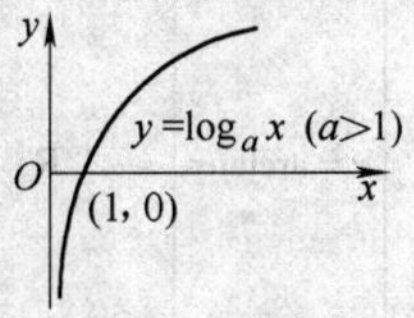 $y=\log_a x$ $(a>1)$；(1, 0)；O；x；y
	$0<a<1$	$\mathbf{R}^+$	**R**	单调递减 过点(1,0)	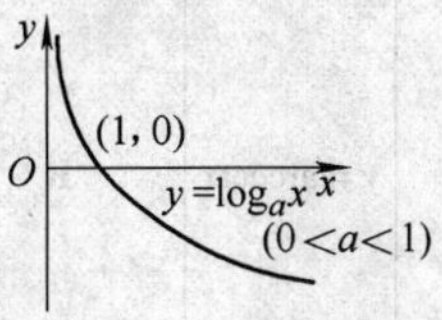 $y=\log_a x$ $(0<a<1)$；(1, 0)；O；x；y

（续）

函数		定义域	值域	简单性质	图像
三角函数	$y=\sin x$	$\mathbf{R}$	$[-1,1]$	奇函数 有界 周期 2π	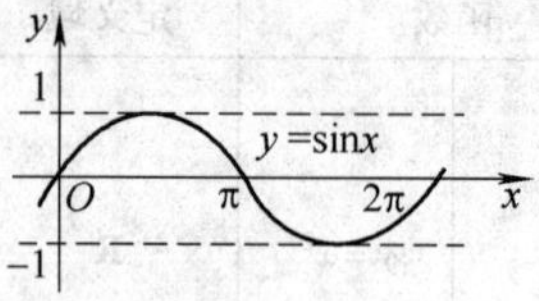
	$y=\cos x$	$\mathbf{R}$	$[-1,1]$	偶函数 有界 周期 2π	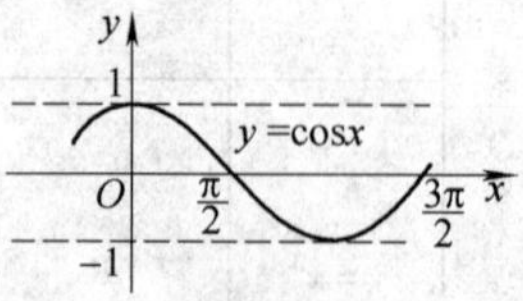
	$y=\tan x$	$x\in\mathbf{R}$ 且 $x\neq k\pi+\frac{\pi}{2}$ $(k\in\mathbf{Z})$	$\mathbf{R}$	奇函数 周期 π	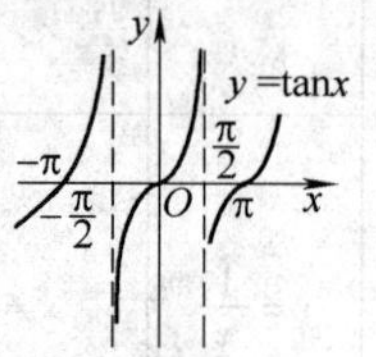
	$y=\cot x$	$x\in\mathbf{R}$ 且 $x\neq k\pi$ $(k\in\mathbf{Z})$	$\mathbf{R}$	奇函数 周期 π	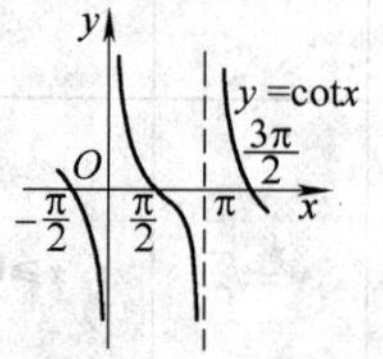
反三角函数	$y=\arcsin x$	$[-1,\ 1]$	$\left[-\frac{\pi}{2},\frac{\pi}{2}\right]$	奇函数 单调递增 有界	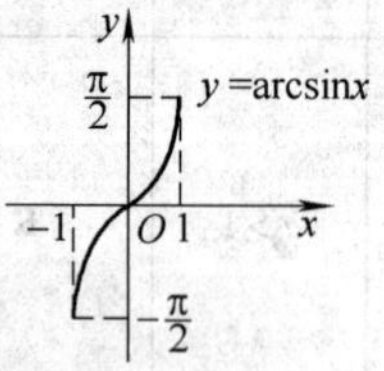
	$y=\arccos x$	$[-1,1]$	$[0,\pi]$	单调递减 有界	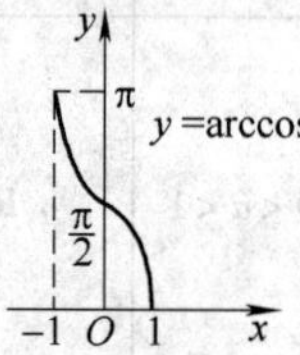
	$y=\arctan x$	$\mathbf{R}$	$\left(-\frac{\pi}{2},\frac{\pi}{2}\right)$	奇函数 单调递增 有界	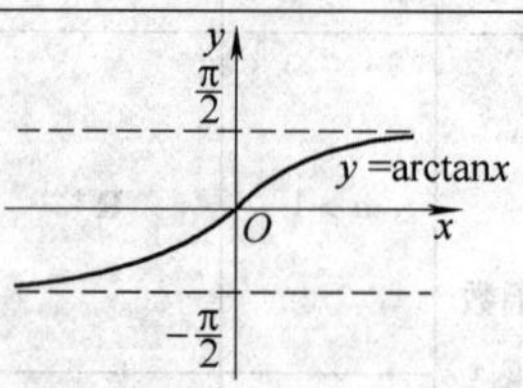
	$y=\operatorname{arccot} x$	$\mathbf{R}$	$(0,\pi)$	单调递减 有界	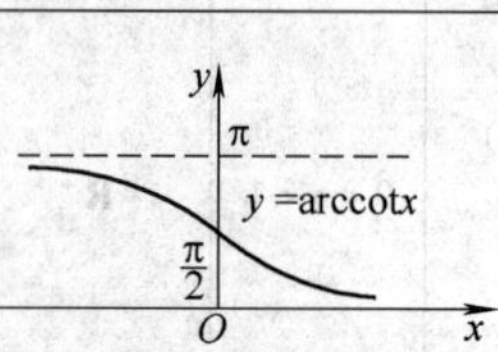

3. 复合函数

定义 5　设 y 是 u 的函数 $y=f(u)$，u 是 x 的函数 $u=\varphi(x)$，而且当 x 在 $\varphi(x)$ 的定义域或该定义域的一部分取值时，所对应的 u 的值使 $y=f(u)$ 有定义，则称 $y=f[\varphi(x)]$ 是 x 的**复合函数**，其中 $u=\varphi(x)$ 为内函数，$y=f(u)$ 为外函数，u 为中间变量.

注意：不是任何两个函数都可以构成一个复合函数. 例如 $y=\arcsin u$ 和 $u=2+x^2$ 就不可能复合成一个复合函数，因为对于 $u=2+x^2$ 的定义域内的任何 x 值所对应的 u 值都使 $y=\arcsin u$ 没有意义.

对于一个给定的复合函数，必须会分析它的复合过程(即会将复合函数进行分解). 掌握这种分析复合过程的方法，对后面求函数的导数和积分会带来很多方便.

例 4　指出下列复合函数的复合过程：

(1) $y=\sqrt[4]{1+x^2}$；　(2) $y=\cos^2 x$；　(3) $y=\mathrm{e}^{\arctan\frac{1}{\sqrt{x}}}$.

解　(1) $y=\sqrt[4]{1+x^2}$ 是由 $y=\sqrt[4]{u}$ 和 $u=1+x^2$ 复合而成的.

(2) $y=\cos^2 x$ 是由 $y=u^2$ 和 $u=\cos x$ 复合而成的.

(3) $y=\mathrm{e}^{\arctan\frac{1}{\sqrt{x}}}$ 是由 $y=\mathrm{e}^u$，$u=\arctan v$ 和 $v=\dfrac{1}{\sqrt{x}}$ 复合而成的，这说明复合函数也可由两个以上的函数复合而成.

4. 初等函数

由基本初等函数经过有限次的四则运算和有限次的复合步骤构成，并能用一个解析式子表示的函数称为**初等函数**.

例如，$y=\cos(x^2+2x+3)$ 和 $y=\sqrt{\lg(x^2+1)}+\mathrm{e}^{\sqrt{x}}$ 都是初等函数，而 $y=[x]$ 和 $f(x)=\begin{cases}2x-1, & x>0\\ x^2-1, & x\leqslant 0\end{cases}$ 都不是初等函数.

七、经济分析中几种常见函数

1. 需求函数与价格函数

(1) 需求函数

需求函数指需求量 Q 为价格的函数：$Q=Q(p)$. 这里，价格 p 是自变量，取非负数. 常见的需求函数有：

线性函数模型的一般形式可表示为 $Q=a-bp$，其中 $a\geqslant 0$，$b\geqslant 0$ 均是常数；

二次曲线需求函数为 $Q=a-bp-cp^2$，其中 $a\geqslant 0$，$b\geqslant 0$，$c\geqslant 0$ 均为常数；

指数需求函数模型为 $Q=A\mathrm{e}^{-bp}$，其中 $A\geqslant 0$，$b\geqslant 0$ 均为常数.

(2) 价格函数

需求函数 $Q=Q(p)$ 的反函数就是**价格函数**，记作 $p=p(Q)$. 价格函数也反映商品的需求与价格的关系.

2. 供给函数

商品供给量 S 是价格 p 的函数，称为**供给函数**，记作 $S=S(p)$. 商品供给量随商品价格的上涨而增加，因此，商品供给函数 $S=S(p)$ 是商品价格 p 的单调增加函数. 供、需平衡的价格称为**均衡价格**，记为 $\bar{p}$；此时的需求量称为**均衡数量**，记为 $\overline{Q}$.

例 5 某商品的供给函数为 $S=\frac{2}{3}p-4$，需求函数为 $Q=50-\frac{4}{3}p$，试求该商品处于市场平衡状态下的均衡价格和均衡数量.

解 令 $S=Q=\overline{Q}$，$p=\bar{p}$，解方程组

$$\begin{cases}\overline{Q}=\frac{2}{3}\bar{p}-4,\\ \overline{Q}=50-\frac{4}{3}\bar{p}\end{cases}$$

得均衡价格 $\bar{p}=27$，均衡数量 $\overline{Q}=14$.

3. 总成本函数

生产 q 个单位某种产品时的可变成本 C_1 与固定成本 C_0 之和记为 C，称为总成本函数，即 $C=C(q)=C_0+C_1(q)$. 在经济分析中，常用到平均成本这个概念，即生产 q 个单位产品时每单位产品的成本，记为 $A(q)$，即 $A(q)=\frac{C(q)}{q}$. 在生产技术水平和生产要素的价格固定不变的条件下，总成本、平均成本都是产量的函数.

例 6 生产某商品的总成本(单位:元)是 $C(q)=500+4q$，求生产 50 件这种商品时的总成本和平均成本.

解 生产 50 件这种商品时的总成本为

$$C(50)=500+4\times 50=700(\text{元}),$$

平均成本为

$$A(50)=\left.\frac{C(q)}{q}\right|_{q=50}=\frac{700}{50}=14(\text{元/件}).$$

4. 收入函数与利润函数

(1) 收入函数

商品的总收入函数 R 依赖于商品的价格 p 和销售量 q，其函数模型为

$$R=R(q)=q\cdot p(q).$$

当商品的市场价格是一个常数 p_0 时，收入函数只随销售量的增减而增减，此时的函数模型为

$$R=p_0q.$$

例 7 某商品的价格函数是 $p=50-\frac{1}{5}q$，求该商品的收入函数，并求销售 10 件商品的总收入和平均收入.

解 收入函数为 $R=pq=50q-\frac{1}{5}q^2$，平均收入为 $\overline{R}=\frac{R}{q}=50-\frac{1}{5}q$，由此得销售 10 件商品的总收入和平均收入分别为

$$R(10)=50\times 10-\frac{1}{5}\times 10^2=480,\ \overline{R}(10)=50-\frac{1}{5}\times 10=48.$$

(2) 利润函数

根据利润 = 总收入 - 总成本，可得到利润函数模型：

$$L=L(q)=R(q)-C(q)$$

当 $L(q)=R(q)-C(q)>0$ 时，此时称为有盈余生产，即生产处于有利润状态；当 $L(q)=R(q)-C(q)<0$ 时，此时称为亏损生产，即生产处于亏损状态，利润为负；当 $L(q)=R(q)-C(q)=0$ 时，此时称为无亏损生产，把无亏损生产时的产量记为 q_0，称为无亏盈点.

例 8　某商品的成本函数为 $C=12+3q+q^2$，若销售单价定为 11 元/件，求：

1）该商品的利润函数；

2）该商品经营活动的无亏盈点；

3）生产 5 件该商品的总利润和平均利润；

4）若每天销售 10 件该商品，为了不亏本，销售单价应定为多少才合适？

解　1）利润函数为

$$L(q)=R(q)-C(q)=11q-(12+3q+q^2)=8q-12-q^2.$$

2）令 $L(q)=0$，即 $8q-12-q^2=0$，解得两个无亏盈点 $q_1=2$ 和 $q_2=6$.

由 $L(q)=(q-2)(6-q)$ 可以看出，当 $q<2$ 或 $q>6$ 时，都有 $L(q)<0$，这时生产经营是亏损的；

当 $2<q<6$ 时，$L(q)>0$，生产经营是盈利的，因此 $q_1=2$ 和 $q_2=6$ 分别是盈利的最低产量和最高产量.

3）生产 5 件该商品的总利润为

$$L(5)=8\times5-12-5^2=3(\text{元}).$$

平均利润为

$$\bar{L}=\frac{L(5)}{5}=\frac{3}{5}=0.6(\text{元}).$$

4）设定价为 p 元/件，则利润函数为

$$L(q)=pq-(12+3q+q^2),$$

为了不亏本，须有 $L(10)\geqslant0$，即 $10p-142\geqslant0$，也就是 $p\geqslant14.2$. 因此，为了不亏本，销售单价应不低于 14.2 元/件.

习　题　1.1

1. 用区间表示下列 x 的变化范围，并判断能否用邻域表示，能用邻域表示的再用邻域表示.

(1) $2<x\leqslant6$；　(2) $|x-2|<\dfrac{1}{10}$；　(3) $|x|>100$；　(4) $0<|x-1|<0.01$.

2. 下列 $f(x)$ 和 $g(x)$ 是否相同？为什么？

(1) $f(x)=\lg x^2$，$g(x)=2\lg x$；　(2) $f(x)=x$，$g(x)=\sqrt{x^2}$.

3. 设 $\phi(x)=\begin{cases}1, & |x|\leqslant\dfrac{\pi}{3}\\ |\sin x|, & |x|>\dfrac{\pi}{3}\end{cases}$，求 $\phi\left(\dfrac{5\pi}{6}\right)$，$\phi\left(\dfrac{\pi}{3}\right)$.

4. 设 $f\left(\dfrac{1}{x}\right)=\dfrac{5}{x}+2x^2$，求 $f(x)$ 及 $f(x^2+1)$.

5. 设 $f(xy,x-y)=x^2+y^2$，求 $f(x,y)$ 及 $f(1,2)$.

6. 求下列函数的定义域：

(1) $y=\frac{1}{x}-\sqrt{1-x^2}$；(2) $y=\arcsin(x-3)$；(3) $y=\lg(\lg x)$；

(4) $z=\sqrt{x-\sqrt{y}}$；(5) $z=\frac{\sqrt{4x-y^2}}{\ln(1-x^2-y^2)}$.

7. 设 $f(x)=\begin{cases}1, & |x|<1 \\ 0, & |x|=1 \\ -1, & |x|>1\end{cases}$，$g(x)=\mathrm{e}^x$，求 $f[g(x)]$，$g[f(x)]$.

8. 写出下列函数的复合过程：

(1) $y=\sqrt{3x+2}$；　　(2) $y=(1+\lg x)^5$；

(3) $y=\mathrm{e}^{\sin^2 x}$；　　(4) $y=\arccos(1-x^2)$.

9. 火车站收取行李费的规定如下：当行李不超过50kg时，按基本运费计算，如从上海到某地每千克收取0.15元. 当超过50kg时，超重部分按每千克0.25元收费. 试求上海到该地的行李费 y(元)与重量 x(kg)之间的函数关系式，并画出此函数的图形.

第二节　数列的极限

一、两个实例

按自然数1,2,3,…编号依次排列的一列数 $x_1, x_2, \cdots, x_n, \cdots$ 称为**无穷数列**，简称**数列**，记为 $\{x_n\}$. 其中的每一个数称为数列的**项**，x_n 称为**通项**(一般项). 可以把数列看做自变量是自然数的特殊函数——整标函数，一般用

$$y_n=f(n)\ (n=1,2,3,\cdots)$$

表示.

极限概念是在求解某些实际问题时逐渐产生的，下面我们通过两个实例加以了解.

1. 割圆术

我国古代数学家刘徽推算圆面积时，首先作圆的内接正六边形，把它的面积记作 A_1；再作内接正十二边形，其面积记作 A_2；如此循环下去，正 $6\times2^{n-1}$ 边形的面积记作 A_n(图1.16). 这样就得到一系列内接正多边形的面积 A_1, $A_2, A_3, \cdots, A_n, \cdots$.

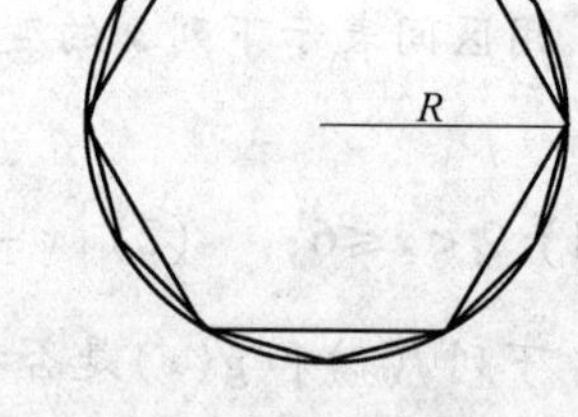

图1.16

“割之弥细，所失弥少，割之又割，以至于不可割，则与圆周合体而无所失矣”这就是说：当内接正多边形的边数越大，则内接正多边形的面积越接近圆的面积，即

$$A_1, A_2, A_3, \cdots, A_n, \cdots \to S_{圆}.$$

2. 截杖问题

战国时代哲学家庄周所著《庄子·天下篇》引用过一句话“一尺之棰，日截其半，万世不竭.”也就是说一根长为一尺的杖，每天截取一半，可以无限制地截取下去. 把每天截下的总长度记录如下(单位为尺)：

第一天截下的杖长为 $X_1=\frac{1}{2}$；第二天截下的杖长总和为 $X_2=\frac{1}{2}+\frac{1}{2^2}$；如此循环下去，第 n 天截下的杖长总和为 $X_n=\frac{1}{2}+\frac{1}{2^2}+\cdots+\frac{1}{2^n}$. 可以看出，天数越大，则截下的杖长总和越接近杖的总长一尺，即

$$\frac{1}{2}+\frac{1}{2^2}+\cdots+\frac{1}{2^n}+\cdots\longrightarrow 1.$$

二、数列的极限概念

上面两个实例反映了一类数列的某种共同特性，即对于数列 $\{x_n\}$，存在某个常数 A，随着 n 的无限增大，x_n 能无限接近于这个常数 A. 下面我们继续观察一些数列：

$$\left\{\frac{1}{2^n}\right\}=\frac{1}{2},\ \frac{1}{4},\ \frac{1}{8},\ \cdots,\ \frac{1}{2^n},\ \cdots;$$

$$\left\{1+\frac{(-1)^{n-1}}{n}\right\}=2,\ \frac{1}{2},\ \frac{4}{3},\ \frac{3}{4},\ \cdots;$$

$$\{2^n\}=2,\ 4,\ 8,\ \cdots,\ 2^n,\ \cdots;$$

$$\{(-1)^{n+1}\}=1,\ -1,1,\ -1,\cdots.$$

因为数列对应着数轴上一个点列，$\{x_n\}$ 可看做一动点在数轴上依次取 x_1，x_2，…，x_n，…. 因此把以上数列放在数轴上观察，可以看出 $\left\{\frac{1}{2^n}\right\}$ 随着 n 的无限增大无限接近于常数 0；$\left\{1+\frac{(-1)^{n-1}}{n}\right\}$ 随着 n 的无限增大无限接近于常数 1. 而 $\{2^n\}$ 随着 n 的无限增大而无限增大，不能无限接近于任何一个常数；$\{(-1)^{n+1}\}$ 随着 n 的无限增大在两个数值上来回跳动，不能无限接近于一个确定的常数.

下面我们从数学上描述这些数列的变化，给出数列极限的定义.

定义　设无穷数列 $\{x_n\}$，如果当项数 n 无限增大时，x_n 无限接近于某一确定的常数 A，那么就称常数 A 是数列 $\{x_n\}$ 的**极限**，或者称数列 $\{x_n\}$ **收敛**于 A，记为

$$\lim_{n\to\infty}x_n=A,\ 或\ x_n\to A\quad(n\to\infty)$$

并称此数列是**收敛**的. 如果数列没有极限，就说数列是**发散**的.

由定义 1 可得 $\lim\limits_{n\to\infty}\frac{1}{2^n}=0$，$\lim\limits_{n\to\infty}\left[1+\frac{(-1)^{n-1}}{n}\right]=1$，数列 $\{2^n\}$ 及 $\{(-1)^{n+1}\}$ 发散.

数列的极限刻画了当 $n\to\infty$ 时，数列 x_n 的变化趋势. 特殊地，常数列的极限等于同一常数，即 $\lim\limits_{n\to\infty}C=C$.

例　观察下列数列的极限：

(1) $x_n=\frac{n}{2n+1}$；　　　(2) $x_n=\sqrt{n}-\sqrt{n-1}$.

解　(1) 把数列放在数轴上观察，得

$$\lim_{n\to\infty}\frac{n}{2n+1}=\frac{1}{2}.$$

(2) 先化简，得

$$x_n=\sqrt{n}-\sqrt{n-1}=\frac{(\sqrt{n}-\sqrt{n-1})(\sqrt{n}+\sqrt{n-1})}{\sqrt{n}+\sqrt{n-1}}$$

$$=\frac{1}{\sqrt{n}+\sqrt{n-1}},$$

再把数列放在数轴上观察，得

$$\lim_{n\to\infty}\frac{1}{\sqrt{n}+\sqrt{n-1}}=0.$$

三、数列极限的性质

数列$\{x_n\}$的极限为 A 的几何意义：将常数 A 及数列 x_1，x_2，…，x_n，…在数轴上用它们的对应点表示出来(图 1.17)，可以看出数列几乎所有的点都落在以 A 为中心的邻域内.

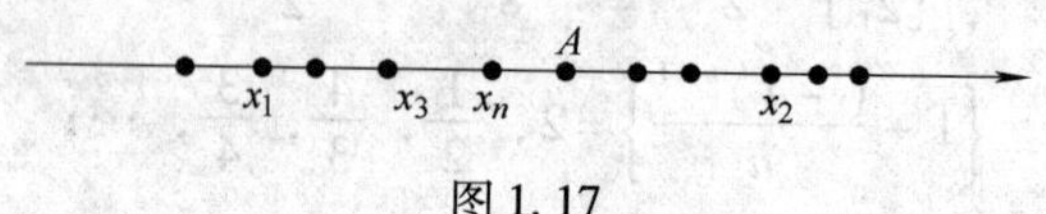

图 1.17

1. 有界性

定理 1(收敛数列的有界性)　如果数列$\{x_n\}$收敛，那么数列$\{x_n\}$一定有界.

证明略，由几何意义易得. 根据上述定理，如果数列$\{x_n\}$无界，那么数列$\{x_n\}$一定发散. 但是，如果数列$\{x_n\}$有界，却不能断定数列$\{x_n\}$一定收敛. 例如，数列

$$\{(-1)^{n+1}\}=1,-1,1,-1,\cdots$$

有界，但该数列是发散的. 所以有界性是数列收敛的必要而非充分条件.

2. 唯一性

由极限的定义易知：

定理 2　若数列有极限，则极限唯一.

习　题　1.2

1. 观察下列数列的变化趋势，写出它们的极限：

(1) $x_n=(-1)^n\frac{1}{n}$；　　(2) $x_n=2+\frac{1}{n^2}$；

(3) $x_n=\frac{n-1}{n+1}$；　　(4) $x_n=n(-1)^n$.

2. 设数列 $x_n=1+q+q^2+\cdots+q^n$(其中 q 为常数，满足$|q|<1$)，求$\lim\limits_{n\to\infty}x_n$.

第三节　函数的极限

函数 $y=f(x)$ 中的自变量 x 总是在某个实数集合中变化，当自变量 x 处于某一个变化过程中时，函数 $y=f(x)$ 也随之发生变化. 函数极限就是研究自变量在各种变化过程中函数的变化趋势. 一般自变量 x 的变化过程分两种情形讨论.

一、一元函数的极限

1. 自变量趋向无穷大时函数的极限

自变量趋向无穷大表示$|x|$无限增大，记作$x\to\infty$.

观察函数$\frac{\sin x}{x}$当$x\to\infty$时的变化趋势. 如图 1.18 所示，当x无限增大时，$f(x)=\frac{\sin x}{x}$无限接近于 0.

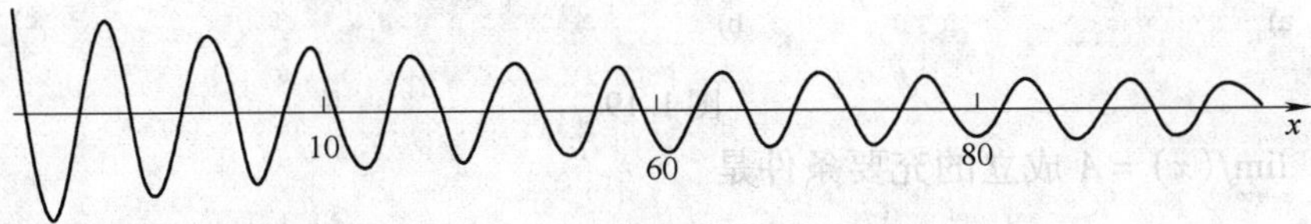

图 1.18

类似于数列极限，我们给出函数$y=f(x)$当$x\to\infty$时的极限定义.

定义 1　设函数$y=f(x)$的定义域为无穷区间，如果$y=f(x)$在当$x\to\infty$的过程中，对应函数$f(x)$无限趋近于一个确定的常数A，那么常数A就叫做函数$f(x)$当$x\to\infty$时的**极限**，记作

$$\lim_{x\to\infty}f(x)=A \quad 或 \quad f(x)\to A(x\to\infty).$$

对于函数来说，$x\to\infty$可包括以下两种情形：

(1) x取正值无限增大，记作$x\to+\infty$；

(2) x取负值，其绝对值无限增大，记作$x\to-\infty$.

类似地，如果当$x\to+\infty$（或$x\to-\infty$）时，函数$y=f(x)$无限趋近于一个确定的常数A，那么常数A就叫做函数$f(x)$当$x\to+\infty$（或$x\to-\infty$）时的**极限**，记作

$$\lim_{x\to+\infty}f(x)=A(或\lim_{x\to-\infty}f(x)=A).$$

例 1　观察下列函数当$x\to\infty$时极限是否存在，若存在求此极限.

(1) $y=\frac{1}{x}$；(2) $y=2^x$；(3) $y=\arctan x$.

解　分别作出以上函数的图像(图 1.19).

(1) 由图 1.19a 可知，当$x\to+\infty$和$x\to-\infty$时，$y=\frac{1}{x}$的图像越来越和x轴接近，$y=\frac{1}{x}$的值越来越趋近于 0，即

$$\lim_{x\to\infty}\frac{1}{x}=0.$$

(2) 由图 1.19b 可知，当$x\to+\infty$时，$y=2^x$无限增大；当$x\to-\infty$时，$y=2^x$的值越来越趋近于 0，所以当$x\to\infty$时$y=2^x$不与任何一个常数接近，即当$x\to\infty$时$y=2^x$无极限.

(3) 由图 1.19c 可知，当$x\to+\infty$时，$y=\arctan x$的值越来越趋近于$\frac{\pi}{2}$；当$x\to-\infty$时，$y=\arctan x$的值越来越趋近于$-\frac{\pi}{2}$，所以当$x\to\infty$时$y=\arctan x$无法与一确定常数接近，即当$x\to\infty$时$y=\arctan x$无极限.

根据以上例题的分析，我们给出以下定理：

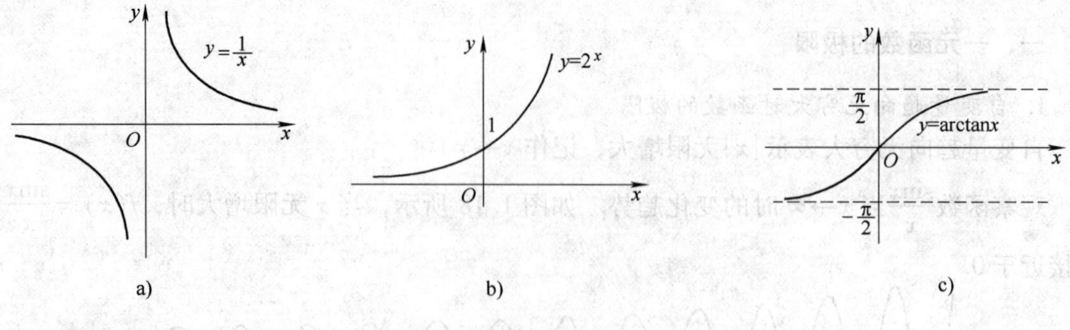

图 1.19

定理 1 $\lim\limits_{x\to\infty}f(x)=A$ 成立的充要条件是

$$\lim_{x\to+\infty}f(x)=\lim_{x\to-\infty}f(x)=A.$$

2. 自变量趋向有限值时函数的极限

自变量趋向有限值指自变量 x 任意接近于 x_0，记作 $x\to x_0$.

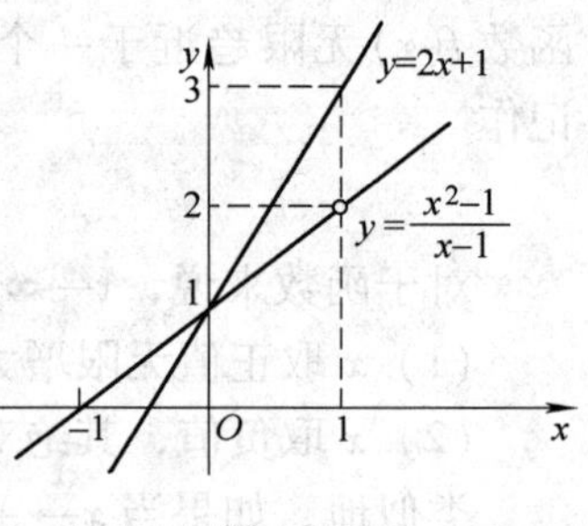

图 1.20

观察函数 $y=f(x)=2x+1$ 和函数 $y=f(x)=\dfrac{x^2-1}{x-1}$ 当 $x\to1$ 时的函数值变化情况(图 1.20). 由图可以看出，当 x 从 1 的左右两侧同时趋近于 1 时，函数 $f(x)=2x+1$ 的值越来越接近于3；对于函数 $f(x)=\dfrac{x^2-1}{x-1}$，尽管它在 $x=1$ 处无定义，但当 x 从 1 的左右两侧同时趋近于 1 时，它的值越来越接近于 2.

对于函数的这种变化趋势给出如下定义：

定义 2 设函数 $y=f(x)$ 在 x_0 的去心邻域 $\mathring{U}(x_0)$ 内有定义，如果 $y=f(x)$ 在当 $x\to x_0$ 的过程中，对应函数值 $f(x)$ 无限趋近于确定值 A，那么常数 A 就叫做函数 $f(x)$ 当 $x\to x_0$ 时的**极限**，记作

$$\lim_{x\to x_0}f(x)=A \quad 或 \quad f(x)\to A(x\to x_0).$$

注意：(1) 函数 $f(x)$ 当 $x\to x_0$ 时的极限与 $f(x)$ 在 x_0 是否有定义无关；

(2) $x\to x_0$ 为 x 从 x_0 左右两侧趋近于 x_0.

特别地，由极限的定义及函数的图像，可得

$$\lim_{x\to x_0}C=C(C\text{ 为常数}),\ \lim_{x\to x_0}x=x_0.$$

有时我们需要研究 x 仅从 x_0 的某一侧趋近于 x_0 时，函数 $f(x)$ 的变化趋势，这就产生了左、右极限的概念.

定义 3 如果当 $x\to x_0^-$ 即从 x_0 的左侧趋近于 x_0(或 $x\to x_0^+$ 即从 x_0 的右侧趋近于 x_0)时，函数 $f(x)$ 无限趋近于一个确定的常数 A，则称 A 为函数 $f(x)$ 当 $x\to x_0$ 时的**左极限**(或**右极限**)，记作

$$\lim_{x\to x_0^-}f(x)=A \quad 或 \quad \lim_{x\to x_0^+}f(x)=A;$$

也可记作

$$f(x_0-0)=A \quad 或 \quad f(x_0+0)=A.$$

左极限和右极限统称为**单侧极限**.

定理 2　$\lim\limits_{x\to x_0} f(x)=A$ 的充要条件是

$$\lim_{x\to x_0^-} f(x)=\lim_{x\to x_0^+} f(x)=A.$$

例 2　验证$\lim\limits_{x\to 0}\dfrac{|x|}{x}$极限不存在.

证

$$\lim_{x\to 0^-}\frac{|x|}{x}=\lim_{x\to 0^-}\frac{-x}{x}=\lim_{x\to 0^-}(-1)=-1,$$

$$\lim_{x\to 0^+}\frac{|x|}{x}=\lim_{x\to 0^+}\frac{x}{x}=\lim_{x\to 0^+}1=1.$$

由此可见，左、右极限存在但不相等，所以$\lim\limits_{x\to 0}\dfrac{|x|}{x}$不存在.

3. 函数极限的性质

（1）有界性　若在某个变化过程中，$f(x)$有极限，则在这个变化过程中$f(x)$有界.

（2）唯一性　若 $\lim f(x)$存在，则极限唯一.

（3）局部保号性　若$\lim\limits_{x\to x_0} f(x)=A$ 且 $A>0$（或 $A<0$），那么存在 x_0的某个去心邻域，当 x 在该邻域内时，就有 $f(x)>0$（或 $f(x)<0$）.

二、极限的四则运算

仅用定义观察函数的极限是不能满足实际需要的，这里先介绍用极限的四则运算法则求极限，后面还要给出求极限的其他方法.

定理 3　设 $\lim f(x)=A$，$\lim g(x)=B$，则

（1）$\lim[f(x)\pm g(x)]=\lim f(x)\pm\lim g(x)=A\pm B$；

（2）$\lim[f(x)\cdot g(x)]=\lim f(x)\cdot\lim g(x)=AB$；

（3）$\lim\dfrac{f(x)}{g(x)}=\dfrac{\lim f(x)}{\lim g(x)}=\dfrac{A}{B}$（其中 $\lim g(x)=B\neq 0$）.

定理 3 中前两条法则可以推广到有限个函数的情形.

推论 1　如果 $\lim f(x)$存在，C 为常数，则 $\lim(Cf(x))=C\lim f(x)$.

推论 2　如果 $\lim f(x)$存在，n 为正整数，则 $\lim[f(x)]^n=[\lim f(x)]^n$.

显然极限的四则运算法则对于数列同样成立.

例 3　求$\lim\limits_{x\to 1}(x^2-3x+4)$.

解　$\lim\limits_{x\to 1}(x^2-3x+4)=(\lim\limits_{x\to 1}x)^2-3\lim\limits_{x\to 1}x+4=1^2-3\times 1+4=2.$

由此例可知，多项式 $P(x)$当 $x\to x_0$时的极限为 $P(x_0)$.

例 4　求$\lim\limits_{x\to 2}\dfrac{x^3-1}{x^2-3x+5}$.

解　由于$\lim\limits_{x\to 2}(x^2-3x+5)=3\neq 0$，则由极限的四则运算法则(3)得

$$\lim_{x\to 2}\frac{x^3-1}{x^2-3x+5}=\frac{\lim\limits_{x\to 2}(x^3-1)}{\lim\limits_{x\to 2}(x^2-3x+5)}=\frac{7}{3}.$$

由此例可知，有理分式 $f(x)=\dfrac{P(x)}{Q(x)}$，且 $Q(x_0)\neq 0$，则有

$$\lim_{x\to x_0}f(x)=\frac{\lim\limits_{x\to x_0}P(x)}{\lim\limits_{x\to x_0}Q(x)}=\frac{P(x_0)}{Q(x_0)}.$$

例 5 求$\lim\limits_{x\to 3}\frac{x-3}{x^2-9}$.

解 由于当 $x\to 3$ 时分母的极限为零，故不能直接运用极限的四则运算法则进行计算，因此先约分得

$$\lim_{x\to 3}\frac{x-3}{x^2-9}=\lim_{x\to 3}\frac{1}{x+3}=\frac{1}{6}.$$

例 6 求$\lim\limits_{x\to 1}\left(\frac{1}{x-1}-\frac{2}{x^2-1}\right)$.

解 当 $x\to 1$ 时两个分式的极限都不存在，故不能直接运用极限的四则运算法则进行计算，所以先通分得

$$\lim_{x\to 1}\left(\frac{1}{x-1}-\frac{2}{x^2-1}\right)=\lim_{x\to 1}\frac{x-1}{x^2-1}=\lim_{x\to 1}\frac{1}{x+1}=\frac{1}{2}.$$

例 7 求$\lim\limits_{x\to 0}\frac{\sqrt{1+x}-1}{x}$.

解 由于当 $x\to 0$ 时，分母的极限为零，故不能直接运用极限的四则运算法则进行计算，因此先分子有理化得

$$\lim_{x\to 0}\frac{\sqrt{1+x}-1}{x}=\lim_{x\to 0}\frac{(\sqrt{1+x}-1)(\sqrt{1+x}+1)}{x(\sqrt{1+x}+1)}=\lim_{x\to 0}\frac{1}{\sqrt{1+x}+1}=\frac{1}{2}.$$

以上都是求函数当 $x\to x_0$时的极限的常用方法. 下面再看一些求函数当 $x\to\infty$ 时的极限的方法.

例 8 求$\lim\limits_{x\to\infty}\frac{x^3+1}{2x^3-3}$.

解 由于分子和分母当 $x\to\infty$ 时皆无限增大，没有极限，不能直接运用极限的四则运算法则计算，这时一般可先将分子、分母同除以分式中的 x 的最高次幂，然后求极限. 即

$$\lim_{x\to\infty}\frac{x^3+1}{2x^3-3}=\lim_{x\to\infty}\frac{1+\frac{1}{x^3}}{2-\frac{3}{x^3}}=\frac{1}{2}.$$

例 9 求$\lim\limits_{x\to\infty}\frac{3x^2-2x-1}{2x^3-x^2+5}$.

解 由上例方法得

$$\lim_{x\to\infty}\frac{3x^2-2x-1}{2x^3-x^2+5}=\lim_{x\to\infty}\frac{\frac{3}{x}-\frac{2}{x^2}-\frac{1}{x^3}}{2-\frac{1}{x}+\frac{5}{x^3}}=\frac{0}{2}=0.$$

例 10 求$\lim\limits_{x\to\infty}\frac{2x^3-x^2-1}{2x^2-2x+5}$.

解 由上例方法得$\lim\limits_{x\to\infty}\frac{2x^3-x^2-1}{2x^2-2x+5}$无限增大，极限不存在，可记作

$$\lim_{x\to\infty}\frac{2x^3-x^2-1}{2x^2-2x+5}=\infty.$$

由以上三例我们不难证明，当 $a_0\neq 0$，$b_0\neq 0$，m 和 n 都是非负整数时，有

$$\lim_{x\to\infty}\frac{a_0x^m+a_1x^{m-1}+\cdots+a_m}{b_0x^n+b_1x^{n-1}+\cdots+b_n}=\begin{cases}\dfrac{a_0}{b_0}, & m=n\\ 0, & m<n.\\ \infty, & m>n\end{cases}$$

例 11　求 $\lim\limits_{n\to\infty}\left(\dfrac{1}{n^2}+\dfrac{2}{n^2}+\cdots+\dfrac{n}{n^2}\right)$.

解　无限项相加求极限不能直接运用极限的四则运算法则进行计算，可以先求和再求极限. 即

$$\lim_{n\to\infty}\left(\frac{1}{n^2}+\frac{2}{n^2}+\cdots+\frac{n}{n^2}\right)=\lim_{n\to\infty}\frac{1+2+\cdots+n}{n^2}=\lim_{n\to\infty}\frac{\frac{1}{2}n(n+1)}{n^2}=\frac{1}{2}.$$

三、极限存在的准则和两个重要极限

下面给出极限存在的两个准则，并用这两个准则讨论两个重要极限.

1. 极限存在准则

准则Ⅰ(夹逼准则)　设函数 $f(x)$，$g(x)$，$h(x)$ 在 x_0 的某一去心邻域内(或 $x\to\infty$)时，有

$$g(x)\leqslant f(x)\leqslant h(x)$$

成立，并且

$$\lim_{\substack{x\to x_0\\(x\to\infty)}}g(x)=A,\quad \lim_{\substack{x\to x_0\\(x\to\infty)}}h(x)=A,$$

则 $\lim\limits_{\substack{x\to x_0\\(x\to\infty)}}f(x)$ 存在，且等于 A.

此法则对数列同样成立.

准则Ⅱ　单调有界数列必有极限.

这两个准则证明从略.

2. 两个重要极限

Ⅰ. $\lim\limits_{x\to 0}\dfrac{\sin x}{x}=1$

证　作单位圆如图 1.21 所示，取 $\angle AOB=x\left(0<x<\dfrac{\pi}{2}\right)$，于是有

$$BC=\sin x,\ \overset{\frown}{AB}=x,\ AD=\tan x.$$

由图得

$$S_{\triangle OAB}<S_{扇形OAB}<S_{\triangle OAD}.$$

即

$$\frac{1}{2}\sin x<\frac{1}{2}x<\frac{1}{2}\tan x.$$

上述不等式同时除以$\frac{1}{2}\sin x$，得

$$1<\frac{x}{\sin x}<\frac{1}{\cos x}.$$

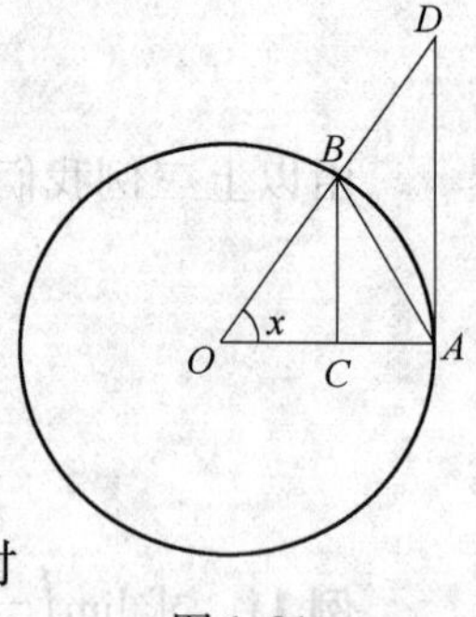

图 1.21

则

$$\cos x<\frac{\sin x}{x}<1.$$

因为当 x 用 $-x$ 代替时，$\cos x$ 与$\frac{\sin x}{x}$都不变号，所以上面的不等式对于$-\frac{\pi}{2}<x<0$ 也是成立的. 由于$\lim\limits_{x\to0}\cos x=1$，$\lim\limits_{x\to0}1=1$，则由极限的夹逼准则可得

$$\lim_{x\to0}\frac{\sin x}{x}=1.$$

例 12 求下列函数的极限：

（1）$\lim\limits_{x\to0}\frac{\sin kx}{x}$；（2）$\lim\limits_{x\to0}\frac{\sin 5x}{\sin 3x}$；（3）$\lim\limits_{x\to0}\frac{1-\cos x}{x^2}$；（4）$\lim\limits_{x\to0}\frac{\arcsin x}{x}$.

解 （1）$\lim\limits_{x\to0}\frac{\sin kx}{x}=k\lim\limits_{x\to0}\frac{\sin kx}{kx}=k.$

（2）$\lim\limits_{x\to0}\frac{\sin 5x}{\sin 3x}=\frac{5}{3}\lim\limits_{x\to0}\frac{\frac{\sin 5x}{5x}}{\frac{\sin 3x}{3x}}=\frac{5}{3}.$

（3）$\lim\limits_{x\to0}\frac{1-\cos x}{x^2}=\lim\limits_{x\to0}\frac{2\sin^2\frac{x}{2}}{x^2}=\lim\limits_{x\to0}\frac{2}{4}\left(\frac{\sin\frac{x}{2}}{\frac{x}{2}}\right)^2=\frac{1}{2}\left(\lim\limits_{x\to0}\frac{\sin\frac{x}{2}}{\frac{x}{2}}\right)^2=\frac{1}{2}.$

（4）令 $t=\arcsin x$，则 $x=\sin t$. 当 $x\to0$ 时，$t\to0$. 所以

$$\lim_{x\to0}\frac{\arcsin x}{x}=\lim_{t\to0}\frac{t}{\sin t}=\lim_{t\to0}\frac{1}{\frac{\sin t}{t}}=1.$$

由上例可以看出：一个趋近于零的变量的正弦与这个变量比值的极限为 1，这就是第一个重要极限的实质.

Ⅱ. $\lim\limits_{x\to\infty}\left(1+\frac{1}{x}\right)^x=\mathrm{e}.$

无理数 e 在数学理论或实际应用中都有重要作用，其值为 2.7182818….

我们先将数列 $x_n=\left(1+\frac{1}{n}\right)^n$ 的值列于表 1.2.

表 1.2

n	1	2	5	10	100	10000	10^6	…
x_n	2	2.25	2.488	2.5937	2.7048	2.7181	2.718280	…

从表 1.2 可以看出，数列 $x_n=\left(1+\frac{1}{n}\right)^n$ 单调增加而且有界，于是数列极限存在且可证

明为 e，即

$$\lim_{n\to\infty}\left(1+\frac{1}{n}\right)^{n}=\mathrm{e}.$$

还可以证明，对于连续变量 x 也有

$$\lim_{x\to\infty}\left(1+\frac{1}{x}\right)^{x}=\mathrm{e}.$$

在上式中令 $t=\frac{1}{x}$，则当 $x\to\infty$ 时 $t\to0$，于是变量代换得

$$\lim_{t\to0}(1+t)^{\frac{1}{t}}=\mathrm{e}\quad 或\quad \lim_{x\to0}(1+x)^{\frac{1}{x}}=\mathrm{e}.$$

例 13　求下列极限：

（1）$\lim_{x\to\infty}\left(1-\frac{2}{x}\right)^{3x}$；　　（2）$\lim_{x\to\infty}\left(\frac{x+3}{x-1}\right)^{x}$.

解　（1）$\lim_{x\to\infty}\left(1-\frac{2}{x}\right)^{3x}=\lim_{x\to\infty}\left(1-\frac{2}{x}\right)^{-6\left(-\frac{x}{2}\right)}=\left[\lim_{x\to\infty}\left(1-\frac{2}{x}\right)^{\left(-\frac{x}{2}\right)}\right]^{-6}=\mathrm{e}^{-6}.$

（2）**解法 1**

$$\lim_{x\to\infty}\left(\frac{x+3}{x-1}\right)^{x}=\lim_{x\to\infty}\left(1+\frac{4}{x-1}\right)^{\frac{x-1}{4}\times4+1}$$

$$=\left[\lim_{x\to\infty}\left(1+\frac{4}{x-1}\right)^{\frac{x-1}{4}}\right]^{4}\lim_{x\to\infty}\left(1+\frac{4}{x-1}\right)$$

$$=\mathrm{e}^{4}.$$

解法 2　$\lim_{x\to\infty}\left(\frac{x+3}{x-1}\right)^{x}=\lim_{x\to\infty}\left(\frac{\frac{x+3}{x}}{\frac{x-1}{x}}\right)^{x}=\frac{\left[\lim_{x\to\infty}\left(1+\frac{3}{x}\right)^{\frac{x}{3}}\right]^{3}}{\left[\lim_{x\to\infty}\left(1-\frac{1}{x}\right)^{-x}\right]^{-1}}=\mathrm{e}^{4}.$

由上例可以看出第二个重要极限的实质为

$$\lim_{u(x)\to0}[1+u(x)]^{\frac{1}{u(x)}}=\mathrm{e}.$$

例 14　连续复利公式.

解　设本金为 p，年利率为 r，则以年为期的单利（第二年利息不计入本金）计算公式为

$$s_n=p(1+nr)\ （第\ n\ 年年末的本利和）.$$

以年为期的复利（第二年利息计入本金）计算公式为

$$s_n=p\,(1+r)^{n}\ （第\ n\ 年年末的本利和）.$$

如以复利计算，若一年分 m 次付息，则第 n 年年末的本利和为

$$s_n=p\left(1+\frac{r}{m}\right)^{mn}$$

所谓连续复利，即将计息期间无限缩短，期数无限地增大（$m\to\infty$），则复利计算公式为

$$s_n=\lim_{m\to\infty}p\left(1+\frac{r}{m}\right)^{mn}=p\lim_{m\to\infty}\left(1+\frac{r}{m}\right)^{\frac{m}{r}\cdot rn}=p\mathrm{e}^{rn}.$$

四、无穷小与无穷大

1. 无穷小

定义 4　当 $x\to x_0$（或 $x\to\infty$）时，函数 $f(x)$ 无限地趋近于零，则称当 $x\to x_0$（或 $x\to\infty$）时

函数$f(x)$为**无穷小**，记作

$$\lim_{\substack{x \to x_0 \\ (x \to \infty)}} f(x) = 0.$$

无穷小具有以下性质：

(1) 有限个无穷小的代数和是无穷小；

(2) 有限个无穷小的乘积是无穷小；

(3) 有界函数(包括常数)与无穷小的乘积是无穷小.

需要注意的是，对于无限个无穷小，性质(1)和性质(2)的结论就不一定成立. 以上性质还可以帮助我们求极限.

例 15 求$\lim\limits_{x \to \infty}\left(\frac{1}{x}\sin x\right)$.

解 当$x \to \infty$时，$\frac{1}{x}$是无穷小，$\sin x$没有极限但它是有界函数，所以

$$\lim_{x \to \infty}\left(\frac{1}{x}\sin x\right) = 0$$

下列定理可以说明无穷小与函数极限的关系.

定理 4 在自变量的同一变化过程$x \to x_0$(或$x \to \infty$)中，具有极限的函数等于它的极限与一个无穷小之和；反之，如果函数可以表示为常数与无穷小之和，那么该常数就是这个函数的极限.

例如，$f(x) = 1 + \frac{1}{x}$当$x \to \infty$时极限为 1，则$f(x)$就可表示成常数 1 与当$x \to \infty$时的无穷小$\frac{1}{x}$的和；反过来，如果$f(x)$是常数 1 与当$x \to \infty$时的无穷小$\frac{1}{x}$的和，则当$x \to \infty$时$f(x) = 1 + \frac{1}{x}$的极限为 1.

2. 无穷大

定义 5 当$x \to x_0$(或$x \to \infty$)时，函数$f(x)$的绝对值$|f(x)|$无限增大，则称函数$f(x)$当$x \to x_0$(或$x \to \infty$)时为**无穷大**，记作

$$\lim_{\substack{x \to x_0 \\ (x \to \infty)}} f(x) = \infty.$$

关于无穷小与无穷大的概念要特别注意：

(1) 无穷小(除 0 以外)与无穷大都表示一个变量，不能与任何一个很小或很大的数混为一谈.

(2) 无穷小与无穷大是有条件的. 例如，函数$f(x) = \frac{1}{x}$在$x \to \infty$的条件下是无穷小，在$x \to 0$的条件下是无穷大.

(3) 无穷大是函数极限不存在的一种特殊情况，但为了便于叙述，我们也说“函数的极限是无穷大”，并可记作$\lim\limits_{\substack{x \to x_0 \\ (x \to \infty)}} f(x) = \infty$.

无穷大与无穷小之间有下列关系：

定理5　在自变量的同一变化过程中，如果$f(x)$是无穷大，则$\frac{1}{f(x)}$为无穷小；反之，如果$f(x)$是无穷小，且$f(x)\neq 0$，则$\frac{1}{f(x)}$为无穷大.

例如，当$x\to 1$时，x^2-1为无穷小，则$\frac{1}{x^2-1}$为无穷大；当$x\to\infty$时，x^2+3x-4为无穷大，则$\frac{1}{x^2+3x-4}$为无穷小.

3. 无穷小的比较

在同一变化过程中有许多无穷小，例如当$x\to 0$时，x，x^2，$\sin x$等都是无穷小，但是它们趋近于零的速度(即它们的绝对值变小的速度)却不同. 为了比较无穷小趋近于零的快慢，我们引进下述定义：

定义6　设α，β是同一变化过程中的两个无穷小，且$\alpha\neq 0$，$\lim\frac{\beta}{\alpha}$为这个变化过程中的极限.

1）如果$\lim\frac{\beta}{\alpha}=0$，则称$\beta$是比$\alpha$**高阶的无穷小**，记作$\beta=o(\alpha)$；

2）如果$\lim\frac{\beta}{\alpha}=\infty$，则称$\beta$是比$\alpha$**低阶的无穷小**；

3）如果$\lim\frac{\beta}{\alpha}=c\neq 0$($c$是常数)，则称$\beta$与$\alpha$是**同阶无穷小**；

4）如果$\lim\frac{\beta}{\alpha}=1$，则称$\beta$与$\alpha$是**等价无穷小**，记作$\alpha\sim\beta$.

显然，等价无穷小是同阶无穷小的特殊情形，即$c=1$的情形.

例如，因为$\lim\limits_{x\to 0}\frac{3x^2}{x}=0$，所以当$x\to 0$时，$3x^2$是比$x$高阶的无穷小，即$3x^2=o(x)\ (x\to 0)$，而$x$是比$3x^2$低阶的无穷小. 由于$\lim\limits_{x\to 0}\frac{\sin x}{x}=1$，当$x\to 0$时，$\sin x$与$x$是等价无穷小，即$\sin x\sim x\ (x\to 0)$.

关于等价无穷小，有一个重要性质：

若$\alpha\sim\alpha'$，$\beta\sim\beta'$，且$\lim\frac{\beta'}{\alpha'}$存在，则

$$\lim\frac{\beta}{\alpha}=\lim\frac{\beta'}{\alpha'}.$$

这个性质表明，求两个无穷小之比的极限时，分子与分母都可用等价无穷小来代换. 因此，如果用来代替的无穷小选择适当，就可以使计算简化.

例16　求$\lim\limits_{x\to 0}\frac{\tan 2x}{\sin 5x}$.

解　当$x\to 0$时，$\tan 2x\sim 2x$，$\sin 5x\sim 5x$，所以

$$\lim_{x\to 0}\frac{\tan 2x}{\sin 5x}=\lim_{x\to 0}\frac{2x}{5x}=\frac{2}{5}.$$

注意：等价代换是对分子或分母的整体替换(或对分子、分母的因式进行替换)，而对分

子或分母中“+”“-”号连接的各部分不能分别作替换.

例如，$\lim\limits_{x\to 0}\dfrac{\tan x-\sin x}{x^3}=\lim\limits_{x\to 0}\dfrac{\sin x(1-\cos x)}{x^3\cos x}=\lim\limits_{x\to 0}\dfrac{2\sin x\sin^2\dfrac{x}{2}}{x^3\cos x}=\dfrac{1}{2}$.

但若 $\tan x$ 与 $\sin x$ 分别用其等价无穷小 x 代换，则有

$$\lim_{x\to 0}\frac{\tan x-\sin x}{x^3}=\lim_{x\to 0}\frac{x-x}{x^3}=0.$$

这样就错了.

下面是常用的几个等价无穷小代换，应当熟记：

当 $x\to 0$ 时，有 $\sin kx\sim kx$，$\tan kx\sim kx$，$\arcsin x\sim x$，$\arctan x\sim x$，$1-\cos x\sim\dfrac{x^2}{2}$，$\ln(1+x)\sim x$，$e^x-1\sim x$，$\sqrt{1+x}-1\sim\dfrac{1}{2}x$.

五、二元函数的极限

定义7 设二元函数 $z=f(x,y)$ 在点 $P_0(x_0,y_0)$ 的邻域 $U(P_0)$ 内有定义(P_0可以除外). 点 $P(x,y)$ 是 $U(P_0)$ 内异于 P_0的任意一点，如果当 $P(x,y)$ 以任何方式无限接近于点 $P_0(x_0,y_0)$ 时，对应的函数值 $f(x,y)$ 无限地接近于某个确定的常数 A，则称当 $x\to x_0$，$y\to y_0$时 $f(x,y)$ 有极限 A，记作

$$\lim_{\substack{x\to x_0\\ y\to y_0}}f(x,y)=A \text{ 或 } \lim_{P\to P_0}f(P)=A.$$

上述定义的二元函数的极限叫做二重极限，二重极限是一元函数极限的推广，有关一元函数极限运算的法则和定理，均可类推到二重极限中去，这里不作详述.

例17 求极限 $\lim\limits_{\substack{x\to 0\\ y\to 0}}\dfrac{x^2+y^2}{\sqrt{x^2+y^2+1}-1}$.

解

$$\begin{aligned}&\lim_{\substack{x\to 0\\ y\to 0}}\frac{x^2+y^2}{\sqrt{x^2+y^2+1}-1}\\ =&\lim_{\substack{x\to 0\\ y\to 0}}\frac{(x^2+y^2)(\sqrt{x^2+y^2+1}+1)}{(\sqrt{x^2+y^2+1}-1)(\sqrt{x^2+y^2+1}+1)}\\ =&\lim_{\substack{x\to 0\\ y\to 0}}(\sqrt{x^2+y^2+1}+1)=2.\end{aligned}$$

必须注意，只有当 $P(x,y)$ 以任何方式无限接近于点 $P_0(x_0,y_0)$ 时，对应的函数值 $f(x,y)$ 无限地接近于某个确定的常数 A，才能说 $f(x,y)$ 有极限 A. 也就是说，如果当 $P(x,y)$ 以不同方式趋近于点 $P_0(x_0,y_0)$ 时，对应的函数值 $f(x,y)$ 趋于不同的常数，那么函数 $f(x,y)$ 的极限不存在.

例18 讨论极限 $\lim\limits_{\substack{x\to 0\\ y\to 0}}\dfrac{xy}{x^2+y^2}$ 是否存在.

解 令 $y=kx$，这时 $x\to 0$ 时 y 也趋近于0，则

$$\lim_{\substack{x\to 0\\ y\to 0}}\frac{xy}{x^2+y^2}=\lim_{x\to 0}\frac{kx^2}{(1+k^2)x^2}=\frac{k}{1+k^2}.$$

可以看出此极限因 k 值不同而不同，也就是说 (x,y) 以不同路径趋近于点 $(0,0)$ 时，得到的极限不同，因此函数 $f(x,y)=\dfrac{xy}{x^2+y^2}$ 在点 $(0,0)$ 处的极限不存在.

习　题　1.3

1. 试问函数 $f(x)=\begin{cases} x\sin\dfrac{1}{x}, & x>0 \\ 10, & x=0 \\ 5+x^2, & x<0 \end{cases}$ 在 $x=0$ 处的左、右极限是否存在？当 $x\to 0$ 时，$f(x)$ 的极限是否存在？

2. 计算下列极限：

(1) $\lim\limits_{x\to -1}\dfrac{x^2+2x+5}{x^2+1}$；　(2) $\lim\limits_{x\to 4}\dfrac{x^2-6x+8}{x^2-5x+4}$；

(3) $\lim\limits_{x\to 1}\left(\dfrac{1}{1-x}-\dfrac{3}{1-x^3}\right)$；　(4) $\lim\limits_{x\to 1}\dfrac{\sqrt{5x-4}-\sqrt{x}}{x-1}$；

(5) $\lim\limits_{x\to\infty}\left(1+\dfrac{1}{x}\right)\left(2-\dfrac{1}{x^2}\right)$；　(6) $\lim\limits_{x\to\infty}\dfrac{x^2-1}{2x^2-x-1}$；

(7) $\lim\limits_{x\to\infty}\dfrac{x^2+x}{x^4-3x^2+1}$；　(8) $\lim\limits_{n\to\infty}\left[\dfrac{1}{1\cdot 2}+\dfrac{1}{2\cdot 3}+\cdots+\dfrac{1}{n(n+1)}\right]$；

(9) $\lim\limits_{x\to\infty}\dfrac{\arctan x}{x}$；　(10) $\lim\limits_{x\to\infty}\dfrac{x^2}{2x+1}$.

3. 计算下列极限：

(1) $\lim\limits_{x\to 0}\dfrac{\tan 3x}{x}$；　(2) $\lim\limits_{x\to 0}\dfrac{1-\cos 2x}{x\sin x}$；

(3) $\lim\limits_{x\to\pi}\dfrac{\sin x}{x-\pi}$；　(4) $\lim\limits_{x\to 0}(1+2x)^{\frac{1}{x}}$；

(5) $\lim\limits_{x\to\infty}\left(\dfrac{1+x}{x}\right)^{2x}$；　(6) $\lim\limits_{x\to\infty}\left(\dfrac{3+2x}{2x+1}\right)^{x+1}$.

4. 当 $x\to 1$ 时，比较 $f(x)=\dfrac{1-x}{1+x}$ 与 $g(x)=1-\sqrt[3]{x}$.

5. 计算下列极限：

(1) $\lim\limits_{\substack{x\to 0\\ y\to 0}}\dfrac{\sin(xy)}{x}$；　(2) $\lim\limits_{\substack{x\to 1\\ y\to 0}}\dfrac{\ln(x+e^y)}{x^2+y^2}$.

6. 讨论 $\lim\limits_{\substack{x\to 0\\ y\to 0}}\dfrac{x+y}{x-y}$ 是否存在.

第四节　函数的连续性

在很多实际问题中，变量的变化常常是不间断的，如自然界中气温的变化、水的流动、动植物的生长等. 这种不间断的变化反映在函数中，就是函数的连续性.

一、一元函数的连续性

我们先给出增量的概念，然后用极限来定义函数的连续性.

1. 函数的增量

定义 1 对函数 $y=f(x)$，自变量 x 由 x_0 变到 x_1，相应的函数值由 $f(x_0)$ 变到 $f(x_1)$，则称 $\Delta x=x_1-x_0$ 为**自变量的增量**(或改变量)，称 $\Delta y=f(x_1)-f(x_0)$ 为**函数 $y=f(x)$ 的增量**(或改变量).

注意：Δx 可正、可负，但不为零；Δy 可正、可负，也可为零；当 $\Delta x>0$ 时，Δy 却不一定为正.

2. 连续的概念

如图 1.22 所示，如果函数 $y=f(x)$ 的图像在点 x_0 处没有断开，那么当在点 x_0 处的增量 $\Delta x\to 0$ 时，也有相应的函数值增量 $\Delta y\to 0$. 由此我们给出函数在一点连续的概念.

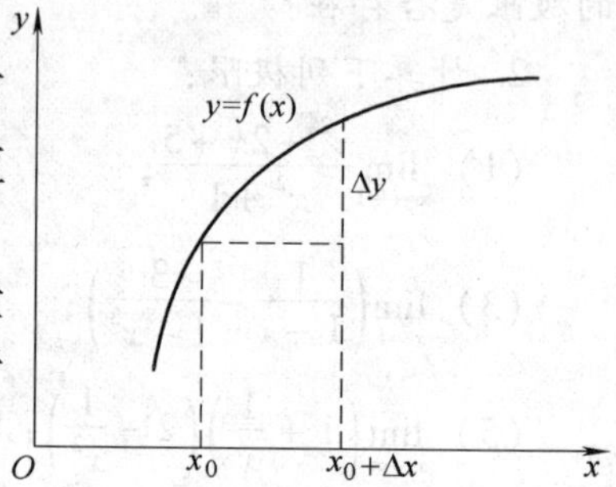

图 1.22

定义 2 设函数 $f(x)$ 在 $U(x_0)$ 内有定义，如果当自变量的增量 Δx 趋向于零时，对应的函数的增量 Δy 也趋向于零，即

$$\lim_{\Delta x\to 0}\Delta y=0 \quad 或 \quad \lim_{\Delta x\to 0}[f(x_0+\Delta x)-f(x_0)]=0,$$

那么就称函数 $f(x)$ 在点 x_0 **连续**，x_0 称为 $f(x)$ 的**连续点**.

为了方便起见，函数 $f(x)$ 在点 x_0 连续的定义可用另一种形式叙述.

设 $x=x_0+\Delta x$，则 $\Delta y=f(x)-f(x_0)$，当 $\Delta x\to 0$ 时有 $x\to x_0$，从而由 $\Delta y\to 0$ 可得 $f(x)\to f(x_0)$. 这样函数在一点连续的定义又可叙述如下：

定义 3 设函数 $f(x)$ 在 $U(x_0)$ 内有定义，如果函数 $f(x)$ 当 $x\to x_0$ 时的极限存在，且等于它在点 x_0 处的函数值 $f(x_0)$，即

$$\lim_{x\to x_0}f(x)=f(x_0),$$

那么就称函数 $f(x)$ 在点 x_0 连续.

由左、右极限的概念我们可给出函数左、右连续的定义.

定义 4 若函数 $f(x)$ 在 $(a,x_0]$ 内有定义，且 $f(x_0-0)=f(x_0)$，则称 $f(x)$ 在点 x_0 处**左连续**；若函数 $f(x)$ 在 $[x_0,b)$ 内有定义，且 $f(x_0+0)=f(x_0)$，则称 $f(x)$ 在点 x_0 处**右连续**.

由函数在一点连续的定义和极限存在的充要条件可知：函数 $f(x)$ 在点 x_0 连续的充要条件是函数在点 x_0 处左右都连续.

函数 $f(x)$ 如果在开区间 (a,b) 内的每一点都连续，就称 $f(x)$ 在 (a,b) 内连续；如果函数 $f(x)$ 不仅在 (a,b) 内连续，而且在点 a 右连续，点 b 左连续，则称 $f(x)$ 在 $[a,b]$ 上连续. 在区间上每一点都连续的函数，叫做在该区间上的连续函数，此区间叫做函数的连续区间.

例 1 讨论 $f(x)=\begin{cases}x\sin\dfrac{1}{x}, & x\neq 0\\ 0, & x=0\end{cases}$，在 $x=0$ 处的连续性.

解 因为函数 $f(x)$ 在 $x=0$ 处有定义，且

$$\lim_{x\to 0}x\sin\frac{1}{x}=0=f(0),$$

所以函数 $f(x)$ 在 $x=0$ 处连续.

例 2　讨论 $f(x)=\begin{cases}x+2, & x\geqslant 0\\ x-2, & x<0\end{cases}$ 在 $x=0$ 处的连续性.

解　函数 $f(x)$ 在 $x=0$ 处有定义，而

$$\lim_{x\to 0^-}(x-2)=-2\neq\lim_{x\to 0^+}(x+2)=2,$$

即函数 $f(x)$ 在 $x=0$ 处无极限，因此函数 $f(x)$ 在 $x=0$ 处不连续.

3. 函数的间断点

函数 $f(x)$ 在点 x_0 处连续必须同时满足以下三个条件：

1）函数 $f(x)$ 在点 x_0 及其附近有定义；

2）极限 $\lim\limits_{x\to x_0}f(x)$ 存在；

3）$\lim\limits_{x\to x_0}f(x)=f(x_0)$.

上述三个条件中只要有一个不满足，则称函数 $f(x)$ 在 x_0 点处**不连续**（或**间断**），并称点 x_0 为 $f(x)$ 的**不连续点**（或**间断点**）.

设函数 $f(x)$ 在点 x_0 间断：

（1）如果 $\lim\limits_{x\to x_0^-}f(x)$ 与 $\lim\limits_{x\to x_0^+}f(x)$ 都存在，那么点 x_0 称为函数 $f(x)$ 的**第一类间断点**. 特别地，如果 $\lim\limits_{x\to x_0^-}f(x)=\lim\limits_{x\to x_0^+}f(x)$（即 $\lim\limits_{x\to x_0}f(x)$ 存在），但不等于函数值 $f(x_0)$，则点 x_0 称为**可去间断点**；若 $\lim\limits_{x\to x_0^-}f(x)\neq\lim\limits_{x\to x_0^+}f(x)$，则点 x_0 称为**跳跃间断点**.

（2）如果 $\lim\limits_{x\to x_0^-}f(x)$ 与 $\lim\limits_{x\to x_0^+}f(x)$ 至少有一个不存在，那么点 x_0 称为函数 $f(x)$ 的**第二类间断点**. 特别地，如果 $\lim\limits_{x\to x_0^-}f(x)$ 与 $\lim\limits_{x\to x_0^+}f(x)$ 至少有一个是无穷大，则点 x_0 称为**无穷间断点**.

例 3　讨论函数 $f(x)=\begin{cases}-x, & x\leqslant 0\\ 1+x, & x>0\end{cases}$ 在 $x=0$ 处的连续性.

解　函数 $f(x)$ 在 $x=0$ 处有定义，但

$$\lim_{x\to 0^-}(-x)=0\neq\lim_{x\to 0^+}(1+x)=1,$$

因此点 $x=0$ 是函数 $f(x)$ 的跳跃间断点（图 1.23）.

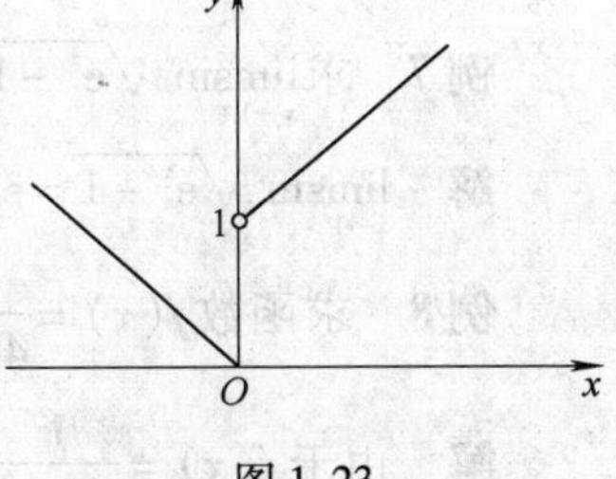

图 1.23

例 4　讨论函数 $f(x)=\begin{cases}2\sqrt{x}, & 0\leqslant x<1\\ 1, & x=1\\ 1+x, & x>1\end{cases}$，在 $x=1$ 处的连续性.

解　函数 $f(x)$ 在 $x=1$ 处有定义，因为

$$\lim_{x\to 1^-}2\sqrt{x}=2=\lim_{x\to 1^+}(1+x),$$

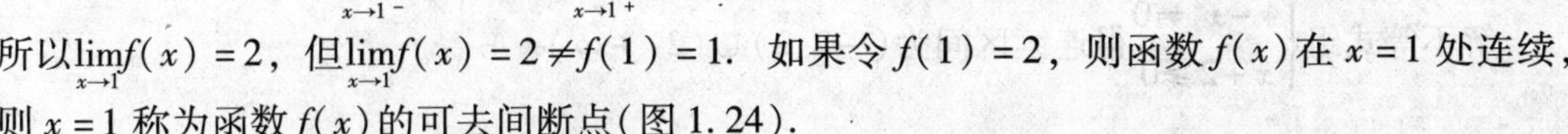

所以 $\lim\limits_{x\to 1}f(x)=2$，但 $\lim\limits_{x\to 1}f(x)=2\neq f(1)=1$. 如果令 $f(1)=2$，则函数 $f(x)$ 在 $x=1$ 处连续，则 $x=1$ 称为函数 $f(x)$ 的可去间断点（图 1.24）.

由此例可见，可去间断点只要改变或者补充间断处函数的定义，则可使其变为连续点.

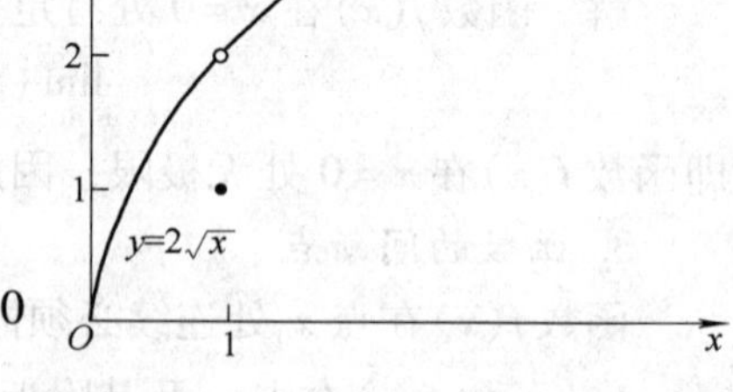

图 1.24

例5 讨论函数$f(x)=\begin{cases}\dfrac{1}{x}, & x>0\\ x, & x\leqslant 0\end{cases}$在$x=0$处的连续性.

解 函数$f(x)$在$x=0$处有定义，但

$$\lim_{x\to 0^+}\frac{1}{x}=\infty,$$

所以点$x=0$是函数$f(x)$的无穷间断点.

例6 当a取何值时，函数$f(x)=\begin{cases}\cos x, & x<0\\ a+x, & x\geqslant 0\end{cases}$在$x=0$处连续?

解 函数$f(x)$在$x=0$处有定义，只要

$$\lim_{x\to 0^-}\cos x=1=\lim_{x\to 0^+}(a+x)=a=f(0),$$

即$a=1$，函数$f(x)$在$x=0$处就连续.

4. *初等函数的连续性*

首先，利用连续的定义可以证明基本初等函数在其定义域内都是连续的. 其次，两个连续函数经过加、减、乘、除运算后仍连续(相除时要求分母不为零). 此外，可以证明两个连续函数的复合函数仍是连续函数. 于是由初等函数的定义我们可以得出下面结论：

定理1 一切初等函数在其定义区间内都是连续的.

特别应注意的是，定义区间是指包含在定义域内的区间，初等函数仅在其定义区间内连续，在其定义域内不一定连续. 例如函数$y=\sqrt{\sin x-1}$在其定义域内不连续.

利用初等函数的连续性可以帮助我们求极限，其方法如下：

(1) 若$f(x)$是初等函数，且x_0是$f(x)$的定义区间内的点，则

$$\lim_{x\to x_0}f(x)=f(x_0).$$

(2) 对于复合函数$y=f[\varphi(x)]$，若$\lim\limits_{x\to x_0}\varphi(x)=a$，而函数$f(u)$在$u=a$点连续，则

$$\lim_{x\to x_0}f[\varphi(x)]=f[\lim_{x\to x_0}\varphi(x)]=f(a).$$

例7 求$\lim\limits_{x\to 1}\sin\sqrt{e^x-1}$.

解 $\lim\limits_{x\to 1}\sin\sqrt{e^x-1}=\sin\sqrt{\lim\limits_{x\to 1}(e^x-1)}=\sin\sqrt{e-1}$.

例8 求函数$f(x)=\dfrac{1}{4-x^2}+\sqrt{x+2}$的连续区间.

解 由于$f(x)=\dfrac{1}{4-x^2}+\sqrt{x+2}$是初等函数，故它的连续区间就是定义域区间.

解不等式组$\begin{cases}4-x^2\neq 0\\ x+2\geqslant 0\end{cases}$得连续区间为$(-2,2)\cup(2,+\infty)$.

二、二元函数的连续性

与一元函数一样，我们用函数极限说明二元函数的连续性的概念.

定义5 设函数$f(x,y)$在$P_0(x_0,y_0)$的某个邻域$U(P_0)$内有定义，点$P(x,y)$是$U(P_0)$内

任意一点，如果

$$\lim_{\substack{x\to x_0\\ y\to y_0}} f(x,y)=f(x_0,y_0),$$

则称函数 $f(x,y)$ 在点 $P_0(x_0,y_0)$ 处**连续**.

若函数 $f(x,y)$ 在点 $P_0(x_0,y_0)$ 处不连续，则称点 $P_0(x_0,y_0)$ 为函数 $f(x,y)$ 的**间断点**. 二元函数的间断点的集合有可能为一条平面曲线. 例如，$f(x,y)=\dfrac{1}{x^2+y^2-4}$ 的间断点为 xOy 平面上一个圆 $x^2+y^2=4$.

如果函数 $f(x,y)$ 在区域 D 内每一点都连续，则称 $f(x,y)$ 在区域 D 内连续.

由极限的四则运算法则及有关复合函数的极限定理可以证明，二元连续函数的和、差、积、商(分母不能为零)及二元连续函数的复合函数都是连续的. 由此我们进一步得到结论：二元初等函数在其定义域区域内(指包含在定义域内的区域)是连续的.

例 9　求 $\lim\limits_{\substack{x\to 1\\ y\to 1}}\dfrac{2x-y^2}{x^2+y^2}$.

解　函数的定义域 $D=\{(x,y)\mid x^2+y^2\neq 0\}$，而点 $(1,1)\in D$，故 $f(x,y)$ 在点 $(1,1)$ 处连续，由二元函数连续的定义，有

$$\lim_{\substack{x\to 1\\ y\to 1}}\frac{2x-y^2}{x^2+y^2}=f(1,1)=\frac{2\times 1-1^2}{1^2+1^2}=\frac{1}{2}.$$

三、闭区间上连续函数的性质

在闭区间上连续的一元函数有几个重要性质，下面我们以定理的形式给出.

定理 2(最大值和最小值定理)　在闭区间上连续的函数一定有最大值和最小值.

值得注意的是，如果函数在开区间内连续，或函数在闭区间上有间断点，那么定理不一定成立.

推论 1　在闭区间上连续的函数一定在该区间上有界.

定理 3(介值定理)　设函数 $f(x)$ 在闭区间 $[a,\ b]$ 上连续，且 $f(a)\neq f(b)$，则对于任一介于 $f(a)$ 与 $f(b)$ 之间的常数 C，在开区间 (a,b) 内至少有一点 ξ，使得

$$f(\xi)=C.$$

即闭区间上的连续函数可以取得介于区间端点函数值之间的一切值.

其几何意义是：连续曲线 $y=f(x)$ 与直线 $y=C$(C 在 $f(a)$ 与 $f(b)$ 之间) 至少有一个交点(图 1.25).

推论 2　在闭区间上连续的函数必取得介于最大值与最小值之间的任何值.

推论 3(零点定理)　设函数 $f(x)$ 在闭区间 $[a,b]$ 上连续，且 $f(a)\cdot f(b)<0$，那么在开区间 (a,b) 内至少有函数 $f(x)$ 的一个零点，即至少有一点 $\xi(a<\xi<b)$，使 $f(\xi)=0$.

从图 1.26 可以看出，$f(x)$ 的图像至少穿过 x 轴一次，此定理是很明显的. 这个定理常用来判断方程是否有根.

例 10　证明方程 $x^3-4x^2+1=0$ 在区间 $(0,1)$ 内至少有一个根.

证　设函数 $f(x)=x^3-4x^2+1$，则 $f(x)$ 显然在 $[0,1]$ 上连续，并且

$$f(0)=1>0,\ f(1)=-2<0.$$

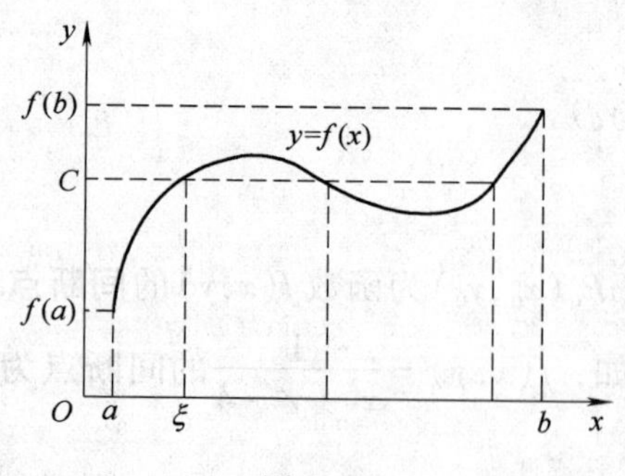

图 1.25

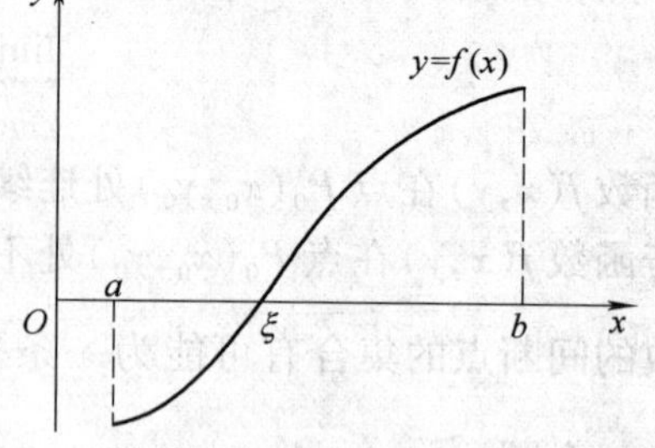

图 1.26

由零点定理可知在(0,1)内至少有一点 ξ，使得 $f(\xi)=0$，即

$$\xi^3-4\xi^2+1=0,\ \xi\in(0,1).$$

即可证得方程 $x^3-4x^2+1=0$ 在区间(0,1)内至少有一根.

与闭区间上一元连续函数的性质相类似，在有界闭区域上的二元连续函数也有如下性质：

性质1（最大值与最小值定理）　设在有界闭区域 D 上的二元连续函数 $f(x,y)$，在该区域上至少可取得最大值和最小值各一次.

性质2（介值定理）　设在有界闭区域 D 上的二元连续函数 $f(x,y)$，$A(x_1,y_1)$，$B(x_2,y_2)$ 为 D 上任意两点，则对介于 $f(x_1,y_1)$ 和 $f(x_2,y_2)$ 的任何一值 k，在 D 中至少存在一点 $\xi(x_0,y_0)$，使得 $f(x_0,y_0)=k$.

习　题　1.4

1. 设函数

$$f(x)=\begin{cases}x\sin\dfrac{1}{x}+b, & x<0\\ a, & x=0\\ \dfrac{\sin x}{x}, & x>0\end{cases}$$

问：(1) a，b 取何值时，$f(x)$ 在 $x=0$ 处有极限？

(2) a，b 取何值时，$f(x)$ 在 $x=0$ 处连续？

2. 确定下列函数的连续区间及间断点：

(1) $y=\dfrac{x^2-1}{x^2-3x+2}$；　　(2) $y=\dfrac{x^4+x+1}{x^2+x-6}$；

(3) $y=\begin{cases}x-1, & x\leqslant 1\\ 3-x, & x>1\end{cases}$；　　(4) $y=\dfrac{|x|}{x}$.

3. 研究函数 $f(x)=\begin{cases}x, & |x|\leqslant 1\\ 1, & |x|>1\end{cases}$ 的连续性，并画出函数的图形.

4. 讨论函数 $f(x)=\lim\limits_{n\to\infty}\dfrac{1-x^{2n}}{1+x^{2n}}$ 的连续性，若有间断点，判断其类型.

5. 计算下列各极限：

(1) $\lim\limits_{x\to 0}\ln\dfrac{\sin x}{x}$；　　(2) $\lim\limits_{x\to 1}\dfrac{e^{x^2-1}-\ln x}{2x-1}$；　　(3) $\lim\limits_{x\to 0}\dfrac{\ln(1+x)}{x}$.

6. 证明方程 $x+\sin x-1=0$ 在 0 与 π 之间有实根.

7. 指出下列函数的间断处：

(1) $u=\dfrac{2x}{x^2-y^2}$；　　(2) $z=\sin\dfrac{1}{xy}$.

本章小结

本章主要介绍了函数、极限和连续的概念.

(1) 函数的概念是本章的重点之一，正确理解函数的概念必须抓住定义域和对应法则这两个要素. 初等函数、复合函数、分段函数是函数内容的难点，六类基本初等函数是基础，要熟知每一类基本初等函数的定义、图形和基本性质. 初等函数由基本初等函数生成，初等函数是本课程研究的主要函数. 复合函数是由函数间的一种运算——复合运算而产生的，学习复合函数关键要分清复合过程，会把复杂函数拆分成几个简单函数的复合能给今后的学习奠定良好的基础. 经济分析中常见的函数有需求函数、供给函数、成本函数、收入函数和利润函数.

(2) 高等数学是从运动和变化的观点，运用极限这一有力工具研究函数的性态的. 极限概念在本课程中占有重要地位，是本章的又一重点和难点. 我们借助函数图形，直观地给出了函数极限的描述性定义，介绍了运用极限的四则运算法则、重要极限公式、连续性、无穷小量的性质等求极限的方法，应熟练掌握. 无穷小量是一类最简单的有极限的变量，其极限皆为零；无穷大量是一类没有极限的变量，其绝对值无限增大.

(3) 本章最后以极限为工具，用公式 $\lim\limits_{x\to x_0}f(x)=f(x_0)$ 或 $\lim\limits_{\Delta x\to 0}\Delta y=0$ 刻画函数在一点处的连续性，函数连续的概念是本章的又一重点，函数在一点处连续应满足三个条件，分析函数的间断点是一个难点. 初等函数在其定义区间内都连续，闭区间上连续函数有两个基本性质——最值性和零点存在性.

(4) 以一元函数的概念、极限、连续性为本章的全息元，抓住关键，掌握最核心的信息.

(5) 二元函数可微与一元函数可微的概念是类似的，类似的概念互为全息元，那么在讲授二元函数的概念、极限、连续性时，就可以以一元函数的概念、极限、连续性为全息元，启发学生概括出二元函数的相关内容.

复习题一

1. 选择题：

(1) 设 $f(x)=\begin{cases}1, & x>0\\0, & x\leqslant 0\end{cases}$，$g(x)=\begin{cases}x-1, & x>1\\1-x, & x\leqslant 1\end{cases}$，则 $g[f(x)]=$(　　).

A. $1+f(x)$　　B. $1-f(x)$　　C. $f(x)-1$　　D. $f(x)$

(2) 设 $f(x)$ 是定义在 $(-\infty,+\infty)$ 内的任意函数，下列函数中(　　)为奇函数.

A. $f(-x)$　　B. $|f(x)|$　　C. $f(x)+f(-x)$　　D. $f(x)-f(-x)$

(3) 若 $f(x)=\dfrac{1-x}{2(1+x)}$，$g(x)=1-\sqrt{x}$，则当 $x\to 1$ 时，有(　　).

A. $f(x)=o(g(x))$　　B. $g(x)=o(f(x))$

C. $f(x)$ 与 $g(x)$ 是等价无穷小　　D. $f(x)$ 与 $g(x)$ 是同阶无穷小

（4） 设$f(x)=\begin{cases} e^{\frac{1}{x}}, & x<0 \\ 0, & 0\leqslant x<1 \\ (x-1)\sin\dfrac{1}{x-1}, & x>1 \end{cases}$，则（　　）.

A. $f(x)$在$(-\infty,+\infty)$内连续　　B. $f(x)$在$x=0$处连续，$x=1$处间断

C. $f(x)$在$x=1$处连续，$x=0$处间断　　D. $f(x)$在$x=1$，$x=0$处都间断

（5） $\lim\limits_{x\to\frac{\pi}{2}}(\sec x-\tan x)=$（　　）.

A. 1　　B. ∞　　C. 0　　D. $\frac{1}{2}$

2. 填空题：

（1） 定义在$[-1,0]$上的函数$y=\sqrt{1-x^2}$的反函数是________，其定义域是________.

（2） $\lim\limits_{n\to\infty}\sqrt{n}(\sqrt{n+1}-\sqrt{n-2})=$________.

（3） 设$f(x)=\dfrac{x^2-5x+6}{x^2-4}$，则当$x\to$________时，$f(x)$为无穷大；当$x\to$________时，$f(x)$为无穷小.

（4） 设$f(x)=\dfrac{1-\cos x}{x^2}$，则$x=0$为$f(x)$的________间断点.

（5） 已知$x\to0$时，$\sqrt{1+ax^2}-1$与$\sin^2x$等价，则$a=$________.

3. 计算：$\lim\limits_{x\to\infty}\left(\dfrac{x+2}{x+1}\right)^x$.

4. 讨论函数$y=\dfrac{x}{1-e^{\frac{x+1}{x-1}}}$的连续性，并判断其间断点是属于第几类间断点.

5. 讨论函数$f(x)=\lim\limits_{n\to\infty}\dfrac{x^{n+2}-x^{-n}}{x^n+x^{-n}}$的连续性.

6. $\lim\limits_{x\to1}\dfrac{x^2+bx+a}{1-x}=5$，求$a$，$b$.

7. 求$\lim\limits_{x\to\infty}\left(1-\dfrac{1}{x^2}\right)^x$.

8. 证明方程$x^3+px+q=0$至少有一个实根.

第二章　导数与微分

我们在解决经济中的问题时，不但需要建立起变量之间的函数关系，有时还要研究变量随着另一些变量的变化率．研究这些问题需要引入导数和微分的概念．导数与微分是微分学中的两个基本概念，微分学是微积分的重要组成部分．本章在前面讲述的极限内容的基础上，从经济学和导数产生的背景入手，介绍导数的概念，然后进一步讨论函数的导数和微分的求法．

第一节　导数的概念

一、导数概念的引入

1. 变速直线运动的瞬时速度

设一质点做变速直线运动，若质点的运行路程 s 与运行时间 t 的关系为 $s=f(t)$，求质点在 t_0 时刻的“瞬时速度”．

如果质点做匀速直线运动，那就好办了，给一个时间的增量 Δt，那么质点在时刻 t_0 与时刻 $t_0+\Delta t$ 间隔内的平均速度也就是质点在时刻 t_0 的“瞬时速度”．即

$$v_0=\bar{v}=\frac{f(t_0+\Delta t)-f(t_0)}{\Delta t}.$$

可我们要解决的问题没有这么简单，由于质点做变速直线运动，它的运行速度时刻都在发生变化，那该怎么办呢？首先在时刻 t_0 任给一个时间增量 Δt，考虑质点由 t_0 到 $t_0+\Delta t$ 这段时间的平均速度：

$$\bar{v}=\frac{\Delta s}{\Delta t}=\frac{f(t_0+\Delta t)-f(t_0)}{\Delta t}$$

当时间间隔 Δt 很小时，其平均速度就可以近似地看做时刻 t_0 的瞬时速度．用极限思想来解释就是：当 $\Delta t\to 0$ 时，对平均速度取极限，即

$$\lim_{\Delta t\to 0}\frac{\Delta s}{\Delta t}=\lim_{\Delta t\to 0}\frac{f(t_0+\Delta t)-f(t_0)}{\Delta t}.$$

如果这个极限存在的话，其极限值就是质点在时刻 t_0 的瞬时速度．

2. 平面曲线切线的斜率

设 $y=f(x)$ 为 xOy 平面上的一条曲线，求该曲线在点 $P_0(x_0, y_0)$的切线的斜率．

首先，我们在中学内容的基础上对曲线的切线给出下面的定义．

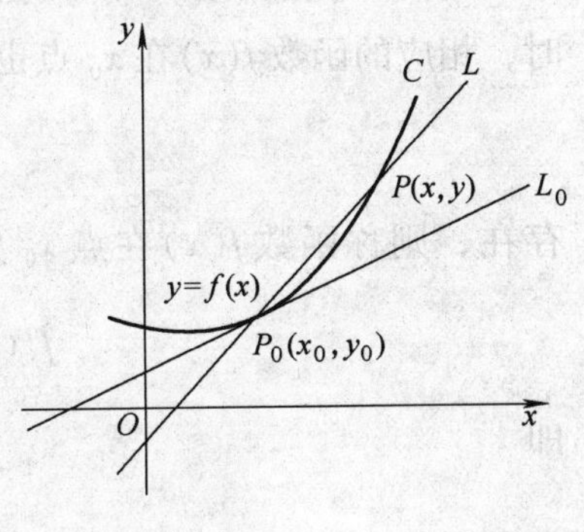

图 2.1

如图 2.1 所示，对于曲线 C，设 P_0 为 C 上一定点，在

该曲线 C 上任取一点 P，当动点 P 沿曲线 C 无论以何种方式无限趋近于定点 P_0 的时候，割线 P_0P 的极限位置 L_0 存在，这个极限位置的直线 L_0 就称为曲线 C 过点 P_0 的切线.

根据上述切线的定义，我们来考虑切线的斜率.

我们可以先求出割线 L 的斜率为

$$k_{割}=\frac{f(x)-f(x_0)}{x-x_0}.$$

注意到，P 无限趋近于定点 P_0 等价于 $x\to x_0$，因此，曲线 C 过 P_0 点的切线的斜率为

$$k_{切}=\lim_{x\to x_0}\frac{f(x)-f(x_0)}{x-x_0}.$$

如果令 $\Delta x=x-x_0$，那么 $x=x_0+\Delta x$，并且 $x\to x_0\Leftrightarrow\Delta x\to 0$，所以

$$k_{切}=\lim_{\Delta x\to 0}\frac{f(x_0+\Delta x)-f(x_0)}{\Delta x}.$$

3. 产品的边际成本

设某产品的总成本 C 是产量 q 的函数，即 $C=f(q)$. 当产量由 q_0 变到 $q_0+\Delta q$ 时，总成本相应的改变量为 $\Delta C=f(q_0+\Delta q)-f(q_0)$. 称

$$\frac{\Delta C}{\Delta q}=\frac{f(q_0+\Delta q)-f(q_0)}{\Delta q}$$

为产量由 q_0 变到 $q_0+\Delta q$ 时总成本的平均变化率. 如果极限

$$\lim_{\Delta q\to 0}\frac{\Delta C}{\Delta q}=\lim_{\Delta q\to 0}\frac{f(q_0+\Delta q)-f(q_0)}{\Delta q}$$

存在，则称此极限是产量为 q_0 时的总成本的变化率，又称**边际成本**.

上面三个例子从各自的具体意义来说，毫不相干，但若把它们从具体意义中抽象出来，则问题都是求函数值的改变量与自变量的改变量之比，当自变量的改变量趋于零时的极限.

撇开它们具体的物理学、几何学、经济学上的意义，抽象出数学符号的概念即用数学语言描述，就是我们下面介绍的导数概念.

二、导数的定义

1. 函数在某一点的导数

定义 1 设函数 $y=f(x)$ 在点 x_0 的某邻域内有定义，当自变量 x 在 x_0 有一个改变量 Δx 时，相应的函数 $f(x)$ 在 x_0 点也有一个改变量 $\Delta y=f(x_0+\Delta x)-f(x_0)$. 若

$$\lim_{\Delta x\to 0}\frac{\Delta y}{\Delta x}=\lim_{\Delta x\to 0}\frac{f(x_0+\Delta x)-f(x_0)}{\Delta x}$$

存在，则称函数 $f(x)$ 在点 x_0 处**可导**，并称该极限值为函数 $f(x)$ 在点 x_0 处的**导数**，记作

$$f'(x_0)，或\ y'\Big|_{x=x_0}，\frac{\mathrm{d}y}{\mathrm{d}x}\Big|_{x=x_0}，\frac{\mathrm{d}f}{\mathrm{d}x}\Big|_{x=x_0}$$

即

$$f'(x_0)=\lim_{\Delta x\to 0}\frac{f(x_0+\Delta x)-f(x_0)}{\Delta x}. \tag{1}$$

因为 $x=x_0+\Delta x$，$\Delta y=f(x_0+\Delta x)-f(x_0)$，则式(1)可改写为

$$f'(x_0)=\lim_{x\to x_0}\frac{f(x)-f(x_0)}{x-x_0}. \tag{2}$$

由此可见，导数就是函数增量 Δy 与自变量增量 Δx 之比$\frac{\Delta y}{\Delta x}$的极限. 一般地，我们称$\frac{\Delta y}{\Delta x}$为函数关于自变量的平均变化率(又称差商)，所以导数 $f'(x_0)$ 为 $f(x)$ 在点 x_0 处关于 x 的变化率(也称为边际).

若式(1)或式(2)极限不存在，则称 $f(x)$ 在点 x_0 处不可导.

注意： 函数在某一定点的导数是一个数值.

例 1　求函数 $f(x)=x^2+x$ 在点 $x=0$ 处的导数.

解　由定义得

$$f'(0)=\lim_{\Delta x\to 0}\frac{f(0+\Delta x)-f(0)}{\Delta x}=\lim_{\Delta x\to 0}\frac{(0+\Delta x)^2+(0+\Delta x)-0}{\Delta x}=\lim_{\Delta x\to 0}(\Delta x+1)=1.$$

2. 导函数

定义 2　设 M 为函数 $y=f(x)$ 所有可导点的集合，则对任意的 $x\in M$，存在唯一确定的数 $f'(x)$ 与之对应，这样就建立起来一个函数关系，我们称这个函数为 $y=f(x)$ 的**导函数**，记为

$$f'(x),\quad 或 y',\ \frac{dy}{dx},\ \frac{df}{dx}.$$

注意：(1)我们求函数在点 x_0 的导数，其实只要先求其导函数 $f'(x)$，然后将 $x=x_0$ 代入就得该点的导数值 $f'(x_0)$.

(2) 导数、导函数通常不加区别地统称为导数，但读者心里要明白.

(3) 通常情况下说求函数的导数绝大多数是求其导函数.

例 2　求函数 $y=2+5x-x^2$ 的导函数，并计算出 $f'(1)$，$f'(0)$.

解　按照导函数的定义可得

$$\begin{aligned}f'(x)&=\lim_{\Delta x\to 0}\frac{f(x+\Delta x)-f(x)}{\Delta x}=\lim_{\Delta x\to 0}\frac{2+5(x+\Delta x)-(x+\Delta x)^2-2-5x+x^2}{\Delta x}\\&=\lim_{\Delta x\to 0}\frac{5\Delta x-2x\Delta x-(\Delta x)^2}{\Delta x}=\lim_{\Delta x\to 0}(5-2x-\Delta x)=5-2x.\end{aligned}$$

所以　$$f'(1)=3,\ f'(0)=5.$$

3. 左、右导数

回顾一下，在引入极限概念之后，接着引入了单侧极限的概念；在介绍了连续函数的概念之后，进而引入了左、右连续的概念. 我们知道，导数是建立在极限的基础之上的，自然就会提出是否也有类似于“左、右极限”“左、右连续”的概念呢?

定义 3　设函数 $y=f(x)$ 在点 x_0 的某右邻域$(x_0,x_0+\delta)$内有定义，若

$$\lim_{\Delta x\to 0^+}\frac{\Delta y}{\Delta x}=\lim_{\Delta x\to 0^+}\frac{f(x_0+\Delta x)-f(x_0)}{\Delta x}$$

存在，则称 $f(x)$ 在点 x_0 处**右可导**，该极限值称为 $f(x)$ 在点 x_0 处的**右导数**，记为 $f'_+(x_0)$，即

$$f'_+(x_0)=\lim_{\Delta x\to 0^+}\frac{f(x_0+\Delta x)-f(x_0)}{\Delta x}.$$

类似地，我们可定义左导数为

$$f'_-(x_0)=\lim_{\Delta x\to 0^-}\frac{f(x_0+\Delta x)-f(x_0)}{\Delta x}.$$

右导数和左导数统称为**单侧导数**. 根据左、右极限和极限的关系，我们可以得到下面的结论.

定理 1 若函数 $y=f(x)$ 在点 x_0 的某邻域内有定义，则 $f'(x_0)$ 存在的充要条件是 $f'_+(x_0)$ 与 $f'_-(x_0)$ 都存在，且 $f'_+(x_0)=f'_-(x_0)$.

例 3 设 $f(x)=\begin{cases}1+x, & x\geqslant 0\\ 1-x, & x<0\end{cases}$，讨论 $f(x)$ 在 $x=0$ 处是否可导.

解 因为

$$\frac{f(0+\Delta x)-f(0)}{\Delta x}=\begin{cases}1, & \Delta x>0\\ -1, & \Delta x<0\end{cases},$$

所以

$$f'_+(0)=\lim_{\Delta x\to 0^+}\frac{f(0+\Delta x)-f(0)}{\Delta x}=1,$$

$$f'_-(0)=\lim_{\Delta x\to 0^-}\frac{f(0+\Delta x)-f(0)}{\Delta x}=-1,$$

可见

$$f'_+(0)\neq f'_-(0),$$

所以 $f(x)$ 在 $x=0$ 处不可导.

定义 4 若函数 $f(x)$ 在 (a,b) 内每一点都可导，则称函数 $f(x)$ 在开区间 (a,b) 内可导；若函数 $f(x)$ 在开区间 (a,b) 内可导，且在 a 点右可导，在 b 点左可导，则称函数 $f(x)$ 在闭区间 $[a,b]$ 上可导.

三、利用导数的定义求导数

根据导数的定义，我们可以把导数的计算分为以下三个步骤.

1) **求增量**：$\Delta y=f(x+\Delta x)-f(x)$；

2) **算比值**：$\dfrac{\Delta y}{\Delta x}=\dfrac{f(x+\Delta x)-f(x)}{\Delta x}$；

3) **求极限**：$y'=\lim\limits_{\Delta x\to 0}\dfrac{\Delta y}{\Delta x}$.

下面我们利用导数的定义计算一些基本初等函数的导数，这些结论都是最基本的公式，学习过程中必须达到熟记的程度.

例 4 设 $f(x)=C$（C 为常数），求 $f'(x)$.

解 因为

$$\frac{f(x+\Delta x)-f(x)}{\Delta x}=\frac{C-C}{\Delta x}=0,$$

所以

$$f'(x)=\lim_{\Delta x\to 0}\frac{f(x+\Delta x)-f(x)}{\Delta x}=\lim_{\Delta x\to 0}0=0.$$

例 5 设幂函数 $f(x)=x^3$，求 $f'(x)$.

解　因为

$$\begin{aligned}\frac{f(x+\Delta x)-f(x)}{\Delta x}&=\frac{(x+\Delta x)^3-x^3}{\Delta x}\\&=\frac{3x^2\Delta x+3x(\Delta x)^2+(\Delta x)^3}{\Delta x}\\&=3x^2+3x\Delta x+(\Delta x)^2,\end{aligned}$$

所以

$$f'(x)=\lim_{\Delta x\to 0}\frac{f(x+\Delta x)-f(x)}{\Delta x}=\lim_{\Delta x\to 0}[3x^2+3x\Delta x+(\Delta x)^2]=3x^2.$$

更一般的幂函数 $y=x^\alpha$，我们也可以求出其导数为

$$y'=(x^\alpha)'=\alpha x^{\alpha-1}.$$

例 6　设 $f(x)=\sin x$，求 $f'(x)$.

解　因为

$$f(x+\Delta x)-f(x)=\sin(x+\Delta x)-\sin x=2\cos\left(x+\frac{\Delta x}{2}\right)\cdot\sin\frac{\Delta x}{2},$$

所以

$$f'(x)=\lim_{\Delta x\to 0}\frac{f(x+\Delta x)-f(x)}{\Delta x}=\lim_{\Delta x\to 0}\cos\left(x+\frac{\Delta x}{2}\right)\cdot\frac{\sin\frac{\Delta x}{2}}{\frac{\Delta x}{2}}=\cos x.$$

类似地，可得余弦函数 $f(x)=\cos x$ 的导数为

$$f'(x)=-\sin x.$$

例 7　设 $f(x)=\ln x$，求 $f'(x)$.

解　因为

$$f(x+\Delta x)-f(x)=\ln(x+\Delta x)-\ln x=\ln\left(1+\frac{\Delta x}{x}\right),$$

所以

$$\begin{aligned}f'(x)&=\lim_{\Delta x\to 0}\frac{f(x+\Delta x)-f(x)}{\Delta x}=\lim_{\Delta x\to 0}\frac{1}{\Delta x}\ln\left(1+\frac{\Delta x}{x}\right)=\lim_{\Delta x\to 0}\ln\left(1+\frac{\Delta x}{x}\right)^{\frac{1}{\Delta x}}\\&=\lim_{\Delta x\to 0}\frac{1}{x}\ln\left(1+\frac{\Delta x}{x}\right)^{\frac{x}{\Delta x}}=\frac{1}{x}\ln e=\frac{1}{x}.\end{aligned}$$

更一般的对数函数 $y=\log_a x(a>0,且\ a\neq 1)$，我们也可以求出其导数为

$$y'=(\log_a x)'=\frac{1}{x\ln a}.$$

四、导数的几何意义

由前面的例子可知，若函数 $y=f(x)$ 在点 x_0 处可导，则其导数 $f'(x_0)$ 在数值上就等于曲线 $y=f(x)$ 在点 $(x_0,f(x_0))$ 处切线的斜率.

由此可推出：若 $f'(x_0)=0$，此时曲线 $y=f(x)$ 过点 P_0 处的切线平行于 x 轴；若 $f'(x_0)=\pm\infty$，此时曲线 $y=f(x)$ 过点 P_0 处的切线垂直于 x 轴.

由导数的几何意义，可以得到曲线在点 $(x_0,f(x_0))$ 处的切线方程与法线方程.

曲线在 $P_0(x_0,y_0)$ 处的切线方程为

$$y-y_0=f'(x_0)(x-x_0).$$

曲线 $y=f(x)$ 在点 $P_0(x_0,y_0)$ 处的法线是过此点且与切线垂直的直线，所以它的斜率为 $-\dfrac{1}{f'(x_0)}$ $(f'(x_0)\neq 0)$，所以法线方程为

$$y-y_0=-\frac{1}{f'(x_0)}(x-x_0).$$

当 $f'(x_0)=0$ 时，法线方程为 $x=x_0$；

当 $f'(x_0)=\pm\infty$ 时，法线方程为 $y=y_0$.

例 8 求曲线 $y=x^2$ 在点(2,4)处的切线方程及法线方程.

解 由例 5 的结论可知：$y'=2x$，所以 $y'|_{x=2}=4$. 代入切线方程与法线方程公式得所求切线方程为

$$y-4=4(x-2)，即 4x-y-4=0；$$

所求法线方程为

$$y-4=-\frac{1}{4}(x-2)，即 x+4x-18=0.$$

五、可导与连续的关系

定理 2 若函数 $f(x)$ 在点 x_0 处可导，则它在点 x_0 处必连续.

证 设函数 $f(x)$ 在点 x_0 处可导，设自变量 x 在 x_0 处有一改变量 Δx，相应函数有一改变量 Δy，由导数的定义可得

$$\lim_{\Delta x\to 0}\frac{\Delta y}{\Delta x}=\lim_{\Delta x\to 0}\frac{f(x_0+\Delta x)-f(x_0)}{\Delta x}=f'(x_0),$$

所以

$$\lim_{\Delta x\to 0}\Delta y=\lim_{\Delta x\to 0}\left(\frac{\Delta y}{\Delta x}\cdot\Delta x\right)=\lim_{\Delta x\to 0}\frac{\Delta y}{\Delta x}\cdot\lim_{\Delta x\to 0}\Delta x=f'(x_0)\cdot 0=0.$$

所以 $f(x)$ 在点 x_0 处连续.

由这个结论可知连续是可导的必要条件，但不是充分条件. 下面我们通过例子说明连续不一定可导.

例 9 设函数 $f(x)=|x|=\begin{cases}x, & x\geqslant 0\\ -x, & x<0\end{cases}$，讨论其在 $x=0$ 处的连续性和可导性.

解 因为

$$\lim_{x\to 0^-}f(x)=\lim_{x\to 0^-}(-x)=\lim_{x\to 0^+}x=\lim_{x\to 0^+}f(x)=0=f(0),$$

所以 $f(x)$ 在 $x=0$ 点连续. 又因为

$$f'_-(0)=\lim_{x\to 0^-}\frac{f(0+\Delta x)-f(0)}{\Delta x}=\lim_{x\to 0^-}\frac{-\Delta x-0}{\Delta x}=-1,$$

$$f'_+(0)=\lim_{x\to 0^+}\frac{f(0+\Delta x)-f(0)}{\Delta x}=\lim_{x\to 0^+}\frac{\Delta x-0}{\Delta x}=1,$$

可见 $f'_-(0)\neq f'_+(0)$，所以 $f(x)$ 在 $x=0$ 处不可导.

习　题　2.1

1. 求下列函数在指定点的导数：

(1) $y=\cos x$, $x=\dfrac{\pi}{2}$;　　(2) $y=\ln x$, $x=5$.

2. 求下列函数的导数：

(1) $y=\log_3 x$;　　(2) $y=\sqrt[3]{x^2}$;

(3) $y=\dfrac{1}{x^2}$;　　(4) $y=x^{-\frac{3}{2}}$.

3. 试求曲线 $y=\sin x$ 过点 $\left(\dfrac{\pi}{6},\dfrac{1}{2}\right)$ 处的切线方程.

4. 试求曲线 $y=\dfrac{1}{x}$ 在点 $(1,1)$ 处的切线方程和法线方程.

5. 问 a, b 取何值时，才能使函数

$$f(x)=\begin{cases}x^2, & x\leqslant x_0\\ ax+b, & x>x_0\end{cases}$$

在 $x=x_0$ 处连续且可导?

第二节　求导法则

上一节，我们根据导数的定义已求出了一些基本初等函数的导数. 对于一般的初等函数，利用定义求导数从理论上来说是可行的，但在实际过程中是不现实的. 为此必须给出一些求导法则和方法，这就是本节的主要任务.

一、导数的四则运算

定理1　设函数 $u=u(x)$、$v=v(x)$ 在区间 I 上是可导函数，则 $u\pm v$、uv、$\dfrac{u}{v}(v\neq 0)$ 在区间 I 上也是可导函数，并且满足：

(1) $(u\pm v)'=u'\pm v'$;

(2) $(uv)'=u'v+uv'$;

(3) $\left(\dfrac{u}{v}\right)'=\dfrac{u'v-uv'}{v^2}$.

我们利用导数的定义来证明(2)，其他两个结论请读者自己证明.

证　因为

$$\begin{aligned}\lim_{\Delta x\to 0}\frac{\Delta(uv)}{\Delta x}&=\lim_{\Delta x\to 0}\frac{u(x+\Delta x)\cdot v(x+\Delta x)-u(x)\cdot v(x)}{\Delta x}\\&=\lim_{\Delta x\to 0}\frac{u(x+\Delta x)\cdot v(x+\Delta x)-u(x)\cdot v(x+\Delta x)+u(x)\cdot v(x+\Delta x)-u(x)v(x)}{\Delta x}\\&=\lim_{\Delta x\to 0}\frac{u(x+\Delta x)-u(x)}{\Delta x}\cdot v(x+\Delta x)+\lim_{\Delta x\to 0}u(x)\cdot\frac{v(x+\Delta x)-v(x)}{\Delta x}\\&=u'v+uv',\end{aligned}$$

所以，函数 uv 可导，且 $(uv)'=u'v+uv'$.

推论 若函数 $u(x)$ 可导，C 为常数，则

$$[Cu(x)]'=Cu'(x).$$

更一般地，有

$$(u_1u_2\cdots u_n)'=u_1'u_2\cdots u_n+u_1u_2'\cdots u_n+\cdots+u_1u_2\cdots u_n',$$

$$(k_1u_1+k_2u_2+\cdots+k_nu_n)'=k_1u'_1+k_2u'_2+\cdots+k_nu'_n.$$

大家特别要注意积和商的求导公式，其实商的求导公式可以转化为积的求导公式.

例 1 设 $f(x)=x^4+2x^2+6x+10$，求 $f'(x)$.

解 由定理 1 式(1)可知

$$f'(x)=(x^4)'+2(x^2)'+6x'+10'=4x^3+4x+6.$$

一般地，多项式函数 $f(x)=a_0x^n+a_1x^{n-1}+\cdots+a_{n-1}x+a_n$ 的导数为

$$f'(x)=na_0x^{n-1}+(n-1)a_1x^{n-2}+\cdots+2a_{n-2}x+a_{n-1}.$$

例 2 设 $y=x^3\mathrm{e}^x$，求 y'.

解 由定理 1 式(2)可得

$$y'=(x^3)'\mathrm{e}^x+x^3(\mathrm{e}^x)'=3x^2\mathrm{e}^x+x^3\mathrm{e}^x=(3+x)x^2\mathrm{e}^x.$$

例 3 证明：$(\tan x)'=\sec^2x$；$(\cot x)'=-\csc^2x$.

证

$$(\tan x)'=\left(\frac{\sin x}{\cos x}\right)'=\frac{(\sin x)'\cos x-\sin x(\cos x)'}{\cos^2x}$$

$$=\frac{\cos^2x+\sin^2x}{\cos^2x}=\sec^2x.$$

同理可证

$$(\cot x)'=-\csc^2x.$$

例 4 证明：$(\sec x)'=\sec x\tan x$；$(\csc x)'=-\csc x\cot x$.

证

$$(\sec x)'=\left(\frac{1}{\cos x}\right)'=-\frac{(\cos x)'}{\cos^2x}=\frac{\sin x}{\cos^2x}=\sec x\tan x.$$

同理可证

$$(\csc x)'=-\csc x\cot x.$$

例 5 求 $y=x^2\sin x\log_a x$ 的导数.

解 分析这个题目，可知它是三个函数的乘积，我们可以直接采用积的求导推广公式；但在实际计算过程中，我们也可以把它们进行重组后，用两个函数的积的求导公式.

$$\begin{aligned}y'&=(x^2\sin x)'\log_a x+(x^2\sin x)(\log_a x)'\\&=(2x\sin x+x^2\cos x)\log_a x+\frac{1}{x\ln a}x^2\sin x\\&=(2x\sin x+x^2\cos x)\log_a x+\frac{1}{\ln a}x\sin x.\end{aligned}$$

我们可以把定理 1 叙述为：

(1) 两个可导函数的和(差)的导数等于这两个函数的导数之和(差).

(2) 两个可导函数乘积的导数等于第一个因子的导数与第二个因子的乘积加上第一个因子与第二个因子的导数的乘积.

(3) 两个可导函数之商的导数等于分子函数的导数乘以分母函数减去分子函数乘以分母函数的导数，再除以分母函数的平方.

总结：利用已有的基本公式与求导四则运算，可以解决一部分初等函数的直接求导问题，但我们所遇到的初等函数往往是较为复杂的复合函数，为此我们还需要介绍一些特殊的求导法则和技巧.

二、反函数的求导法则

定理 2　设函数 $x=\varphi(y)$ 在某区间 I_y 内严格单调可导，且 $\varphi'(y)\neq 0$，那么它的反函数 $y=f(x)$ 在对应区间 I_x 内也严格单调可导，且

$$f'(x)=\frac{1}{\varphi'(y)}.$$

设 $x=\varphi(y)$ 是直接函数，$y=f(x)$ 是它的反函数，则定理 2 可叙述为：**反函数的导数等于直接函数导数的倒数**.

例 6　求证 $(\arcsin x)'=\frac{1}{\sqrt{1-x^2}}$；$(\arccos x)'=-\frac{1}{\sqrt{1-x^2}}$.

证　由于 $y=\arcsin x\in(-1,1)$ 是 $x=\sin y$，$y\in\left(-\frac{\pi}{2},\frac{\pi}{2}\right)$ 的反函数，且 $x=\sin y$ 满足定理 2 的条件，所以由定理 2 可知

$$(\arcsin x)'=\frac{1}{(\sin y)'}=\frac{1}{\cos y}=\frac{1}{\sqrt{1-\sin^2 y}}=\frac{1}{\sqrt{1-x^2}},\ x\in(-1,1).$$

同理可证

$$(\arccos x)'=\frac{1}{(\cos y)'}=-\frac{1}{\sin y}=-\frac{1}{\sqrt{1-x^2}},\quad x\in(-1,1).$$

例 7　求证：$(\arctan x)'=\frac{1}{1+x^2}$；$(\operatorname{arccot} x)'=-\frac{1}{1+x^2}$.

证　由于 $y=\arctan x$，$x\in\mathbf{R}$ 是 $x=\tan y$，$y\in\left(-\frac{\pi}{2},\frac{\pi}{2}\right)$ 的反函数，且 $x=\tan y$ 满足定理 2 的条件，所以由定理 2 可知

$$(\arctan x)'=\frac{1}{(\tan y)'}=\frac{1}{\sec^2 y}=\frac{1}{1+\tan^2 y}=\frac{1}{1+x^2},\ x\in\mathbf{R}.$$

同理可证

$$(\operatorname{arccot} x)'=\frac{1}{1+x^2},\ x\in\mathbf{R}.$$

例 8　求 $y=a^x(a>0,a\neq 1)$ 的导数.

这个函数的导数，前面已经用导数定义求得了结果，作为解题方法的介绍，下面介绍另一种计算方法.

解　因为 $y=a^x(a>0,a\neq 1)$ 是函数 $x=\log_a y(a>0,a\neq 1)$ 的反函数，而在上一节根据定义已求出 $(\log_a y)'=\frac{1}{y\ln a}$，所以

$$y'=(a^x)'=\frac{1}{(\log_a y)'}=y\ln a=a^x\ln a.$$

特别地，当 $a=\mathrm{e}$ 时有

$$(\mathrm{e}^x)'=\mathrm{e}^x.$$

以上我们得到了最基本的初等函数的求导结果，以后都可以作为公式来用，如果不作特别声明，这些结论无须再证，可以直接应用.

三、复合函数的求导法则

定理 3　设 $y=f[\varphi(x)]$ 是由函数 $y=f(u)$ 与 $u=\varphi(x)$ 复合而成的，若 $u=\varphi(x)$ 在 x 处可导，而 $y=f(u)$ 在对应的 $u=\varphi(x)$ 处可导，则复合函数 $y=f[\varphi(x)]$ 在 x 处也可导，且

$$f'[\varphi(x)]=f'(u)\varphi'(x),$$

简记为

$$\frac{\mathrm{d}y}{\mathrm{d}x}=\frac{\mathrm{d}y}{\mathrm{d}u}\cdot\frac{\mathrm{d}u}{\mathrm{d}x}\quad\text{或}\quad y'=y'_u\cdot u'_x.$$

这个定理可以简述为：函数对最终自变量的导数等于函数对中间变量的导数乘以中间变量对自变量的导数.

推论　设函数 $y=f(u)$，$u=\varphi(v)$，$v=\psi(x)$ 在所对应自变量处可导，则复合函数 $y=f\{\varphi[\psi(x)]\}$ 在最终的自变量 x 处可导，且

$$\frac{\mathrm{d}y}{\mathrm{d}x}=\frac{\mathrm{d}y}{\mathrm{d}u}\cdot\frac{\mathrm{d}u}{\mathrm{d}v}\cdot\frac{\mathrm{d}v}{\mathrm{d}x}=y'_u\cdot u'_v\cdot v'_x.$$

例 9　设 a 为实数，求幂函数 $y=x^a(x>0)$ 的导数.

解　因为 $y=x^a=\mathrm{e}^{a\ln x}$，所以 $y=x^a$ 可看做 $y=\mathrm{e}^u$ 与 $u=a\ln x$ 的复合函数. 由定理 3 可知

$$y'=(x^a)'=(\mathrm{e}^{a\ln x})'=\mathrm{e}^{a\ln x}\cdot(a\ln x)'=\mathrm{e}^{a\ln x}\cdot\frac{a}{x}=x^a\cdot\frac{a}{x}=ax^{a-1}.$$

例 10　设 $y=\ln|x|$，求$\frac{\mathrm{d}y}{\mathrm{d}x}$.

解　当 $x>0$ 时，$\frac{\mathrm{d}y}{\mathrm{d}x}=(\ln x)'=\frac{1}{x}$；当 $x<0$ 时，$y=\ln(-x)$，令 $u=-x$，由复合函数的求导法则，得

$$\frac{\mathrm{d}y}{\mathrm{d}x}=\frac{\mathrm{d}y}{\mathrm{d}u}\cdot\frac{\mathrm{d}u}{\mathrm{d}x}=\frac{1}{u}\cdot(-1)=\frac{1}{-x}\cdot(-1)=\frac{1}{x}.$$

总之，

$$\frac{\mathrm{d}y}{\mathrm{d}x}=\frac{1}{x}.$$

更一般地，如果 $y=f(u)$，$u=g(v)$，$v=h(w)$，$w=\varphi(x)$ 都可导，并且复合运算是有意义的，也就是说经过复合运算，y 是 x 的函数，那么，y 关于 x 可导，并且

$$\frac{\mathrm{d}y}{\mathrm{d}x}=\frac{\mathrm{d}y}{\mathrm{d}u}\cdot\frac{\mathrm{d}u}{\mathrm{d}v}\cdot\frac{\mathrm{d}v}{\mathrm{d}w}\cdot\frac{\mathrm{d}w}{\mathrm{d}x}=\frac{\mathrm{d}f}{\mathrm{d}u}\cdot\frac{\mathrm{d}g}{\mathrm{d}v}\cdot\frac{\mathrm{d}h}{\mathrm{d}w}\cdot\frac{\mathrm{d}\varphi}{\mathrm{d}x}.$$

上述法则一般称为复合函数求导数的**链式法则**.

有一点是需要说明的：到现在为止，$\frac{dy}{dx}$是一个整体符号，它表示的是函数 y 关于 x 的导数，在运算过程中，不能把它们分离开来.

上面链式法则的表示形式，是为了帮助读者记住法则的运算关系，从形式上来看，就是分别在分子分母同乘了 du，dv，dw 等，从数学意义上来说，并没有这么简单，在这里我们就不作更深入的讨论了.

例 11　设 $y=\sin^3 x^2$，求$\frac{dy}{dx}$.

解　因为 $y=\sin^3 x^2$ 可以看做 $y=u^3$，$u=\sin v$ 和 $v=x^2$复合而成的，于是

$$\frac{dy}{dx}=\frac{dy}{du}\cdot\frac{du}{dv}\cdot\frac{dv}{dx}=3u^2\cdot\cos v\cdot(2x)=6x\sin^2 x^2\cos x^2.$$

例 12　设 $y=\ln(1+\sqrt{1+x^2})$，求$\frac{dy}{dx}$.

解　因为 $y=\ln(1+\sqrt{1+x^2})$可以看做 $y=\ln u$，$u=1+\sqrt{v}$，$v=1+x^2$ 复合而成的，于是

$$\frac{dy}{dx}=\frac{dy}{du}\cdot\frac{du}{dv}\cdot\frac{dv}{dx}=\frac{1}{u}\cdot\left(\frac{1}{2\sqrt{v}}\right)\cdot(2x)=\frac{x}{(1+\sqrt{1+x^2})\sqrt{1+x^2}}.$$

通过以上的分析和讨论，现小结如下：

1. 基本求导法则

(1) $(u\pm v)'=u'\pm v'$；

(2) $(uv)'=u'v+uv'$，$(Cu)'=Cu'$　（C 为常数）；

(3) $\left(\frac{u}{v}\right)'=\frac{u'v-uv'}{v^2}$，$\left(\frac{1}{v}\right)'=-\frac{v'}{v^2}$；

(4) 反函数的导数：$\frac{dy}{dx}=\frac{1}{\frac{dx}{dy}}$（反函数的导数等于直接函数导数的倒数）；

(5) 复合函数的导数：$\frac{dy}{dx}=\frac{dy}{du}\cdot\frac{du}{dx}$，其中 $y=f(u)$，$u=g(x)$分别可导.

2. 基本初等函数的导数公式

(1) $C'=0$　（C 为常数）；

(2) $(x^\alpha)'=\alpha x^{\alpha-1}$　（其中 α 为实数）；

(3) $(\sin x)'=\cos x$，$(\cos x)'=-\sin x$；

(4) $(\tan x)'=\sec^2 x$，$(\cot x)'=-\csc^2 x$；

(5) $(\sec x)'=\sec x\tan x$，$(\csc x)'=-\csc x\cot x$；

(6) $(a^x)'=a^x\ln a$　$(a>0,a\neq 1)$；特别地，$(e^x)'=e^x$；

(7) $(\log_a x)'=\frac{1}{x\ln a}$　$(a>0,a\neq 1)$；特别地，$(\ln x)'=\frac{1}{x}$；

(8) $(\arcsin x)'=\frac{1}{\sqrt{1-x^2}}$，$x\in(-1,1)$；$(\arccos x)'=-\frac{1}{\sqrt{1-x^2}}$，$x\in(-1,1)$；

(9) $(\arctan x)'=\frac{1}{1+x^2}$，$x\in\mathbf{R}$；$(\text{arccot}\, x)'=-\frac{1}{1+x^2}$，$x\in\mathbf{R}$.

习 题 2.2

1. 求下列函数在指定点的导数：

(1) $y=(2x-3)^2$, $x=2$;　(2) $y=\cos(2x-1)$, $x=0$.

2. 求下列函数的导数：

(1) $y=2x^2+3\sqrt{x}-\sqrt{2}$;　(2) $y=x^5+2\cos x-3\ln x+\sin 5$;

(3) $y=\sqrt{x}\sin x$;　(4) $y=\dfrac{x^2-1}{x^2+1}$;

(5) $y=\cos x\sin x$;　(6) $s=\dfrac{\sin t+1}{\cos t+1}$;

(7) $y=\cos 2x-2\sin x$;　(8) $y=\sin(x+x^2)$;

(9) $y=\ln\ln x$;　(10) $y=\arccos\sqrt{1-x^2}$;

(11) $y=\operatorname{arccot}(2x)$;　(12) $y=\left(x-\dfrac{1}{x}\right)^2$;

(13) $y=2\cos(3x^2+1)$;　(14) $y=\arctan x-\dfrac{1}{2}\ln(1+x^2)$.

3. 求下列函数在给定点处的导数：

(1) $y=\sin x+3\cos 2x$, 求 $y'\big|_{x=\frac{\pi}{6}}$;　(2) $f(x)=\dfrac{1-\sqrt{x}}{1+\sqrt{x}}$, 求 $f'(4)$.

第三节　隐函数的导数与高阶导数

一、隐函数的导数

前面我们介绍的都是以 $y=f(x)$ 的形式出现的显式函数的求导法则. 但在实际中，有许多函数关系式是隐藏在一个方程中的，这种函数不一定能写成 $y=f(x)$ 的形式，例如：$xy+e^x+e^y-e=0$ 所确定的函数就不能写成 $y=f(x)$ 的形式. 尽管有时能够表示，但从问题的需要来说也没有这个必要.

定义　由二元方程 $F(x,y)=0$ 所确定的 y 与 x 的关系式称为**隐函数**.

隐函数的求导法则：就是指不从方程 $F(x,y)=0$ 中解出 y，而求 y'.

具体解法如下：

1）对方程 $F(x,y)=0$ 的两端同时关于 x 求导，在求导过程中把 y 看成 x 的函数，也就是把它作为中间变量来看待.（有时也可以把 x 看做函数，y 看做自变量）

2）求导之后得到一个关于 y' 的一次方程，解此方程，便得 y' 的表达式. 当然，在此表达式内可能会含有 y，这没有关系，让它保留在式子中就可以了.

例 1　设 $xy+e^x+e^y-e=0$，求 y'.

解　对 $xy+e^x+e^y-e=0$ 两边关于 x 求导，得

$$y+x\cdot y'+e^x+e^y\cdot y'=0,$$

所以

$$(x+\mathrm{e}^{y})y' = -(y+\mathrm{e}^{x}),$$

即

$$y' = -\frac{y+\mathrm{e}^{x}}{x+\mathrm{e}^{x}}.$$

例 2　求由方程 $y=\cos(x+y)$ 所确定的 $y=f(x)$ 的导数.

解　两边同时对 x 求导，得

$$y' = -\sin(x+y)(1+y'),$$

解得

$$y' = -\frac{\sin(x+y)}{1+\sin(x+y)}.$$

二、对数求导法

在介绍了隐函数的求导法则之后，我们要向读者介绍一种较实用的，也是比较重要的一种求导法——对数求导法. 下面我们以实例来说明具体的求法.

例 3　设 $y=x^{\sin x}(x>0)$，求 $\frac{\mathrm{d}y}{\mathrm{d}x}$.

这类函数称为**幂指函数**，在前面所介绍的公式和法则中，还没有这类函数的导数.

解　对 $y=x^{\sin x}$ 两边取对数，得到

$$\ln y = \ln x^{\sin x} = \sin x\ln x,$$

由隐函数的求导法则，方程 $\ln y=\sin x\ln x$ 两边关于 x 求导数，得

$$\frac{1}{y}\cdot y' = \cos x\ln x + \frac{\sin x}{x},$$

于是

$$y' = y\left(\cos x\ln x + \frac{\sin x}{x}\right) = x^{\sin x}\left(\cos x\ln x + \frac{\sin x}{x}\right).$$

更一般地，若 $y=u(x)^{v(x)}$，其中 $u(x)$，$v(x)$ 关于 x 都可导，且 $u(x)>0$，那么，“等式两边先取对数，再关于 x 求导数”，用此法后，先得到 $\ln y=v(x)\ln u(x)$，进一步有

$$\frac{1}{y}\cdot y' = v'(x)\ln u(x) + \frac{v(x)\cdot u'(x)}{u(x)}$$

再整理后得

$$y' = u(x)^{v(x)}\left[v'(x)\ln u(x) + \frac{v(x)\cdot u'(x)}{u(x)}\right].$$

其实，幂指函数的导数结果稍加整理一下，便有

$$y' = u(x)^{v(x)}\cdot\ln u(x)\cdot v'(x) + v(x)\cdot u(x)^{v(x)-1}\cdot u'(x).$$

前一部分是把 $u(x)^{v(x)}$ 作为指数函数求导数得到的结果；后一部分是把 $u(x)^{v(x)}$ 作为幂函数求导得到的结果，因此，可以说：**幂指函数的导数等于幂函数的导数与指数函数的导数之和.**

对于幂指函数求导，有时可以直接根据对数的性质以及复合函数的求导法则求导，无需转化为隐函数.

对 $y=x^{\sin x}$ 的另一种简便的解法为：

因为 $y=x^{\sin x}=\mathrm{e}^{\ln x\sin x}=\mathrm{e}^{\sin x\ln x}$，所以它是由 $y=\mathrm{e}^u$，$u=\sin x\ln x$ 复合而成的，故

$$y'=\frac{\mathrm{d}y}{\mathrm{d}u}\cdot\frac{\mathrm{d}u}{\mathrm{d}x}=\mathrm{e}^{\sin x\ln x}\left(\cos x\ln x+\sin x\cdot\frac{1}{x}\right)=x^{\sin x}\left(\cos x\ln x+\frac{1}{x}\sin x\right).$$

例 4 设 $y=\dfrac{(x+1)^2(x+3)^3}{(x-1)^3(x-2)^4}$，求$\dfrac{\mathrm{d}y}{\mathrm{d}x}$.

解 由于

$$\begin{aligned}\ln|y|&=\ln\left|\frac{(x+1)^2\ (x+3)^3}{(x-1)^3\ (x-2)^4}\right|\\&=2\ln|(x+1)|+3\ln|x+3|-3\ln|x-1|-4\ln|x-2|,\end{aligned}$$

上式两边关于 x 求导数，得

$$\frac{1}{y}\cdot y'=\frac{2}{x+1}+\frac{3}{x+3}-\frac{3}{x-1}-\frac{4}{x-2}.$$

所以

$$y'=\frac{(x+1)^2\ (x+3)^3}{(x-1)^3\ (x-2)^4}\left(\frac{2}{x+1}+\frac{3}{x+3}-\frac{3}{x-1}-\frac{4}{x-2}\right).$$

需要说明的是：在解题过程中，用取对数方法求导时，在取对数的时候可以不加绝对值符号，题中隐含着在有意义的范围内进行.

下面再看一个例子，来说明这个问题.

例 5 求 $y=\sqrt[5]{\dfrac{(x-1)(x-3)}{(x-2)^3(x-4)}}$的导数.

解 两边取对数，得

$$\ln y=\frac{1}{5}[\ln(x-1)+\ln(x-3)-3\ln(x-2)-\ln(x-4)].$$

两边同时对 x 求导数，得

$$\frac{1}{y}\cdot y'=\frac{1}{5}\left(\frac{1}{x-1}+\frac{1}{x-3}-\frac{3}{x-2}-\frac{1}{x-4}\right)$$

所以

$$y'=\frac{1}{5}\sqrt[5]{\frac{(x-1)(x-3)}{(x-2)^3(x-4)}}\left(\frac{1}{x-1}+\frac{1}{x-3}-\frac{3}{x-2}-\frac{1}{x-4}\right).$$

这里，如果直接用四则运算法则来解就比较麻烦了.

作为这一部分的最后结束语，我们给出如下提示，供读者们参考：

当函数关系式是**由若干个简单函数以及幂指函数经过乘方、开方、乘、除等运算组合而成的**时候，应考虑用**对数求导法**求这类函数的导数.

三、高阶导数

1. 高阶导数的定义

如果函数 $y=f(x)$ 的导数 $y'=f'(x)$ 仍然是 x 的函数，那么我们把 $y'=f'(x)$ 的导数叫做函数 $y=f(x)$ 的**二阶导数**，记作 y''或$\dfrac{\mathrm{d}^2y}{\mathrm{d}x^2}$，即

$$y''=(y')'\quad 或\quad \frac{\mathrm{d}^2y}{\mathrm{d}x^2}=\frac{\mathrm{d}}{\mathrm{d}x}\left(\frac{\mathrm{d}y}{\mathrm{d}x}\right).$$

相应地，把 $y=f(x)$ 的导数 $f'(x)$ 叫做函数 $y=f(x)$ 的一阶导数.

类似地，二阶导数的导数叫做三阶导数，三阶导数的导数叫做四阶导数，…．一般地，$(n-1)$ 阶导数的导数叫做 n 阶导数，分别记作

$$y''',\ y^{(4)},\ \cdots,\ y^{(n)}$$

或

$$\frac{d^3y}{dx^3},\ \frac{d^4y}{dx^4},\ \cdots,\ \frac{d^ny}{dx^n}.$$

函数 $y=f(x)$ 具有 n 阶导数，也常说成函数 $f(x)$ 为 n 阶可导．如果函数 $f(x)$ 在点 x 处具有 n 阶导数，那么 $f(x)$ 在点 x 的某一邻域内必定具有一切低于 n 阶的导数．二阶及二阶以上的导数统称**高阶导数**.

2. 高阶导数的计算

由此可见，求高阶导数就是多次接连地求导数．所以，仍可应用前面学过的求导方法来计算高阶导数.

例 6　求指数函数 $y=e^x$ 的 n 阶导数.

解　$y'=e^x$，$y''=e^x$，$y'''=e^x$，$y^{(4)}=e^x$．一般地，可得

$$y^{(n)}=e^x,$$

即

$$(e^x)^{(n)}=e^x.$$

例 7　求正弦函数与余弦函数的 n 阶导数.

解

$$y=\sin x,$$

$$y'=\cos x=\sin\left(x+\frac{\pi}{2}\right),$$

$$y''=\cos\left(x+\frac{\pi}{2}\right)=\sin\left(x+\frac{\pi}{2}+\frac{\pi}{2}\right)=\sin\left(x+2\cdot\frac{\pi}{2}\right),$$

$$y'''=\cos\left(x+2\cdot\frac{\pi}{2}\right)=\sin\left(x+3\cdot\frac{\pi}{2}\right),$$

$$y^{(4)}=\cos\left(x+3\cdot\frac{\pi}{2}\right)=\sin\left(x+4\cdot\frac{\pi}{2}\right),$$

$$\vdots$$

一般地，可得

$$y^{(n)}=\sin\left(x+n\cdot\frac{\pi}{2}\right),$$

即

$$(\sin x)^{(n)}=\sin\left(x+n\cdot\frac{\pi}{2}\right).$$

用类似方法，可得

$$(\cos x)^{(n)}=\cos\left(x+n\cdot\frac{\pi}{2}\right).$$

例 8　求对数函数 $\ln(1+x)$ 的 n 阶导数.

解　$y=\ln(1+x)$，$y'=\dfrac{1}{1+x}$，$y''=-\dfrac{1}{(1+x)^2}$，$y'''=\dfrac{1\cdot2}{(1+x)^3}$，$y^{(4)}=-\dfrac{1\cdot2\cdot3}{(1+x)^4}$，

一般地，可得

$$y^{(n)}=(-1)^{n-1}\frac{(n-1)!}{(1+x)^n},$$

即

$$[\ln(1+x)]^{(n)}=(-1)^{n-1}\frac{(n-1)!}{(1+x)^n}.$$

通常规定0！=1，所以这个公式当 $n=1$ 时也成立.

例9 $y=x^2e^{2x}$，求 $y^{(20)}$.

解 设 $u=e^{2x}$，$v=x^2$，则

$$u^{(k)}=2^ke^{2x}\quad(k=1,2,\cdots,20),$$

$$v'=2x,\ v''=2,\ v^{(k)}=0\quad(k=3,4,\cdots,20),$$

代入莱布尼茨公式，得

$$\begin{aligned}y^{(20)}&=(x^2e^{2x})^{(20)}\\&=2^{20}e^{2x}\cdot x^2+20\cdot 2^{19}e^{2x}\cdot 2x+\frac{20\cdot 19}{2!}2^{18}e^{2x}\cdot 2\\&=2^{20}e^{2x}(x^2+20x+95).\end{aligned}$$

习 题 2.3

1. 求出下列方程所确定的隐函数的导数$\frac{dy}{dx}$：

(1) $x\cos y=\sin(2x+y)$；　(2) $e^y+xy=0$；

(3) $\sin(xy)=x$；　(4) $y=1+xe^y$.

2. 求椭圆$\frac{x^2}{9}+\frac{y^2}{4}=1$ 在点$P\left(1,\frac{4\sqrt{2}}{3}\right)$处的切线方程.

3. 用对数求导法求下列函数的导数：

(1) $y=(1+x^2)^{\tan x}$；　(2) $y=\sqrt{\frac{(x-1)^2(x-2)}{(x-3)^3(x-4)}}\quad(x>4)$.

4. 求下列函数的二阶导数：

(1) $y=3x^2+\ln x$；　(2) $y=e^x\cos x$；

(3) $y=(1+x^2)\arctan x$.

第四节　微　分

本节将介绍微分学中另一个重要的概念——微分. 在理论研究和实际应用中，常常会遇到这样的问题：当自变量 x 有微小变化时，求函数 $y=f(x)$的微小改变量 $\Delta y=f(x+\Delta x)-f(x)$. 这个问题初看起来似乎只要做减法运算就可以了，然而，对于较复杂的函数$f(x)$，差值$f(x+\Delta x)-f(x)$却是一个更复杂的表达式，不易求出其值. 一个想法是：我们设法将 Δy 表示成 Δx 的线性函数，即线性化，从而把复杂问题化为简单问题. 微分就是实现这种线性化的一种数学模型.

一、微分的概念

引例 一边长为 x 的正方形金属薄片，受热后边长增加 Δx，问其面积增加多少？

分析：由已知可得受热前的面积为

$$S=x^2,$$

那么，受热后面积的增量是

$$\Delta S=(x+\Delta x)^2-x^2=2x\Delta x+(\Delta x)^2.$$

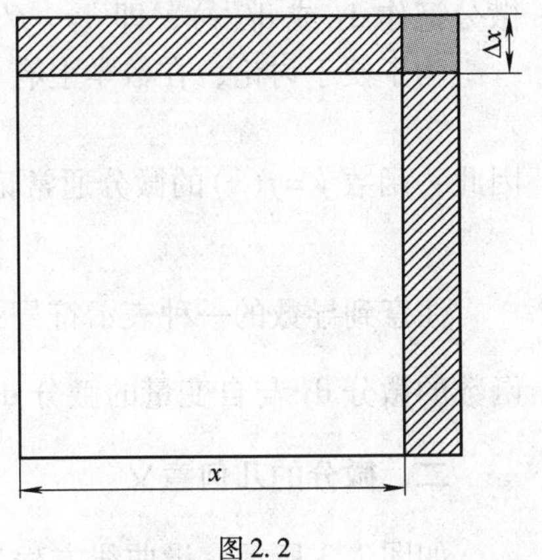

图 2.2

从几何图形(图 2.2)上可以看到，面积的增量可分为两部分：一是两个矩形的面积总和 $2x\Delta x$，它是 Δx 的线性部分；二是右上角的正方形的面积 $(\Delta x)^2$，它是 Δx 高阶无穷小部分. 这样一来，当 Δx 非常微小时，面积的增量主要部分就是 $2x\Delta x$，而 $(\Delta x)^2$ 可以忽略不计，也就是说，可以用 $2x\Delta x$ 来代替面积的增量.

从函数的角度来说，函数 $S=x^2$ 具有这样的特征：任给自变量一个增量 Δx，相应函数值的增量 Δy 可表示成关于 Δx 的线性部分(即 $2x\Delta x$)与高阶无穷小部分(即 $(\Delta x)^2$)的和.

人们把这种特征性质从具体意义中抽象出来，再赋予它一个数学名词——可微，从而产生了微分的概念.

定义　设函数 $y=f(x)$ 在点 x_0 的某邻域 $U(x_0,\delta)$ 内有定义，任给 x_0 一个增量 Δx($x_0+\Delta x\in U(x_0,\delta)$)，得到相应函数值的增量 $\Delta y=f(x_0+\Delta x)-f(x_0)$，如果存在常数 A，使得 $\Delta y=A\Delta x+o(\Delta x)$，而 $o(\Delta x)$ 是比 Δx 高阶的无穷小量，那么称函数 $y=f(x)$ 在点 x_0 处是**可微**的，称 $A\Delta x$ 为 $y=f(x)$ 在点 x_0 处的**微分**. 记作 $\mathrm{d}y\big|_{x=x_0}=A\Delta x$ 或 $\mathrm{d}f(x)\big|_{x=x_0}=A\Delta x$.

$A\Delta x$ 通常称为 $\Delta y=A\Delta x+o(\Delta x)$ 的线性主要部分. “线性”是因为 $A\Delta x$ 是 Δx 的一次函数. “主要”是因为另一项 $o(\Delta x)$ 是比 Δx 更高阶的无穷小量，在等式中它几乎不起作用.

解决了微分的概念之后，接下来就要解决如何求微分了. 我们已经知道了关系式 $\mathrm{d}y\big|_{x=x_0}=A\Delta x$，可 A 怎么求呢？下面我们介绍一个定理，这个定理就有我们想要的答案.

定理　函数 $f(x)$ 在点 x_0 处可微的充要条件是：函数 $f(x)$ 在点 x_0 处可导，并且 $\Delta y=A\Delta x+o(\Delta x)$ 中的 A 与 $f'(x_0)$ 相等.

证　(必要性) 因为 $f(x)$ 在点 x_0 处可微，由上述定义可知，存在常数 A，使得 $\Delta y=A\Delta x+o(\Delta x)$. 等式两边同时除以 Δx 得 $\dfrac{\Delta y}{\Delta x}=A+\dfrac{o(\Delta x)}{\Delta x}$，再令 $\Delta x\to 0$，取极限得 $f'(x_0)=\lim\limits_{\Delta x\to 0}\dfrac{\Delta y}{\Delta x}=\lim\limits_{\Delta x\to 0}\left[A+\dfrac{o(\Delta x)}{\Delta x}\right]=A$，所以 $f(x)$ 在点 x_0 处可导且 $A=f'(x_0)$.

(充分性) 因为 $f(x)$ 在点 x_0 处可导，所以 $\lim\limits_{\Delta x\to 0}\dfrac{\Delta y}{\Delta x}=f'(x_0)$，即

$$\frac{\Delta y}{\Delta x}=f'(x_0)+\alpha\quad(\text{其中当 }\Delta x\to 0\text{ 时},\alpha\to 0).$$

则得

$$\Delta y=f'(x_0)\Delta x+\alpha\cdot\Delta x=f'(x_0)\Delta x+o(\Delta x),$$

其中，$f'(x_0)$ 是与 Δx 无关的常数，$o(\Delta x)$ 是比 Δx 高阶的无穷小量，由上述定义可知，函数 $f(x)$ 在点 x_0 处可微.

上述定理说明一个事实：函数 $f(x)$ 在点 x_0 处可导和可微是等价的. 函数 $y=f(x)$ 在点 x_0 处的微分可表示为

$$\mathrm{d}y\big|_{x=x_0}=f'(x_0)\Delta x.$$

若函数 $y=f(x)$ 在定义域中任意点 x 处都可微，则称函数 $f(x)$ 是可微函数，它在 x 处的

微分记作 $\mathrm{d}y$ 或 $\mathrm{d}f(x)$，即 $\mathrm{d}y=f'(x)\Delta x$.

为了便于讨论，在数学上有一个约定：自变量 x 的增量等于自变量的微分，即

$$\Delta x=\mathrm{d}x.$$

因此，函数 $y=f(x)$ 的微分通常记为

$$\mathrm{d}y=f'(x)\,\mathrm{d}x. \tag{1}$$

注意到导数的一种表示符号：$\dfrac{\mathrm{d}y}{\mathrm{d}x}$. 现在，函数的导数可以赋予一种新的解释：导数就是函数的微分 $\mathrm{d}y$ 与自变量的微分 $\mathrm{d}x$ 的商，因此导数也叫做微商.

二、微分的几何意义

如图 2.3 所示，设曲线方程为 $y=f(x)$，PT 是曲线上点 $P(x,y)$ 处的切线，且设 PT 的倾斜角为 α，则 $\tan\alpha=f'(x)$.

在曲线上取一点 $Q(x+\Delta x,y+\Delta y)$，则 $PM=\Delta x$，$MQ=\Delta y$，$MN=PM\cdot\tan\alpha$，所以 $MN=\Delta x\cdot f'(x)=\mathrm{d}y$，因此函数的微分 $\mathrm{d}y=f'(x)\cdot\Delta x$ 是：当 x 改变了 Δx 时曲线过点 P 的切线纵坐标的改变量，这就是微分的几何意义.

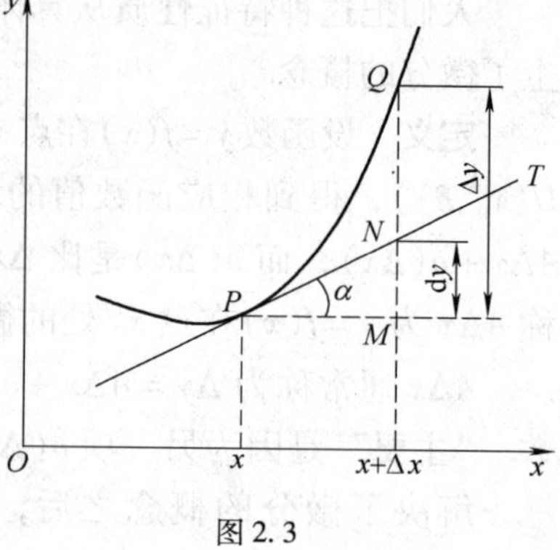

图 2.3

三、微分的运算法则

因为微分 $\mathrm{d}y=f'(x)\,\mathrm{d}x$，所以由导数的运算法则与公式，我们能立刻推导出微分的运算法则与公式，现列出如下，以便查阅.

1. 基本微分法则

(1) $\mathrm{d}(u\pm v)=\mathrm{d}u\pm\mathrm{d}v$;

(2) $\mathrm{d}(uv)=v\mathrm{d}u+u\mathrm{d}v$;

(3) $\mathrm{d}\left(\dfrac{u}{v}\right)=\dfrac{v\mathrm{d}u-u\mathrm{d}v}{v^2}$;

(4) $\mathrm{d}f[g(x)]=f'(u)\,\mathrm{d}u=f'[g(x)]g'(x)\,\mathrm{d}x$，其中 $u=g(x)$.

在法则(4)中 $\mathrm{d}f(u)=f'(u)\,\mathrm{d}u$. 这与式(1)在形式上是一样的. 也就是说，不论 u 是自变量还是中间变量，函数 $y=f(u)$ 的微分形式总是 $\mathrm{d}f(u)=f'(u)\,\mathrm{d}u$. 这个性质称为**一阶微分形式的不变性**.

2. 基本初等函数的微分公式

$\mathrm{d}C=0$（C 为常数） $\qquad$ $\mathrm{d}(x^a)=ax^{a-1}\mathrm{d}x$（$a$ 为实数）

$\mathrm{d}(a^x)=a^x\ln a\,\mathrm{d}x\,(a>0,a\neq1)$ $\qquad$ $\mathrm{d}(\mathrm{e}^x)=\mathrm{e}^x\mathrm{d}x$

$\mathrm{d}(\log_a x)=\dfrac{1}{x\ln a}\mathrm{d}x\,(a>0,a\neq1)$ $\qquad$ $\mathrm{d}(\ln x)=\dfrac{1}{x}\mathrm{d}x$

$\mathrm{d}(\sin x)=\cos x\,\mathrm{d}x$ $\qquad$ $\mathrm{d}(\cos x)=-\sin x\,\mathrm{d}x$

$\mathrm{d}(\tan x)=\sec^2x\,\mathrm{d}x$ $\qquad$ $\mathrm{d}(\cot x)=-\csc^2x\,\mathrm{d}x$

$\mathrm{d}(\sec x)=\sec x\tan x\,\mathrm{d}x$ $\qquad$ $\mathrm{d}(\csc x)=-\csc x\cot x\,\mathrm{d}x$

$$d(\arcsin x)=\frac{1}{\sqrt{1-x^2}}dx \qquad d(\arccos x)=-\frac{1}{\sqrt{1-x^2}}dx$$

$$d(\arctan x)=\frac{1}{1+x^2}dx \qquad d(\text{arccot}x)=-\frac{1}{1+x^2}dx$$

例 1　设 $y=x^3\ln x+e^x\sin x$，求 dy.

解法 1　$dy=d(x^3\ln x)+d(e^x\sin x)$

$$=\ln x\cdot d(x^3)+x^3\cdot d(\ln x)+\sin x\cdot d(e^x)+e^x\cdot d(\sin x)$$
$$=3x^2\ln x dx+x^2dx+e^x\sin x dx+e^x\cos x dx$$
$$=[x^2(3\ln x+1)+e^x(\sin x+\cos x)]dx.$$

解法 2　因为

$$y'=(x^3\ln x+e^x\sin x)'=(x^3\ln x)'+(e^x\sin x)'$$
$$=3x^2\ln x+x^2+e^x\sin x+e^x\cos x$$
$$=x^2(3\ln x+1)+e^x(\sin x+\cos x),$$

所以

$$dy=y'dx=[x^2(3\ln x+1)+e^x(\sin x+\cos x)]dx.$$

四、微分在经济中的应用

若 $y=f(x)$ 在 x_0 处可导，依据上述定理和定义可知

$$f(x_0+\Delta x)-f(x_0)=f'(x_0)\Delta x+o(\Delta x).$$

当 Δx 较小时，$o(\Delta x)$ 比 $f'(x_0)\Delta x$ 要小得多，因此可近似成立下式：

$$f(x_0+\Delta x)-f(x_0)\approx f'(x_0)\Delta x$$

或

$$f(x_0+\Delta x)\approx f(x_0)+f'(x_0)\Delta x.$$

以上结果在近似计算中被广泛地应用．在经济中，许多计算也仅要求近似成立，因此也经常使用上式.

例 2　某商店每周销售商品 x 件，所获得利润 y 依下式计算：

$$y=6\sqrt{100x-x^2}.$$

当该商品每周销售量由 10 件增加到 11 件时，试用微分计算利润增加的近似值.

解　依题意有 $x_0=10$，$\Delta x=1$，因为

$$y'_x=6\times\frac{1}{2}(100x-x^2)^{-\frac{1}{2}}(100x-x^2)'$$
$$=3(100x-x^2)^{-\frac{1}{2}}(100-2x).$$

故

$$f'(10)=3(100\times10-10^2)^{-\frac{1}{2}}(100-2\times10)=8.$$

从而有

$$\Delta y\approx f'(10)\Delta x=8\times1=8.$$

因此，当该商品每周销售量由 10 件增至 11 件时，其增加的利润约为 8 元.

例 3　设某商品的需求函数为 $Q(p)=8.2e^{-\frac{p}{5}}$，其中 p 为每件商品的价格(单位:元/件)，Q 为某商品的月需求量(单位:千件)．试用微分法求当该商品的价格从 8 元/件增加到 8.5 元/件时，月需求量变化的情况.

解　依题意有 $p_0=8$，$\Delta p=8.5-8.0=0.5$．因为

$$Q'(p)=-\frac{8.2}{5}\mathrm{e}^{-\frac{p}{5}},$$

所以
$$Q'(p_0)=-\frac{8.2}{5}\mathrm{e}^{-\frac{8}{5}}\approx-\frac{8.2}{5}\times0.202,$$

从而有
$$\mathrm{d}Q\big|_{p=p_0}\approx Q'(p_0)\cdot\Delta p=-\frac{8.2}{5}\times0.202\times0.5=-0.165\quad(\text{千件})$$

即该商品当价格从 8 元/件增加到 8.5 元/件时，月需求量减少约 165 件.

习 题 2.4

1. 求函数 $y=x^2-2x$ 在点 $x=3$ 处当 $\Delta x=0.02$ 时的微分与函数值的增量.

2. 求下列函数的微分：

(1) $y=2x^3-x^2+1$；　(2) $y=\sin x+\cos x$；

(3) $y=\frac{1}{\sqrt{x}}\ln x$；　(4) $y=\frac{1}{x}\mathrm{e}^x$；

(5) $y=\ln\sqrt{1-x^2}$；　(6) $y=1-x\mathrm{e}^{2x}$.

3. 在括号内填入适当的函数，使等式成立.

(1) $x\mathrm{d}x=\mathrm{d}(\quad)$；　(2) $\cos x\mathrm{d}x=\mathrm{d}(\quad)$；

(3) $\frac{1}{x}\mathrm{d}x=\mathrm{d}(\quad)$；　(4) $\frac{1}{\sqrt{x}}\mathrm{d}x=\mathrm{d}(\quad)$.

4. 一汽车销售商利用电视广告来促进其汽车销售，由过去记录得到每个月做的广告量 x 与汽车销售量 y 有如下关系：

$$y=-0.005x^3+0.485x^2-1.85x+300.$$

试用微分法求当每个月做广告从 20 次增加到 21 次时，汽车销售的增加量.

第五节　偏导数与全微分

一、偏导数

1. 偏导数的概念

在研究一元函数时，从讨论函数的变化率引入了导数的概念. 对于多元函数，我们也常常遇到研究它对某个自变量的变化率问题，这就产生了偏导数的概念.

对于二元函数 $z=f(x,y)$，如果只有自变量 x 变化，而自变量 y 固定，这时它就是 x 的一元函数，该函数对 x 的导数，就称为二元函数 $z=f(x,y)$ 对于 x 的偏导数.

定义 1　设函数 $z=f(x,y)$ 在点 (x_0,y_0) 的某一邻域内有定义，当 y 固定在 y_0 而 x 在 x_0 处有增量 Δx 时，相应地，函数有增量

$$f(x_0+\Delta x,y_0)-f(x_0,y_0).$$

如果极限

$$\lim_{\Delta x\to0}\frac{f(x_0+\Delta x,y_0)-f(x_0,y_0)}{\Delta x}$$

存在，则称此极限为函数 $z=f(x,y)$ 在点 (x_0,y_0) 处对 x 的**偏导数**，记作

$$\left.\frac{\partial z}{\partial x}\right|_{\substack{x=x_0\\y=y_0}},\ \left.\frac{\partial f}{\partial x}\right|_{\substack{x=x_0\\y=y_0}},\ \left.z'_x\right|_{\substack{x=x_0\\y=y_0}}\text{或}f'_x(x_0,y_0).$$

类似地，函数 $z=f(x,y)$ 在点 (x_0,y_0) 处对 y 的**偏导数**定义为

$$\lim_{\Delta y\to 0}\frac{f(x_0,y_0+\Delta y)-f(x_0,y_0)}{\Delta y},$$

记作

$$\left.\frac{\partial z}{\partial y}\right|_{\substack{x=x_0\\y=y_0}},\ \left.\frac{\partial f}{\partial y}\right|_{\substack{x=x_0\\y=y_0}},\ \left.z'_y\right|_{\substack{x=x_0\\y=y_0}}\text{或}f'_y(x_0,y_0).$$

如果函数 $z=f(x,y)$ 在区域 D 内每一点 (x,y) 处对 x 的偏导数都存在，那么这个偏导数就是 x、y 的函数，它就称为函数 $z=f(x,y)$ 对自变量 x 的**偏导函数**，记作

$$\frac{\partial z}{\partial x},\ \frac{\partial f}{\partial x},\ z'_x\text{或}f'_x(x,y).$$

此时，偏导函数的定义式为

$$f'_x(x,y)=\lim_{\Delta x\to 0}\frac{f(x+\Delta x,y)-f(x,y)}{\Delta x}.$$

类似地，可定义函数 $z=f(x,y)$ 对 y 的偏导函数，记为

$$\frac{\partial z}{\partial y},\ \frac{\partial f}{\partial y},\ z'_y\text{或}f'_y(x,y).$$

此时，偏导函数的定义式为

$$f'_y(x,y)=\lim_{\Delta y\to 0}\frac{f(x,y+\Delta y)-f(x,y)}{\Delta y}.$$

偏导函数的概念还可推广到二元以上的函数.例如，三元函数 $u=f(x,y,z)$ 在点 (x,y,z) 处对 x 的偏导数定义为

$$f'_x(x,y,z)=\lim_{\Delta x\to 0}\frac{f(x+\Delta x,y,z)-f(x,y,z)}{\Delta x},$$

其中，(x,y,z) 是函数 $u=f(x,y,z)$ 的定义域的内点.它们的求法也仍旧是一元函数的微分法问题.

注意：就像一元函数的导函数一样，以后在不至于混淆的地方也把偏导函数简称为偏导数.

2. 偏导数的求法

从偏导数的定义可以看出，偏导数的实质就是把一个自变量固定，而将二元函数 $z=f(x,y)$ 看成是另一个自变量的一元函数的导数．因此，求二元函数的偏导数，不需要引进新的方法，只需用一元函数的微分法，把一个变量视为常数，而对另一个变量进行一元函数求导即可．举例说明如下.

例 1　求函数 $z=x^2y+y^2$ 在点 $(2,3)$ 处的两个偏导数.

解　把 y 看做常量，对 x 求导数得

$$\frac{\partial z}{\partial x}=2xy,\ \left.\frac{\partial z}{\partial x}\right|_{(2,3)}=2\times 2\times 3=12.$$

把 x 看做常量，对 y 求导数得

$$\frac{\partial z}{\partial y}=x^2+2y,\ \left.\frac{\partial z}{\partial y}\right|_{(2,3)}=2^2+2\times 3=10.$$

例 2 求函数 $z=x^y$ 的偏导数 z'_x，z'_y.

解 把 y 看做常量，对 x 求导数得

$$z'_x=yx^{y-1}.$$

把 x 看做常量，对 y 求导数得

$$z'_y=x^y\ln x.$$

例 3 求函数 $z=\ln(1+x^2+y^2)$ 在点(1,2)处的偏导数.

解 先求偏导数，得

$$\frac{\partial z}{\partial x}=\frac{2x}{1+x^2+y^2},\quad \frac{\partial z}{\partial y}=\frac{2y}{1+x^2+y^2}.$$

函数在点(1,2)处的偏导数正好是其偏导函数在(1,2)处的值，所以

$$\left.\frac{\partial z}{\partial x}\right|_{(1,2)}=\frac{1}{3},\qquad \left.\frac{\partial z}{\partial y}\right|_{(1,2)}=\frac{2}{3}.$$

例 4 设 $z=x^y(x>0,x\neq 1)$，求证 $\frac{x}{y}\frac{\partial z}{\partial x}+\frac{1}{\ln x}\frac{\partial z}{\partial y}=2z$.

证 因为

$$\frac{\partial z}{\partial x}=yx^{y-1},\ \frac{\partial z}{\partial y}=x^y\ln x.$$

所以

$$\frac{x}{y}\frac{\partial z}{\partial x}+\frac{1}{\ln x}\frac{\partial z}{\partial y}=\frac{x}{y}yx^{y-1}+\frac{1}{\ln x}x^y\ln x=x^y+x^y=2z.$$

3. 高阶偏导数

设函数 $z=f(x,y)$ 在区域 D 内具有偏导数

$$\frac{\partial z}{\partial x}=f_x(x,y),\quad \frac{\partial z}{\partial y}=f_y(x,y),$$

那么在 D 内 $f'_x(x,y)$、$f'_y(x,y)$ 都是 x，y 的函数. 如果这两个函数的偏导数也存在，则称它们是函数 $z=f(x,y)$ 的**二阶偏导数**.按照对变量求导次序的不同有下列四个二阶偏导数.

$$\frac{\partial}{\partial x}\left(\frac{\partial z}{\partial x}\right)=\frac{\partial^2 z}{\partial x^2}=f''_{xx}(x,y),\ \frac{\partial}{\partial y}\left(\frac{\partial z}{\partial x}\right)=\frac{\partial^2 z}{\partial x\partial y}=f''_{xy}(x,y),$$

$$\frac{\partial}{\partial x}\left(\frac{\partial z}{\partial y}\right)=\frac{\partial^2 z}{\partial y\partial x}=f''_{yx}(x,y),\ \frac{\partial}{\partial y}\left(\frac{\partial z}{\partial y}\right)=\frac{\partial^2 z}{\partial y^2}=f''_{yy}(x,y).$$

其中，$\frac{\partial}{\partial y}\left(\frac{\partial z}{\partial x}\right)=\frac{\partial^2 z}{\partial x\partial y}=f''_{xy}(x,y)$，$\frac{\partial}{\partial x}\left(\frac{\partial z}{\partial y}\right)=\frac{\partial^2 z}{\partial y\partial x}=f''_{yx}(x,y)$ 称为**混合偏导数**.

同样可得三阶、四阶以及 n 阶偏导数. 二阶及二阶以上的偏导数统称为**高阶偏导数**.

例 5 设 $z=x^3y^2-3xy^3-xy+1$，求 $\frac{\partial^2 z}{\partial x^2}$、$\frac{\partial^2 z}{\partial y\partial x}$ 和 $\frac{\partial^2 z}{\partial x\partial y}$.

解 $\frac{\partial z}{\partial x}=3x^2y^2-3y^3-y$，$\frac{\partial z}{\partial y}=2x^3y-9xy^2-x$；

$$\frac{\partial^2 z}{\partial x^2}=6xy^2,\ \frac{\partial^2 z}{\partial x\partial y}=6x^2y-9y^2-1,\ \frac{\partial^2 z}{\partial y\partial x}=6x^2y-9y^2-1.$$

由例 5 可得到
$$\frac{\partial^2 z}{\partial y\partial x}=\frac{\partial^2 z}{\partial x\partial y}.$$

定理 1　如果函数 $z=f(x,y)$ 的两个二阶混合偏导数 $\frac{\partial^2 z}{\partial y\partial x}$ 及 $\frac{\partial^2 z}{\partial x\partial y}$ 在区域 D 内连续，那么在该区域内这两个二阶混合偏导数必相等.

类似地，可定义二元以上函数的高阶偏导数.

例 6　验证函数 $z=\ln\sqrt{x^2+y^2}$ 满足方程 $\frac{\partial^2 z}{\partial x^2}+\frac{\partial^2 z}{\partial y^2}=0$.

证　因为 $z=\ln\sqrt{x^2+y^2}=\frac{1}{2}\ln(x^2+y^2)$，所以

$$\frac{\partial z}{\partial x}=\frac{x}{x^2+y^2},\quad \frac{\partial z}{\partial y}=\frac{y}{x^2+y^2},$$

$$\frac{\partial^2 z}{\partial x^2}=\frac{(x^2+y^2)-x\cdot 2x}{(x^2+y^2)^2}=\frac{y^2-x^2}{(x^2+y^2)^2},$$

$$\frac{\partial^2 z}{\partial y^2}=\frac{(x^2+y^2)-y\cdot 2y}{(x^2+y^2)^2}=\frac{x^2-y^2}{(x^2+y^2)^2}.$$

因此

$$\frac{\partial^2 z}{\partial x^2}+\frac{\partial^2 z}{\partial y^2}=\frac{y^2-x^2}{(x^2+y^2)^2}+\frac{x^2-y^2}{(x^2+y^2)^2}=0.$$

二、全微分

1. 全微分的概念

根据一元函数微分的概念，我们可定义二元函数的全微分.

定义 2　如果函数 $z=f(x,y)$ 在点 (x,y) 的全增量 $\Delta z=f(x+\Delta x,y+\Delta y)-f(x,y)$ 可表示为 $\Delta z=A\Delta x+B\Delta y+o(\rho)$，其中 A，B 是不依赖于 Δx，Δy 而仅与 x，y 有关的常数，$\rho=\sqrt{(\Delta x)^2+(\Delta y)^2}$，则称函数 $z=f(x,y)$ 在点 (x,y) 处可微分，而 $A\Delta x+B\Delta y$ 称为函数 $z=f(x,y)$ 在点 (x,y) 处的**全微分**，记作 $\mathrm{d}z$，即

$$\mathrm{d}z=A\Delta x+B\Delta y.$$

2. 全微分的计算

首先我们来讨论二元函数在一点可微与函数在该点偏导数存在的关系，下面给出相应的两个定理.

定理 2（必要条件）　如果函数 $z=f(x,y)$ 在点 (x,y) 处可微分，则该函数在点 (x,y) 的偏导数 $\frac{\partial z}{\partial x}$，$\frac{\partial z}{\partial y}$ 必定存在，且有

$$A=\frac{\partial z}{\partial x},\qquad B=\frac{\partial z}{\partial y}.$$

由此可知，当 $z=f(x,y)$ 在点 (x,y) 处可微时，必有

$$\mathrm{d}z=\frac{\partial z}{\partial x}\Delta x+\frac{\partial z}{\partial y}\Delta y.$$

类似于一元函数，规定 $\Delta x = \mathrm{d}x$，$\Delta y = \mathrm{d}y$，则有

$$\mathrm{d}z = \frac{\partial z}{\partial x}\mathrm{d}x + \frac{\partial z}{\partial y}\mathrm{d}y.$$

定理3（充分条件） 如果函数 $z=f(x,y)$ 在点 (x,y) 的某一邻域内偏导数 $\frac{\partial z}{\partial x}$，$\frac{\partial z}{\partial y}$ 存在且连续，则函数 $z=f(x,y)$ 在该点可微分.

例7 计算函数 $z=x^2y+y^2$ 的全微分.

解 因为 $\frac{\partial z}{\partial x}=2xy$，$\frac{\partial z}{\partial y}=x^2+2y$，于是有

$$\mathrm{d}z = 2xy\mathrm{d}x + (x^2+2y)\mathrm{d}y.$$

例8 计算函数 $z=\mathrm{e}^{xy}$ 在点 $(2,1)$ 处的全微分.

解 因为 $\frac{\partial z}{\partial x}=y\mathrm{e}^{xy}$，$\frac{\partial z}{\partial y}=x\mathrm{e}^{xy}$，因此

$$\left.\frac{\partial z}{\partial x}\right|_{\substack{x=2\\y=1}}=\mathrm{e}^2,\quad \left.\frac{\partial z}{\partial y}\right|_{\substack{x=2\\y=1}}=2\mathrm{e}^2,$$

于是有

$$\left.\mathrm{d}z\right|_{\substack{x=2\\y=1}}=\mathrm{e}^2\mathrm{d}x+2\mathrm{e}^2\mathrm{d}y.$$

习 题 2.5

1. 求下列函数的偏导数：

(1) $z=xy+3y^2$； (2) $z=\ln(x+y)$； (3) $z=\frac{xy}{x^2+y^2}$.

2. 求函数 $z=x^3+2xy+2y^2$ 在 $(1,2)$ 处的偏导数.

3. 求下列函数的二阶偏导数：

(1) $z=x^3-3xy^4$； (2) $z=\sin(2x+y)$.

4. 求下列函数的全微分：

(1) $z=xy+\frac{x}{y}$； (2) $z=\arcsin(xy)$； (3) $z=\frac{y}{\sqrt{x^2+y^2}}$.

5. 求函数 $z=x^2y^3$ 在点 $(2,-1)$ 处当 $\Delta x=0.02$，$\Delta y=-0.01$ 时的全增量与全微分.

6. 求函数 $z=\ln(1+x^2+y^2)$ 当 $x=1$，$y=2$ 时的全微分.

本章小结

本章为本课程的核心内容之一，无论是对于应用还是对于课程本身，都是极为重要的.牢固掌握导数和微分的基本概念，熟悉导数与微分的公式与运算法则，熟练地进行导数和微分的运算，对于初学者而言都是非常重要的.

1. 导数

(1) 导数的概念

导数就是变化率，而变化率的问题是普遍存在的. 几何上的切线斜率、力学上的速度和

加速度、电学上的电流强度等都是变化率．变化率包罗万象，其根源即为导数：

$$f'(x_0)=\lim_{\Delta x\to 0}\frac{\Delta y}{\Delta x}=\lim_{\Delta x\to 0}\frac{f(x_0+\Delta x)-f(x_0)}{\Delta x}.$$

上述等式还可写为

$$f'(x_0)=\lim_{x\to x_0}\frac{f(x)-f(x_0)}{x-x_0}.$$

导数存在的充分必要条件是左、右导数存在并且相等．

若函数在某点可导，则函数在该点必定连续，反之不成立．

导数的几何意义为曲线上某点切线的斜率．

(2) 导数的运算

在求导数的运算中，复合函数的求导法则有着十分重要的意义．它不仅是隐函数求导法、对数求导法、由参数方程所确定的函数求导法的基础，而且也是初等函数求导不可或缺的工具．读者如在导数运算方面舍得多下工夫，在今后的学习中必能取得事半功倍的效果．

2. 微分

(1) 微分的概念

微分 $dy=f'(x)\Delta x$ 是函数增量 $\Delta y=f'(x)\Delta x+o(\Delta x)$ 的线性主部．微分与导数是两个不同的概念．微分是由于函数的自变量发生变化而引起函数的变化量的近似值；而导数则是函数在一点处的变化率．对于一个给定函数来说，它的微分与 x，Δx 都有关，而导数只与 x 有关．微分有一个重要性质，即 u 不论是自变量，还是另一个变量的函数，$dy=f'(u)du$ 这一形式不变，因此，在提到微分时，可以不说明是关于哪个变量的微分，但提到导数时必须说明是关于哪个变量的导数．

(2) 微分的几何意义

微分的几何意义是函数在某点 (x_0,y_0) 处的切线对应于横坐标有改变量时的纵坐标改变量，由此可以用微分来代替函数改变量，即“以直代曲”，将微分用于近似计算．这个微分学中“微”的含义，无论在理论还是应用价值上，不仅体现在微分学中，还将体现在后续的积分学中．

(3) 微分的运算

微分运算不仅可以求函数的微分，而且还可以求各种形式的导数，包括复合函数的导数、隐函数的导数、参数方程的导数等．有时，利用“微分形式不变性”来进行运算甚至会更简捷些．

3. 偏导数与全微分

偏导数和全微分是一元函数导数和微分在多元函数中的推广，一元函数的导数可以作为偏导数和全微分的全息元．在计算 $z=f(x,y)$ 对 x 的偏导数时，要将 y 视为常数，按照一元函数的导数的求法对 x 进行求导即可．在学习和应用全微分这部分内容时要注意对照一元函数中相应的内容，找到相互之间的区别与联系．

复习题二

1. 判断题：

(1) 若函数 $y=f(x)$ 在点 x_0 处可导，则 $|f(x)|$ 在点 x_0 处一定可导．（　）

(2) 若 $|f(x)|$ 在点 x_0 处可导，则 $f(x)$ 在点 x_0 处一定可导．（　）

(3) 初等函数在其定义域内一定可导. ( )

(4) 若 $y=f(x)$ 在 $(-a,a)$ 上可导且为奇(偶)函数，则在该区间内，$f'(x)$ 为偶(奇)函数. ( )

(5) 若 $y=f(x)$ 在点 x_0 处可微，则 $f(x)$ 在点 x_0 处也一定可导. ( )

2. 选择题：

(1) $y=|x-1|$ 在 $x=1$ 处( ).

A. 连续 B. 不连续 C. 可导 D. 可微

(2) $y=x^x(x>0)$ 的导数为( ).

A. xx^{x-1} B. $x^x\ln x$ C. $x^{x-1}+x^x\ln x$ D. $x^x(\ln x+1)$

(3) 下列函数中( )的导数等于 $\frac{1}{2}\sin 2x$.

A. $\frac{1}{2}\sin^2 x$ B. $\frac{1}{2}\cos 2x$ C. $\frac{1}{2}\sin 2x$ D. $\frac{1}{2}\cos^2 x$

(4) 若 $f(u)$ 可导，且 $y=f(\mathrm{e}^x)$，则有( ).

A. $\mathrm{d}y=f'(\mathrm{e}^x)\mathrm{d}x$ B. $\mathrm{d}y=f'(\mathrm{e}^x)\mathrm{e}^x\mathrm{d}x$

C. $\mathrm{d}y=f(\mathrm{e}^x)\mathrm{e}^x\mathrm{d}x$ D. $\mathrm{d}y=[f(\mathrm{e}^x)]'\mathrm{e}^x\mathrm{d}x$

(5) 已知 $y=\sin x$，则 $y^{(10)}=$( ).

A. $\sin x$ B. $\cos x$ C. $-\sin x$ D. $-\cos x$

3. 填空题：

(1) 曲线 $y=\ln x$ 上点 $(1,0)$ 处的切线方程为______.

(2) 作变速直线运动物体的运动方程为 $s(t)=t^2+2t$，则其运动速度为 $v(t)=$______，加速度为 $a(t)=$______.

(3) 已知 $f'(3)=2$，则 $\lim\limits_{h\to 0}\frac{f(3-h)-f(3)}{2h}=$______.

(4) $\mathrm{d}\ln(1+x)=$______ $\mathrm{d}x$.

(5) 若 $f(u)$ 可导，则 $y=f(\sin\sqrt{x})$ 的导数为______.

4. 求下列函数的导数：

(1) $y=(x+\sin^2 x)^5$； (2) $y=\mathrm{e}^x(x^2-2x+7)$；

(3) $y=\cos x\mathrm{e}^{-x}$； (4) $y=(1+x^2)\operatorname{arccot}x$；

(5) $y=x^\alpha+a^x$； (6) $y=x^3\sin\frac{1}{x}$；

(7) $y=\sin x\ln x^2$； (8) $y=\sqrt{1+x^2}+\ln\cos x+\mathrm{e}^2$.

5. 求下列方程所确定的隐函数的导数：

(1) $\cos(xy)=x$； (2) $\mathrm{e}^x+\mathrm{e}^y=\sin(xy)$.

6. (1) 已知 $x^2+2xy-y^2=2x$，求 $\left.\frac{\mathrm{d}y}{\mathrm{d}x}\right|_{\substack{x=2\\y=4}}$；

(2) 求 $x^{\frac{3}{2}}+y^{\frac{3}{2}}=2$ 在点 $(1,1)$ 处的切线方程.

7. 求下列函数的二阶导数：

(1) $y=4^x+\ln x$； (2) $y=x\ln x$；

(3) $y=\ln\cos x$;

(4) $y=x^2\sin x$.

8. 求下列函数的微分:

(1) $y=(4x^3+2x^2-1)^2$;

(2) $y=\sin^3 x-\sin 3x$;

(3) $y=e^x\arctan x$;

(4) $y=\sqrt{1+x^2}$;

(5) $y=\sqrt{\ln x}$;

(6) $y=5^{\ln\tan x}$.

9. 求下列函数的偏导数:

(1) $z=x^8e^y$;

(2) $y=\sin^2(x+y)$.

第三章　导数的应用

在第二章中，我们介绍了导数与微分的概念及运算．本章首先介绍微分中值定理，建立函数及其导数之间的联系，在此基础上，运用导数这一重要工具来计算极限、研究函数及其图形的某些性态、特征，并利用这些知识解决一些实际问题，最后介绍导数在经济中的应用.

第一节　微分中值定理与洛必达法则

一、微分中值定理

微分中值定理是导数应用的重要理论基础，是连接导数与导数在实际问题应用之间的桥梁．下面我们先介绍三个微分中值定理.

罗尔(Rolle)定理　若函数 $y=f(x)$ 满足条件：

1) $f(x)$ 在闭区间 $[a,b]$ 上连续；

2) $f(x)$ 在开区间 (a,b) 内可导；

3) $f(a)=f(b)$，

则至少存在一点 $\xi\in(a,b)$，使得

$$f'(\xi)=0.$$

该定理的几何意义为：在满足上述三个条件的曲线段 AB 上，至少有一点处的切线平行于 x 轴.

拉格朗日(Lagrange)中值定理　如果函数 $f(x)$ 满足条件：

1) 在闭区间 $[a,b]$ 上连续；

2) 在开区间 (a,b) 内可导，

那么在区间 (a,b) 内至少存在一点 $\xi(a<\xi<b)$，使等式

$$f(b)-f(a)=f'(\xi)(b-a) \tag{1}$$

成立.

下面来看一下该定理的几何意义.

现把式(1)改写为

$$\frac{f(b)-f(a)}{b-a}=f'(\xi).$$

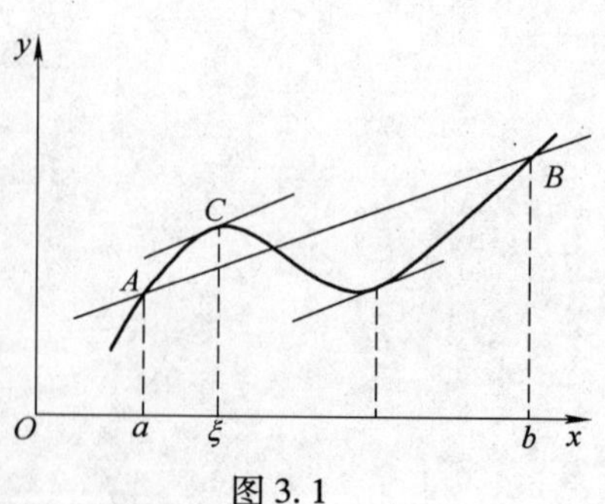

图 3.1

从图 3.1 中可以看到，$f'(\xi)$ 就是点 $C(\xi,f(\xi))$ 处的切线斜率，而 $\frac{f(b)-f(a)}{b-a}$ 表示过曲线 $y=f(x)$ 上两端点 $A(a,f(a))$，$B(b,f(b))$ 的直线的斜率，因此式(1)表示点 $(\xi,f(\xi))$ 处的切线平行于弦 AB. 由此可知，拉

格朗日中值定理的几何意义是：如果连续曲线 $y=f(x)$ 的弧 ACB 上除端点外每一点都有不垂直于 x 轴的切线，则在曲线弧段 ACB 的内部至少能找到一点 $C(\xi,f(\xi))$，使得该点处的切线与弦 AB 所在直线平行.

式(1)也叫做**拉格朗日中值公式**，若令 $x=a$，$\Delta x=b-a$，则式(1)可写成为

$$f(x+\Delta x)-f(x)=f'(\xi)\Delta x. \tag{2}$$

它提示了函数的增量与导数及自变量的增量之间的直接联系，从而为我们开辟了用导数来研究函数的某些特性的途径.

例 1　求函数 $f(x)=x^3$ 在 $[-1,2]$ 内满足拉格朗日中值定理条件的 ξ 值.

解　因为 $f'(x)=3x^2$，$f(-1)=-1$，$f(2)=8$，故满足拉格朗日中值定理条件的 ξ 值为

$$f(2)-f(-1)=3\xi^2[2-(-1)].$$

即
$$9=9\xi^2,\qquad 得\ \xi=\pm 1.$$

因为 $1\in(-1,2)$，$-1\notin(-1,2)$，所以 $\xi=1$.

利用拉格朗日中值定理，还可得到下面的推论.

推论 1　如果函数 $f(x)$ 在区间 (a,b) 内满足 $f'(x)\equiv 0$，那么在 (a,b) 内 $f(x)=C$（C 为常数）.

证　在 (a,b) 内任取两点 x_1，x_2，且 $x_1<x_2$，由拉格朗日中值定理可得

$$f(x_2)-f(x_1)=f'(\xi)(x_2-x_1)\quad (x_1<\xi<x_2).$$

由于 $f'(\xi)=0$，所以 $f(x_2)-f(x_1)=0$，即

$$f(x_1)=f(x_2).$$

因为 x_1，x_2 是 (a,b) 内的任意两点，于是上式表明 $f(x)$ 在 (a,b) 内任意两点的值总是相等的，即 $f(x)$ 在 (a,b) 内是一个常数.

推论 2　如果两个函数 $f(x)$，$g(x)$ 在 (a,b) 内有 $f'(x)\equiv g'(x)$，那么在 (a,b) 内，$f(x)=g(x)+C$　（C 为常数）.

证　令 $F(x)=f(x)-g(x)$，则

$$F'(x)=f'(x)-g'(x)\equiv 0,$$

由推论 1 知 $F(x)$ 在 (a,b) 内为一常数 C，即

$$f(x)=g(x)+C.$$

例 2　求证：$\arcsin x+\arccos x=\dfrac{\pi}{2}$　$(-1\leqslant x\leqslant 1)$.

证　设 $f(x)=\arcsin x+\arccos x$，当 $-1<x<1$ 时有

$$f'(x)=\frac{1}{\sqrt{1-x^2}}+\frac{-1}{\sqrt{1-x^2}}\equiv 0.$$

由推论 1 知，$f(x)$ 在区间 $(-1,1)$ 内为一常数 C，即

$$\arcsin x+\arccos x=C.$$

下面确定常数 C 的值，不妨取 $x=0$，得

$$C=f(0)=\arcsin 0+\arccos 0=0+\frac{\pi}{2}.$$

所以，当 $-1<x<1$ 时，
$$\arcsin x+\arccos x=\frac{\pi}{2}.$$

对于 $x=\pm1$ 时，等式显然成立，故命题得证.

柯西(Cauchy)中值定理　如果函数 $f(x)$ 及 $g(x)$ 在闭区间 $[a,b]$ 上连续，在开区间 (a,b) 内可导，且 $F'(x)$ 在 (a,b) 内每一点处均不为零，那么在 (a,b) 内至少有一点 ξ，使等式

$$\frac{f(a)-f(b)}{g(a)-g(b)}=\frac{f'(\xi)}{g'(\xi)}$$

成立.

二、洛必达法则

1. 未定式极限

如果当 $x\to x_0$ 或 $x\to\infty$ 时，两个函数 $f(x)$，$g(x)$ 都趋向于零或趋向于无穷大，这时极限 $\lim\frac{f(x)}{g(x)}$ 可能存在，也可能不存在，通常把上述极限叫做**未定式**，并分别记为 $\frac{0}{0}$ 型或 $\frac{\infty}{\infty}$ 型.

例如，$\lim\limits_{x\to0}\frac{x-\sin x}{x^3}$，$\lim\limits_{x\to+\infty}\frac{\operatorname{arccot}x}{e^{-x}}$ 都是 $\frac{0}{0}$ 型；$\lim\limits_{x\to\infty}\frac{\ln(1+x^2)}{x}$，$\lim\limits_{x\to0^+}\frac{\csc x}{\ln x}$ 都是 $\frac{\infty}{\infty}$ 型.

2. 洛必达(L'Hospital)法则

显然，用第一章所学的方法很难求出未定式极限值来. 下面介绍求这类极限的一种简便且有效的方法——洛必达(L'Hospital)法则.

(1) $\frac{0}{0}$ 型未定式

$\frac{0}{0}$ 型未定式极限的自变量变化状态可分为 $x\to x_0$，$x\to x_0^+$，$x\to x_0^-$，$x\to\infty$，$x\to+\infty$，$x\to-\infty$. 下面只讨论 $x\to x_0$ 的情形，其他类似.

定理　如果函数 $f(x)$，$g(x)$ 在 $\mathring{U}(x_0,\delta)$ 内可导，且满足下列条件：

1) $\lim\limits_{x\to x_0}f(x)=\lim\limits_{x\to x_0}g(x)=0$；

2) $g'(x)\neq0$；

3) $\lim\limits_{x\to x_0}\frac{f'(x)}{g'(x)}=A$(或 ∞)，

那么

$$\lim_{x\to x_0}\frac{f(x)}{g(x)}=\lim_{x\to x_0}\frac{f'(x)}{g'(x)}=A(\text{或}\infty).$$

证明从略.

这个定理说明了当 $x\to x_0$ 时，$\frac{0}{0}$ 型未定式极限在符合定理的条件下，可以通过对分子、分母分别求导，再求极限来确定.

例 3　求 $\lim\limits_{x\to0}\frac{e^x-e^{-x}}{\sin x}$.

解　这是 $\frac{0}{0}$ 型，所以

$$\lim_{x\to0}\frac{e^x-e^{-x}}{\sin x}=\lim_{x\to0}\frac{e^x+e^{-x}}{\cos x}=2.$$

例 4　求$\lim\limits_{x\to 1}\frac{\ln x}{(x-1)^2}$.

解
$$\lim_{x\to 1}\frac{\ln x}{(x-1)^2}\xlongequal{\frac{0}{0}\text{型}}\lim_{x\to 1}\frac{\frac{1}{x}}{2(x-1)}=\lim_{x\to 1}\frac{1}{2x(x-1)}=\infty.$$

如果$\lim\limits_{x\to x_0}\frac{f'(x)}{g'(x)}$仍属于$\frac{0}{0}$型，且$f'(x)$，$g'(x)$仍满足洛必达法则中的条件，那么可以继续使用该法则进行计算，并可以此类推．但应注意，如果所求的极限已不是未定式，则不能再用洛必达法则，否则会产生错误的结果．此外在用洛必达法则时，最好能结合求极限的其他方法，如恒等变形、重要极限等，那样效果会更好.

例 5　求$\lim\limits_{x\to 0}\frac{x-\sin x}{x^3}$.

解
$$\lim_{x\to 0}\frac{x-\sin x}{x^3}\xlongequal{\frac{0}{0}\text{型}}\lim_{x\to 0}\frac{1-\cos x}{3x^2}\xlongequal{\frac{0}{0}\text{型}}\lim_{x\to 0}\frac{\sin x}{6x}=\frac{1}{6}.$$

例 6　求$\lim\limits_{x\to+\infty}\frac{\frac{\pi}{2}-\arctan x}{\frac{1}{x}}$.

解
$$\lim_{x\to+\infty}\frac{\frac{\pi}{2}-\arctan x}{\frac{1}{x}}\xlongequal{\frac{0}{0}\text{型}}\lim_{x\to+\infty}\frac{-\frac{1}{1+x^2}}{-\frac{1}{x^2}}=\lim_{x\to+\infty}\frac{x^2}{1+x^2}=1.$$

(2) $\frac{\infty}{\infty}$型未定式

$\frac{\infty}{\infty}$型未定式极限仍有类似于$\frac{0}{0}$型未定式极限的洛必达法则，除$\frac{0}{0}$与$\frac{\infty}{\infty}$的差别外，条件与结果极为相似，下面只举例说明它的应用.

例 7　求$\lim\limits_{x\to 0^+}\frac{\ln\cot x}{\ln x}$.

解
$$\lim_{x\to 0^+}\frac{\ln\cot x}{\ln x}\xlongequal{\frac{\infty}{\infty}\text{型}}\lim_{x\to 0^+}\frac{\frac{1}{\cot x}\left(-\frac{1}{\sin^2 x}\right)}{\frac{1}{x}}=\lim_{x\to 0^+}\frac{-x}{\sin x\cos x}$$
$$=-\lim_{x\to 0^+}\frac{x}{\sin x}\cdot\lim_{x\to 0^+}\frac{1}{\cos x}=-1.$$

例 8　求$\lim\limits_{x\to+\infty}\frac{\ln x}{x^n}$.

解
$$\lim_{x\to+\infty}\frac{\ln x}{x^n}\xlongequal{\frac{\infty}{\infty}\text{型}}\lim_{x\to+\infty}\frac{\frac{1}{x}}{nx^{n-1}}=\lim_{x\to+\infty}\frac{1}{nx^n}=0.$$

(3) 其他类型极限的求法

除$\frac{0}{0}$型与$\frac{\infty}{\infty}$型未定式之外，还有$0\cdot\infty$，$\infty-\infty$，0^0，1^∞，∞^0等未定式，对这类未定

式求极限，通常是利用代数恒等变形转化为$\frac{0}{0}$型或$\frac{\infty}{\infty}$型，然后用洛必达法则进行计算.

例 9 求$\lim\limits_{x\to0^+}x\ln x$.

解 这是未定式$0\cdot\infty$型，因此

$$\lim_{x\to0^+}x\ln x=\lim_{x\to0^+}\frac{\ln x}{\frac{1}{x}}\xlongequal{\frac{\infty}{\infty}\text{型}}\lim_{x\to0^+}\frac{\frac{1}{x}}{-\frac{1}{x^2}}=\lim_{x\to0^+}\frac{-x^2}{x}=0.$$

例 10 求$\lim\limits_{x\to0}\left(\frac{1}{\sin x}-\frac{1}{x}\right)$.

解 这是未定式$\infty-\infty$型，因此

$$\lim_{x\to0}\left(\frac{1}{\sin x}-\frac{1}{x}\right)=\lim_{x\to0}\frac{x-\sin x}{x\sin x}\xlongequal{\frac{0}{0}\text{型}}\lim_{x\to0}\frac{1-\cos x}{\sin x+x\cos x}\xlongequal{\frac{0}{0}\text{型}}\lim_{x\to0}\frac{\sin x}{2\cos x-x\sin x}=0.$$

例 11 求$\lim\limits_{x\to\frac{\pi}{4}^+}(\tan x)^{\tan2x}$.

解 这是未定式1^∞型，因此

$$\lim_{x\to\frac{\pi}{4}^+}(\tan x)^{\tan2x}=\lim_{x\to\frac{\pi}{4}^+}\mathrm{e}^{\tan2x\cdot\ln\tan x}=\mathrm{e}^{\lim\limits_{x\to\frac{\pi}{4}^+}\frac{\ln\tan x}{\cot2x}}=\mathrm{e}^{\lim\limits_{x\to\frac{\pi}{4}^+}\left(-\frac{\sin2x}{2\sin x\cos x}\right)}=\mathrm{e}^{-1}.$$

洛必达法则不是万能的，有时我们还会碰到某些特殊情形.

例 12 求$\lim\limits_{x\to\infty}\frac{x+\sin x}{x}$.

解 这极限属于$\frac{\infty}{\infty}$型未定式，但因为

$$\lim_{x\to\infty}\frac{x+\sin x}{x}\xlongequal{\frac{\infty}{\infty}\text{型}}\lim_{x\to\infty}\frac{1+\cos x}{1}$$

不存在，所以不能用洛必达法则求这极限. 事实上，

$$\lim_{x\to\infty}\frac{x+\sin x}{x}=\lim_{x\to\infty}\left(1+\frac{1}{x}\sin x\right)=1+0=1.$$

例 13 求$\lim\limits_{x\to+\infty}\frac{\sqrt{1+x^2}}{x}$.

解 $$\lim_{x\to+\infty}\frac{\sqrt{1+x^2}}{x}\xlongequal{\frac{\infty}{\infty}\text{型}}\lim_{x\to+\infty}\frac{\frac{2x}{2\sqrt{1+x^2}}}{1}=\lim_{x\to+\infty}\frac{x}{\sqrt{1+x^2}}\xlongequal{\frac{\infty}{\infty}\text{型}}\lim_{x\to+\infty}\frac{1}{\frac{2x}{2\sqrt{1+x^2}}}=\lim_{x\to+\infty}\frac{\sqrt{1+x^2}}{x}.$$

两次运用洛必达法则后，又还原为原来的问题，因此洛必达法则失效. 事实上，

$$\lim_{x\to+\infty}\frac{\sqrt{1+x^2}}{x}=\lim_{x\to+\infty}\sqrt{\frac{1}{x^2}+1}=1.$$

所以在使用洛必达法则时，应注意以下几点：

1)每次使用洛必达法则前，必须检验是否属于$\frac{0}{0}$型或$\frac{\infty}{\infty}$型未定式. 若不是，就不能使

用该法则，否则会导致错误的结果．在计算的过程中，注意不断化简其中间过程，使求极限顺利进行．

2）当 $\lim\dfrac{f'(x)}{g'(x)}$ 不存在时，并不能断定所求的极限 $\lim\dfrac{f(x)}{g(x)}$ 不存在，此时应该使用其他方法来求极限．

3）洛必达法则并不是万能的，在某些特殊情形下，洛必达法则会失效，需寻求其他解法．

习　题　3.1

1. 下列函数在指定的区间上是否满足拉格朗日中值定理的条件？若满足，求出定理结论中的 ξ 值．

(1) $f(x)=\dfrac{1}{x^2}$，$[-1,\ 2]$；　　(2) $f(x)=(x+2)^2$，$[1,\ 5]$；

(3) $f(x)=\sqrt{x}$，$[1,\ 4]$；　　(4) $f(x)=\arctan x$，$[0,\ 1]$．

2. 曲线 $y=\dfrac{1}{3}x^3-4x+4$ 上哪一点的切线与连接曲线上点 $(0,4)$ 和点 $(3,1)$ 的割线平行？

3. 验证函数 $y=px^2+qx+r$ 在区间 $[a,b]$ 上应用拉格朗日中值定理时所求的点 ξ 位于 $[a,b]$ 的中点．

4. 证明：$\arctan x+\operatorname{arccot}x=\dfrac{\pi}{2}$．

5. 用洛必达法则求下列极限：

(1) $\lim\limits_{x\to\frac{\pi}{2}}\dfrac{2x-\pi}{\cos x}$；　　(2) $\lim\limits_{x\to0}\dfrac{e^x-e^{-x}}{x}$；

(3) $\lim\limits_{x\to+\infty}\dfrac{\operatorname{arccot}x}{e^{-x}}$；　　(4) $\lim\limits_{x\to1}\dfrac{x^3-3x+2}{x^3-x^2-x+1}$；

(5) $\lim\limits_{x\to0^+}\dfrac{\ln\tan7x}{\ln\tan2x}$；　　(6) $\lim\limits_{x\to\infty}\dfrac{\ln(1+x^2)}{x}$；

(7) $\lim\limits_{x\to+\infty}\dfrac{\ln\left(1+\dfrac{1}{x}\right)}{\operatorname{arccot}x}$；　　(8) $\lim\limits_{x\to0^+}\dfrac{\csc x}{\ln x}$．

6. 求下列极限：

(1) $\lim\limits_{x\to0}\left(\dfrac{1}{x}-\dfrac{1}{e^x-1}\right)$；　　(2) $\lim\limits_{x\to\pi}(x-\pi)\tan\dfrac{x}{2}$；

(3) $\lim\limits_{x\to+\infty}\left(\dfrac{2}{\pi}\arctan x\right)^x$．

7. 求下列极限：

(1) $\lim\limits_{x\to0}\dfrac{x^2\sin\dfrac{1}{x}}{\sin x}$；　　(2) $\lim\limits_{x\to+\infty}\dfrac{2x}{\sqrt[3]{x^3+1}}$；

(3) $\lim\limits_{x\to\infty}\dfrac{x-\sin x}{x+\sin x}$；　　(4) $\lim\limits_{x\to+\infty}\dfrac{e^x-e^{-x}}{e^x+e^{-x}}$．

第二节　函数的单调性与极值

一、函数单调性的判定

在第一章中，我们已经介绍了函数在区间上单调的概念．函数 $y=f(x)$ 单调性的判定，可用当 $x_1<x_2$ 时，比较 $f(x_1)$ 与 $f(x_2)$ 的大小来进行判定．但判定 $f(x_1)$ 与 $f(x_2)$ 的大小并非一件容易的事情，所以希望找到一种简单的判定方法．我们知道，如果函数 $y=f(x)$ 在某区间上单调增加，则其图形是一条沿 x 轴正向上升的曲线，曲线上各点处的切线斜率为非负，即 $y'=f'(x)\geqslant 0$；若单调减少，则其图形是一条沿 x 轴正向下降的曲线，曲线上各点处的切线斜率为非正，即 $y'=f'(x)\leqslant 0$，如图 3.2 所示．可见，函数的单调性与导数的符号有着密切的联系．

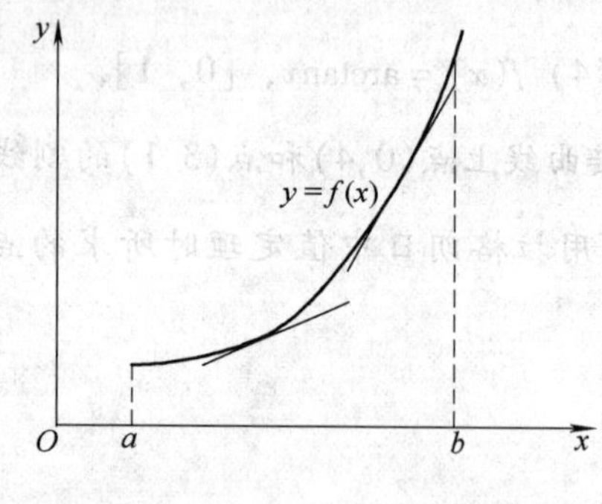

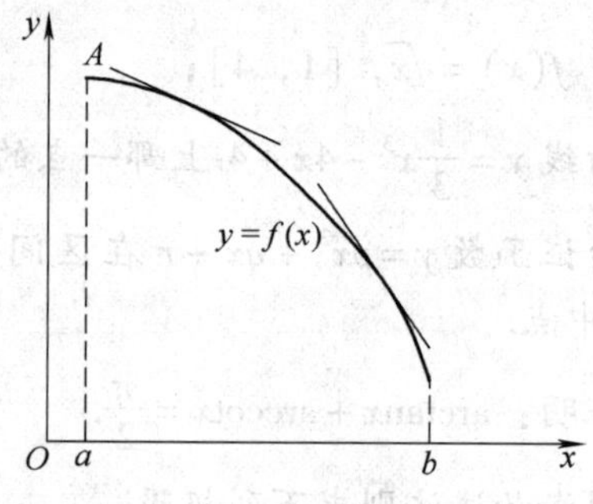

图 3.2

定理 1　设函数 $f(x)$ 在区间 (a,b) 内可导，

(1) 如果在 (a,b) 内 $f'(x)>0$，那么 $f(x)$ 在 (a,b) 内单调增加；

(2) 如果在 (a,b) 内 $f'(x)<0$，那么 $f(x)$ 在 (a,b) 内单调减少．

证　(1) 在 (a,b) 内任取两点 x_1，x_2，且 $x_1<x_2$，根据拉格朗日中值定理，存在一点 $\xi(x_1<\xi<x_2)$，使

$$f(x_2)-f(x_1)=f'(\xi)(x_2-x_1). \tag{1}$$

因为在区间 (a,b) 内有 $f'(x)>0$，则式(1)中的 $f'(\xi)>0$，而 $x_2-x_1>0$，因此由式(1)知 $f(x_2)>f(x_1)$，这就是说 $f(x)$ 在 (a,b) 内单调增加．

同理可证明结论(2)成立．

有些可导函数在某区间内的个别点处导数等于零，但函数在该区间内仍单调增加（或单调减少）．例如，函数 $y=x^3$ 的导数 $y'=3x^2$，当 $x=0$ 时，$y'=0$，但它在区间 $(-\infty,+\infty)$ 内是单调增加的．

例 1　判定函数 $y=\mathrm{e}^{-x}-3x-1$ 的单调性．

解　因为函数的定义域为 $(-\infty,+\infty)$，其导数为 $y'=-\mathrm{e}^{-x}-3$，所以在整个定义域内都有 $y'<0$，故函数 $y=\mathrm{e}^{-x}-3x-1$ 在定义域内单调减少．

有时，函数在其整个定义域上不具有单调性，但在其各个部分区间上却具有单调性．如图 3.3 所示，函数 $f(x)$ 在区间 $[a,x_1]$，$[x_2,b]$ 上单调增加，而在区间 $[x_1,x_2]$ 上单调减少，且从图 3.3 中容易看到，可导函数 $f(x)$ 在单调增加、单调减少的分界点处的导数为零，即

$f'(x_1)=f'(x_2)=0$.

使导数等于零的点(即方程 $f'(x)=0$ 的实根)，叫做函数 $f(x)$ 的**驻点**.

因此要确定可导函数 $f(x)$ 的单调区间，首先要求出驻点，然后用这些驻点将其定义域分成若干个区间，再在每个区间上判定函数的单调性.

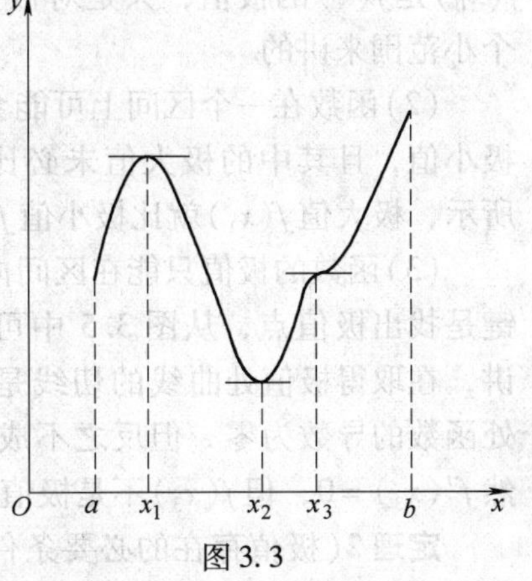

图 3.3

例 2　讨论函数 $f(x)=\dfrac{1}{3}x^3+\dfrac{1}{2}x^2-2x$ 的单调性.

解　因为

$$f'(x)=x^2+x-2=(x+2)(x-1),$$

令 $f'(x)=0$，得驻点 $x_1=-2$，$x_2=1$.

这两点将 $f(x)$ 的定义域 $(-\infty,+\infty)$ 分成三个部分：$(-\infty,-2)$，$(-2,1)$，$(1,+\infty)$，下面用列表的形式来进行讨论(表中"↗"表示单调增加，"↘"表示单调减少).

x	$(-\infty,-2)$	-2	$(-2,1)$	1	$(1,+\infty)$
$f'(x)$	+	0	−	0	+
$f(x)$	↗	$\dfrac{10}{3}$	↘	$-\dfrac{7}{6}$	↗

根据上面的讨论可得：函数 $f(x)$ 在区间 $(-\infty,-2)$ 和 $(1,+\infty)$ 内单调增加，在区间 $(-2,1)$ 内单调减少.

另外，还需注意函数的不定义点、连续而不可导点也可能是单调区间的分界点.

例 3　确定函数 $y=\sqrt[3]{x^2}$ 的单调区间.

解　函数的定义域为 $(-\infty,+\infty)$，而 $y'=\dfrac{2}{3\sqrt[3]{x}}$，显然当 $x=0$ 时，函数的导数不存在，又函数没有驻点(图 3.4). 但当 $x>0$ 时，有 $y'>0$，函数在区间 $(0,+\infty)$ 内单调增加；

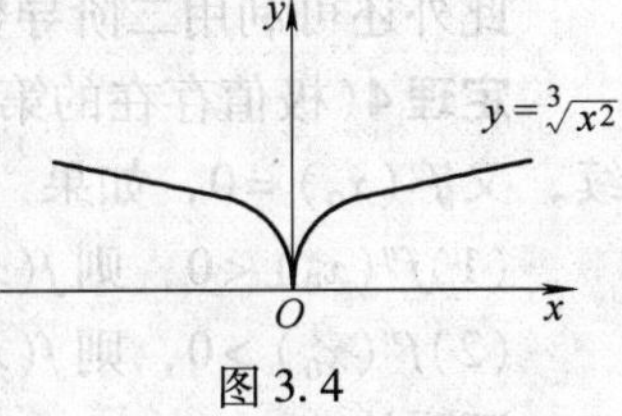

图 3.4

当 $x<0$ 时，有 $y'<0$，函数在区间 $(-\infty,0)$ 内单调减少.

二、函数的极值

定义　设函数 $f(x)$ 在 $U(x_0,\delta)$ 内有定义，且对此邻域内任一点 $x(x\neq x_0)$ 均有 $f(x)<f(x_0)$，则称 $f(x_0)$ 是函数 $f(x)$ 的一个**极大值**；如果对此邻域内任一点 $x(x\neq x_0)$ 均有 $f(x)>f(x_0)$，则称 $f(x_0)$ 是函数 $f(x)$ 的一个**极小值**. 函数的极大值与极小值统称为函数的**极值**，使函数取得极值的点 x_0 称为**极值点**.

从图 3.5 可知，关于函数的极值，应注意以下几点：

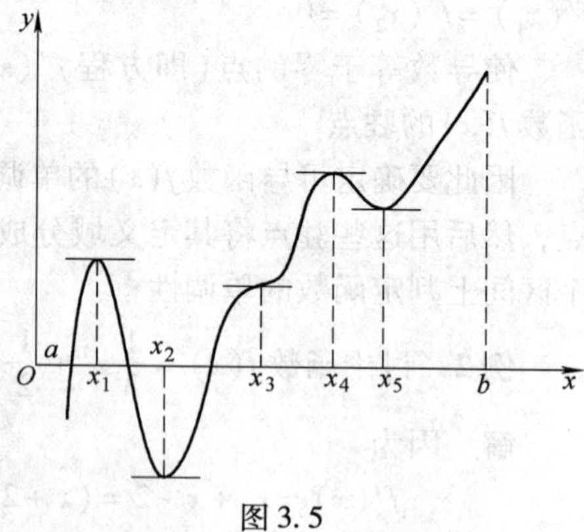

图 3.5

(1) 函数的极大值和极小值是局部概念，即如果 $f(x_0)$ 是 $f(x)$ 的极值，只是对极值点 x_0 的左右近旁一个小范围来讲的.

(2) 函数在一个区间上可能会有几个极大值和几个极小值，且其中的极大值未必比极小值大．如图 3.5 所示，极大值 $f(x_1)$ 就比极小值 $f(x_5)$ 小.

(3) 函数的极值只能在区间内部取到．求极值的关键是找出极值点，从图 3.5 中可看到，对可导函数来讲，在取得极值处曲线的切线是水平的，即在极值点处函数的导数为零．但反之不成立，如在点 x_3 处，虽然 $f'(x_3)=0$，但 $f(x_3)$ 不是极值.

定理 2（极值存在的必要条件）　设函数 $f(x)$ 在点 x_0 处导数存在，且在 x_0 处取得极值，则函数 $f(x)$ 在 x_0 处的导数 $f'(x_0)=0$，即 x_0 是函数 $f(x)$ 的驻点.

该定理说明可导函数的极值点必是驻点，而驻点未必是极值点．例如，函数 $y=x^3$，在 $x=0$ 处有 $y'|_{x=0}=0$，但 $y|_{x=0}=0$ 不是极值.

对于一个连续函数，它的极值点还可能是使导数不存在的点．如 $f(x)=|x|$，显然，$f'(0)$ 不存在．但 $x=0$ 却是它的一个极小值点，在 $f(x)=|x|$ 图形上，$(0,0)$ 称为曲线的尖点.

因此，连续函数有可能取得极值的点是驻点或尖点．但问题是这些点满足什么条件才能为极值点，观察图 3.5，得下面判定函数极值的一个充分条件.

定理 3（极值存在的第一充分条件）　设函数 $f(x)$ 在点 x_0 连续，在点 x_0 附近可导（x_0 可除外），当 x 由小增大经过 x_0 时，如果

(1) $f'(x)$ 的符号由正变负，则 $f(x)$ 在点 x_0 处取得极大值；

(2) $f'(x)$ 的符号由负变正，则 $f(x)$ 在点 x_0 处取得极小值；

(3) $f'(x)$ 的符号不变，则 $f(x)$ 在点 x_0 处取不到极值.

此外还可利用二阶导数来判定极值.

定理 4（极值存在的第二充分条件）　设函数 $f(x)$ 在 $U(x_0,\delta)$ 内二阶导数 $f''(x)$ 存在且连续，又 $f'(x_0)=0$，如果

(1) $f''(x_0)<0$，则 $f(x)$ 在 x_0 处取得极大值；

(2) $f''(x_0)>0$，则 $f(x)$ 在 x_0 处取得极小值.

证明从略.

例 4　求函数 $f(x)=(x^2-4)^{\frac{2}{3}}$ 的极值.

解　因为

$$f'(x)=\frac{4x}{3\sqrt[3]{x^2-4}}\quad(x\neq\pm2),$$

令 $f'(x)=0$，得驻点 $x=0$，所以函数有驻点 $x=0$，尖点 $x=\pm2$. 下面列表考察 $f'(x)$ 的符号.

x	$(-\infty,-2)$	-2	$(-2,0)$	0	$(0,2)$	2	$(2,+\infty)$
$f'(x)$	$-$	不存在	$+$	0	$-$	不存在	$+$
$f(x)$	↘	极小值 0	↗	极大值 $2\sqrt[3]{2}$	↘	极小值 0	↗

故当 $x=0$ 时，函数 $f(x)$ 有极大值 $2\sqrt[3]{2}$；

当 $x=\pm 2$ 时，函数 $f(x)$ 有极小值 0.

例 5　求函数 $f(x)=\sqrt{3}x+2\sin x$ 在区间 $[0,2\pi]$ 内的极值.

解　因为

$$f'(x)=\sqrt{3}+2\cos x,\ f''(x)=-2\sin x.$$

令 $f'(x)=0$，得驻点

$$x_1=\frac{5\pi}{6},\ x_2=\frac{7\pi}{6}.$$

因为 $f''\left(\frac{5\pi}{6}\right)=-1<0$，所以 $f\left(\frac{5\pi}{6}\right)=\frac{5\sqrt{3}\pi}{6}+1$ 为极大值；因为 $f''\left(\frac{7\pi}{6}\right)=1>0$，所以 $f\left(\frac{7\pi}{6}\right)=\frac{7\sqrt{3}\pi}{6}-1$ 为极小值.

例 6　求函数 $f(x)=(x^2-1)^3+1$ 的极值.

解　函数 $f(x)$ 的定义域为 $(-\infty,+\infty)$，且

$$f'(x)=6x(x^2-1)^2$$

由 $f'(x)=0$，得驻点 $x_1=-1$，$x_2=0$，$x_3=1$. 列表讨论如下：

x	$(-\infty,-1)$	-1	$(-1,0)$	0	$(0,1)$	1	$(1,+\infty)$
$f'(x)$	$-$	0	$-$	0	$+$	0	$+$
$f(x)$	↘		↘	极小值 0	↗		↗

故函数 $f(x)$ 在 $x=0$ 处有极小值 $f(0)=0$，而 $x=-1$ 和 $x=1$ 不是极值点.

三、函数的最值问题

在实际生活中，常会遇到在一定条件下，怎样使“产量最高”“用料最省”“成本最低”“耗时最少”等问题．这一类问题在数学上可归结为求某一函数的最大值或最小值问题.

因为在闭区间 $[a,b]$ 上连续的函数 $f(x)$ 一定存在最大值和最小值，并且由于函数的最值可在区间内部取到，也可在区间的端点上取到，如果是在区间内部取到，那么这个最值一定是函数的极值，因此求函数 $f(x)$ 在区间 $[a,b]$ 上的最值，可以先求出一切可能的极值点（驻点及尖点）和端点处的函数值，然后进行比较，其中最大者就是函数的最大值，最小者就是函数的最小值.

例 7 求函数 $y=x^4-4x^2+6$ 在区间 $[-3,3]$ 上的最大值和最小值.

解 因为

$$y'=4x^3-8x,$$

令 $y'=0$，得驻点

$$x_1=-\sqrt{2},\ x_2=0,\ x_3=\sqrt{2},$$

因此

$$y\big|_{x=\pm\sqrt{2}}=2,\ y\big|_{x=0}=6,\ \text{而}\ y\big|_{x=\pm 3}=51.$$

经比较，得函数的最大值为 $y=51$，最小值为 $y=2$.

如果函数 $f(x)$ 在一个开区间 (a,b) 内连续且有唯一的极值点 x_0，则当 $f(x_0)$ 为极大值时，$f(x_0)$ 就是函数 $f(x)$ 在该区间上的最大值；当 $f(x_0)$ 为极小值时，$f(x_0)$ 就是函数 $f(x)$ 在该区间上的最小值(图 3.6).

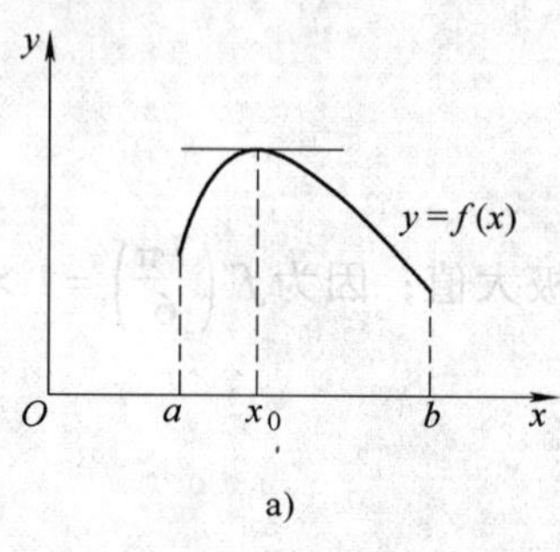

b)

图 3.6

例 8 求函数 $f(x)=(x^2-1)^3+1$ 的最值.

解 由例 6 可知，$x=0$ 是函数 $f(x)$ 的极小值点，且在整个定义域中极值点是唯一的，故函数的极小值就是函数的最小值，为 $f(0)=0$，不存在最大值.

下面讨论求最值的应用题.

在实际问题中，往往可以根据实际情况断定函数 $f(x)$ 在其定义区间内确有最值存在，而当可导函数 $f(x)$ 在该定义区间内又只有唯一的驻点 x_0，则可断定 $f(x)$ 在点 x_0 处取到了相应的最值.

例 9 有一块长为 a、宽为 $\frac{3}{8}a$ 的长方形铁片，将它的四角各剪去一个大小相同的小正方形，四边折起，做成一个无盖的长方盒，问：截去的小正方形的边长为多少时，其容积最大?

解 如图 3.7 所示，设小正方形的边长为 x，则其容积为

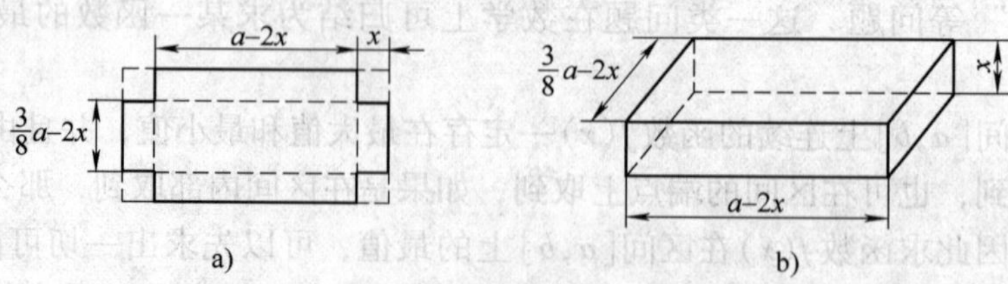

图 3.7

$$V(x)=x(a-2x)\left(\frac{3}{8}a-2x\right)=4x^3-\frac{11}{4}ax^2+\frac{3}{8}a^2x \quad \left(0<x<\frac{3}{16}a\right).$$

则

$$V'(x)=12x^2-\frac{11}{2}ax+\frac{3}{8}a^2=12\left(x-\frac{1}{12}a\right)\left(x-\frac{3}{8}a\right).$$

令 $V'(x)=0$，得驻点 $x_1=\frac{1}{12}a$，$x_2=\frac{3}{8}a$（舍），所以 $x=\frac{1}{12}a$ 是唯一的驻点，又该实际问题的最值一定存在，故当小正方形的边长 $x=\frac{1}{12}a$ 时，长方盒的容积最大.

例 10　如图 3.8 所示，设铁路边上离工厂 C 最近的点 A 距工厂 20km，铁路边上 B 城距 A 点 200km，现要在铁路线 AB 上选定一点 D 修筑一条公路，已知铁路与公路每吨千米的货运费之比为3∶5，问 D 选在何处时，才能使产品从工厂 C 运到 B 城的每吨货物的总运费最省？

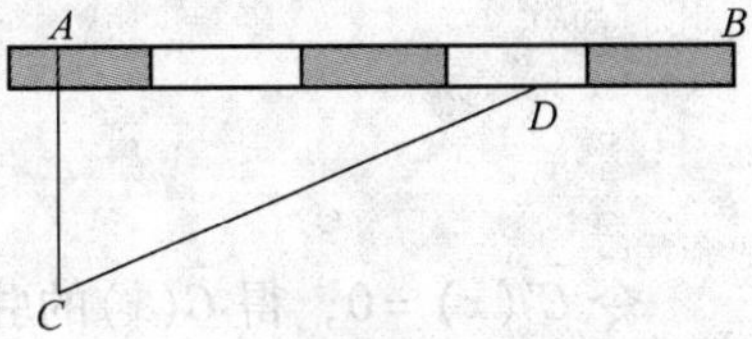

解　设 D 点选在距离 A 处 $x$km，又设铁路与公路的每吨千米货运费分别为 $3k$，$5k$（k 为常数），则产品从 C 处运到 B 城的每吨总运费为

$$\begin{aligned} y&=5k\cdot CD+3k\cdot BD\\ &=5k\sqrt{400+x^2}+3k(200-x) \quad (0\leqslant x\leqslant 200). \end{aligned}$$

图 3.8

因为

$$y'=5k\frac{x}{\sqrt{400+x^2}}-3k=\frac{k(5x-3\sqrt{400+x^2})}{\sqrt{400+x^2}},$$

令 $y'=0$，即 $5x=3\sqrt{400+x^2}$，得 $x=15$.

将 $y|_{x=15}=680k$ 与闭区间 $[0,200]$ 端点处的函数值比较，由于 $y|_{x=0}=700k$，$y|_{x=200}=5\sqrt{40400}k>1000k$，因此，当 D 点选在距离 A 点 15km 处时，每吨货物的总运费最省.

四、最值问题在经济中的应用

例 11（最大收益）　某公司销售一种灯具，设 x 表示每个月的销售量，依据过去的数据统计，这种灯具的价格需求函数为 $p=100-0.01x$，其中 p 为灯具价格（以元/台为单位），试求其达到最大收益时的每月销售量.

解　由于收益＝价格×需求量，这里需求量指每月销售量，即

$$R(x)=p\cdot x=(100-0.01x)x=100x-0.01x^2.$$

因为价格和需求量是非负的，所以

$$x\geqslant 0,\ p=100-0.01x\geqslant 0,$$

即该问题所考虑 x 的变化区域为 $0\leqslant x\leqslant 10000$. 下面求在这个区域内 $R(x)$ 的最大值.

首先对 $R(x)$ 求一阶导数，则

$$R'(x)=100-0.02x.$$

令 $R'(x)=0$，得驻点 $x=5000$，由于 $R''(x)=-0.02<0$，所以 $R(x)$ 在 $x=5000$ 时达到最大值为

$$R(5000)=250000(\text{元}).$$

此时，$$p=100-0.01\times 5000=50(\text{元/台}).$$
即该公司当销售灯具价格为 50 元/台时，销售量每个月达到 5000 台，此时公司收益最大.

例 12(最低成本) 某工厂生产某型号产品 x 件，其成本函数(单位:元)，为
$$C(x)=200+50x-50\ln x$$
试求其最低平均成本.

解 平均成本函数记为 $\overline{C}(x)$，则
$$\overline{C}(x)=\frac{C(x)}{x}=\frac{200}{x}+50-50\frac{\ln x}{x}\quad(x>0),$$
$$\overline{C}'(x)=-\frac{200}{x^2}-50\frac{\frac{1}{x}\cdot x-\ln x}{x^2}$$
$$=50\left(-\frac{4}{x^2}-\frac{1-\ln x}{x^2}\right)$$
$$=50\frac{\ln x-5}{x^2}\quad(x>0).$$

令 $\overline{C}'(x)=0$，得 $\overline{C}(x)$的驻点为 $x=e^5$，并在定义域内无导数不存在点．由实际意义知必存在最低成本(也可以应用定理 3、定理 4 判定)．因此当 $x=e^5\approx 148$(件)时，达到最低平均成本(近似值)为
$$\overline{C}(148)=\frac{200}{148}+50-\frac{250}{148}\approx 50(\text{元}).$$
该平均成本低于刚开始生产时的生产成本．例如，生产 $7(\approx e^2)$件产品时，平均成本为
$$\overline{C}(7)=\frac{200}{7}+50-50\times\frac{\ln 7}{7}\approx 64(\text{元});$$
当生产 $20(\approx e^3)$件产品时，平均成本为
$$\overline{C}(20)=\frac{200}{20}+50-50\times\frac{\ln 20}{20}\approx 52.5(\text{元}).$$

由上述粗略计算可知，平均成本在生产 20 件之后降低得较慢.

例 13(最大利润) 某公司获得在一次国际比赛中销售一种新的大热狗的特许权，每销售一个这样的热狗需成本 1 美元，现已知这种热狗在运动会上价格需求曲线近似为
$$p=5-\ln x\quad(0<x\leqslant 50),$$
其中 x 为销售热狗的数量(以千个为单位)，p 以美元/个为单位．试求价格为多少时，该公司利润最大?

解 由已知可求得收益函数 $R(x)$为
$$R(x)=p\cdot x=(5-\ln x)x=5x-x\ln x.$$
其成本函数为
$$C(x)=1\cdot x=x.$$
因此，利润函数为

$$L(x)=R(x)-C(x)=5x-x\ln x-x=4x-x\ln x.$$

则

$$L'(x)=4-\ln x-x\cdot\frac{1}{x}=3-\ln x.$$

令 $L'(x)=0$，求得 $L(x)$ 驻点为 $x=\mathrm{e}^3\approx 20$，此时相应的热狗价格应为

$$p(20)=5-\ln 20\approx 2(\text{美元/个}).$$

由此可知，该公司在运动会上要销售 20(千个)，即 2 万个热狗，每个热狗价格为 2 美元/个时，利润达到最大.

习　题　3.2

1. 求下列函数的单调区间：

(1) $y=x\mathrm{e}^x$；　　(2) $y=2x^3-6x^2-18x-7$；

(3) $y=x-\ln(x+1)$；　　(4) $y=\sqrt[3]{(2x-1)^2(1-x)^2}$.

2. 求下列函数的极值：

(1) $f(x)=x^3+6x^2-15x+1$；　　(2) $f(x)=4x^3-3x^4$；

(3) $f(x)=(x-1)x^{\frac{2}{3}}$；　　(4) $f(x)=\sin x+\cos x\quad(0\leqslant x\leqslant 2\pi)$.

3. 已知函数 $f(x)=x^3+ax^2+bx$ 在 $x=1$ 处有极值 -12，试确定系数 a，b 的值.

4. 求下列函数在给定区间上的最值：

(1) $f(x)=x^4-2x^2+6$，　$[-2,3]$；　　(2) $f(x)=(x+1)^4$，　$(-\infty,+\infty)$.

5. 如图 3.9 所示，三块长度一样，宽为 a 的木板，做成一横截面为等腰梯形的水槽，问如何安装，水槽的横截面面积最大？

6. 如图 3.10 所示，某矿务局拟从 A 处掘一巷道至 C 处，设 AB 长为 600m，C 到 AB 的距离为 200m，若沿水平 AB 方向掘进费用 5 元/m，水平面以下是岩石，掘进费用 13 元/m，问怎样掘法费用最省？

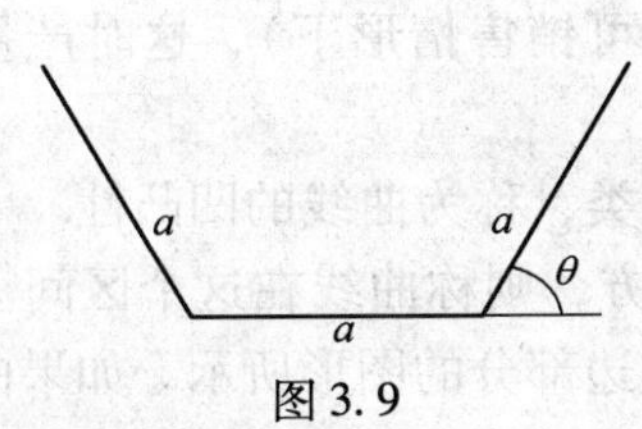

图 3.9

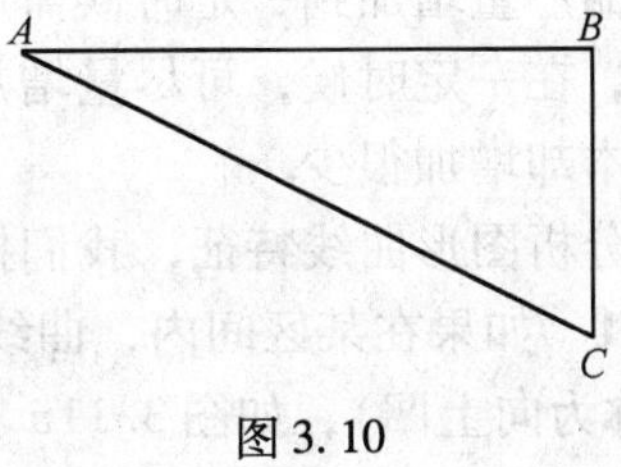

图 3.10

7. 某公司销售一种产品，已统计出其成本函数为

$$C(x)=1600+0.25x^2,$$

其中 x 为产品销售的数量，$C(x)$ 的单位为元. 试求出其最低平均成本及相应的产品销售数量.

8. 某宠物店销售的金鱼缸泵价格需求曲线近似为

$$p=120-20\ln x\ (0<x<90),$$

其中 x 为每周销售这种泵的数量，p 是每个泵的价格(以元/个为单位)，若每个泵的成本为 30 元，试求每周取得利润的最大值以及相应的每周泵的销售量.

第三节 函数图形的描绘

一、函数的凹凸性与拐点

在研究函数曲线的变化时，了解它的单调性当然是很重要的，但在许多实际问题中还是不够的．我们来看一下图 3.11a 所示的成本函数 $C(x)$ 的曲线，这里 x 表示产品数量，$C(x)$ 表示当产品数量为 x 时的总成本.

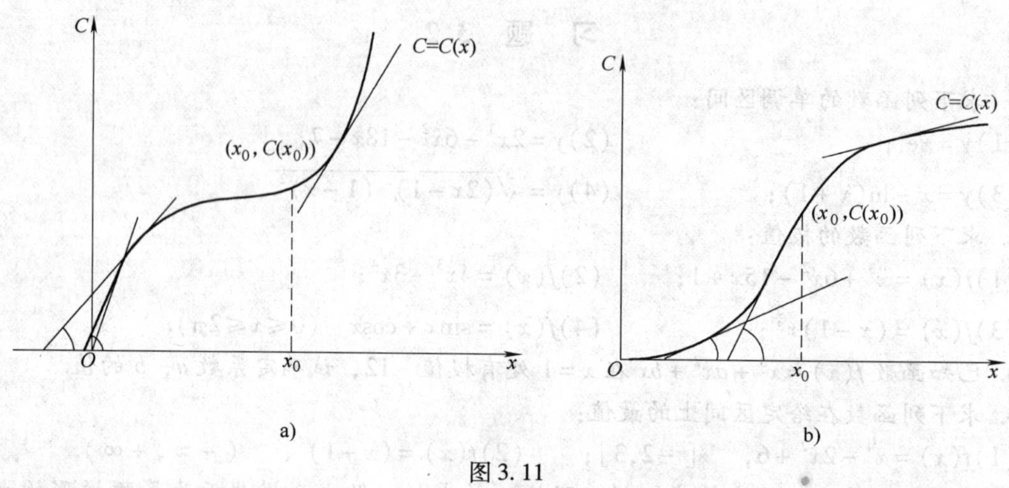

图 3.11

从图中曲线走向可粗略地知道，当产品数量 $x<x_0$ 时，成本沿着 x 轴正向增长越来越慢；而当 $x>x_0$ 时，成本增长越来越快．而图 3.11b 所示的成本函数 $C(x)$ 的曲线，则反映了另一种情况．开始时成本沿着 x 轴正向增长越来越快，而当 $x>x_0$ 时，成本增长逐渐变慢．这两条成本函数曲线都是单调上升的曲线，但在成本分析中意义是不同的．前一条曲线告诉我们，产品产量增加到一定时候需加以及时限制，因为这时成本增加很快．而另一条曲线则告诉我们，在一定时候，可尽量增加产品产量(当然是在可销售情形下)，这时产量增加许多，其成本却增加很少.

仔细分析图形曲线特征，我们把曲线弯曲形状分为两类，称为曲线的凹凸性.

定义 1 如果在某区间内，曲线弧总是位于其切线上方，则称曲线在这个区间上为**凹的**(有的书称为向上凹)，如图 3.11a 右边部分和图 3.11b 左边部分的图形所示．如果曲线弧总是位于切线下方，则称曲线在这个区间上为**凸的**(有的书称为向下凹)，如图 3.11a 左边部分和图 3.11b 右边部分的图形所示.

由图 3.11a、b 可看到，当曲线为凹时，曲线的切线斜率沿着 x 轴正向增加，即 $f'(x)$ 为增函数；反之，当曲线为凸时，曲线的切线斜率沿着 x 轴正向减少，即 $f'(x)$ 为减函数，因此有下面的定理：

定理 设函数 $f(x)$ 在区间 (a, b) 内具有二阶导数.

(1) 如果 $x\in(a, b)$，恒有 $f''(x)>0$，则曲线 $f(x)$ 在 (a, b) 内为凹的；

(2) 如果 $x\in(a, b)$，恒有 $f''(x)<0$，则曲线 $f(x)$ 在 (a, b) 内为凸的.

定义 2 曲线上凹与下凸部分的分界点称为曲线的**拐点**.

图 3.11a、b 中所示曲线在 $x=x_0$ 处的点$(x_0, C(x_0))$即为拐点. 由定理知在拐点左、右邻近 $C''(x)$必然为异号，因此在拐点处 $C''(x)=0$ 或 $C''(x)$不存在.

例 1　求曲线 $y=x^4-2x^3+1$ 的凹凸区间与拐点.

解　函数 $y=x^4-2x^3+1$ 的定义域为$(-\infty, +\infty)$，且

$$y'=4x^3-6x^2,\ y''=12x^2-12x=12x(x-1).$$

令 $y''=0$，得 $x_1=0$，$x_2=1$. 列表讨论如下：

x	$(-\infty, 0)$	0	$(0, 1)$	1	$(1, +\infty)$
$f''(x)$	+	0	−	0	+
$f(x)$	∪	拐点(0, 1)	∩	拐点(1, 0)	∪

可见，曲线在区间$(-\infty,0)$，$(1,+\infty)$内为凹的；在区间$(0,1)$内为凸的；曲线的拐点是$(0,1)$和$(1,0)$. 如图 3.12 所示.

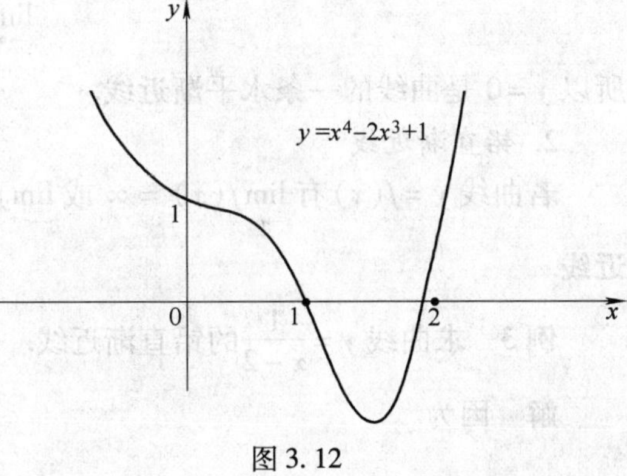

图 3.12

因此，如果函数 $f(x)$在 x_0 的某邻域内连续，当$f(x)$在点 x_0 的二阶导数等于零或不存在而在点 x_0 左右邻近二阶导数存在且符号相反，则点$(x_0, f(x_0))$是拐点，如果符号相同则不是拐点.

综上所述，判定曲线 $y=f(x)$的凹凸性与拐点的步骤归纳如下：

(1)求一阶及二阶导数$f'(x)$，$f''(x)$；

(2)求出$f''(x)=0$ 及$f''(x)$不存在的点；

(3)用步骤(2)中所求的点把函数定义域分成若干个小区间，列表考察$f''(x)$在各区间的符号，从而判定曲线在各部分区间上的凹凸性与拐点.

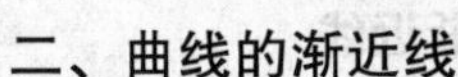

二、曲线的渐近线

为有助于对某些函数作图，下面介绍曲线的渐近线.

定义 3　若曲线上的一点沿着曲线趋于无穷远时，该点与某条直线的距离趋于零，则称此直线为曲线的**渐近线**.

若给定曲线的方程为 $y=f(x)$，如何确定该曲线是否有渐近线？若有渐近线，又该如何求出？下面分三种情形讨论.

1. 水平渐近线

若曲线 $y=f(x)$的定义域是无限区间，且有 $\lim\limits_{x\to-\infty}f(x)=b$ 或 $\lim\limits_{x\to+\infty}f(x)=b$，则直线 $y=b$ 为曲线 $y=f(x)$的**水平渐近线**，如图 3.13 所示.

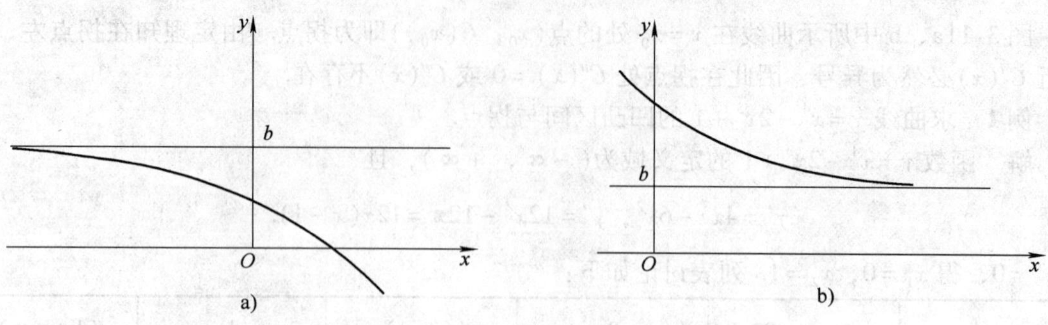

图 3.13

例 2 求曲线 $y=\frac{1}{x-2}$ 的水平渐近线.

解 因为

$$\lim_{x\to\infty}\frac{1}{x-2}=0,$$

所以 $y=0$ 是曲线的一条水平渐近线.

2. 铅直渐近线

若曲线 $y=f(x)$ 有 $\lim\limits_{x\to c^-}f(x)=\infty$ 或 $\lim\limits_{x\to c^+}f(x)=\infty$，则直线 $x=c$ 为曲线 $y=f(x)$ 的**铅直渐近线**.

例 3 求曲线 $y=\frac{1}{x-2}$ 的铅直渐近线.

解 因为

$$\lim_{x\to 2}\frac{1}{x-2}=\infty,$$

所以 $x=2$ 是曲线 $y=\frac{1}{x-2}$ 的一条铅直渐近线.

3. 斜渐近线

若 $\lim\limits_{x\to\pm\infty}[f(x)-(ax+b)]=0$ 成立，则 $y=ax+b$ 是曲线的一条**斜渐近线**.

若斜渐近线存在，下面来求计算 a，b 的公式.

由 $\lim\limits_{x\to\pm\infty}[f(x)-(ax+b)]=0$ 有

$$\lim_{x\to\pm\infty}x\left[\frac{f(x)}{x}-a-\frac{b}{x}\right]=0.$$

所以

$$\lim_{x\to\pm\infty}\left[\frac{f(x)}{x}-a-\frac{b}{x}\right]=0.$$

即

$$\lim_{x\to\pm\infty}\left[\frac{f(x)}{x}-a\right]=0.$$

所以

$$a=\lim_{x\to\pm\infty}\frac{f(x)}{x}.$$

将 $a=\lim\limits_{x\to\pm\infty}\frac{f(x)}{x}$求出并代入 $\lim\limits_{x\to\pm\infty}[f(x)-(ax+b)]=0$ 即可确定

$$b=\lim_{x\to\pm\infty}[f(x)-ax].$$

例 4　求曲线 $y=\frac{x^2}{x+1}$的渐近线.

解　(1)因为

$$\lim_{x\to-1}\frac{x^2}{x+1}=\infty,$$

所以 $x=-1$ 是曲线的铅直渐近线.

(2)由

$$a=\lim_{x\to\infty}\frac{f(x)}{x}=\lim_{x\to\infty}\frac{x}{x+1}=1$$

和

$$b=\lim_{x\to\infty}[f(x)-ax]=\lim_{x\to\infty}\left(\frac{x^2}{x+1}-x\right)=\lim_{x\to\infty}\left(-\frac{x}{x+1}\right)=-1$$

可知 $y=x-1$ 是曲线的斜渐近线.

三、函数图形的描绘

前面讨论的函数图形的各种性态，包括单调性、极值、凹凸性、拐点以及渐近线等，可作为我们描绘函数粗略图形的依据．下面给出描绘函数粗略图形的步骤.

(1)确定函数的定义域.

(2)确定函数的奇偶性，以观察曲线的对称性；奇函数的图像关于原点对称，偶函数的图像关于 y 轴对称.

(3)讨论函数的单调性，并确定极值点.

(4)讨论曲线的凹凸性，确定拐点.

(5)确定曲线的渐近线.

(6)由曲线方程找出一些特殊点的坐标，如与 x 轴和 y 轴交点的坐标等.

(7)描绘出函数图形.

以上各步骤在具体解题时，可适当归并进行，也可适当调整顺序.

例 5　作函数 $y=\frac{x-1}{(x-2)^2}-1$ 的图形.

解　函数的定义域为$(-\infty,2)\cup(2,+\infty)$，且

$$y'=\frac{(x-2)^2-2(x-1)(x-2)}{(x-2)^4}=-\frac{x}{(x-2)^3},$$

令 $y'=0$，得 $x=0$.

$$y''=-\frac{(x-2)^3-3x(x-2)^2}{(x-2)^6}=\frac{2(x+1)}{(x-2)^4},$$

令 $y''=0$，得 $x=-1$.

列表讨论如下：

x	$(-\infty,-1)$	-1	$(-1,0)$	0	$(0,2)$	$(2,+\infty)$
$f'(x)$	$-$		$-$	0	$+$	$-$
$f''(x)$	$-$	0	$+$		$+$	$+$
$f(x)$	↘	拐点 $\left(-1,-\frac{11}{9}\right)$	↘	极小值 $-\frac{5}{4}$	↗	↘

因为 $\lim\limits_{x\to 2}\left[\dfrac{x-1}{(x-2)^2}-1\right]=\infty$，所以 $x=2$ 是铅直渐近线；又因为 $\lim\limits_{x\to\infty}\left[\dfrac{x-1}{(x-2)^2}-1\right]=-1$，所以 $y=-1$ 是水平渐近线.

作辅助点：$(1,-1)$，$\left(\dfrac{5-\sqrt{5}}{2},0\right)$、$\left(\dfrac{5+\sqrt{5}}{2},0\right)$.

作函数的图形如图 3.14 所示.

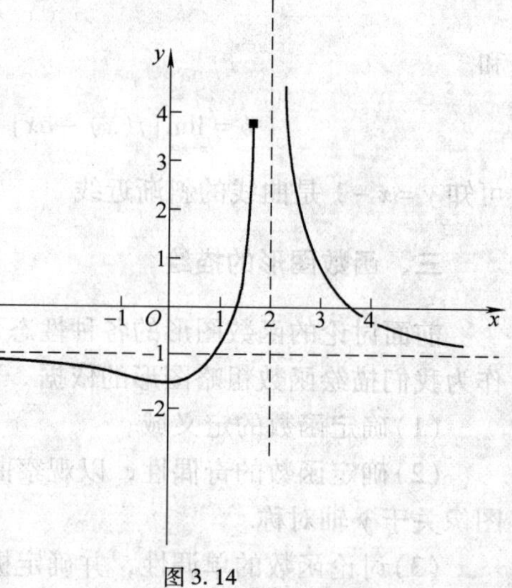

图 3.14

四、函数图像法在经济中的应用

下面以平均成本函数为例，说明如何应用上述画图技巧来分析得到经济学中一个重要原理.

设某企业生产一种产品的成本函数为 $C(x)=5000+0.5x^2$，其中 x 表示产品数量，$C(x)$ 表示产品数量为 x 时所需要的成本(以元为单位). 边际成本函数为

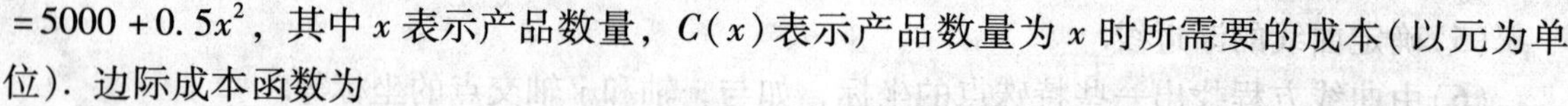

$$C'(x)=x.$$

由平均成本函数的定义有

$$\overline{C}(x)=\frac{5000+0.5x^2}{x}=\frac{5000}{x}+0.5x.$$

步骤 1　分析 $\overline{C}(x)$

该函数定义域为 $(0,+\infty)$，与 x 轴、y 轴均没有交点.

由于 $\lim\limits_{x\to\infty}\overline{C}(x)=\lim\limits_{x\to\infty}\dfrac{5000+0.5x^2}{x}$ 不存在，所以水平渐近线不存在.

$\overline{C}(x)$ 存在铅直渐近线 $x=0$(即 y 轴)，这是因为

$$\lim_{x\to 0^+}\overline{C}(x)=\lim_{x\to 0^+}\frac{5000+0.5x^2}{x}=\infty.$$

$\overline{C}(x)$还存在斜渐近线，具体求解如下：

$$a=\lim_{x\to\infty}\frac{\overline{C}(x)}{x}=\lim_{x\to\infty}\frac{\frac{5000+0.5x^2}{x}}{x}=\lim_{x\to\infty}\left(\frac{5000}{x^2}+0.5\right)=0.5,$$

$$b=\lim_{x\to\infty}[\overline{C}(x)-ax]=\lim_{x\to\infty}\left(\frac{5000+0.5x^2}{x}-0.5x\right)=\lim_{x\to\infty}\frac{5000}{x}=0.$$

因此$\overline{C}(x)$的斜渐近线为$\overline{C}(x)=0.5x$.

步骤2　分析$\overline{C}'(x)$

$$\overline{C}'(x)=-\frac{5000}{x^2}+0.5=\frac{0.5x^2-5000}{x^2}=\frac{0.5(x-100)(x+100)}{x^2},$$

令$\overline{C}'(x)=0$得到$x_1=-100$（舍去），$x_2=100$. 所以，$\overline{C}(x)$的驻点为$x=100$.

步骤3　分析$\overline{C}''(x)$

$$\overline{C}''(x)=-\frac{5000}{x^3}\times(-2)=\frac{10000}{x^3}>0,\ x\in(0,\ +\infty).$$

步骤4　列表分析

x	(0, 100)	100	(100, +∞)
$\overline{C}'(x)$	−	0	+
$\overline{C}''(x)$	+		+
$\overline{C}(x)$	↘ ∪	极小值 = 100	↗ ∪

步骤5　画图

平均成本函数$\overline{C}(x)$的图形如图3.15所示.

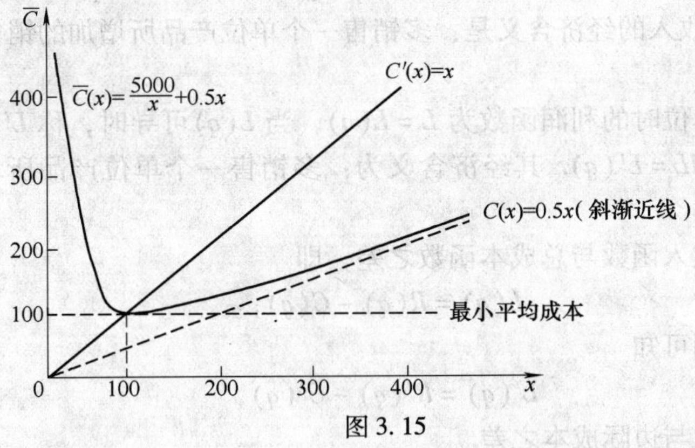

图3.15

从图3.15可以验证经济学中一个重要原理：最小平均成本总是出现在平均成本与边际成本相等时.

习　题　3.3

1. 求下列函数的凹凸区间及拐点：

(1) $y=3x^2-x^3$；　　(2) $y=x^3-6x^2+9x+1$；

(3) $y=x^3-5x^2+3x-5$；　　(4) $y=1-\sqrt[3]{x-2}$.

2. 求下列曲线的渐近线：

(1) $y=\dfrac{1}{(x-1)(x-2)}$；　　(2) $y=\dfrac{1}{(x-2)^3}$.

3. 画出下列函数的图形：

(1) $y=x^3-3x^2+8$；　　(2) $y=\dfrac{3x}{x+2}$.

4. 已知成本函数 $C(x)=1600+0.25x^2$，其中 x 是产品数量，试利用画图来分析平均成本函数，阐述有关信息，画出图形，并求出最小平均成本.

第四节　导数在经济学中的应用

一、边际与边际分析

在经济学中，边际经常用来描述一个经济变量 y 对于另一个经济变量的变化．利用导数研究经济变量的边际变化的方法，称为边际分析法.

1. 边际成本(MC)

边际成本的经济含义为：当产量为 q 时，再生产一个单位产品所增加的总成本.

设某产品产量为 q 时所需的总成本为 $C=C(q)$，则

$$C(q+1)-C(q)=\Delta C(q)\approx \mathrm{d}C(q)=C'(q)\Delta q=C'(q),$$

即边际成本就是总成本函数关于产量 q 的导数，记为 $MC=C'(q)$.

2. 边际收入(MR)

设某产品的销售量为 q 时的收入函数为 $R=R(q)$，则 $MR=R'(q)$．即边际收入为收入函数 $R(q)$的导数．边际收入的经济含义是：多销售一个单位产品所增加的销售收入.

3. 边际利润(ML)

设销售某产品 q 单位时的利润函数为 $L=L(q)$，当 $L(q)$可导时，称 $L'(q)$为销售量为 q 时的边际利润，记为 $ML=L'(q)$．其经济含义为：多销售一个单位产品所增加(或减少)的利润.

由于利润函数为收入函数与总成本函数之差，即

$$L(q)=R(q)-C(q),$$

由导数的运算法则可知

$$L'(q)=R'(q)-C'(q),$$

即边际利润为边际收入与边际成本之差.

例 1　一企业生产某产品的日生产能力为 500 台，每日产品的总成本 C(单位:元)是日产量 q(单位:台)的函数，且

$$C(q)=400+2q+5\sqrt{q},\ q\in[0,\ 500].$$

求：

(1) 当产量为 400 台时的总成本；

(2) 当产量为 400 台时的平均成本；

(3) 当产量从 400 台增加到 484 台时总成本的平均变化率；

(4) 当产量为 400 台时的边际成本.

解　(1) 当产量为 400 台时，总成本为

$$C(400)=400+2\times400+5\times\sqrt{400}=1300(\text{元});$$

(2) 当产量为 400 台时，平均成本为

$$\frac{C(400)}{400}=\frac{1300}{400}=3.25(\text{元/台});$$

(3) 当产量从 400 台增加到 484 台时总成本的平均变化率为

$$\frac{\Delta C}{\Delta q}=\frac{C(484)-C(400)}{484-400}=\frac{1478-1300}{84}\approx2.119(\text{元/台});$$

(4) 当产量为 400 台时的边际成本为

$$C'(q)=(400+2q+5\sqrt{q})'=2+\frac{5}{2\sqrt{q}},$$

$$C'(400)=2+\frac{5}{2\sqrt{400}}=2.125(\text{元/台}).$$

例 2　某产品的销售量 q 与单位价格 p 之间的关系为

$$q=1200-3p.$$

(1) 写出收入函数 R 与 q 之间的关系；

(2) 计算销售量达到 300 时的收入；

(3) 销售量由 300 增加至 360 时，收入增加了多少？

(4) 在(3)过程中平均多销售一个单位产品时，收入增加多少？

(5) 求销售量为 300 时的边际收入.

解　(1) 收入函数 R 与 q 之间的关系为

$$R(q)=pq=\frac{1}{3}(1200-q)q=400q-\frac{1}{3}q^2;$$

(2) 当销售量达到 300 时，收入为

$$R(300)=400\times300-\frac{1}{3}\times300^2=90000;$$

(3) 当销售量由 300 增加至 360 时，收入增加了

$$R(360)-R(300)=100800-90000=10800;$$

(4) 在上述（3）过程中平均多销售一个单位产品时，收入将增加

$$\frac{R(360)-R(300)}{360-300}=\frac{10800}{60}=180;$$

(5) 因为

$$R'(q)=(400q-\frac{1}{3}q^2)'=400-\frac{2}{3}q,$$

所以，当销售量为300时，边际收入为

$$R'(300)=200.$$

例3 已知成本函数为 $C(q)=aq^3-bq^2+cq$，求使平均成本最小的产量，其中 a，b，$c>0$.

解 平均成本为

$$\overline{C}(q)=aq^2-bq+c$$

则

$$\overline{C}'(q)=2aq-b.$$

令 $\overline{C}'(q)=2aq-b=0$，得驻点

$$q=\frac{b}{2a}.$$

由于 $q=\dfrac{b}{2a}$是平均成本函数唯一驻点，且最小值确实存在，故 $q=\dfrac{b}{2a}$是使平均成本最小的产量.

例4 某厂每月生产 q(百件)产品的总成本为 $C(q)=q^2+2q+100$(千元). 若每百件的销售价格为4万元，试写出利润函数 $L(q)$，并求当边际利润为0时的月产量.

解 已知 q(百件)，$C(q)=q^2+2+100$(千元)，$p=40$(千元/百件).

(1)利润函数为

$$L(q)=40q-(q^2+2q+100)-q^2+38q-100.$$

(2)边际利润为

$$L'(q)=40-(2q+2)=38-2q,$$

令 $L'(q)=0$，即 $L'(q)=38-2q=0$，得

$$q=19.$$

二、弹性与弹性分析

1. 弹性的概念

在经济学中我们把导函数又称为边际函数. 它们所反映的是函数绝对变化率，即函数的绝对改变量与自变量绝对改变量之比当后者趋于0时的极限. 在经济活动中，仅注意绝对改变量与绝对变化率是不够的. 例如，某股市中介向人们推荐两种股票，简称A股和B股. A股在今后三个月内每股可能上涨1元，B股在今后三个月内每股可能上涨2元. 究竟要买哪种股票呢？如果我们仅知道每股涨价的绝对值显然是不够的. 为了确定买哪种股票，还要看一下每股涨价的相对变化率. 设A股每股为10元，B股每股为40元，则A股在今后三个月内股价将提高10%，而B股的股价仅提高5%. 显然，如果该中介所推荐情况属实，我们应该购A股而不是B股. 由此，十分有必要研究函数的相对变化率.

定义1 设函数 $y=f(x)$ 在点 x_0 处可导，函数的相对改变量

$$\frac{\Delta y}{y_0}=\frac{f(x_0+\Delta x)-f(x_0)}{f(x_0)}$$

与自变量的相对改变量$\dfrac{\Delta x}{x_0}$之比，当 $\Delta x\to 0$ 时 $\lim\limits_{\Delta x\to 0}\dfrac{\Delta y/y_0}{\Delta x/x_0}$存在，则称此极限为函数 $f(x)$ 在 x_0 处

的相对变化率，也就是相对导数，或称为函数 $f(x)$ 在 $x=x_0$ 处的**弹性**，记作

$$\left.\frac{Ey}{Ex}\right|_{x=x_0} \quad 或 \quad \frac{E}{Ex}f(x_0).$$

它表示在 $x=x_0$ 处，当 x_0 产生 1% 变化时，$f(x)$ 的变化为 $\frac{E}{Ex}f(x_0)\%$.

由于

$$\left.\frac{Ey}{Ex}\right|_{x=x_0}=\lim_{\Delta x\to 0}\frac{\Delta y/y_0}{\Delta x/x_0}=\lim_{\Delta x\to 0}\frac{x_0}{y_0}\cdot\frac{\Delta y}{\Delta x}$$

$$=\frac{x_0}{y_0}\lim_{\Delta x\to 0}\frac{\Delta y}{\Delta x}=\frac{x_0}{y_0}f'(x_0),$$

所以，$f(x)$ 在 x_0 处的弹性可由下式计算：

$$\left.\frac{Ey}{Ex}\right|_{x=x_0}=\frac{x_0}{y_0}f'(x_0).$$

若 $f(x)$ 在任意 x 处可导(实际问题中,一般都满足这个条件)，则称

$$\frac{Ey}{Ex}=\frac{x}{y}f'(x)$$

为 $f(x)$ 在 x 处的**弹性函数**.

关于弹性，应注意的是分子和分母必须以百分比表示．因为只有用百分比计算才有可比性．例如，衡量肉和蔬菜这两种物品价格的变动情况，就不能直接用价格的绝对数来表示，而要用百分比来比较.

例 5 求函数 $f(x)=100e^{3x}$ 的弹性函数，并求 $x=2$ 处的弹性.

解 因为

$$f'(x)=300e^{3x},$$

所以

$$\frac{Ey}{Ex}=\frac{x}{y}f'(x)=\frac{x}{y}\cdot 300e^{3x}=\frac{x}{100e^{3x}}\cdot 300e^{3x}=3x.$$

因此，当 $x=2$ 时 $f(x)$ 的弹性为

$$\left.\frac{Ey}{Ex}\right|_{x=2}=3\times 2=6.$$

其含义是自变量 x 在 $x=2$ 处变化 1%，引起变量 y 的变化为 6%.

例 6 求 $f(x)=x^{\alpha}$（α 为常数）的弹性函数.

解 因为

$$f'(x)=\alpha x^{\alpha-1},$$

所以

$$\frac{E}{Ex}f(x)=\frac{x}{x^{\alpha}}\cdot\alpha x^{\alpha-1}=\alpha.$$

即幂函数在 x 处的弹性为常数.

2. 需求弹性与供给弹性

需求函数已在前面介绍过，可表示为 $Q=D(p)$，其中 p 为价格，Q 为需求量．需求量在某价格 p_0 时的弹性大小为

$$\left.\frac{\mathrm{E}Q}{\mathrm{E}p}\right|_{p=p_0}=\frac{p_0}{D(p_0)}\cdot D'(p_0).$$

需求弹性可以衡量需求的相对变动对价格相对变动的反应程度．由于需求函数一般是递减的，所以在某处的需求弹性是负的．

例 7 设某商品的需求函数为 $Q=100-2p$，求 $p=30$ 时的弹性．

解
$$Q'=-2,$$
$$\frac{\mathrm{E}Q}{\mathrm{E}p}=Q'\cdot\frac{p}{Q}=-2\times\frac{p}{100-2p}=\frac{2p}{2p-100},$$
$$\left.\frac{\mathrm{E}Q}{\mathrm{E}p}\right|_{p=30}=\frac{2\times30}{2\times30-100}=-1.5.$$

这说明当 $p=30$ 时，价格变化 1%，引起的需求量变化为 1.5%．即需求量变化程度大于价格的变化程度，此弹性较大，或需求量对价格变化反应较大．所求弹性带有负号，是指需求量与价格反向变化．此时，可以说在 $p=30$ 处，价格上涨（下跌）1%，引起需求量下降（上升）1.5%．

在经济学中，对需求价格弹性分析是对其绝对值进行讨论的，并根据绝对值大小，将需求价格弹性划分为弹性不足、单位弹性、弹性充足三种情况．

令
$$\eta=\left|\frac{\mathrm{E}Q}{\mathrm{E}p}\right|.$$

（1）若 $\eta<1$，即需求量变动的幅度小于价格变动的幅度，此时称为弹性不足．

（2）若 $\eta=1$，即需求量与价格以同一比例变动，即价格涨跌 1%，引起需求量减增 1%．此时，称为单位弹性．

（3）若 $\eta>1$，即需求量变动的幅度大于价格变动的幅度，此时称为弹性充足．

例 8 设某商品需求函数为 $Q=\mathrm{e}^{-\frac{p}{5}}$，求：

（1）需求弹性函数；

（2）当 $p=3$，$p=5$，$p=6$ 时的需求弹性．

解 （1）
$$Q'=-\frac{1}{5}\mathrm{e}^{-\frac{p}{5}},$$
$$\frac{\mathrm{E}Q}{\mathrm{E}p}=\frac{p}{Q}\cdot Q'=\frac{p}{\mathrm{e}^{-\frac{p}{5}}}\cdot\left(-\frac{1}{5}\mathrm{e}^{-\frac{p}{5}}\right)=-\frac{p}{5}.$$

（2）
$$\left.\frac{\mathrm{E}Q}{\mathrm{E}p}\right|_{p=3}=-\frac{3}{5}=-0.6,$$

即 $\eta(3)=0.6$，弹性不足．这说明此时价格上涨 1%，需求量只减少 0.6%．

$$\left.\frac{\mathrm{E}Q}{\mathrm{E}p}\right|_{p=5}=-\frac{5}{5}=-1,$$

即 $\eta(5)=1$，单位弹性．这说明 $p=5$ 时，价格与需求量变动的幅度相同，价格上涨 1%，需求量减少 1%．

$$\left.\frac{\mathrm{E}Q}{\mathrm{E}p}\right|_{p=6}=-\frac{6}{5}=-1.2,$$

即 $\eta(6)=1.2$，弹性充足．这说明此时价格上涨 1%，需求量下降 1.2%．

类似于需求弹性，我们对供给弹性求解如下．设供给函数为 $Q=S(p)$，其中 p 为价格，Q 为供给量，那么供给量在某一价格 p_0 上的弹性大小为

$$\left.\frac{\mathrm{E}Q}{\mathrm{E}p}\right|_{p=p_0}=\frac{p_0}{S(p_0)}\cdot S'(p_0).$$

供给弹性是衡量供给相对变化对价格相对变化的反应程度．由于供给函数一般是递增的，所以在某处的供给弹性是正的，这与需求弹性不同．

例 9　设某商品的供给函数为 $Q=2+3p$，求供给弹性函数及 $p=3$ 时的供给弹性．

解　由已知 $Q=2+3p$，得

$$Q'=3.$$

则

$$\frac{\mathrm{E}Q}{\mathrm{E}p}=\frac{p}{2+3p}\cdot 3=\frac{3p}{2+3p}.$$

故

$$\left.\frac{\mathrm{E}Q}{\mathrm{E}p}\right|_{p=3}=\frac{3\times 3}{2+3\times 3}=\frac{9}{11}=0.82.$$

这说明当价格 $p=3$ 时，价格上涨(下跌)1%，引起供给量的增加(减少)0.82%．

3. 边际收益与需求弹性的关系

设 R 为收益函数，$Q=D(p)$ 为需求函数，p 为价格，则

$$R=p\cdot Q=p\cdot D(p),$$

$$R'=D(p)+p\cdot D'(p)=D(p)\left(1+D'(p)\frac{p}{D(p)}\right).$$

考虑到 $D'(P)$ 为负号，$\eta=\left|\frac{\mathrm{E}Q}{\mathrm{E}p}\right|=|D'(p)|\cdot\frac{p}{D(p)}=-D'(p)\cdot\frac{p}{D(p)}$，所以有

$$R'=D(p)\cdot[1-\eta(p)].$$

由此可知，当 $\eta(p)<1$ 时，$R'>0$，R 递增，即价格上涨会使总收益增加；价格下跌，会使总收益减少．

当 $\eta(p)=1$ 时，$R'=0$，R 取得最大值．

当 $\eta(p)>1$ 时，$R'<0$，R 递减，即价格上涨会使总收益减少，而价格下跌会使总收益增加．

三、交叉偏弹性

与一元函数类似，可以定义二元函数的弹性概念．

定义 2　设两种相关商品 A，B 的需求函数分别为

$$q_1=q_1(p_A,p_B),\qquad q_2=q_2(p_A,p_B),$$

那么，当商品 B 的价格 p_B 不变，而商品 A 的价格 p_A 发生变化时，需求量 q_1 和 q_2 将随价格 p_A 变化而变动，此时需求量 q_1 和 q_2 对价格 p_A 的弹性分别为

$$\mathrm{E}_{1A}=\frac{p_A}{q_1}\cdot\frac{\partial q_1}{\partial p_A},\qquad \mathrm{E}_{2A}=\frac{p_A}{q_2}\cdot\frac{\partial q_2}{\partial p_A}.$$

其中，E_{1A}称为商品 A 的需求量 q_1 对自身价格 p_A 的直接价格偏弹性；E_{2A}称为商品 B 的需求量 q_2 对相关价格 p_A 的交叉价格偏弹性.

当商品 A 的价格 p_A 不变，而商品 B 的价格 p_B 发生变化时，需求量 q_1 和 q_2 将随价格 p_B 变化而变动，此时需求量 q_1 和 q_2 对价格 p_B 的弹性分别为

$$E_{1B}=\frac{p_B}{q_1}\cdot\frac{\partial q_1}{\partial p_B},\quad E_{2B}=\frac{p_B}{q_2}\cdot\frac{\partial q_2}{\partial p_B}.$$

其中，E_{1B}称为商品 A 的需求量 q_1 对相关价格 p_B 的交叉价格偏弹性；E_{2B}称为商品 B 的需求量 q_2 对自身价格 p_B 的直接价格偏弹性.

如果对于给定的价格 p_A 和 p_B，交叉价格偏弹性 E_{1B}和 E_{2A}都是负的，那么两种商品是互补商品，当两种商品中任意一个价格减少，都将使需求量 q_1 和 q_2 增加；如果对于给定的价格 p_A 和 p_B，交叉价格偏弹性 E_{1B}和 E_{2A}都是正的，那么两种商品就是替代商品，当两种商品中任意一个价格减少，都将使其中一个需求量增加，另一个需求量减少.

例 10 已知两种相关商品 A，B 的需求量 q_1 和 q_2 与价格 p_A 和 p_B 之间的需求函数分别为

$$q_1=\frac{p_B}{p_A},\quad q_2=\frac{p_A^2}{p_B}.$$

求需求的直接价格偏弹性 E_{1A}和 E_{2B}，交叉价格偏弹性 E_{1B}和 E_{2A}.

解 因为

$$\frac{\partial q_1}{\partial p_A}=-\frac{p_B}{p_A^2},\quad \frac{\partial q_1}{\partial p_B}=\frac{1}{p_A},\quad \frac{\partial q_2}{\partial p_A}=\frac{2p_A}{p_B},\quad \frac{\partial q_2}{\partial p_B}=-\frac{p_A^2}{p_B^2},$$

所以

$$E_{1A}=\frac{p_A}{q_1}\cdot\frac{\partial q_1}{\partial p_A}=\frac{p_A^2}{p_B}\cdot\left(-\frac{p_B}{p_A^2}\right)=-1,\ E_{1B}=\frac{p_B}{q_1}\cdot\frac{\partial q_1}{\partial p_B}=p_A\cdot\frac{1}{p_A}=1,$$

$$E_{2A}=\frac{p_A}{q_2}\cdot\frac{\partial q_2}{\partial p_A}=\frac{p_B}{p_A}\cdot\frac{2p_A}{p_B}=2,\ E_{2B}=\frac{p_B}{q_2}\cdot\frac{\partial q_2}{\partial p_B}=\frac{p_B^2}{p_A^2}\cdot\left(-\frac{p_A^2}{p_B^2}\right)=-1.$$

由交叉价格偏弹性 E_{1B}和 E_{2A}都是正的，可知这两种商品是替代商品.

习 题 3.4

1. 设某商品需求函数为 $Q=\mathrm{e}^{-\frac{p}{5}}$，求：

(1) 需求弹性函数；

(2) $p=3$，$p=5$，$p=6$ 时的需求弹性.

2. 设某商品的供给函数 $Q=2+3p$，求供给弹性函数及 $p=3$ 时的供给弹性.

3. 设某商品需求函数为

$$Q=D(p)=12-\frac{p}{2}.$$

(1) 求需求弹性函数；

(2) 求 $p=6$ 时的需求弹性；

(3)在$p=6$时，若价格上涨1%，总收益增加还是减少？

(4)p为何值时，总收益最大？最大总收益是多少？

4. 已知某商品的成本函数为$C(q)=100+\frac{q^2}{4}$，求出产量$q=10$时的总成本、平均成本、边际成本并解释其经济意义.

5. 若某工厂生产的产品的需求函数和总成本函数分别为$Q=800-20p$，$C(Q)=500+20Q$，求边际利润函数，并计算$Q=150$和$Q=400$时的边际利润.

6. 求下列每对需求函数的两种需求偏弹性，并确定两种商品之间的关系：

(1)$q_1=20-2p_A-p_B$，　$q_2=9-p_A-2p_B$；

(2)$q_1=\frac{4}{p_A^2p_B}$，　$q_2=\frac{16}{p_Ap_B^2}$.

本章小结

本章主要介绍了微分中值定理和导数在研究函数性态及经济问题中的应用，是微分学的重要组成部分. 学习中把简单应用作为复杂问题的全息元，从简到难是顺理成章、水到渠成的事，掌握全息学习方法，学起来并没有想象的那么难，运用起来也感觉到容易多了.

1. 微分中值定理

本章主要介绍了罗尔定理、拉格朗日中值定理和柯西中值定理，微分中值定理建立了函数与其导数之间的联系，是我们应用导数研究函数特性的基础.

2. 洛必达法则

洛必达法则是一种求极限的方法，它主要用来计算未定式极限，有针对$\frac{0}{0}$型和$\frac{\infty}{\infty}$型两种类型未定式极限的洛必达法则，对于其他类型的未定式极限要利用对数恒等式等技巧转化为这两种类型的极限，然后方可借助于洛必达法则进行计算.

使用洛必达法则求极限应注意：①可连续使用；②每次使用时都必须检查是否为$\frac{0}{0}$型或$\frac{\infty}{\infty}$型；③洛必达法则失效时并不能说明极限不存在，这时需要用别的方法求极限.

3. 函数单调性

函数的单调性是讨论曲线在某区间内的升降变化情况，我们建立了导数与单调性的关系，函数单调性的判定定理是根据函数一阶导数在各个区间内的符号变化来讨论函数的单调性，因此，应先求出$f'(x)=0$的点即驻点及使$f'(x)$不存在的点也有可能是函数单调增减区间的分界点. 基于此，我们给出了借助于导数讨论函数单调区间的步骤和方法.

4. 函数的极值与最值

函数的极值是函数值的一种局部特征，极值指的是函数值而不是自变量，极值点指的是取得极值的自变量，二者不能混淆.

取得极值的条件分为必要条件和充分条件，在求极值时，首先写出函数的定义域，保证不遗漏，其次利用必要条件判定可能的极值点，再利用充分条件判定出真正的极值点，最后求出极值点对应的函数值即可得到函数的极值.

函数的最值是函数值的大范围的性质，是和函数极值相对应的概念. 函数的最值分为闭区间上连续函数的最值和实际问题中的最值，在求函数最值时要借助极值和实际问题的特征.

5. 曲线凹凸性与拐点

我们借助于曲线切线和曲线的位置关系给出了曲线凹凸的概念，拐点指的是曲线凹凸性的分界点，是曲线上的点，要有横坐标和纵坐标。曲线的凹凸性指的是曲线的弯曲方向，要注意与上升方向的区别.

判断函数曲线的凹凸性要利用凹凸性和二阶导数的关系进行，由于凹凸性与导数的关系和单调性与导数的关系非常相似，所以在求凹凸区间时注意和函数的单调区间进行对比，在求拐点时和求函数的极值点进行对比，就能把握得更好.

6. 函数图形的描绘

我们介绍了渐近线和函数作图的基本步骤，曲线的定义域和渐近线可以框定函数图形存在的范围，函数的单调性、极值、凹凸性及拐点使得我们对函数图形的升降和弯曲有更加精细的认识，使作出的函数图形更准确.

7. 导数在经济中的应用

我们首先介绍了函数的弹性，给出了弹性定义和经济学意义，以及经济学中最常用的需求弹性的概念和意义；然后给出了边际分析，并给出了边际成本、边际收益和边际利润的定义及其经济意义；最后讨论了最大利润、最低成本之类的问题.

函数边际分析实际上是讨论函数的变化率即函数的导数问题，将经济学中的函数求导就可得到相应的边际函数，如边际成本、边际收益、边际利润，要学会边际分析的经济意义. 最大利润问题实际上是函数的最值在经济学中的应用. 函数弹性分析实际上是讨论函数的相对变化率的问题，要了解弹性分析的经济意义.

复习题三

1. 求下列极限：

(1) $\lim\limits_{x\to\pi}\dfrac{\tan 5x}{\sin 3x}$；　　(2) $\lim\limits_{x\to a}\dfrac{x^m-a^m}{x^n-a^n}$；

(3) $\lim\limits_{x\to 4}\dfrac{\sqrt{1+2x}-3}{\sqrt{x}-2}$；　　(4) $\lim\limits_{x\to 0}\dfrac{\sin x-x\cos x}{x^2\sin x}$；

(5) $\lim\limits_{x\to+\infty}\dfrac{x^2+\ln x}{x\ln x}$；　　(6) $\lim\limits_{x\to+\infty}\dfrac{\ln\left(1+\dfrac{1}{x}\right)}{\arctan\dfrac{1}{x}}$；

(7) $\lim\limits_{x\to+\infty}\dfrac{e^{3x}}{x^2}$；　　(8) $\lim\limits_{x\to+\infty}\dfrac{\ln\ln x}{\sqrt{x}}$；

(9) $\lim\limits_{x\to\frac{\pi}{2}}(\sec x-\tan x)$；　　(10) $\lim\limits_{x\to\infty}x^2\left(1-\cos\dfrac{1}{x}\right)$.

2. 求下列函数的单调区间与极值：

(1) $y=x(2-x)^2$；　　(2) $y=x+e^{-x}$；

(3) $y=4x-6x^{\frac{2}{3}}+2$；　　(4) $y=(x^2-4)^2$；

(5) $y=\sin 2x+\cos 2x-1$，$x\in[0,\pi]$；　　(6) $y=\dfrac{1}{1+x^2}$.

3. 求下列函数的最值：

(1) $y=x^3-3x^2-9x+14$，$x\in[0,4]$；　　(2) $y=\dfrac{2x}{1+x^2}$，$x\in[-3,3]$.

4. 求下列函数的凹凸区间：

(1) $y=x^3-5x^2+8x$；　　(2) $y=\dfrac{1}{x^2-1}$.

5. 作下列函数的图形：

(1) $y=x^3-3x$；　　(2) $y=\dfrac{x}{1+x^2}$；

(3) $y=x^2+\ln x$；　　(4) $y=\mathrm{e}^{2x-x^2}$.

6. 在抛物线 $y^2=2px$ 上求一点，使该点与点 $M(p,p)$ 的距离最小.

7. 要制造一个容积为 V 的圆柱形无盖容器，问底面半径和高分别为多少时，所用的材料最省？

8. 生产某种商品 x 个单位时的利润是 $L(x)=5000+x-0.00001x^2$（元），问生产多少个单位时，获得利润最大？

9. 某商品的成本函数为 $C=15Q-6Q^2+Q^3$（元），其中 Q 表示生产量.

(1) 问生产量为多少时，可使平均成本最小？

(2) 求出边际成本，并验证当平均成本达到最小时，边际成本等于平均成本.

第四章　不定积分及微分方程初步

前面我们讨论了一元函数的微分学，它的基本问题是求已知函数的导数或微分．在实际问题中，还常常遇到与此相反的问题，即已知一个函数的导数或微分，求此函数．这就是我们本章所要讨论的问题之一，即一元函数积分学中的不定积分.

第一节　不定积分的概念与性质

一、原函数与不定积分的概念

先看两个实例：

如果已知物体的运动方程为 $s=v_0t+\frac{1}{2}gt^2$，则此物体的速度函数就是路程函数 s 对时间 t 的导数，即 $v=\frac{\mathrm{d}s}{\mathrm{d}t}=v_0+gt$. 反过来，如果物体运动速度函数 v 是时间 t 的函数 $v=\frac{\mathrm{d}s}{\mathrm{d}t}=v_0+gt$，求物体的运动规律 $s=s(t)$，这就是一个与微分学中求导运算相反的问题.

如果已知平面上某曲线的方程是 $y=x^2$，则此曲线上任意一点处的切线斜率是 $f'(x)=2x$. 反过来，如果已知曲线上任意一点处的切线斜率为 $2x$，求曲线的方程，这也是一个与微分学中求导运算相反的问题.

一般地，我们给出下面的定义：

1. 原函数的概念

定义 1　设 $f(x)$ 是定义在某区间上的已知函数，如果存在一个函数 $F(x)$，对于区间上每一个 x 都有

$$F'(x)=f(x) \quad 或 \quad \mathrm{d}F(x)=f(x)\mathrm{d}x,$$

则称函数 $F(x)$ 是已知函数 $f(x)$ 的一个**原函数**.

例如，因为 $(\sin x)'=\cos x$，所以函数 $y=\sin x$ 是函数 $y=\cos x$ 的一个原函数.

又如，由于 $(x^4)'=4x^3$，$(x^4+1)'=4x^3$，$(x^4+\sqrt{2})'=4x^3$，$(x^4+C)'=4x^3$，所以 $y=x^4$，$y=x^4+1$，$y=x^4+\sqrt{2}$，$y=x^4+C$ 都是 $y=4x^3$ 的原函数.

定理 1　若函数 $F(x)$ 是 $f(x)$ 的一个原函数，即 $F'(x)=f(x)$，则

$$F(x)+C \quad (C 为任意常数)$$

也是 $f(x)$ 的原函数，且 $f(x)$ 的所有原函数都可以表示为 $F(x)+C$.

由定理 1 知：

(1) 若函数 $f(x)$ 存在一个原函数 $F(x)$，那么它必有无数多个原函数，它们都可以表示为 $F(x)+C$；

(2) $f(x)$ 的任意两个原函数之间仅相差一个常数.

定理 2(原函数存在定理)　如果函数 $f(x)$ 在某区间 I 内连续，则它在该区间上的原函数

存在.

由于初等函数在其定义区间内都是连续的，所以，**初等函数在其定义区间内都有原函数**.

2. 不定积分的概念

定义 2　若 $F(x)$是$f(x)$在区间 I 内的一个原函数，则称$f(x)$的全体原函数 $F(x)+C$(C 为任意常数)为$f(x)$在该区间内的**不定积分**，记作 $\int f(x)\mathrm{d}x$,即

$$\int f(x)\mathrm{d}x = F(x) + C$$

其中，记号 $\int$ 称为**积分号**，$f(x)$称为**被积函数**，$f(x)\mathrm{d}x$ 称为**被积表达式**，x 称为**积分变量**，C 称为**积分常数**.

由定义可知，要计算函数的不定积分，只需求出它的一个原函数，再加上任意常数 C 即可.

例 1　求 $\int x^4\mathrm{d}x$.

解　由于$\left(\frac{x^5}{5}\right)'=x^4$，所以

$$\int x^4\mathrm{d}x = \frac{x^5}{5}+C.$$

例 2　求 $\int\frac{1}{1+x^2}\mathrm{d}x$.

解　由于$(\arctan x)'=\frac{1}{1+x^2}$，所以

$$\int\frac{1}{1+x^2}\mathrm{d}x = \arctan x + C.$$

二、基本积分公式

由不定积分的定义和导数基本公式，就可以直接得到如下的**基本积分公式**.

(1) $\int 0\mathrm{d}x = C$;

(2) $\int x^\alpha\mathrm{d}x = \frac{x^{\alpha+1}}{\alpha+1}+C \quad (\alpha\neq-1)$;

(3) $\int\frac{1}{x}\mathrm{d}x = \ln|x|+C$;

(4) $\int a^x\mathrm{d}x = \frac{a^x}{\ln a}+C \quad (a>0, a\neq1)$;

(5) $\int \mathrm{e}^x\mathrm{d}x = \mathrm{e}^x+C$;

(6) $\int\sin x\mathrm{d}x = -\cos x+C$;

(7) $\int\cos x\mathrm{d}x = \sin x+C$;

(8) $\int \sec^2 x\mathrm{d}x = \int \frac{\mathrm{d}x}{\cos^2 x} = \tan x + C$;

(9) $\int \csc^2 x\mathrm{d}x = \int \frac{\mathrm{d}x}{\sin^2 x} = -\cot x + C$;

(10) $\int \sec x\tan x\mathrm{d}x = \sec x + C$;

(11) $\int \csc x\cot x\mathrm{d}x = -\csc x + C$;

(12) $\int \frac{1}{\sqrt{1-x^2}}\mathrm{d}x = \arcsin x + C$;

(13) $\int \frac{1}{1+x^2}\mathrm{d}x = \arctan x + C$.

三、不定积分的性质

由不定积分的定义，不难得到下述几个性质.

性质1 (1) $\left(\int f(x)\mathrm{d}x\right)' = f(x)$ 或 $\mathrm{d}\left(\int f(x)\mathrm{d}x\right) = f(x)\mathrm{d}x$;

(2) $\int f'(x)\mathrm{d}x = F(x) + C$ 或 $\int \mathrm{d}F(x) = F(x) + C$.

性质2 被积函数中不为零的常数因子 k 可移到积分符号外,即

$$\int kf(x)\mathrm{d}x = k\int f(x)\mathrm{d}x.$$

性质3 两个可积函数代数和的不定积分等于各个函数不定积分的代数和.

$$\int [f(x) \pm g(x)]\mathrm{d}x = \int f(x)\mathrm{d}x \pm \int g(x)\mathrm{d}x.$$

此性质可以推广到有限多个函数的代数和的形式.

四、直接积分法

直接运用基本积分公式和不定积分的运算性质(有时需先将被积函数进行适当的恒等变形)计算出不定积分结果的方法称为**直接积分法**.

例3 求 $\int \frac{1}{x\sqrt{x}}\mathrm{d}x$.

解 $\int \frac{1}{x\sqrt{x}}\mathrm{d}x = \int x^{-\frac{3}{2}}\mathrm{d}x = \frac{1}{-\frac{3}{2}+1}x^{-\frac{3}{2}+1} + C = -\frac{2}{\sqrt{x}} + C.$

例4 求 $\int \left(3x^2 - 6\mathrm{e}^x + 4\cos x + \frac{1}{x}\right)\mathrm{d}x$.

解
$$\begin{aligned}\int \left(3x^2 - 6\mathrm{e}^x + 4\cos x + \frac{1}{x}\right)\mathrm{d}x &= \int 3x^2\mathrm{d}x - \int 6\mathrm{e}^x\mathrm{d}x + \int 4\cos x\mathrm{d}x + \int \frac{1}{x}\mathrm{d}x \\ &= 3\int x^2\mathrm{d}x - 6\int \mathrm{e}^x\mathrm{d}x + 4\int \cos x\mathrm{d}x + \int \frac{1}{x}\mathrm{d}x \\ &= 3\cdot\frac{1}{3}x^3 - 6\mathrm{e}^x + 4\sin x + \ln|x| + C\end{aligned}$$

$$= x^3 - 6e^x + 4\sin x + \ln|x| + C.$$

注意：逐项积分后，每个积分都会有一个任意常数，但有限个任意常数的和仍为任意常数，所以在求出所有不定积分的原函数之后，加上一个积分常数 C 即可.

例 5　求 $\int \frac{x^2+1}{\sqrt{x}}dx$.

解　$\int \frac{x^2+1}{\sqrt{x}}dx = \int x^{\frac{3}{2}}dx + \int x^{-\frac{1}{2}}dx = \frac{2}{5}x^{\frac{5}{2}} + 2\sqrt{x} + C.$

例 6　求 $\int \frac{x^4}{1+x^2}dx$.

解　$\int \frac{x^4}{1+x^2}dx = \int \frac{(x^4-1)+1}{1+x^2}dx = \int\left(x^2-1+\frac{1}{1+x^2}\right)dx = \frac{1}{3}x^3 - x + \arctan x + C.$

例 7　求 $\int \sin^2\frac{x}{2}dx$.

解　$\int \sin^2\frac{x}{2}dx = \int \frac{1-\cos x}{2}dx = \frac{1}{2}\left(\int dx - \int \cos x dx\right) = \frac{1}{2}x - \frac{1}{2}\sin x + C.$

例 8　求 $\int \tan^2 x dx$.

解　$\int \tan^2 x dx = \int (\sec^2 x - 1)dx = \int \sec^2 x dx - \int dx = \tan x - x + C.$

五、不定积分的几何意义

设 $F(x)$ 是 $f(x)$ 的一个原函数，则 $y = F(x)$ 所表示的曲线称为 $f(x)$ 的一条积分曲线，而 $\int f(x)dx = F(x) + C$（C 为任意常数）表示一族积分曲线 $y = F(x) + C$.

这族曲线可以由其中任何一条曲线经过上、下平移得到，且在横坐标相同的点 x_0 处，它们的切线有相同的斜率 $f'(x_0)$，即它们的切线平行.

例 9　求经过点(2,3)，且其上任一点处的切线斜率为 $2x$ 的曲线方程.

解　设所求的曲线方程为 $y=f(x)$，根据条件有

$$f'(x)=2x.$$

所以

$$f(x) = \int 2x dx = x^2 + C.$$

这样得到的一族曲线为

$$y=x^2+C.$$

将 $x=2$，$y=3$ 代入，得 $C=-1$. 故所求的曲线为

$$y=x^2-1.$$

习　题　4.1

1. 填空题：

(1)　函数 x^2 的原函数是＿＿＿＿＿＿；

（2）函数$\frac{1}{2}\sin 2x$是________的原函数.

2. 求过点(1,2)，且其上任一点处的切线斜率为$3x^2$的曲线方程.

3. 求下列不定积分：

(1) $\int x\left(\sqrt{x}-\frac{1}{x^2}\right)dx$；　　(2) $\int\sqrt{x\sqrt{x\sqrt{x}}}dx$；

(3) $\int\frac{x^4-2x^2+5x-3}{x^2}dx$；　　(4) $\int 3^x e^x dx$；

(5) $\int\frac{x^2}{x^2+1}dx$；　　(6) $\int\frac{1+2x^2}{x^2(1+x^2)}dx$；

(7) $\int\cot^2 x dx$；　　(8) $\int\cos^2\frac{x}{2}dx$；

(9) $\int\frac{\cos 2x}{\cos x-\sin x}dx$.

第二节　不定积分的换元积分法和分部积分法

能用直接积分法计算的不定积分是十分有限的，因此本节将介绍两种常用的求不定积分的方法——换元积分法和分部积分法.

一、不定积分的换元积分法

不定积分的换元积分法分为两类：第一类换元积分法和第二类换元积分法.

1. 第一类换元积分法

我们先看下面一个例子：

例如，求$\int\cos 2x dx$.

分析　计算此不定积分，如果直接套用基本积分公式$\int\cos x dx=\sin x+C$，似乎所求答案应为$\sin 2x+C$. 显然这个结果不正确，因为$(\sin 2x+C)'=2\cos 2x$. 也就是说$\sin 2x$不是$\cos 2x$的原函数. 事实上，因为$\left(\frac{1}{2}\sin 2x\right)'=\cos 2x$，所以$\frac{1}{2}\sin 2x$才是$\cos 2x$的原函数，于是正确答案是

$$\int\cos 2x dx=\frac{1}{2}\sin 2x+C.$$

计算不定积分$\int\cos 2x dx$为什么不能直接套用基本积分公式呢？原因在于被积函数$\cos 2x$是复合函数. 因此，对于此类复合函数的积分，我们给出如下定理.

定理1（第一类换元积分法）　若$\int f(x)dx=F(x)+C$，则$\int f(u)du=F(u)+C$，其中$u=\varphi(x)$具有连续的导数，即

$$\int f[\varphi(x)]\varphi'(x)dx=\int f[\varphi(x)]d\varphi(x)\xlongequal{令u=\varphi(x)}\int f(u)du=F(u)+C\xlongequal{回代}F[\varphi(x)]+C.$$

用上式求不定积分的方法称为第一类换元积分法．由于第一类换元积分法就是利用换元的方法把不定积分“凑”成基本积分公式中的不定积分，从而利用基本积分公式进行计算，所以，第一类换元积分法也称为“凑微分法”．

运用定理计算不定积分的关键是准确指出被积函数中$\varphi(x)$，然后凑成函数$\varphi(x)$的微分$\mathrm{d}\varphi(x)$．下面通过例子介绍凑微分法的基本思路．

例 1　求$\int(x-1)^{10}\mathrm{d}x$.

解　$$\int(x-1)^{10}\mathrm{d}x=\int(x-1)^{10}\mathrm{d}(x-1)\xlongequal{u=x-1}\int u^{10}\mathrm{d}u=\frac{1}{11}u^{11}+C\xlongequal{\text{回代}}\frac{1}{11}(x-1)^{11}+C.$$

例 2　求$\int\sin3x\mathrm{d}x$.

解　$$\int\sin3x\mathrm{d}x=\frac{1}{3}\int\sin3x\mathrm{d}(3x)\xlongequal{u=3x}-\frac{1}{3}\cos u+C\xlongequal{\text{回代}}-\frac{1}{3}\cos3x+C.$$

例 3　求$\int\frac{\ln x}{x}\mathrm{d}x$.

解　$$\int\frac{\ln x}{x}\mathrm{d}x=\int\ln x\mathrm{d}(\ln x)\xlongequal{u=\ln x}\int u\mathrm{d}u=\frac{1}{2}u^2+C\xlongequal{\text{回代}}\frac{1}{2}(\ln x)^2+C.$$

如果我们对凑微分的运算比较熟练之后,就可以省略换元及还原的过程.

例 4　求$\int\tan x\mathrm{d}x$.

解　$$\int\tan x\mathrm{d}x=\int\frac{\sin x}{\cos x}\mathrm{d}x=-\int\frac{1}{\cos x}\mathrm{d}(\cos x)=-\ln|\cos x|+C.$$

同理有

$$\int\cot x\mathrm{d}x=\ln|\sin x|+C.$$

例 5　求$\int2x\cdot\mathrm{e}^{x^2}\mathrm{d}x$.

解　$$\int2x\cdot\mathrm{e}^{x^2}\mathrm{d}x=\int\mathrm{e}^{x^2}\mathrm{d}(x^2)=\mathrm{e}^{x^2}+C.$$

例 6　求$\int\frac{1}{a^2+x^2}\mathrm{d}x\quad(a>0)$.

解　$$\int\frac{1}{a^2+x^2}\mathrm{d}x=\frac{1}{a^2}\int\frac{1}{1+\left(\frac{x}{a}\right)^2}\mathrm{d}x=\frac{1}{a}\int\frac{1}{1+\left(\frac{x}{a}\right)^2}\mathrm{d}\left(\frac{x}{a}\right)=\frac{1}{a}\arctan\frac{x}{a}+C.$$

同理有

$$\int\frac{1}{\sqrt{a^2-x^2}}\mathrm{d}x=\arcsin\frac{x}{a}+C.$$

例 7　求$\int\frac{1}{a^2-x^2}\mathrm{d}x$.

解　$$\int\frac{1}{a^2-x^2}\mathrm{d}x=\frac{1}{2a}\int\left(\frac{1}{a+x}+\frac{1}{a-x}\right)\mathrm{d}x$$

$$= \frac{1}{2a}\left[\int \frac{1}{a+x}\mathrm{d}(a+x) - \int \frac{1}{a-x}\mathrm{d}(a-x)\right]$$

$$= \frac{1}{2a}(\ln|a+x| - \ln|a-x|) + C$$

$$= \frac{1}{2a}\ln\left|\frac{a+x}{a-x}\right| + C.$$

例 8 求$\int \frac{1}{x^2}\cos\frac{1}{x}\mathrm{d}x$.

解 $\int \frac{1}{x^2}\cos\frac{1}{x}\mathrm{d}x = -\int \cos\frac{1}{x}\mathrm{d}\left(\frac{1}{x}\right) = -\sin\frac{1}{x} + C.$

例 9 求$\int \frac{\mathrm{e}^x}{1+\mathrm{e}^x}\mathrm{d}x$.

解 $\int \frac{\mathrm{e}^x}{1+\mathrm{e}^x}\mathrm{d}x = \int \frac{1}{1+\mathrm{e}^x}\mathrm{d}(1+\mathrm{e}^x) = \ln(1+\mathrm{e}^x) + C.$

例 10 求$\int \frac{x}{\sqrt{1+x^2}}\mathrm{d}x$.

解 $\int \frac{x}{\sqrt{1+x^2}}\mathrm{d}x = \frac{1}{2}\int \frac{1}{\sqrt{1+x^2}}\mathrm{d}(1+x^2) = \sqrt{1+x^2} + C.$

用凑微分法计算不定积分时，熟记凑微分公式是十分必要的．以下是常用的凑微分公式（在下列各式中，a,b 均为常数，且 $a\neq0$）：

（1）$\mathrm{d}x = \frac{1}{a}\mathrm{d}(ax+b)$；（2）$x\mathrm{d}x = \frac{1}{2}\mathrm{d}(x^2)$；

（3）$\frac{1}{\sqrt{x}}\mathrm{d}x = 2\mathrm{d}(\sqrt{x})$；（4）$\frac{1}{x^2}\mathrm{d}x = -\mathrm{d}\left(\frac{1}{x}\right)$；

（5）$x^{\alpha}\mathrm{d}x = \frac{1}{\alpha+1}\mathrm{d}(x^{\alpha+1})\quad(\alpha\neq-1)$；（6）$\frac{1}{x}\mathrm{d}x = \mathrm{d}(\ln|x|)$；

（7）$\mathrm{e}^x\mathrm{d}x = \mathrm{d}(\mathrm{e}^x)$；（8）$\cos x\mathrm{d}x = \mathrm{d}(\sin x)$；

（9）$\sin x\mathrm{d}x = -\mathrm{d}(\cos x)$；（10）$\frac{1}{\sqrt{1-x^2}}\mathrm{d}x = \mathrm{d}(\arcsin x)$；

（11）$\frac{1}{1+x^2}\mathrm{d}x = \mathrm{d}(\arctan x)$.

2. 第二类换元积分法

虽然计算不定积分时，第一类换元积分法使用的范围很广泛，但对于某些无理函数的积分，并不适用．

例 11 求$\int \frac{1}{1+\sqrt{x}}\mathrm{d}x$.

解 作变量代换，令 $t=\sqrt{x}$，则 $x=t^2$，$\mathrm{d}x=2t\mathrm{d}t$，原式可化为

$$\int \frac{1}{1+\sqrt{x}}\mathrm{d}x = \int \frac{2t}{1+t}\mathrm{d}t = 2\int \frac{(t+1)-1}{1+t}\mathrm{d}t$$

$$= 2\int\left(1-\frac{1}{1+t}\right)\mathrm{d}t = 2(t-\ln|1+t|)+C$$

$$\xlongequal{\text{回代}} 2\left(\sqrt{x}-\ln\left|1+\sqrt{x}\right|\right)+C.$$

上面的这个例子，通过引入一个函数 $x=t^2$，不仅去掉了根式，而且把 t 作为新的积分变量比较顺利地积出了结果．由此，我们可以得到不定积分的第二类换元积分法.

定理 2（第二类换元积分法）　设 $x=\varphi(t)$ 单调具有连续的导数，且 $\varphi'(t)\neq 0$，则

$$\int f(x)\,\mathrm{d}x \xlongequal{\text{令 } x=\varphi(t)} \int f[\varphi(t)]\,\mathrm{d}\varphi(t) = \int f[\varphi(t)]\varphi'(t)\,\mathrm{d}t = F(t)+C \xlongequal{\text{回代}} F[\varphi^{-1}(x)]+C.$$

其中，$t=\varphi^{-1}(x)$ 是 $x=\varphi(t)$ 的反函数.

由定理 2 可以看出，第二类换元积分法与第一类换元积分法相反，第一类换元积分法是将被积函数中的某函数 $\varphi(x)$ 看成积分变量，并令 $\varphi(x)=u$. 第二类换元积分法则是令 $x=\varphi(t)$，并将其代入到积分中以达到去掉根号的目的，或将被积函数化为基本积分公式中的某个积分形式.

例 12　求 $\int \frac{1}{\sqrt{x}+\sqrt[3]{x}}\mathrm{d}x$.

解　令 $\sqrt[6]{x}=t$，则 $x=t^6$，$\mathrm{d}x=6t^5\mathrm{d}t$，所以有

$$\begin{aligned}\int \frac{1}{\sqrt{x}+\sqrt[3]{x}}\mathrm{d}x &= \int \frac{6t^5}{t^3+t^2}\mathrm{d}t = 6\int \frac{t^3}{t+1}\mathrm{d}t = 6\int \frac{(t^3+1)-1}{t+1}\mathrm{d}t \\ &= 6\int\left(t^2-t+1-\frac{1}{t+1}\right)\mathrm{d}t = 6\left(\frac{t^3}{3}-\frac{t^2}{2}+t-\ln|t+1|\right)+C \\ &= 2t^3-3t^2+6t-6\ln|t+1|+C \\ &\xlongequal{\text{回代}} 2\sqrt{x}-3\sqrt[3]{x}+6\sqrt[6]{x}-6\ln(\sqrt[6]{x}+1)+C.\end{aligned}$$

例 13　$\int \sqrt{a^2-x^2}\,\mathrm{d}x$.

解　解此题的关键是引入适当的代换将被积函数中的根式消去，假如令 $u=\sqrt{a^2-x^2}$，则有 $u^2+x^2=a^2$ 是一半圆，由圆的参数方程可令 $x=a\sin t\left(-\frac{\pi}{2}\leqslant t\leqslant\frac{\pi}{2}\right)$，则 $\mathrm{d}x=a\cos t\mathrm{d}t$，而

$$\sqrt{a^2-x^2}=\sqrt{a^2-a^2\sin^2 t}=a\sqrt{1-\sin^2 t}=a\cos t.$$

去掉被积函数中的根号，于是有

$$\begin{aligned}\int\sqrt{a^2-x^2}\,\mathrm{d}x &= \int a\cos t\cdot a\cos t\,\mathrm{d}t = a^2\int\cos^2 t\,\mathrm{d}t \\ &= a^2\int\frac{1+\cos 2t}{2}\mathrm{d}t = \frac{a^2}{2}\left(\int\mathrm{d}t+\int\cos 2t\,\mathrm{d}t\right) \\ &= \frac{a^2}{2}\left(t+\frac{1}{2}\sin 2t\right)+C = \frac{a^2}{2}(t+\sin t\cdot\cos t)+C.\end{aligned}$$

因为 $x=a\sin t$，$\sin t=\frac{x}{a}$，则

$$t=\arcsin\frac{x}{a},$$

所以有

$$\int \sqrt{a^2 - x^2}\mathrm{d}x = \frac{a^2}{2}\arcsin\frac{x}{a} + \frac{x\sqrt{a^2 - x^2}}{2} + C.$$

另外，如果被积函数中含有 $\sqrt{a^2+x^2}$，$\sqrt{x^2-a^2}$，可分别作 $x=a\tan t$，$x=a\sec t$ 的变换去掉根式.

在第二类换元积分法中，例 11、例 12 的解题方法称为根式代换法，而例 13 的解题方法称为三角代换法或三角换元法.

二、不定积分的分部积分法

利用直接积分法和换元积分法已经能够解决很多不定积分的问题了. 但有些不定积分利用这两种方法还不能解决. 为此，下面来研究另外一种求不定积分的方法——分部积分法.

设函数 $u=u(x)$，$v=v(x)$ 具有连续导数，由乘积的求导法则，有

$$(uv)'=u'v+uv',$$

两端同时积分，得

$$uv = \int u'v\mathrm{d}x + \int uv'\mathrm{d}x,$$

移项得

$$\int uv'\mathrm{d}x = uv - \int vu'\mathrm{d}x.$$

或

$$\int u\mathrm{d}v = uv - \int v\mathrm{d}u.$$

这就是不定积分的分部积分公式.

对分部积分公式作以下几点说明：

(1) 分部积分公式是乘积求导公式的逆运算，它主要解决被积函数是两类函数的乘积的不定积分，如 $\int xe^x\mathrm{d}x, \int x\sin x\mathrm{d}x, \int e^x\cos x\mathrm{d}x$ 等.

(2) 使用分部积分公式的关键是恰当地选择 u 和 $\mathrm{d}v$，选择的原则是：①$v(x)$ 易求出；② $\int v\mathrm{d}u$ 比原积分 $\int u\mathrm{d}v$ 易积出.

例 14 求 $\int x\sin x\mathrm{d}x$.

解

$$\int x\sin x\mathrm{d}x = -\int x\mathrm{d}(\cos x) = -\left(x\cos x - \int\cos x\mathrm{d}x\right)$$

$$= -x\cos x + \sin x + C.$$

如果

$$\int x\sin x\mathrm{d}x = \frac{1}{2}\int\sin x\mathrm{d}(x^2) = \frac{1}{2}\left[x^2\sin x - \int x^2\mathrm{d}(\sin x)\right]$$

$$= \frac{1}{2}\left(x^2\sin x - \int x^2\cos x\mathrm{d}x\right),$$

显然，第二次选择的 u，v 不恰当.

例 15 求 $\int xe^x\mathrm{d}x$.

解　$\int xe^x dx = \int x d(e^x) = xe^x - \int e^x dx = xe^x - e^x + C.$

例 16　求$\int x^2 \sin x dx$.

解　$$\int x^2 \sin x dx = -\int x^2 d(\cos x) = -\left[x^2 \cos x - \int \cos x d(x^2)\right]$$
$$= -x^2 \cos x + \int \cos x \cdot 2x dx$$
$$= -x^2 \cos x + 2\int x d(\sin x)$$
$$= -x^2 \cos x + 2\left(x \sin x - \int \sin x dx\right)$$
$$= -x^2 \cos x + 2(x \sin x + \cos x) + C$$
$$= 2x \sin x + (2 - x^2)\cos x + C.$$

例 17　求$\int x \arctan x dx$.

解　$$\int x \arctan x dx = \frac{1}{2}\int \arctan x d(x^2) = \frac{1}{2}\left[x^2 \arctan x - \int x^2 d(\arctan x)\right]$$
$$= \frac{1}{2}\left(x^2 \arctan x - \int \frac{x^2}{1 + x^2} dx\right)$$
$$= \frac{1}{2}\left[x^2 \arctan x - \int\left(1 - \frac{1}{1 + x^2}\right) dx\right]$$
$$= \frac{1}{2}x^2 \arctan x - \frac{x}{2} + \frac{1}{2}\arctan x + C.$$

例 18　求$\int \ln x dx$.

解　$$\int \ln x dx = x\ln x - \int x d(\ln x) = x \ln x - \int x \cdot \frac{1}{x} dx$$
$$= x \ln x - x + C.$$

例 19　求$\int e^x \cos x dx$.

解　$$\int e^x \cos x dx = \int \cos x d(e^x) = e^x \cos x - \int e^x d(\cos x)$$
$$= e^x \cos x + \int e^x \sin x dx$$
$$= e^x \cos x + \int \sin x d(e^x)$$
$$= e^x \cos x + e^x \sin x - \int e^x \cos x dx.$$

将等式右端的$\int e^x \cos x dx$ 移到左端,可得

$$2\int e^x \cos x dx = e^x \cos x + e^x \sin x + C_1,$$

则

$$\int e^x\cos x\mathrm{d}x = \frac{e^x}{2}(\cos x + \sin x) + C.$$

在计算不定积分的时候,常常需要同时使用换元积分法和分部积分法,才能求出结果.

例 20 求$\int\cos\sqrt{x}\mathrm{d}x$.

解 令$\sqrt{x} = t$,则$x = t^2$,$\mathrm{d}x = 2t\mathrm{d}t$,有

$$\begin{aligned}\int\cos\sqrt{x}\mathrm{d}x &= 2\int t\cos t\mathrm{d}t = 2\int t\mathrm{d}(\sin t)\\ &= 2\left(t\sin t - \int\sin t\mathrm{d}t\right) = 2(t\sin t + \cos t) + C\\ &= 2\sqrt{x}\sin\sqrt{x} + 2\cos\sqrt{x} + C.\end{aligned}$$

一般来说,不定积分的计算比起求导数和微分要复杂得多,而且技巧性很强,被积函数的形式不同,采用的积分方法就会不同.在实际应用中,为了便于得到结果,人们编制了不定积分表,以供查阅.

习 题 4.2

1. 在下列各题等号右端的横线上填入适当的系数,使等式成立.

(1) $\mathrm{d}x =$ ______ $\mathrm{d}\left(\frac{x}{4}\right)$; (2) $\mathrm{d}x =$ ______ $\mathrm{d}(3-2x)$;

(3) $x\mathrm{d}x =$ ______ $\mathrm{d}(x^2+1)$; (4) $\frac{1}{\sqrt{x}}\mathrm{d}x =$ ______ $\mathrm{d}(\sqrt{x}+1)$;

(5) $\frac{1}{x^2}\mathrm{d}x =$ ______ $\mathrm{d}\left(\frac{1}{x}\right)$; (6) $\sin 2x\mathrm{d}x =$ ______ $\mathrm{d}(\cos 2x)$.

2. 求下列不定积分:

(1) $\int(3x-4)^3\mathrm{d}x$; (2) $\int e^{-2x}\mathrm{d}x$;

(3) $\int\frac{e^{\arcsin x}}{\sqrt{1-x^2}}\mathrm{d}x$; (4) $\int\sin^3 x\mathrm{d}x$;

(5) $\int\frac{1}{4-3x}\mathrm{d}x$; (6) $\int\frac{x}{\sqrt{1-x^2}}\mathrm{d}x$

(7) $\int\frac{1}{x^2}\sec^2\frac{1}{x}\mathrm{d}x$; (8) $\int\frac{\sin\sqrt{x}}{\sqrt{x}}\mathrm{d}x$;

(9) $\int\frac{1}{x\ln^2 x}\mathrm{d}x$; (10) $\int\frac{(\arctan x)^2}{1+x^2}\mathrm{d}x$.

3. 求下列不定积分:

(1) $\int\frac{1}{1+\sqrt{2x}}\mathrm{d}x$; (2) $\int\frac{1}{\sqrt[3]{x}+1}\mathrm{d}x$;

(3) $\int\frac{\sqrt{x}}{\sqrt{x}-1}\mathrm{d}x$; (4) $\int\frac{1}{\sqrt{x}+\sqrt[3]{x^2}}\mathrm{d}x$;

(5) $\int\sqrt{1-x^2}\mathrm{d}x$.

4. 求下列不定积分：

(1) $\int x\cos x\mathrm{d}x$；　(2) $\int x\mathrm{e}^{-x}\mathrm{d}x$；

(3) $\int \arcsin x\mathrm{d}x$；　(4) $\int x\ln x\mathrm{d}x$；

(5) $\int \mathrm{e}^{x}\sin x\mathrm{d}x$；　(6) $\int \mathrm{e}^{\sqrt{x}}\mathrm{d}x$.

第三节　微分方程的概念和可分离变量的微分方程

前面我们学习了一元函数微积分的内容，它讨论的是变量之间的关系，这种函数关系有时可以直接建立，有时却只能建立所求函数及其变化率之间的关系式，然后再从中解出所求函数．这种关系式就是微分方程．本节主要介绍微分方程的基本概念，并讨论几种常见的微分方程的解法．

一、微分方程的概念

我们先看下面两个例子．

例 1（求曲线方程问题）　已知曲线上任意一点 $P(x,y)$ 处的切线斜率为 $2x$，且此曲线过点 $M(1,1)$，求此曲线方程．

解　设所求曲线方程为 $y=f(x)$，根据导数的几何意义，有

$$\frac{\mathrm{d}y}{\mathrm{d}x}=2x \quad 或 \quad y'=2x, \tag{1}$$

对上式两边积分，得

$$y=x^2+C \quad (C\text{ 为任意常数}). \tag{2}$$

由于所求曲线过点 $M(1,1)$，因此式(2)应满足条件 $y|_{x=1}=1$，将其代入式(2)得

$$C=0.$$

即所求曲线方程为

$$y=x^2.$$

例 2（运动问题）　设质量为 m 的物体，在时刻 $t=0$ 时自由下落，假设在空气中受到的阻力与物体的下落速度成正比，求物体下落时的位移与时间的关系式 $s(t)$．

解　设 $s=s(t)$ 为物体下落时的位移，于是，物体下落的速度为

$$v(t)=\frac{\mathrm{d}s}{\mathrm{d}t}=s',$$

加速度为

$$a(t)=\frac{\mathrm{d}^2s}{\mathrm{d}t^2}=s''$$

空气阻力为

$$f=-kv(t)=-k\frac{\mathrm{d}s}{\mathrm{d}t} \quad (k>0).$$

物体所受的重力为

$$G=mg.$$

由牛顿第二定律，可以列出方程　$G+f=ma$，

即

$$mg-k\frac{\mathrm{d}s}{\mathrm{d}t}=m\frac{\mathrm{d}^2s}{\mathrm{d}t^2} \quad 或 \quad s''+\frac{k}{m}s'-g=0. \tag{3}$$

于是，问题归结为求满足式(3)的未知函数 $s(t)$．

为了简便起见，我们只考虑物体在真空中下落，即没有空气阻力，这时 $k=0$，方程(3)变为

$$s''=g. \tag{4}$$

对上式两边作两次积分，得

$$s'=\frac{ds}{dt}=gt+C_1,$$

$$s=\frac{1}{2}gt^2+C_1t+C_2 \qquad (\text{其中 } C_1,\ C_2 \text{ 为任意常数}).$$

考虑物体下落时的初始状态，即$s|_{t=0}=0$，初速度 $v_0=s'|_{t=0}=0$，将这两个条件代入上述两式，得 $C_1=C_2=0$. 于是，自由落体运动的位移公式为

$$s=\frac{1}{2}gt^2.$$

通过上述两个简单的实例，我们看到关系式(1)、关系式(3)及关系式(4)都含有未知函数的导数，它们都是微分方程.

一般地，含有自变量、未知函数以及未知函数的导数(或微分)的方程称为**微分方程**.

未知函数是一元函数的方程叫做**常微分方程**.

特别指出，在微分方程中，自变量及未知函数可以不出现，但未知函数的导数(或微分)必须出现.

再看几个常微分方程的例子：

$$y''-3y'+4y=xe^{-x}, \tag{5}$$

$$y'''=x+\sin x, \tag{6}$$

$$y^{(4)}-2y'''+y''-y'+y=\cos x. \tag{7}$$

出现在微分方程中的未知函数的最高阶导数的阶数称为**微分方程的阶**. 例如：方程(1)是一阶的，方程(3) ~ 方程(5)是二阶的，方程(6)是三阶的，而方程(7)是四阶的.

如果把某个函数代入微分方程中，能使方程成为恒等式，则称此函数为该微分方程的**解**. 例如：在例 1 中，$y=x^2+C$ 和 $y=x^2$ 都是方程 $y'=2x$ 的解.

求微分方程解的过程叫做解微分方程. 微分方程的解为函数，不同于代数方程的数值解.

如果在微分方程的解中，所含独立的任意常数的个数与微分方程的阶数相同，那么这样的解叫做微分方程的**通解**. 例如：$y=x^2+C$ 是微分方程 $y'=2x$ 的通解；$s=\frac{1}{2}gt^2+C_1t+C_2$ 是微分方程 $s''=g$ 的通解，其中 C_1，C_2 是两个独立的任意常数.

在通解中，利用附加条件求出任意常数应取的值，所得到的解叫做微分方程的**特解**，这种可以确定任意常数的条件叫做该微分方程的初始条件. 例如：在例 1 中，方程 $y'=2x$ 的初始条件是$y|_{x=1}=1$；在例 2 中，方程 $s''+\frac{k}{m}s'-g=0$ 的初始条件是$s|_{t=0}=0$，$v_0=s'|_{t=0}=0$.

如果微分方程是一阶的，通常用来确定任意常数的初始条件为$y|_{x=x_0}=y_0$；如果是二阶微分方程，通常用来确定任意常数的初始条件是$y|_{x=x_0}=y_0$ 和$y'|_{x=x_0}=y_0'$，其中 x_0，y_0，y_0' 都是确定的值.

例 3 解微分方程 $y''=3x^2+1$.

解　对方程两端积分，得

$$\int y''\mathrm{d}x = \int(3x^2+1)\mathrm{d}x,$$

即

$$y' = x^3 + x + C_1.$$

对上式再积分，得

$$\int y'\mathrm{d}x = \int(x^3 + x + C_1)\mathrm{d}x.$$

即

$$y = \frac{1}{4}x^4 + \frac{1}{2}x^2 + C_1x + C_2.$$

由于上式中含有两个独立的任意常数，所以原微分方程的通解为

$$y = \frac{1}{4}x^4 + \frac{1}{2}x^2 + C_1x + C_2.$$

对于形如 $y^{(n)} = f(x)$ 的微分方程，可以通过直接积分求解．但一般来说，求微分方程的解常常是比较困难的，每一种特定类型的微分方程都有其特定的解法，我们先看几种一阶微分方程的解法.

二、可分离变量的微分方程

在一阶常微分方程中，有一类比较简单且常见的微分方程——可分离变量的微分方程，它的一般形式为

$$\frac{\mathrm{d}y}{\mathrm{d}x} = f(x)g(y)\quad (f(x),\ g(y)\text{分别是 } x,\ y \text{ 的连续函数}).$$

求解方法如下：

(1) 分离变量，得

$$\frac{\mathrm{d}y}{g(y)} = f(x)\mathrm{d}x;$$

(2) 两边积分，得

$$\int\frac{1}{g(y)}\mathrm{d}y = \int f(x)\mathrm{d}x;$$

(3) 求出积分，得通解为

$$G(y) = F(x) + C.$$

其中，$G(y)$，$F(x)$ 分别是 $\frac{1}{g(y)}$，$f(x)$ 的原函数，C 为任意常数.

例 4　求微分方程 $\frac{\mathrm{d}y}{\mathrm{d}x} = 2xy$ 满足初始条件 $y|_{x=0} = 1$ 的特解.

解　分离变量，得

$$\frac{1}{y}\mathrm{d}y = 2x\mathrm{d}x,$$

两边积分，得

$$\ln|y| = x^2 + C_1\quad (C_1\text{ 为任意常数}),$$

即

$$y = \pm\mathrm{e}^{x^2+C_1} = \pm\mathrm{e}^{C_1}\mathrm{e}^{x^2}\ (\text{令 } \pm\mathrm{e}^{C_1} = C,\ C\text{ 仍是任意常数}).$$

得通解为
$$y=Ce^{x^2}.$$
将$y|_{x=0}=1$代入通解中，得 $C=1$. 于是，所求方程满足初始条件的特解为
$$y=e^{x^2}.$$

为方便起见，在本章中积分$\int\frac{1}{x}dx = \ln x + C$的结果，根据情况可以不对 x 加绝对值.

例 5 解微分方程$(1+y)dx+(x-1)dy=0$.

解 原微分方程可写为
$$(x-1)dy=-(1+y)dx,$$
分离变量，得
$$\frac{1}{1+y}dy=\frac{-1}{x-1}dx.$$
两边积分，得
$$\int\frac{1}{1+y}dy=-\int\frac{1}{x-1}dx.$$
即
$$\ln(1+y)=-\ln(x-1)+C_1.$$
为了简化通解，令 $C_1=\ln C$，于是有
$$\ln(1+y)=\ln\frac{C}{x-1} \quad 或 \quad y=\frac{C}{x-1}-1.$$
这就是所求的通解.

例 6 已知某厂的纯利润 L 与广告费 x 的变化率$\frac{dL}{dx}$与常数 A 和纯利润 L 之差成正比，当 $x=0$ 时，$L(0)=3$，求纯利润函数 $L(x)$.

解 由题意列方程得
$$\begin{cases}\frac{dL}{dx}=k(A-L),\\ L|_{x=0}=3.\end{cases}$$
分离变量，得
$$\int\frac{dL}{A-L}=\int k dx,$$
两边积分，得
$$-\ln(A-L)=kx+\ln C_1,$$
即
$$A-L=Ce^{-kx}\left(其中\ C=\frac{1}{C_1}\right),$$
所以
$$L=A-Ce^{-kx}.$$
将 $x=0$ 时，$L(0)=3$ 代入上式得 $C=A-3$，于是所求的纯利润函数为
$$L=A-(A-3)e^{-kx}.$$

习 题 4.3

1. 下列方程中哪些是微分方程？若是，它们分别是几阶的？

(1) $\frac{dy}{dx}=3y^2+x^2$；　(2) $y^2=3xy+x^2$；

(3) $y^3\cdot y'''+1=0$；　(4) $y''-8y=2x+1$；

(5) $xdy+ydx=0$；　(6) $(y'')^2+2y'=1$.

2. 验证 $y=C_1\cos\omega x+C_2\sin\omega x$，($C_1,C_2,\omega$ 都是常数)是微分方程 $\frac{d^2y}{dx^2}+\omega^2y=0$ 的通解.

3. 解下列微分方程：

(1) $y'=\frac{1}{x}$，$y|_{x=1}=0$；　(2) $\frac{dy}{dx}=e^{x-y}$；

(3) $\frac{dy}{dx}=-\frac{x}{y}$，$y|_{x=1}=0$；　(4) $\sqrt{1-x^2}y'=\sqrt{1-y^2}$.

4. 用微分方程表示一物理命题：某种气体的气压 p 对于温度 T 的变化率与气压成正比，与温度的平方成反比(设 k 为比例系数).

第四节　一阶线性微分方程

本节讨论另一种常见的一阶常微分方程——一阶线性微分方程.

若方程中未知函数以及未知函数的导数都是一次的，这样的方程叫做**线性微分方程**. 例如：$y'+2xy-4x=0$，$y''-3y'+4y=\sin x$ 都是线性微分方程.

一阶线性微分方程的一般形式为

$$\frac{dy}{dx}+P(x)y=Q(x). \tag{1}$$

其中，$P(x)$，$Q(x)$ 都是 x 的已知连续函数.

当 $Q(x)\equiv 0$ 时，方程(1)成为

$$\frac{dy}{dx}+P(x)y=0. \tag{2}$$

称为**一阶线性齐次方程**.

当 $Q(x)\neq 0$ 时，方程(1)称为**一阶线性非齐次方程**. 并称方程(2)为方程(1)所对应的齐次方程.

例如：

$$y'+x^2y=1, \tag{a}$$

$$y'+\frac{y}{x}=\frac{\sin x}{x}, \tag{b}$$

$$y'-2xy=0, \tag{c}$$

都是一阶线性微分方程，其中方程(c)为一阶线性齐次微分方程，而方程(a)、方程(b)是一阶线性非齐次微分方程.

为了解方程(1)，可先考虑它对应的齐次方程

$$y'+P(x)y=0.$$

这是一个可分离变量的微分方程，分离变量后，得

$$\frac{1}{y}dy=-P(x)dx,$$

积分，得

$$\ln y = -\int P(x)\mathrm{d}x + \ln C_1,$$

即

$$y = \mathrm{e}^{-\int P(x)\mathrm{d}x + C_1} = C\mathrm{e}^{-\int P(x)\mathrm{d}x} \tag{3}$$

这就是齐次方程(2)的通解公式.

现在我们采用微分方程中常用的“常数变易法”来求线性非齐次方程(1)的解.

当通解公式(3)中的 C 为任意常数时，它是方程(2)的解，却不可能是方程(1)的解. 因此，如果方程(1)要有相同形式的解，那么 C 必须是一个 x 的函数 $C(x)$，即设

$$y = C(x)\mathrm{e}^{-\int P(x)\mathrm{d}x} \tag{4}$$

为方程(1)的通解.

显然，问题在于能否找到这样一个适当的 $C(x)$. 为了确定 $C(x)$，将 $y = C(x)\mathrm{e}^{-\int P(x)\mathrm{d}x}$ 及 $y' = C'(x)\mathrm{e}^{-\int P(x)\mathrm{d}x} + C(x)\mathrm{e}^{-\int P(x)\mathrm{d}x}(-P(x))$ 代入方程(1),化简,得

$$C'(x)\mathrm{e}^{-\int P(x)\mathrm{d}x} = Q(x),$$

即 $$C'(x) = Q(x)\mathrm{e}^{\int P(x)\mathrm{d}x}.$$

两边积分,得

$$C(x) = \int Q(x)\mathrm{e}^{\int P(x)\mathrm{d}x}\mathrm{d}x + C,$$

将上式代入式(4),得方程(1) 的通解公式为

$$y = \mathrm{e}^{-\int P(x)\mathrm{d}x}\left[\int Q(x)\mathrm{e}^{\int P(x)\mathrm{d}x}\mathrm{d}x + C\right] \tag{5}$$

上述过程将对应的齐次方程通解中的任意常数 C 换成 $C(x)$，然后再代入非齐次方程，求出 $C(x)$的方法叫做解非齐次方程的常数变易法.

注意：式(3)、式(5)中的不定积分都不加常数 C.

例 1 解微分方程 $y' - \dfrac{y}{x} = -x^2$.

解法 1 用式(5)求解.

可以看出 $$P(x) = -\frac{1}{x},\ Q(x) = -x^2;$$

代入式(5)，得通解为

$$y = \mathrm{e}^{-\int(-\frac{1}{x})\mathrm{d}x}\left[\int(-x^2)\mathrm{e}^{\int(-\frac{1}{x})\mathrm{d}x}\mathrm{d}x + C\right] = \mathrm{e}^{\ln x}\left[\int(-x^2)\mathrm{e}^{-\ln x}\mathrm{d}x + C\right]$$

$$= x\left(-\int x^2 \cdot \frac{1}{x}\mathrm{d}x + C\right) = Cx - \frac{1}{2}x^3.$$

解法 2 用常数变易法.

先求出对应的齐次方程 $y' - \dfrac{y}{x} = 0$ 的通解，得

$$y = Cx.$$

将上式中的任意常数 C 换成 $C(x)$，即设原微分方程的通解为

$$y = C(x) \cdot x.$$

则
$$y' = C'(x) \cdot x + C(x).$$

代入原微分方程中化简整理，得

$$C'(x) = -x.$$

积分，得

$$C(x) = -\frac{1}{2}x^2 + C.$$

所以，原微分方程的通解为

$$y = \left(-\frac{1}{2}x^2 + C\right)x = Cx - \frac{1}{2}x^3.$$

习　题　4.4

1. 解下例微分方程：

(1) $\frac{dy}{dx} + 3y = 2$ （用公式法）；　(2) $y' - 2xy = e^{x^2}\cos x$ （用常数变易法）；

(3) $y' + y = e^x$；　(4) $y' + \frac{y}{x} = \frac{\sin x}{x}$，$y|_{x=\pi} = 1$.

2. 一条曲线上任意一点 $M(x,y)$ 处的切线斜率为 $2x + y$，且该曲线经过原点，求曲线的方程.

3. 一跳伞运动员质量为 m，降落时空气的阻力与伞下降的速度成正比(比例系数为 k)，设跳伞队员离开飞机时的速度为零，求伞下降的速度关于时间 t 的函数关系.

本章小结

本章主要介绍了不定积分的概念和运算方法以及简单微分方程的解法，重点掌握以下内容：

(1) 学会理解原函数的概念，以及不定积分和它们之间的联系及区别，掌握不定积分的几何意义和性质.

(2) 基本积分公式是求不定积分的基础，应当熟记公式，同时，要会对被积函数进行简单的恒等变形，运用不定积分的性质，由基本积分公式求出不定积分.

(3) 换元积分法分为第一类换元积分法和第二类换元积分法．第一类换元积分法又称“凑微分法”，它是将所求积分中的被积表达式凑成某一函数的微分后，利用不定积分的性质求出被积函数的不定积分．对第二类换元积分法要求掌握：若被积函数 $f(x)$ 中含根式 $\sqrt[n]{x-a}$，则作根式代换 $t = \sqrt[n]{x-a}$；若被积函数 $f(x)$ 中含 $\sqrt{a^2 - x^2}$，$\sqrt{a^2 + x^2}$，$\sqrt{x^2 - a^2}$，则分别作三角代换 $x = a\sin t$，$x = a\tan t$，$x = a\sec t$ 使被积函数有理化之后再进一步求不定积分.

(4) 分部积分公式，会用分部积分公式求下列类似的不定积分：$\int x\ln x dx, \int x^k \arctan x dx, \int x\arcsin x dx, \int x^k e^{ax} dx, \int x^k \cos ax dx, \int e^{ax}\sin bx dx$ 等，其中 k 是自然数，a, b 是实常数.

(5) 掌握微分方程的概念及简单的微分方程的解法：①直接积分法；②分离变量法；③常数变易法.

(6)把不定积分的积分公式和运算性质作为不定积分运算的全息元，熟练掌握不定积分的运算方法.

复习题四

1. 选择题:

(1)若 $F(x)$，$G(x)$ 都是函数 $f(x)$ 的原函数，则必有(　　).

A. $F(x)=G(x)$　　B. $F(x)=CG(x)$

C. $F(x)=G(x)+C$　　D. $F(x)=\frac{1}{C}G(x)$

(2)在积分曲线族 $y=\int 5x^2\mathrm{d}x$ 中,过点 $(\sqrt{3},5\sqrt{3})$ 的曲线是(　　).

A. $y=10x+C$　　B. $y=10x$　　C. $y=\frac{5}{3}x+C$　　D. $y=\frac{5}{3}x^3$

(3)下列凑微分正确的是(　　).

A. $\sin 2x\mathrm{d}x=\mathrm{d}(\sin 2x)$　　B. $\frac{1}{1+x^2}\mathrm{d}x=\mathrm{d}(\arctan x)$

C. $\ln x\mathrm{d}x=\mathrm{d}\left(\frac{1}{x}\right)$　　D. $\frac{1}{x}\mathrm{d}x=\mathrm{d}\left(\frac{1}{x^2}\right)$

(4)函数 $f'(x)=\mathrm{e}^{-x}$ 的不定积分为(　　).

A. e^{-x}　　B. $-\mathrm{e}^{-x}$　　C. $\mathrm{e}^{-x}+C$　　D. $-\mathrm{e}^{-x}+C$

(5)下列分部积分中，对 u 和 v' 选择正确的是(　　).

A. $\int x\cdot \mathrm{e}^x\mathrm{d}x, u=\mathrm{e}^x, v'=x$

B. $\int x\cdot \arcsin x\mathrm{d}x, u=\arcsin x, v'=x$

C. $\int x\cdot \ln x\mathrm{d}x, u=x, v'=\ln x$

D. $\int x^2\cdot \sin x\mathrm{d}x, u=\sin x, v'=x^2$

(6)微分方程 $\left(\frac{\mathrm{d}y}{\mathrm{d}x}\right)^3+\frac{\mathrm{d}^2y}{\mathrm{d}x^2}-y^3+x^5=0$ 是(　　)阶的.

A. 二　　B. 三　　C. 一　　D. 五

(7)已知函数 $y=f(x)$ 是微分方程 $2y'\sqrt{x}=y$ 满足初始条件 $y|_{x=4}=1$ 的特解，则 $f(16)=$ (　　).

A. 1　　B. e　　C. e^2　　D. 0

(8)用常数变易法解微分方程 $y'-\frac{2}{x+1}y=(x+1)^3$ 时，把常数 C 易为 $C(x)$，则 $C(x)=$ (　　).

A. $x+C$　　B. $2x^2+C$　　C. $\frac{1}{2}(x+1)^2+C$　　D. $2(x+1)^2+C$

2. 填空题：

(1) 一曲线经过点(1,0)，且在其上任一点 x 处的切线斜率为 $3x^2$，则此曲线方程为__________.

(2) $\int 0\mathrm{d}x =$__________.

(3) 设 $f'(x) = 1$，且 $f(0) = 0$，则 $\int f(x)\mathrm{d}x =$__________.

(4) $\int \left[\frac{\sin x}{x^2(1+\sqrt{x})}\right]'\mathrm{d}x =$__________.

(5) 若 $F'(x) = f(x)$，则 $\int \sin x \cdot f(\cos x)\mathrm{d}x =$__________.

(6) 若 $uv = x\sin x$，$\int u'v\mathrm{d}x = \cos x + C$，则 $\int uv'\mathrm{d}x =$__________.

(7) 微分方程 $y''' = \sin x$ 的通解是__________.

(8) 微分方程 $y' + y = \mathrm{e}^x$ 的满足 $y|_{x=0} = 2$ 的特解为__________.

3. 解答题：

(1) $\int \frac{(1-x)^2}{\sqrt[3]{x}}\mathrm{d}x$；

(2) $\int (5-2x)^8\mathrm{d}x$；

(3) $\int \frac{\sin\frac{1}{x}}{x^2}\mathrm{d}x$；

(4) $\int \frac{\mathrm{e}^x}{\sqrt{\mathrm{e}^x+1}}\mathrm{d}x$；

(5) $\int \frac{\sqrt{x-1}}{x}\mathrm{d}x$；

(6) $\int \frac{1}{x\sqrt{x^2+9}}\mathrm{d}x$　（提示：令 $x = 3\tan t$）；

(7) $\int x^2\ln x\mathrm{d}x$；

(8) $\int x\arcsin x\mathrm{d}x$.

4. 求下列微分方程的通解：

(1) $2(xy+x)y' = y$；

(2) $\frac{\mathrm{d}y}{\mathrm{d}x} = (x+y)^2$　（提示：令 $x+y = u$）；

(3) $y' = \frac{1}{2x+y}$；

(4) $\cos x \cdot \frac{\mathrm{d}y}{\mathrm{d}x} = y\sin x + \cos^2 x$.

第五章　定积分及其应用

不定积分是微分法逆运算的一个侧面，本章要介绍的定积分则是它的另一个侧面. 本章先从几何问题介绍化曲为直的方法入手，从而引入定积分的定义，然后讨论定积分的性质、计算方法以及定积分在几何、物理、力学、经济学等各个领域中的广泛应用；并介绍广义积分的概念和应用.

第一节　定积分的概念

一、引例：求曲边梯形的面积

曲边梯形是指在直角坐标系里，由连续曲线 $y=f(x)\geqslant 0$ 与直线 $x=a$，$x=b$，$y=0$（x 轴）所围成的平面图形（图 5.1），并将这种平面图形面积的形式推广，可用曲边梯形表示复杂的平面图形（图 5.2）.

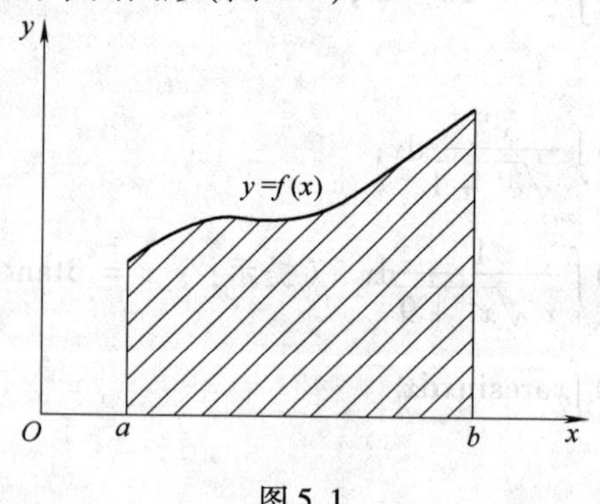

图 5.1

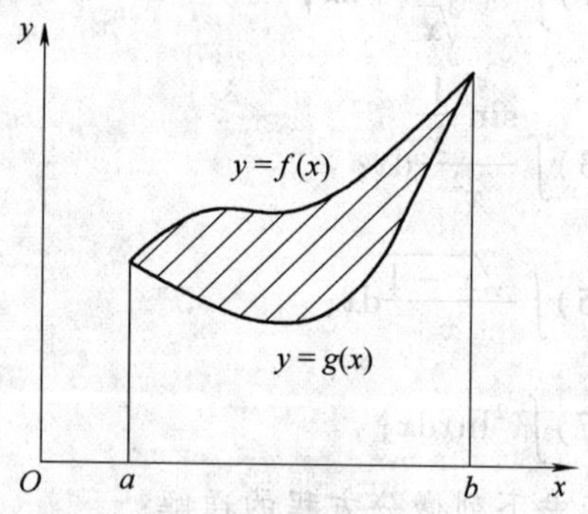

图 5.2

曲边梯形面积的计算方法：把该曲边梯形沿着 y 轴方向分割成许多窄条（图 5.3），把每个长条近似看做一个矩形，用长乘宽求得小矩形面积，加起来就是曲边梯形面积的近似值，分割越细，误差越小，于是当所有的长条宽度趋于零时，这个阶梯形面积的极限就成为曲边梯形面积的精确值了.

例如：$y=x^2$ 与直线 $x=1$，x 轴所围成的平面图形（图 5.4），怎样求它的面积呢?

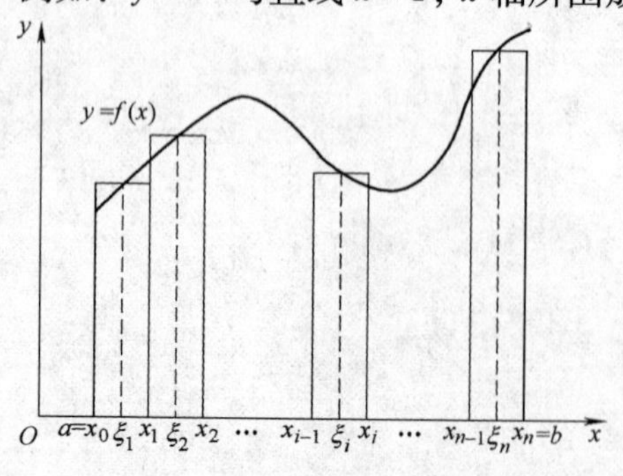

图 5.3

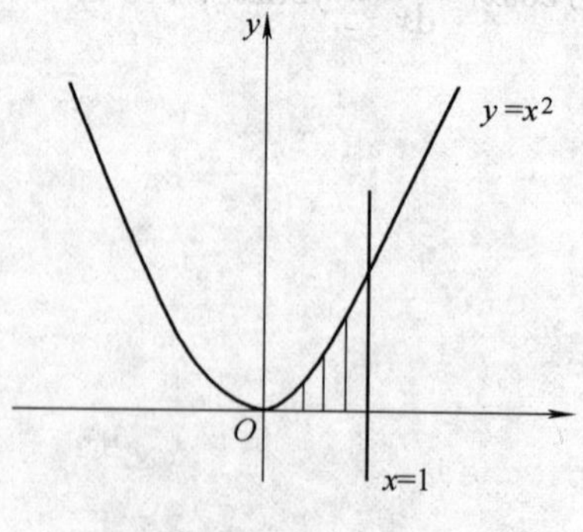

图 5.4

先把 x 轴上区间$[0,1]$分成 n 等份，分点是$\frac{1}{n}$，$\frac{2}{n}$，$\frac{3}{n}$，…，$\frac{n-1}{n}$，过这些分点作平行于 y 轴的直线，把所求面积的平面图形分成 n 个小窄条，每一小窄条都是小曲边梯形. 分别以 $y=x^2$ 在这些点的值，即$\left(\frac{1}{n}\right)^2$，$\left(\frac{2}{n}\right)^2$，$\left(\frac{3}{n}\right)^2$，…，$\left(\frac{n-1}{n}\right)^2$，$1^2$ 为高，以$\frac{1}{n}$为底作 n 个小矩形，则每个小矩形的面积可以作为对应的小窄曲边梯形的面积 $\Delta A_i(i=1,2,3,\cdots,n)$的近似值，于是整个曲边梯形的面积 A 的近似值为

$$
\begin{aligned}
A &= \Delta A_1+\Delta A_2+\cdots+\Delta A_i+\cdots+\Delta A_{n-1}+\Delta A_n = \sum_{i=1}^{n}\Delta A_i \\
&\approx \frac{1}{n}\left(\frac{1}{n}\right)^2+\frac{1}{n}\left(\frac{2}{n}\right)^2+\cdots+\frac{1}{n}\left(\frac{i}{n}\right)^2+\cdots+\frac{1}{n}\left(\frac{n-1}{n}\right)^2+\frac{1}{n}\times 1^2 \\
&\approx \frac{1}{n^3}\sum_{i=1}^{n} i^2 = \frac{1}{n^3}\frac{1}{6}n(n+1)(2n+1).
\end{aligned}
$$

当这些分点无限增加，即 $n\to\infty$时，这个近似值就是曲边梯形的面积的精确值，即

$$A = \lim_{n\to\infty}\frac{1}{n^3}\sum_{i=1}^{n} i^2 = \lim_{n\to\infty}\frac{n(n+1)(2n+1)}{6n^3} = \frac{1}{3}.$$

曲边梯形面积的确定步骤：

（1）**分割**　任取分点 $a=x_0<x_1<x_2<\cdots<x_{n-1}<x_n=b$，把底边$[a,b]$分成 n 个小区间$[x_1,x_2](i=1,2,\cdots,n)$. 小区间长度记为

$$\Delta x_i = x_i - x_{i-1}\quad (i=1,2,\cdots,n).$$

（2）**取近似**　在每个小区间$[x_{i-1},x_i]$上任取一点 ξ_i 竖起高线 $f(\xi_i)$，则得小长条面积 ΔA_i 的近似值为

$$\Delta A_i \approx f(\xi_i)\Delta x_i\quad (i=1,2,\cdots,n).$$

（3）**求和**　把 n 个小矩形面积相加就得到曲边梯形面积 A 的近似值，即

$$f(\xi_1)\Delta x_1+f(\xi_2)\Delta x_2+\cdots+f(\xi_n)\Delta x_n = \sum_{i=1}^{n} f(\xi_i)\Delta x_i.$$

（4）**取极限**　令小区间长度的最大值 $\lambda=\max\limits_{1\leqslant i\leqslant n}\{\Delta x_i\}$ 趋于零，则和式 $\sum\limits_{i=1}^{n} f(\xi_i)\Delta x_i$的极限就是曲边梯形面积 A 的精确值，即

$$A = \lim_{\lambda\to 0}\sum_{i=1}^{n} f(\xi_i)\Delta x_i.$$

求曲边梯形的面积体现了曲转化为直、直转化为曲的辩证思想. 这个计算过程，就是一个先微分后积分的过程. 也就是说，把曲边梯形分割成许多小曲边梯形，在每个小曲边梯形中，把曲边看成直边，用这些小“矩形”面积的和近似地表示原来大曲边梯形的面积，从而实现了局部的曲转化为局部的直，即“以直代曲”. 然后，再把分割无限加细，通过取极限就使小矩形面积的和转化为原来大曲边梯形的面积. 这样局部的直又反过来转化为整体的曲. 这种曲转化为直、直转化为曲，以及由此所反映出来的化整为零、积零为整的思想方法，是微积分乃至整个高等数学的一个重要方法.

二、定积分的定义

定义 设函数$f(x)$在区间$[a,b]$上有定义，在$[a,b]$中任意插入$n-1$个分点：$a=x_0<x_1<x_2<\cdots<x_{i-1}<x_i<\cdots<x_n=b$将区间$[a,b]$分割成$n$个小区间$[x_{i-1},x_i]$，小区间的长度记为$\Delta x_i=x_i-x_{i-1}\quad(i=1,2,\cdots,n)$，在小区间$[x_{i-1},x_i]$上任取一点$\xi_i$，得相应的函数值$f(\xi_i)$，作乘积$f(\xi_i)\Delta x_i(i=1,2,\cdots,n)$，把所有乘积相加得和式$\sum\limits_{i=1}^{n}f(\xi_i)\Delta x_i$，当$\lambda=\max\limits_{1\leqslant i\leqslant n}\{\Delta x_i\}\to 0$时，上述和式极限存在，则称此极限为函数$f(x)$在区间$[a,b]$上的**定积分**，记为

$$\int_a^b f(x)\,\mathrm{d}x,$$

即

$$\int_a^b f(x)\,\mathrm{d}x=\lim_{\lambda\to 0}\sum_{i=1}^{n}f(\xi_i)\Delta x_i.$$

其中x称为**积分变量**，$f(x)$称为**被积函数**，$f(x)\mathrm{d}x$称为**被积表达式**，$[a,b]$称为**积分区间**，a称为**积分下限**，b称为**积分上限**.

按照定积分的定义，上述曲边梯形(图5.4)的面积可写成

$$A=\int_0^1 x^2\mathrm{d}x=\frac{1}{3}.$$

关于定积分的定义作以下几点说明：

(1) 定积分是一种和式的极限，其值是一个实数，它的大小与被积函数$f(x)$和积分区间$[a,b]$有关，而与积分变量的记号无关，即$\int_a^b f(x)\mathrm{d}x=\int_a^b f(t)\mathrm{d}t=\int_a^b f(u)\mathrm{d}u$是同一个定积分，这是因为和式$\sum\limits_{i=1}^{n}f(\xi_i)\Delta x_i$中变量采用什么记号与其极限无关.

(2) 若和式极限$\lim\limits_{\lambda\to 0}\sum\limits_{i=1}^{n}f(\xi_i)\Delta x_i$存在，就说$f(x)$在$[a,b]$上可积，是指不论对区间$[a,b]$采取怎样的分法，也不论对点$\xi_i$在$[x_{i-1},x_i]$上采取怎样的取法，所实行的“以直代曲”(或以不变代变)、和式极限都存在，且有相同的极限.

(3) 定义规定积分限$a<b$，如果$a>b$，只要把插入分点的顺序倒过来写$a=x_0>x_1>x_2>\cdots>x_{i-1}>x_i>\cdots>x_n=b$即可. 由于$x_{i-1}>x_i$，$\Delta x_i=x_i-x_{i-1}<0$，于是有

$$\int_a^b f(x)\,\mathrm{d}x=-\int_b^a f(x)\,\mathrm{d}x.$$

特别地，当$a=b$时

$$\int_a^b f(x)\,\mathrm{d}x=0.$$

(4) 定义体现了解决问题的一种重要的思维方法：选变量(根据问题确定积分变量)、定区间(确定积分区间)$[a,b]$、求微元(以直代曲或以不变代变)$\Delta y\approx\mathrm{d}y=f(x)\mathrm{d}x$、列积分$\int_a^b f(x)\mathrm{d}x$，这种方法称为微元法（或元素法），它是应用定积分解决实际问题最基本的方法.

三、定积分的几何意义

（1）若在$[a,b]$上有$f(x)\geqslant 0$，则$\int_a^b f(x)\,\mathrm{d}x \geqslant 0$，它表示以$y=f(x)$为曲边与直线$x=a$，$x=b$，$y=0$（$x$轴）在$x$轴上方所围成的曲边梯形的面积.

例如，$\int_a^b l\,\mathrm{d}x = l(b-a)$，如图 5.5 所示，此定积分值为矩形面积.

（2）若在$[a,b]$上$f(x)\leqslant 0$，这时曲边梯形在x轴下方，$f(\xi_i)<0$，即$\lim\limits_{\lambda\to 0}\sum\limits_{i=1}^{n} f(\xi_i)\Delta x_i<0$，此时定积分表示在$x$轴下方的曲边梯形的面积取负值，即$A=-\int_a^b f(x)\,\mathrm{d}x$.

（3）当$f(x)$在$[a,b]$上有正有负时，规定在x轴上方的面积为正、下方的面积为负，则定积分$\int_a^b f(x)\,\mathrm{d}x$在几何上表示是几个曲边梯形面积的代数和. 如图 5.6 所示.

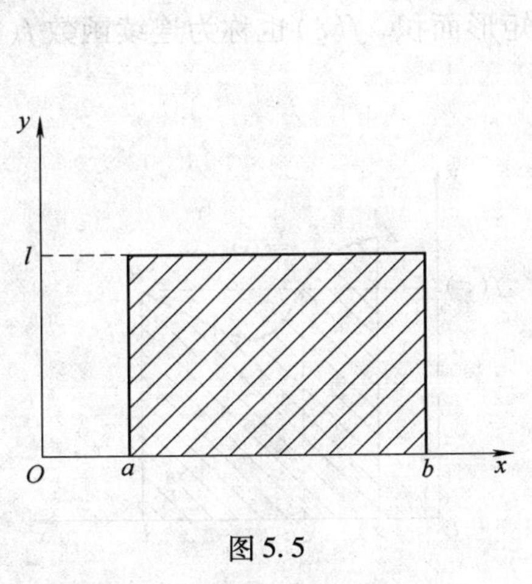

图 5.5

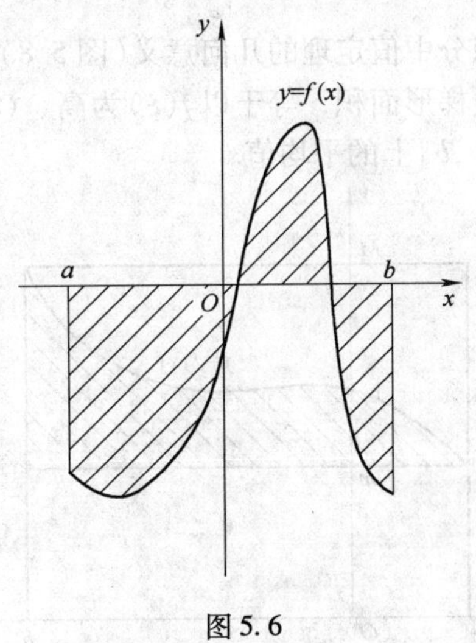

图 5.6

四、定积分的性质

按定积分的定义求定积分的值是很困难和繁杂的事，下面介绍的定积分的基本性质，有助于积分的计算. 假设函数在所讨论的区间上可积，则有：

性质 1　$\int_a^b kf(x)\,\mathrm{d}x = k\int_a^b f(x)\,\mathrm{d}x$　（k为常数）.

性质 2　$\int_a^b [f(x)\pm g(x)]\,\mathrm{d}x = \int_a^b f(x)\,\mathrm{d}x \pm \int_a^b g(x)\,\mathrm{d}x$.

性质 3（积分区间的可加性）　如果积分区间$[a,b]$被c分成两个区间$[a,c]$，$[c,b]$，那么

$$\int_a^b f(x)\,\mathrm{d}x = \int_a^c f(x)\,\mathrm{d}x + \int_c^b f(x)\,\mathrm{d}x .$$

性质 4　$\int_a^b \mathrm{d}x = (b-a)$.

性质 5　如果在区间$[a,b]$上有$f(x)\leqslant g(x)$，那么

$$\int_a^b f(x)\,\mathrm{d}x \leqslant \int_a^b g(x)\,\mathrm{d}x .$$

该性质说明：当两个定积分比较大小时，可由它们被积函数在积分区间上的大小而确定.

性质 6(估值定理)　设$f(x)$在区间$[a,b]$上连续，如果m与M分别是$f(x)$在区间$[a,b]$上的最小值与最大值，则有

$$m(b-a) \leqslant \int_a^b f(x)\,\mathrm{d}x \leqslant M(b-a).$$

该性质的几何解释是：曲线$f(x)$在区间$[a,b]$上的曲边梯形面积介于以区间$[a,b]$长度为底，分别以m和M为高的两个矩形面积之间(图 5.7).

性质 7(中值定理)　设$f(x)$在区间$[a,b]$上连续，则在区间$[a,b]$上至少存在一点ξ，使得

$$\int_a^b f(x)\,\mathrm{d}x = f(\xi)(b-a) \qquad (a \leqslant \xi \leqslant b).$$

积分中值定理的几何意义(图 5.8)：以连续曲线$y=f(x)$　$(a\leqslant x\leqslant b, f(x)\geqslant 0)$为曲边的曲边梯形面积，等于以$f(\xi)$为高、$(b-a)$为底的矩形面积. $f(\xi)$也称为连续函数$f(x)$在区间$[a,b]$上的平均值.

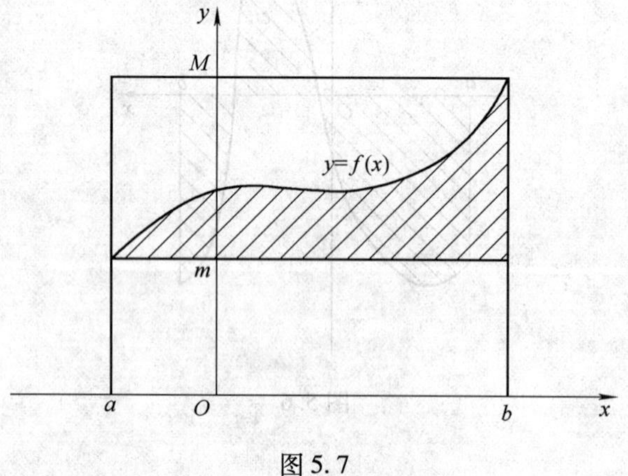

图 5.7

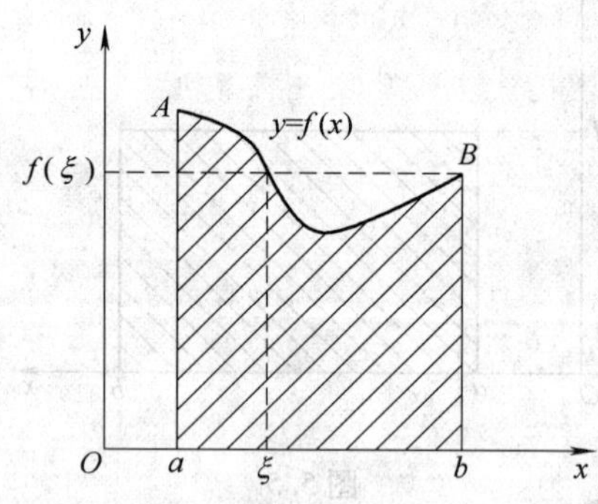

图 5.8

例 1　比较下列两积分的大小：

$$\int_0^1 x\mathrm{d}x \text{ 与} \int_0^1 \ln(1+x)\,\mathrm{d}x .$$

解　令$f(x)=x-\ln(1+x)$，在区间$[0,1]$上有

$$f'(x)=1-\frac{1}{1+x}=\frac{x}{1+x}>0,$$

可知$f(x)$在$[0,1]$上单调增加，且$f(x)\geqslant f(0)=0-\ln(1+0)=0$，从而有$x\geqslant\ln(1+x)$，由性质 5 得

$$\int_0^1 x\mathrm{d}x \geqslant \int_0^1 \ln(1+x)\,\mathrm{d}x .$$

例 2　估计定积分的值：$\int_{\frac{1}{\sqrt{3}}}^{\sqrt{3}} x\arctan x\mathrm{d}x$.

解　先求$f(x)=x\arctan x$在区间$\left[\frac{1}{\sqrt{3}},\sqrt{3}\right]$上的最大值与最小值．因为

$$f'(x)=\arctan x+\frac{x}{1+x^2}>0 \quad \left(\frac{1}{\sqrt{3}}\leqslant x\leqslant\sqrt{3}\right),$$

所以$f(x)$在此区间上单调增加，存在最大值与最小值：

$$m=f\left(\frac{1}{\sqrt{3}}\right)=\frac{1}{\sqrt{3}}\arctan\frac{1}{\sqrt{3}}=\frac{\pi}{6\sqrt{3}},\quad M=f(\sqrt{3})=\sqrt{3}\arctan\sqrt{3}=\frac{\sqrt{3}\pi}{3}.$$

于是

$$\left(\sqrt{3}-\frac{1}{\sqrt{3}}\right)\frac{\pi}{6\sqrt{3}}\leqslant\int_{\frac{1}{\sqrt{3}}}^{\sqrt{3}}x\arctan x\mathrm{d}x\leqslant\left(\sqrt{3}-\frac{1}{\sqrt{3}}\right)\frac{\sqrt{3}\pi}{3}.$$

即

$$\frac{\pi}{9}\leqslant\int_{\frac{1}{\sqrt{3}}}^{\sqrt{3}}x\arctan x\mathrm{d}x\leqslant\frac{2\pi}{3}$$

习　题　5.1

1. 用定积分的定义求下列定积分：

(1) $\int_0^1 x^3\mathrm{d}x$ [提示：把区间 n 等分，取 ξ_i 为右端点，并注意 $1^3+2^3+3^3+\cdots+n^3=\frac{1}{4}n^2(n+1)^2$]；

(2) $\int_1^3(2x+1)\mathrm{d}x$．

2. 用定积分表示由曲线$y=x^2+1$与直线$x=1$，$x=3$及x轴所围成的曲边梯形的面积．

3. 利用定积分的几何意义，判断下列定积分的值是正的还是负的或等于零(不必计算)．

(1) $\int_0^{\frac{\pi}{2}}\sin x\mathrm{d}x$；　(2) $\int_{-\frac{\pi}{2}}^0\sin x\cos x\mathrm{d}x$；　(3) $\int_{-1}^2 x^2\mathrm{d}x$；　(4) $\int_{-1}^1 x^3\mathrm{d}x$．

4. 利用定积分的几何意义说明下列各式成立：

(1) $\int_0^{2\pi}\sin x\mathrm{d}x=0$；　(2) $\int_0^{\pi}\sin x\mathrm{d}x=2\int_0^{\frac{\pi}{2}}\sin x\mathrm{d}x$；

(3) $\int_{-\frac{\pi}{2}}^{\frac{\pi}{2}}\sin x\mathrm{d}x=0$；　(4) $\int_{-a}^a f(x)\mathrm{d}x=\begin{cases}0, & f(x)\text{ 为奇函数},\\ 2\int_0^a f(x)\mathrm{d}x, & f(x)\text{ 为偶函数}.\end{cases}$

5. 不计算比较下列各组定积分的大小：

(1) $\int_0^1 x^2\mathrm{d}x$ ________ $\int_0^1 x^3\mathrm{d}x$；　(2) $\int_1^{\mathrm{e}}\ln^2 x\mathrm{d}x$ ________ $\int_1^{\mathrm{e}}\ln x\mathrm{d}x$；

(3) $\int_{-1}^0\mathrm{e}^x\mathrm{d}x$ ________ $\int_{-1}^0\mathrm{e}^{-x}\mathrm{d}x$；　(4) $\int_0^{\pi}\sin x\mathrm{d}x$ ________ $\int_0^{\pi}\cos x\mathrm{d}x$．

6. 估计下列定积分的值的范围：

(1) $\int_0^1\frac{\mathrm{d}x}{1+x^2}$；　(2) $\int_0^{\frac{\pi}{2}}(1+\cos^4 x)\mathrm{d}x$．

7. 曲边梯形由曲线$x=\varphi(y)$，直线$y=c$，$y=d$和y轴所围成，试用定积分的定义导出其面积的定积分表达式．

第二节 定积分的计算

上一节我们介绍了定积分的定义和性质，本节我们将介绍关于定积分的两个重要的积分方法：换元积分法和分部积分法，为此将首先介绍变上限函数和牛顿－莱布尼茨(Newton-Leibniz)公式.

一、变上限的定积分

设函数$f(x)$在$[a,b]$上连续，$x\in[a,b]$，于是积分$\int_a^x f(x)\mathrm{d}x$是一个变量，其中x既表示积分上限，又表示积分变量．为避免混淆，我们把积分变量改写成t，于是这个积分就写成了$\int_a^x f(t)\mathrm{d}t$.

当x在$[a,b]$上变动时，对应于每一个x值，积分$\int_a^x f(t)\mathrm{d}t$就有一个确定的值，因此$\int_a^x f(t)\mathrm{d}t$是变上限x的一个函数，记作

$$\Phi(x)=\int_a^x f(t)\mathrm{d}t\quad(a\leqslant x\leqslant b),$$

通常称函数$\Phi(x)$为**变上限积分函数**或**变上限积分**，其几何意义如图 5.9 所示.

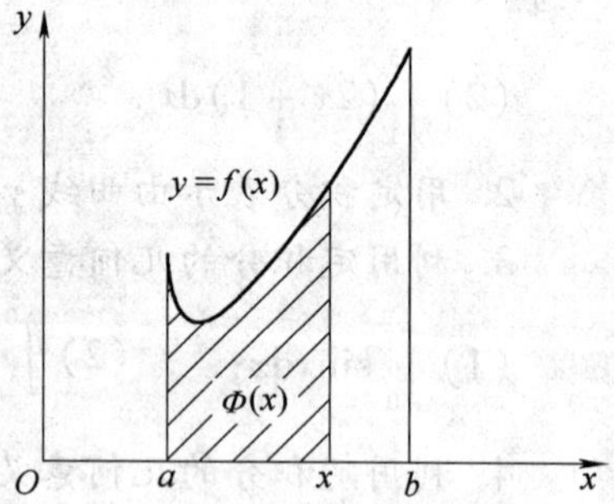

定理 1 如果函数$f(x)$在区间$[a,b]$上连续，则变上限积分$\Phi(x)=\int_a^x f(t)\mathrm{d}t$在$[a,b]$上可导，且其导数是

$$\Phi'(x)=\frac{\mathrm{d}}{\mathrm{d}x}\int_a^x f(t)\mathrm{d}t=f(x)\quad(a\leqslant x\leqslant b).$$

图 5.9

例 1 计算$\Phi(x)=\int_0^x \sin t^2\mathrm{d}t$在$x=0$，$x=\frac{\sqrt{\pi}}{2}$处的导数.

解 因为

$$\frac{\mathrm{d}}{\mathrm{d}x}\int_0^x \sin t^2\mathrm{d}t=\sin x^2,$$

故

$$\Phi'(0)=\sin 0^2=0;\ \Phi'\left(\frac{\sqrt{\pi}}{2}\right)=\sin\frac{\pi}{4}=\frac{\sqrt{2}}{2}.$$

例 2 求下面函数的导数：

$$\Phi(x)=\int_{x^2}^1\frac{\sin\sqrt{\theta}}{\theta}\mathrm{d}\theta\ (x>0).$$

解 $\frac{\mathrm{d}\Phi}{\mathrm{d}x}=-\frac{\mathrm{d}}{\mathrm{d}x}\int_1^{x^2}\frac{\sin\sqrt{\theta}}{\theta}\mathrm{d}\theta=-\frac{\sin\sqrt{\theta}}{\theta}\bigg|_{\theta=x^2}(x^2)'=-\frac{\sin x}{x^2}\cdot 2x=-\frac{2\sin x}{x}.$

二、牛顿 - 莱布尼茨(Newton-Leibniz)公式

定理 2　设函数 $f(x)$ 在闭区间 $[a,b]$ 上连续，又 $F(x)$ 是 $f(x)$ 的任一个原函数，则有

$$\int_a^b f(x)\,\mathrm{d}x = F(b) - F(a).$$

证　由定理 1 知，变上限积分 $\Phi(x) = \int_a^x f(t)\,\mathrm{d}t$ 也是 $f(x)$ 的一个原函数，于是知 $\Phi(x) - F(x) = C_0$，C_0 为一常数，即

$$\int_a^x f(t)\,\mathrm{d}t = F(x) + C_0.$$

我们来确定常数 C_0 的值，为此，令 $x=a$，有 $\int_a^a f(t)\,\mathrm{d}t = F(a) + C_0$，得 $C_0 = -F(a)$.

因此有

$$\int_a^x f(t)\,\mathrm{d}t = F(x) - F(a).$$

再令 $x=b$，得所求积分为

$$\int_a^b f(t)\,\mathrm{d}t = F(b) - F(a).$$

由于积分值与积分变量的记号无关，所以仍用 x 表示积分变量，即得

$$\int_a^b f(x)\,\mathrm{d}x = F(b) - F(a), \text{其中 } F'(x) = f(x).$$

上式称为**牛顿 - 莱布尼茨公式**，也称为微积分基本公式. 为计算方便起见，该公式常记作

$$\int_a^b f(x)\,\mathrm{d}x = F(x)\Big|_a^b = F(b) - F(a).$$

它揭示了定积分与不定积分之间的内在联系，提供了定积分的计算方法，$\int_a^b f(x)\,\mathrm{d}x$ 的值等于 $f(x)$ 的一个原函数 $F(x)$ 在上、下限处函数值之差 $F(b) - F(a)$.

例 3　求下列定积分：

(1) $\int_1^2 \left(x + \frac{1}{x}\right)^2 \mathrm{d}x$；(2) $\int_{-1}^1 \sqrt{x^2}\,\mathrm{d}x$.

解　(1) $\int_1^2 \left(x + \frac{1}{x}\right)^2 \mathrm{d}x = \int_1^2 \left(x^2 + 2 + \frac{1}{x^2}\right)\mathrm{d}x = \left(\frac{x^3}{3} + 2x - \frac{1}{x}\right)\Big|_1^2 = \frac{29}{6}.$

(2) $\sqrt{x^2} = |x|$ 在 $[-1,1]$ 上写成分段函数的形式，即

$$f(x) = \begin{cases} -x, & -1 \leqslant x < 0 \\ x, & 0 \leqslant x \leqslant 1 \end{cases}$$

于是

$$\int_{-1}^1 \sqrt{x^2}\,\mathrm{d}x = \int_{-1}^0 (-x)\,\mathrm{d}x + \int_0^1 x\,\mathrm{d}x = -\frac{x^2}{2}\Big|_{-1}^0 + \frac{x^2}{2}\Big|_0^1 = 1.$$

三、定积分的换元积分法

设函数 $f(x)$ 在区间 $[a,b]$ 上连续，函数 $x=\varphi(t)$ 满足条件：

(1) $\varphi(\alpha)=a$，$\varphi(\beta)=b$；

(2) $x=\varphi(t)$在$[\alpha,\beta]$(或$[\beta,\alpha]$) 上单调，且具有连续导数，则有

$$\int_a^b f(x)\mathrm{d}x = \int_\alpha^\beta f[\varphi(t)]\varphi'(t)\mathrm{d}t.$$

这个公式叫做定积分的换元公式.

例 4　求$\int_0^4 \frac{\mathrm{d}x}{1+\sqrt{x}}$.

解法 1　$\int \frac{\mathrm{d}x}{1+\sqrt{x}} \xlongequal{令\sqrt{x}=t} \int \frac{2t\mathrm{d}t}{1+t} = 2\int\left(1-\frac{1}{1+t}\right)\mathrm{d}t = 2(t-\ln|1+t|)+C$

$$=2[\sqrt{x}-\ln|1+\sqrt{x}|]+C.$$

于是

$$\int_0^4 \frac{\mathrm{d}x}{1+\sqrt{x}} = 2[\sqrt{x}-\ln(1+\sqrt{x})]\Big|_0^4 = 4-2\ln3.$$

上述方法，要求求得的不定积分、变量必须还原，但是，在计算定积分时，这一步实际上可以省去，这只要将原来变量 x 的上、下限按照所用的代换式 $x=\varphi(t)$ 换成新变量 t 的相应上、下限即可. 本题可用下面方法来解.

解法 2　设$\sqrt{x}=t$，即 $x=t^2(t>0)$. 当 $x=0$ 时，$t=0$；当 $x=4$ 时，$t=2$. 于是

$$\int_0^4 \frac{\mathrm{d}x}{1+\sqrt{x}} = \int_0^2 \frac{2t\mathrm{d}t}{1+t} = 2\int_0^2\left(1-\frac{1}{1+t}\right)\mathrm{d}t = 2(t-\ln|1+t|)\Big|_0^2 = 2(2-\ln3).$$

解法 2 要比解法 1 来得简单一些，因为它省掉了变量回代这一步，而这一步在计算中往往也不是十分简单的.

以后在计算定积分使用换元法时，就按照这种换元同时变换上、下限的方法来解决即可.

应用中，我们强调指出：换元必须换限.（原）上限对（新）上限，（原）下限对（新）下限.

例 5　求$\int_0^{\ln2} \sqrt{\mathrm{e}^x-1}\mathrm{d}x$.

解　设$\sqrt{\mathrm{e}^x-1}=t$，则 $x=\ln(t^2+1)$，$\mathrm{d}x=\frac{2t}{t^2+1}\mathrm{d}t$. 换积分限：当 $x=0$ 时，$t=0$；当 $x=\ln2$时，$t=1$. 于是

$$\int_0^{\ln2} \sqrt{\mathrm{e}^x-1}\mathrm{d}x = \int_0^1 t\cdot\frac{2t}{t^2+1}\mathrm{d}t = 2\int_0^1\left(1-\frac{1}{t^2+1}\right)\mathrm{d}t = 2(t-\arctan t)\Big|_0^1 = 2-\frac{\pi}{2}.$$

例 6　求$\int_a^{2a} \frac{\sqrt{x^2-a^2}}{x^4}\mathrm{d}x$.

解　设 $x=a\sec t$，则 $\mathrm{d}x=a\sec t\tan t\mathrm{d}t$. 换积分限：当 $x=a$ 时，$t=0$；当 $x=2a$ 时，$t=\frac{\pi}{3}$. 于是

$$\int_a^{2a} \frac{\sqrt{x^2-a^2}}{x^4}\mathrm{d}x = \int_0^{\frac{\pi}{3}} \frac{a\tan t}{a^4\sec^4 t}a\sec t\tan t\mathrm{d}t$$

$$=\int_0^{\frac{\pi}{3}} \frac{1}{a^2}\sin^2 t\cos t\mathrm{d}t = \frac{1}{a^2}\int_0^{\frac{\pi}{3}} \sin^2 t\mathrm{d}(\sin t) = \frac{1}{a^2}.\frac{\sin^3 t}{3}\Big|_0^{\frac{\pi}{3}} = \frac{\sqrt{3}}{8a^2}.$$

例 7　设$f(x)$在关于原点对称的区间$[-a,a]$上可积，试证明：

（1）当$f(x)$为奇函数时，

$$\int_{-a}^{a} f(x)\,\mathrm{d}x = 0;$$

（2）当$f(x)$为偶函数时，

$$\int_{-a}^{a} f(x)\,\mathrm{d}x = 2\int_{0}^{a} f(x)\,\mathrm{d}x.$$

证　由定积分区间的可加性，得

$$\int_{-a}^{a} f(x)\,\mathrm{d}x = \int_{-a}^{0} f(x)\,\mathrm{d}x + \int_{0}^{a} f(x)\,\mathrm{d}x.$$

对第一个积分令$x=-t$，则$\mathrm{d}x=-\mathrm{d}t$. 当$x\in[-a,0]$时，$t\in[0,a]$，于是

$$\int_{-a}^{0} f(x)\,\mathrm{d}x = \int_{a}^{0} f(-t)(-\mathrm{d}t) = \int_{0}^{a} f(-t)\,\mathrm{d}t = \int_{0}^{a} f(-x)\,\mathrm{d}x.$$

从而

$$\int_{-a}^{a} f(x)\,\mathrm{d}x = \int_{0}^{a} f(-x)\,\mathrm{d}x + \int_{0}^{a} f(x)\,\mathrm{d}x = \int_{0}^{a} [f(x)+f(-x)]\,\mathrm{d}x.$$

当$f(x)$为奇函数时，$f(-x)+f(x)=-f(x)+f(x)=0$，因此

$$\int_{-a}^{a} f(x)\,\mathrm{d}x = 0.$$

当$f(x)$为偶函数时，$f(-x)+f(x)=f(x)+f(x)=2f(x)$，因此

$$\int_{-a}^{a} f(x)\,\mathrm{d}x = 2\int_{0}^{a} f(x)\,\mathrm{d}x.$$

四、定积分的分部积分法

设$u(x)$，$v(x)$在$[a,b]$上有连续导数，则有

$$\int_{a}^{b} u\mathrm{d}v = uv\Big|_{a}^{b} - \int_{a}^{b} v\mathrm{d}u.$$

该公式称为定积分的分部积分公式. 使用该公式时要注意，把先积出来的那一部分代入上、下限求值，余下的部分继续积分. 这样做比完全把原函数求出来再代入上、下限简便一些.

例 8　求$\int_{0}^{\frac{\pi}{2}} x^2\cos x\mathrm{d}x$.

解

$$\begin{aligned}\int_{0}^{\frac{\pi}{2}} x^2\cos x\mathrm{d}x &= \int_{0}^{\frac{\pi}{2}} x^2\mathrm{d}(\sin x) = x^2\sin x\Big|_{0}^{\frac{\pi}{2}} - \int_{0}^{\frac{\pi}{2}} 2x\sin x\mathrm{d}x \\ &= \frac{\pi^2}{4} + 2\int_{0}^{\frac{\pi}{2}} x\mathrm{d}(\cos x) = \frac{\pi^2}{4} + 2x\cos x\Big|_{0}^{\frac{\pi}{2}} - 2\int_{0}^{\frac{\pi}{2}} \cos x\mathrm{d}x \\ &= \frac{\pi^2}{4} - 2\sin x\Big|_{0}^{\frac{\pi}{2}} = \frac{\pi^2}{4} - 2.\end{aligned}$$

例 9　求$\int_{\frac{1}{e}}^{e} |\ln x|\mathrm{d}x$.

解

$$\int_{\frac{1}{e}}^{e} |\ln x|\mathrm{d}x = \int_{\frac{1}{e}}^{1} |\ln x|\mathrm{d}x + \int_{1}^{e} |\ln x|\mathrm{d}x.$$

因为当$\frac{1}{e}<x<1$时，$\ln x<0$，这时$|\ln x|=-\ln x$；当$x\geqslant 1$时，$\ln x\geqslant 0$，这时$|\ln x|=\ln x$.于是

$$\int_{\frac{1}{e}}^{e}|\ln x|dx=-\int_{\frac{1}{e}}^{1}\ln x dx+\int_{1}^{e}\ln x dx,$$

分别用分部积分法求右端两个定积分得

$$-\int_{\frac{1}{e}}^{1}\ln x dx=-x\ln x\Big|_{\frac{1}{e}}^{1}+\int_{\frac{1}{e}}^{1}x\frac{1}{x}dx=\frac{1}{e}\ln\frac{1}{e}+x\Big|_{\frac{1}{e}}^{1}=1-\frac{2}{e},$$

$$\int_{1}^{e}\ln x dx=x\ln x\Big|_{1}^{e}-x\Big|_{1}^{e}=1.$$

最后得

$$\int_{\frac{1}{e}}^{e}|\ln x|dx=2-\frac{2}{e}.$$

习 题 5.2

1. 用换元法求下列定积分：

(1) $\int_{0}^{1}\sqrt{4+5x}dx$；　(2) $\int_{4}^{9}\frac{\sqrt{x}}{\sqrt{x}-1}dx$；

(3) $\int_{0}^{1}\frac{dx}{\sqrt{4+5x}-1}$；　(4) $\int_{0}^{2}\sqrt{4-x^2}dx$；

(5) $\int_{1}^{\sqrt{3}}\frac{dx}{x^2\sqrt{1+x^2}}$；　(6) $\int_{0}^{2}\frac{xdx}{(3-x)^7}$；

(7) $\int_{1}^{e^2}\frac{dx}{x\sqrt{1+\ln x}}$；　(8) $\int_{0}^{\frac{\pi}{\omega}}\sin^2(\omega t+\varphi)dt$　(ω,φ为常数).

2. 用分部积分法求下列定积分：

(1) $\int_{0}^{\pi}x\sin x dx$；　(2) $\int_{0}^{1}xe^x dx$；

(3) $\int_{1}^{2}(x-1)\ln x dx$；　(4) $\int_{0}^{1}\arctan\sqrt{x}dx$；

(5) $\int_{0}^{1}x^2e^{2x}dx$；

3. 求下列定积分：

(1) $\int_{-1}^{1}(x^3-x+1)\sin^2 x dx$；　(2) $\int_{-1}^{1}(x+\sqrt{1-x^2})^2dx$；

(3) $\int_{1}^{2}\frac{e^{\frac{1}{x}}}{x^2}dx$；　(4) $\int_{1}^{e}\ln^3 x dx$；　(5) $\int_{-3}^{3}\frac{x\cos x}{2x^4+x^2+1}dx$.

第三节 广义积分

定义定积分$\int_{a}^{b}f(x)dx$时，积分区间$[a,b]$为有限区间界. 然而在实际中，往往会遇到不

满足上述条件的情形，例如火箭发射到远离地球的太空中去，要计算克服地心引力所做的功，这就需要考虑积分区间为无限的积分. 因此有必要推广定积分的概念，即讨论积分区间为无限的情形，此种积分称为广义积分.

先看一个例子，求曲线 $y=\mathrm{e}^{-x}$，y 轴及 x 轴所围成的开口曲边梯形的面积(图 5.10). 如果把开口曲边梯形的面积，按定积分的几何意义那样表示为 $A=\int_0^{+\infty}f(x)\,\mathrm{d}x=\int_0^{+\infty}\mathrm{e}^{-x}\mathrm{d}x$，然而这个积分已不是通常意义的定积分了，因为它的积分区间是无限的，该怎样计算呢？任取实数 $b>0$，在有限区间 $[0,b]$ 上，以曲线 $y=\mathrm{e}^{-x}$ 为曲边的曲边梯形面积为

$$\int_a^b f(x)\,\mathrm{d}x=\int_0^b \mathrm{e}^{-x}\mathrm{d}x=-\mathrm{e}^{-x}\Big|_0^b=1-\frac{1}{\mathrm{e}^b}.$$

如图 5.10 中阴影部分所示，当 $b\to+\infty$ 时，阴影部分曲边梯形的面积的极限就是开口曲边梯形的面积的精确值，即

$$A=\lim_{b\to+\infty}\int_0^b \mathrm{e}^{-x}\mathrm{d}x=\lim_{b\to+\infty}\left(1-\frac{1}{\mathrm{e}^b}\right)=1.$$

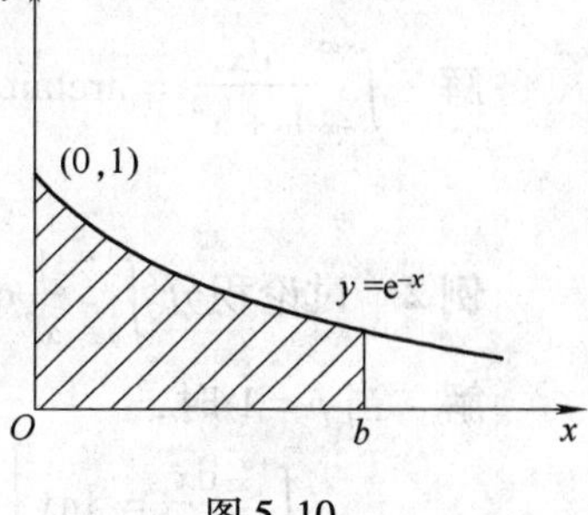

图 5.10

定义　设 $f(x)$ 是定义在区间 $[a,+\infty)$ 上的连续函数，对任意的 $t>a$，如果极限 $\lim\limits_{t\to+\infty}\int_a^t f(x)\,\mathrm{d}x$ 存在，则称此极限值为函数 $f(x)$ 在无限区间 $[a,+\infty)$ 上的**广义积分**，记为

$$\int_a^{+\infty}f(x)\,\mathrm{d}x,$$

即

$$\int_a^{+\infty}f(x)\,\mathrm{d}x=\lim_{t\to+\infty}\int_a^t f(x)\,\mathrm{d}x.$$

此时也称广义积分 $\int_a^{+\infty}f(x)\,\mathrm{d}x$ **收敛**. 若上述极限不存在，则称广义积分 $\int_a^{+\infty}f(x)\,\mathrm{d}x$ **发散**.

由于 $\lim\limits_{t\to+\infty}\int_a^t f(x)\,\mathrm{d}x=\lim\limits_{x\to+\infty}\int_a^x f(t)\,\mathrm{d}t$ 在被积函数 $f(x)$ 连续的条件下，$\int_a^x f(t)\,\mathrm{d}t$ 是 $f(x)$ 的一个原函数，因此广义积分 $\int_a^{+\infty}f(x)\,\mathrm{d}x$ 就是原函数 $\int_a^x f(t)\,\mathrm{d}t$ 当 $x\to+\infty$ 时的极限.

类似地，如果 $f(x)$ 在 $(-\infty,b]$ 连续，则定义 $f(x)$ 在 $(-\infty,b]$ 上的广义积分为

$$\int_{-\infty}^b f(x)\,\mathrm{d}x=\lim_{t\to-\infty}\int_t^b f(x)\,\mathrm{d}x.$$

如果 $f(x)$ 在 $(-\infty,+\infty)$ 内连续，且广义积分 $\int_{-\infty}^0 f(x)\,\mathrm{d}x$ 及 $\int_0^{+\infty}f(x)\,\mathrm{d}x$ 都收敛，则定义 $f(x)$ 在 $(-\infty,+\infty)$ 上的广义积分为

$$\int_{-\infty}^{+\infty}f(x)\,\mathrm{d}x=\int_{-\infty}^0 f(x)\,\mathrm{d}x+\int_0^{+\infty}f(x)\,\mathrm{d}x.$$

如果广义积分 $\int_{-\infty}^0 f(x)\,\mathrm{d}x$ 及 $\int_0^{+\infty}f(x)\,\mathrm{d}x$ 中有一个发散，则广义积分 $\int_{-\infty}^{+\infty}f(x)\,\mathrm{d}x$ 发散.

设 $F(x)$ 是 $f(x)$ 的一个原函数，则 $\int_a^x f(t)\,\mathrm{d}t=F(x)-F(a)$，记

$$F(+\infty)=\lim_{x\to+\infty}F(x),\quad F(-\infty)=\lim_{x\to-\infty}F(x),$$

于是三种无限区间的广义积分可表示为

$$\int_a^{+\infty} f(x)\,dx = F(+\infty) - F(a) = F(x)\Big|_a^{+\infty},$$

$$\int_{-\infty}^{b} f(x)\,dx = F(b) - F(-\infty) = F(x)\Big|_{-\infty}^{b},$$

$$\int_{-\infty}^{+\infty} f(x)\,dx = F(+\infty) - F(-\infty) = F(x)\Big|_{-\infty}^{+\infty}.$$

从形式上看上述积分与牛顿－莱布尼茨公式相似，但 $F(+\infty)$，$F(-\infty)$是极限，广义积分是否收敛，取决于这些极限是否存在. 无限区间上的广义积分也称为第一类广义积分.

例 1 求 $\int_{-\infty}^{+\infty}\frac{1}{1+x^2}dx$（图 5.11）.

解 $\int_{-\infty}^{+\infty}\frac{dx}{1+x^2} = \arctan x\Big|_{-\infty}^{+\infty} = \frac{\pi}{2} - \left(-\frac{\pi}{2}\right) = \pi.$

例 2 讨论积分 $\int_a^{+\infty}\frac{1}{x^p}dx$ 的收敛性.

解 当 $p=1$ 时，

$$\int_a^{+\infty}\frac{dx}{x} = \ln x\Big|_a^{+\infty} = +\infty;$$

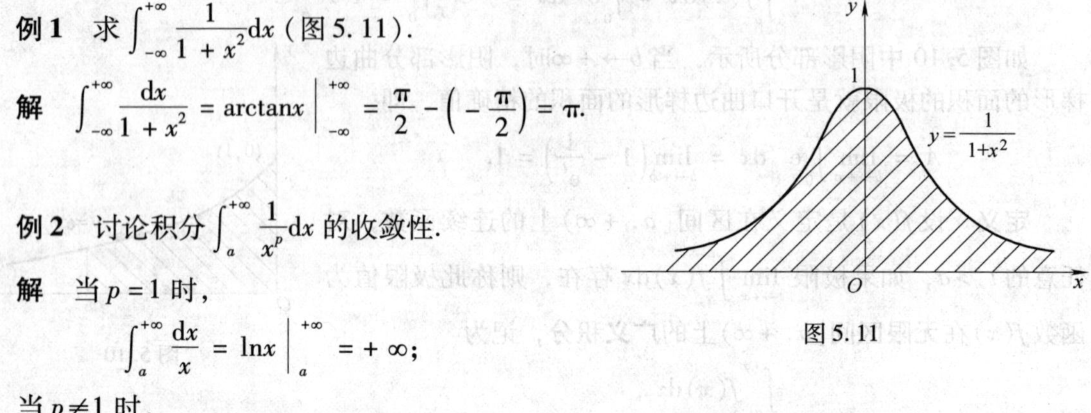

图 5.11

当 $p\neq 1$ 时，

$$\int_a^{+\infty}\frac{dx}{x^p} = \frac{1}{-p+1}x^{-p+1}\Big|_a^{+\infty} = \lim_{x\to+\infty}\frac{1}{1-p}x^{1-p} - \frac{1}{1-p}a^{1-p} = \begin{cases}\frac{a^{1-p}}{p-1}, & p>1,\\ +\infty, & p<1.\end{cases}$$

因此，广义积分 $\int_a^{+\infty}\frac{1}{x^p}dx$ 当 $p>1$ 时收敛，当 $p\leqslant 1$ 的发散. 这是一个较为重要的积分，在后面的级数中将用到.

习 题 5.3

1. 讨论下列第一类广义积分的收敛性；若收敛，求出其值：

(1) $\int_1^{+\infty}\frac{dx}{x^4}$； (2) $\int_1^{+\infty}\frac{dx}{x\sqrt{x}}$； (3) $\int_0^{+\infty}xe^{-x}dx$；

(4) $\int_0^{+\infty}xe^{-x^2}dx$； (5) $\int_5^{+\infty}\frac{1}{x(x+15)}dx$； (6) $\int_{-\infty}^{+\infty}\frac{1}{x^2+x+1}dx$.

2. 证明：广义积分 $\int_2^{+\infty}\frac{dx}{x(\ln x)^k}$ 当 $k>1$ 时收敛，当 $k\leqslant 1$ 时发散.

第四节 定积分在几何中的应用

本章第一节从实际问题引进定积分的概念，在几何、物理、科学技术、工程技术、经济学等各个领域，有许多问题都可用定积分予以解决. 而工程技术中普遍采用的方法是“微元法”，本节首先介绍微元法，再举例说明定积分在几何中的应用.

一、定积分的微元法

应用定积分理论解决实际问题的第一步，是将实际问题转化为数学问题．而建立数学模型往往较困难，微元分析法（简称微元法）恰巧是解决这个困难，实现这个转化的有力工具．前面在对定积分定义的说明中，已阐述了微元法的思维过程是分割（化整为零）、以直代曲（或以不变代变）取近似、求和（积零为整）、取极限（精确），这个过程实际上可以简化成以下三步：

（1）选变量定区间：选取某个变量 x 作为分割的变量，实际上是积分变量，选哪一个作积分变量的标准是尽量使后面的积分易于计算．确定 x 的变化范围，它就是积分区间 $[a,b]$．

（2）求微分：把区间 $[a,b]$ 任意分割成小区间 $[x,x+\mathrm{d}x]$，小区间长度 $\Delta x=\mathrm{d}x$，小区间对应的微元 $\Delta F(x)=f(x)\mathrm{d}x+o(\Delta x)\approx f(x)\mathrm{d}x$，目的是实现以直代曲（或以不变代变），其误差仅是区间长度 Δx 的高阶无穷小 $o(\Delta x)$．

（3）列积分：$\mathrm{d}F(x)=f(x)\mathrm{d}x$ 为被积表达式，在 $[a,b]$ 上积分即 $F=\int_a^b f(x)\mathrm{d}x$ 实现积零为整．

下面将用微元法来讨论一些常见的问题．

二、平面图形的面积

例如图 5.12 中，曲线 $MDNC$ 所围成的面积 A_{MDNC} 可以化为两个曲边梯形面积的差：$A_{MDNC}=A_{M_1MCNN_1}-A_{M_1MDNN_1}$，它实际是由两条曲线 $y=f(x)$ 和 $y=g(x)$ 所围成的平面图形的面积，其中 M，N 点是两条曲线的交点．

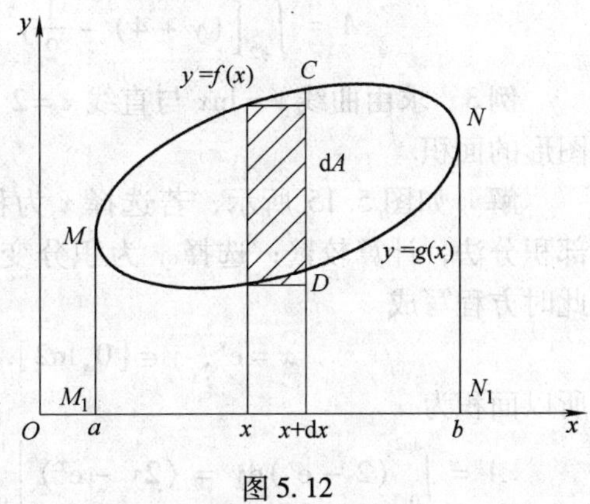

图 5.12

如果 $f(x)\geqslant g(x)$，$x\in[a,b]$，任取小区间 $[x,x+\mathrm{d}x]$，其上的面积是以 $|f(x)-g(x)|$ 为高、$\mathrm{d}x$ 为底的矩形面积近似代替小曲边梯形的面积，即面积微元

$$\mathrm{d}A=[f(x)-g(x)]\mathrm{d}x.$$

如果 $f(x)-g(x)$ 在 $[a,b]$ 上不是非负的，则在 $[x,x+\mathrm{d}x]$ 上的面积近似值应是 $\mathrm{d}A=|f(x)-g(x)|\mathrm{d}x$．因此，不论什么情况总有

$$A=\int_a^b|f(x)-g(x)|\mathrm{d}x.$$

例 1　求曲线 $y=x^3$ 与直线 $x=-1$，$x=2$ 及 x 轴所围成的平面图形的面积（图 5.13）．

解

$$A=\int_{-1}^2|x|^3\mathrm{d}x=-\int_{-1}^0 x^3\mathrm{d}x+\int_0^2 x^3\mathrm{d}x$$

$$=-\frac{x^4}{4}\bigg|_{-1}^0+\frac{x^4}{4}\bigg|_0^2$$

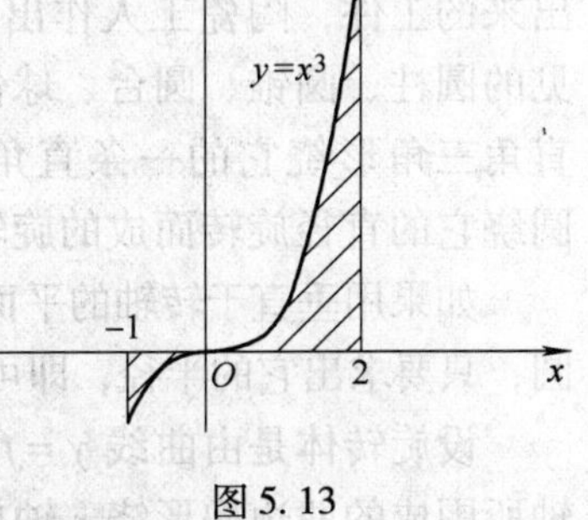

图 5.13

$$=\frac{1}{4}+4=\frac{17}{4}.$$

例 2 求由抛物线 $y^2=2x$ 及直线 $y=x-4$ 所围成的面积.

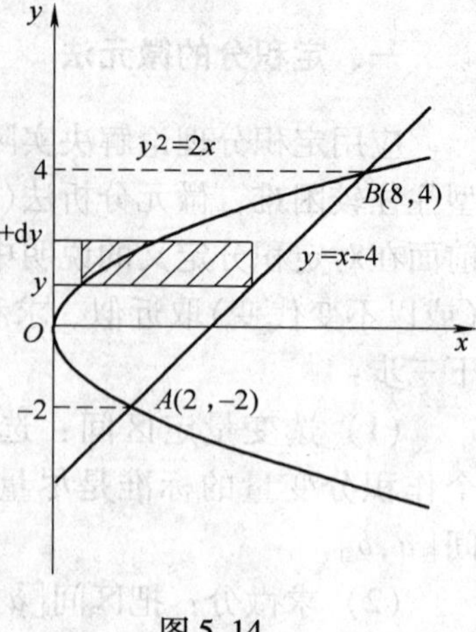

图 5.14

解 如图 5.14 所示，解方程组 $\begin{cases}y^2=2x,\\ y=x-4\end{cases}$ 得交点 $A(2,-2)$，$B(8,4)$.

如果选取 x 为积分变量，则积分运算较繁(不妨自己试试)；若选取 y 为积分变量，积分计算较为简便，此时曲线方程应写成 $x=y+4$，$x=\frac{1}{2}y^2$，积分区间 $y\in[-2,4]$，任取小区间 $[y,y+\mathrm{d}y]$ 上一窄条的面积，它是以宽为 $\left(y+4-\frac{1}{2}y^2\right)$、高为 $\mathrm{d}y$ 的小矩形面积，即面积微元

$$\mathrm{d}A=(y+4-\frac{1}{2}y^2)\,\mathrm{d}y.$$

因此所求面积为

$$A=\int_{-2}^{4}\left[(y+4)-\frac{1}{2}y^2\right]\mathrm{d}y=\left(\frac{1}{2}y^2+4y-\frac{1}{6}y^3\right)\Big|_{-2}^{4}=18.$$

例 3 求由曲线 $y=\ln x$ 与直线 $x=2$ 及 x 轴所围成的平面图形的面积.

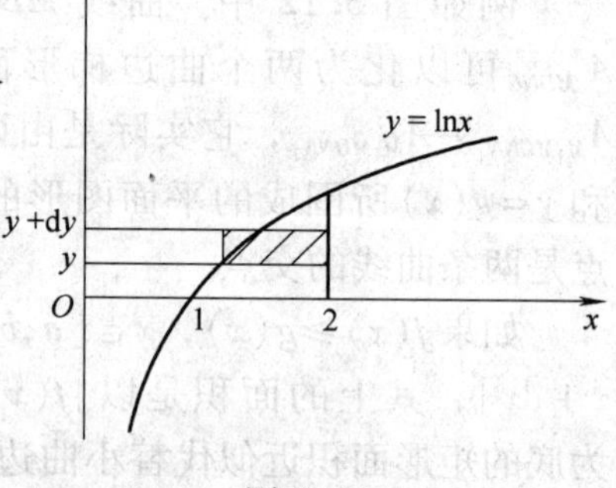

图 5.15

解 如图 5.15 所示，若选择 x 为积分变量，要用到分部积分法，计算较繁；选择 y 为积分变量，则计算较简便，此时方程写成

$$x=\mathrm{e}^y,\ y\in[0,\ln 2].$$

所以面积为

$$A=\int_0^{\ln 2}(2-\mathrm{e}^y)\,\mathrm{d}y=(2y-\mathrm{e}^y)\Big|_0^{\ln 2}=2\ln 2-1.$$

三、旋转体的体积

一平面图形绕平面内的一条直线旋转所成的立体称为旋转体，该直线称为旋转体的转轴. 如车床切削加工出来的工件，陶瓷工人作出的陶器很多都是旋转体. 常见的圆柱、圆锥、圆台、球依次可视为矩形绕它的一边、直角三角形绕它的一条直角边、直角梯形绕它的直腰、圆绕它的直径旋转而成的旋转体.

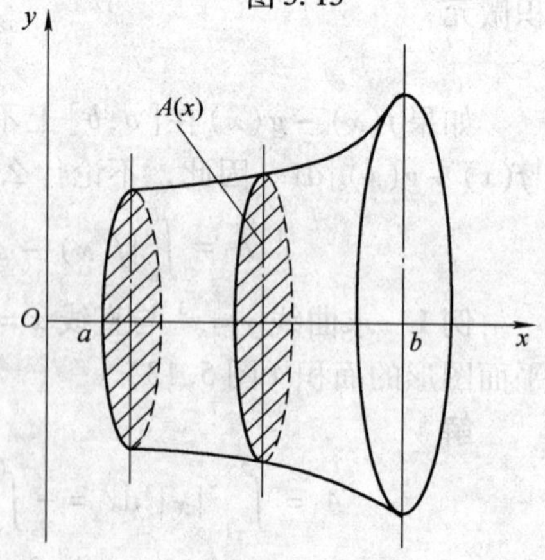

图 5.16

如果用垂直于转轴的平面截旋转体，其截面就是一个圆，只要求出它的半径，即可得出体积微元(图 5.16).

设旋转体是由曲线 $y=f(x)$ 与直线 $x=a$，$x=b$ 及 x 轴所围成的曲边梯形绕 x 轴旋转而成，用过点 x($x\in[a$,

$b]$）且垂直于 x 轴的平面截旋转体所得截面是半径为 $|f(x)|$ 的圆，则截面积为

$$A(x)=\pi|f(x)|^2=\pi[f(x)]^2.$$

于是旋转体的体积为

$$V=\int_a^b \pi[f(x)]^2\mathrm{d}x.$$

类似地，可得曲线 $x=\varphi(y)$ 与直线 $y=c$，$y=d$ 及 y 轴所围成的曲边梯形绕 y 轴旋转而成的旋转体（图 5.17）的体积为

$$V=\int_c^d \pi[\varphi(y)]^2\mathrm{d}y.$$

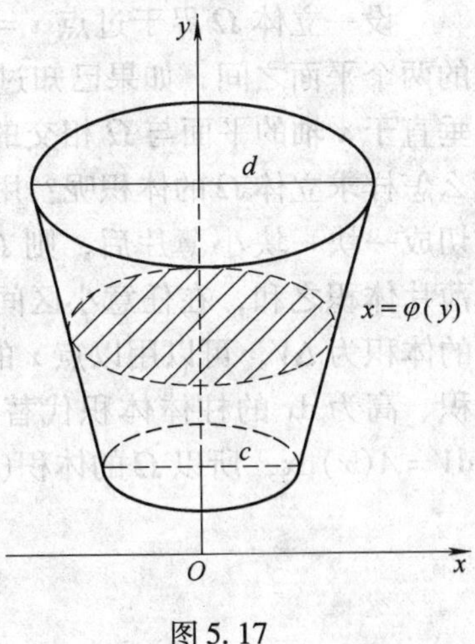

图 5.17

例 4　设平面图形由曲线 $y=2\sqrt{x}$ 与直线 $x=1$，$y=0$ 围成，试求绕 x 轴及绕 y 轴旋转而成的旋转体的体积.

解　先求绕 x 轴旋转所成的体积（图 5.18a），取 x 为积分变量，积分区间为 $[0,1]$，对应小区间 $[x,x+\mathrm{d}x]$ 的体积微元，是以高为 $2\sqrt{x}$、底为 $\mathrm{d}x$ 的小矩形绕 x 轴旋转而成的小圆柱体的体积，且

$$\mathrm{d}V=\pi(2\sqrt{x})^2\mathrm{d}x.$$

所以体积是以

$$V_x=\int_0^1\pi(2\sqrt{x})^2\mathrm{d}x=4\pi\int_0^1 x\mathrm{d}x=4\pi\frac{x^2}{2}\bigg|_0^1=2\pi.$$

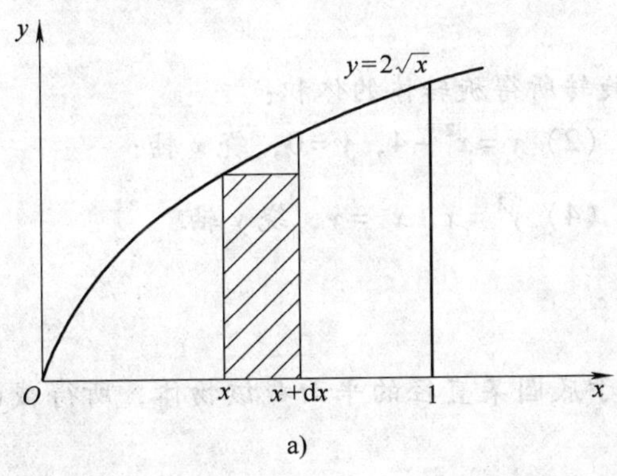

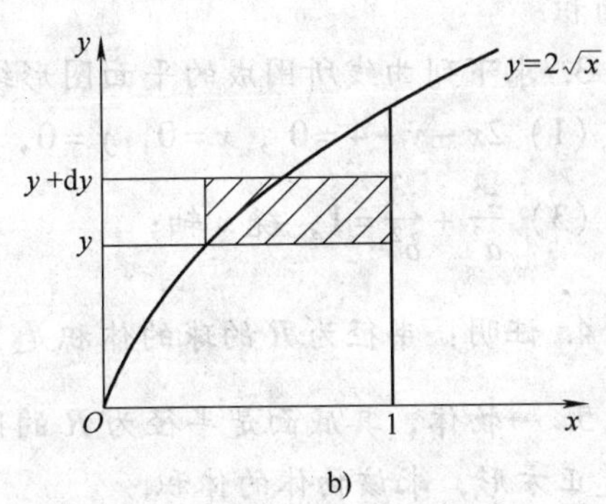

图 5.18

再求绕 y 轴旋转所成的体积（图 5.18b），取 y 为积分变量，曲线方程写成 $x=\frac{1}{4}y^2$，当 $x\in[0,1]$ 时，$y\in[0,2]$ 即是积分区间，对应小区间 $[y,y+\mathrm{d}y]$ 的体积微元，是半径为 1、高为 $\mathrm{d}y$ 的圆柱体的体积减去半径为 $\frac{1}{4}y^2$、高为 $\mathrm{d}y$ 的圆柱体的体积的空心圆柱体的体积. 即

$$\mathrm{d}V=\pi\cdot 1^2\cdot\mathrm{d}y-\pi\left(\frac{1}{4}y^2\right)^2\mathrm{d}y=\pi\left(1-\frac{1}{16}y^4\right)\mathrm{d}y.$$

所以体积为

$$V_y=\int_0^2\pi\left(1-\frac{1}{16}y^4\right)\mathrm{d}y=\pi\left(y-\frac{1}{80}y^5\right)\bigg|_0^2=\frac{8\pi}{5}.$$

四、平行截面面积为已知的立体图形的体积

设一立体 Ω 界于过点 $x=a$，$x=b$ 且垂直于 x 轴的两个平面之间，如果已知过 $[a,b]$ 上任一点 x 处且垂直于 x 轴的平面与 Ω 相交的截面面积为 $A(x)$，那么怎样求立体 Ω 的体积呢？用垂直于 x 轴的平面把 Ω 切成一块一块小薄片后，则 Ω 的体积等于这许多小薄片体积之和，在任意小区间 $[x,x+\mathrm{d}x]$ 上相应薄片的体积为 ΔV，可以用以点 x 的截面面积 $A(x)$ 为底面积、高为 $\mathrm{d}x$ 的柱体体积代替，即体积微元为 $\Delta V\approx\mathrm{d}V=A(x)\,\mathrm{d}x$，所以 Ω 的体积(图 5.19)为

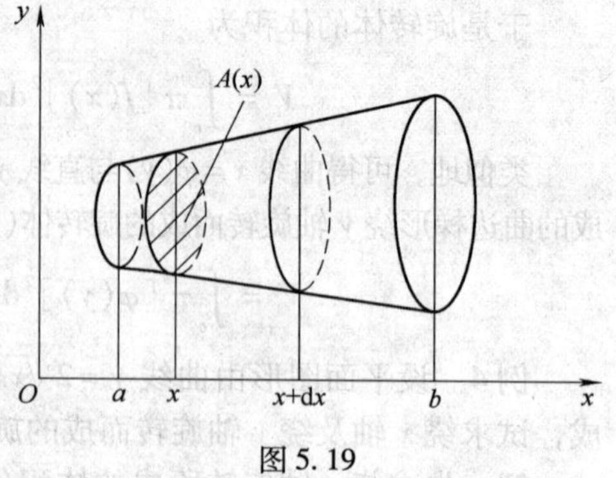

图 5.19

$$V=\int_a^b A(x)\,\mathrm{d}x.$$

习　题　5.4

1. 求下列各组曲线所围成的平面图形的面积：

(1) $xy=1$，$y=x$，$x=2$；　(2) $y=\mathrm{e}^x$，$y=\mathrm{e}^{-x}$，$x=1$；

(3) $x=y^2$，$y=x^2$；　(4) $y=x^2$，$x+y=2$；

(5) $y=x^3$，$y=2$，$y=1$，$x=0$；　(6) $x=0$，$y=0$，$y=1$，$y=\ln x$.

2. 求抛物线 $y=-x^2+4x-3$ 及其在点 $(0,-3)$ 和 $(3,0)$ 处的切线所围成的平面图形的面积.

3. 求下列曲线所围成的平面图形绕指定的轴旋转所得旋转体的体积：

(1) $2x-y+4=0$，$x=0$，$y=0$，绕 x 轴；　(2) $y=x^2-4$，$y=0$，绕 x 轴；

(3) $\dfrac{x^2}{a^2}+\dfrac{y^2}{b^2}=1$，绕 x 轴；　(4) $y^2=x$，$x^2=y$，绕 y 轴.

4. 证明：半径为 R 的球的体积是 $V=\dfrac{4}{3}\pi R^3$.

5. 一物体，其底面是半径为 R 的圆，用垂直于底圆某直径的平面截该物体，所得截面都是正方形，求该物体的体积.

6. 有一口锅，其形状可视为抛物线 $y=ax^2$ 绕 y 轴旋转而成，已知锅深为 0.5m，锅口直径为 1m，求锅的容积.

第五节　定积分在经济领域中的应用

本节将介绍定积分在经济领域中的具体应用.

一、由边际函数求总量函数

边际变量(成本、收入、利润)是指对应经济变量的变化率.

如果已知边际成本 $C'(x)$，固定成本 C_0，边际收入 $R'(x)$，则

总成本函数为 $$C(x) = C_0 + \int_0^x C'(x)\mathrm{d}x,$$

总收益函数为 $$R(x) = \int_0^x R'(x)\mathrm{d}x,$$

总利润函数为 $$L(x) = \int_0^x [R'(x) - C'(x)]\mathrm{d}x - C_0.$$

例1　已知生产某产品的边际成本为 $C'(x)=2x+36$，固定成本为500元，求总成本函数.

解　总成本为固定成本与可变成本之和，即

$$C(x) = 500 + \int_0^x C'(x)\mathrm{d}x = 500 + \int_0^x (2x+36)\mathrm{d}x = (x^2+36x)\Big|_0^x + 500 = x^2 + 36x + 500.$$

二、由边际函数求总量函数的改变量

若边际成本为 $C'(x)$，则在产量 $x=x_0$ 的基础上，多生产 Δx 个单位的产品，所需增加的成本为

$$\Delta C = \int_{x_0}^{x_0+\Delta x} C'(x)\mathrm{d}x.$$

例2　某种产品每天生产 x 单位时的固定成本为 $C_0=80$，边际成本为 $C'(x)=0.6x+20$（元/单位）；边际收入 $R'(x)=32$（元/单位），问：

（1）每天生产多少单位时利润最大？最大利润为多少？

（2）在利润最大时，若多生产10个单位产品，总利润有何变化？

解　（1）由 $R'(x)=C'(x)$ 时利润最大，知 $32=0.6x+20$，即 $x=20$ 时利润最大，最大利润为

$$L(20) = \int_0^{20} [R'(x) - C'(x)]\mathrm{d}x - C_0$$
$$= \int_0^{20} (32 - 0.6x - 20)\mathrm{d}x - 80 = 40(\text{元}).$$

（2）$$\Delta L = \int_{20}^{30} [R'(x) - C'(x)]\mathrm{d}x = (12x - 0.3x^2)\Big|_{20}^{30} = -30(\text{元}).$$

即在最大利润时的产量 $x=20$ 单位基础上，再多生产10个单位产品，利润将减少30元.

三、其他经济应用

1. 广告策略

例3　某外贸公司每月销售额是1000000美元，平均利润是销售额的10%．根据公司以往的经验，广告宣传期间月销售额的变化率近似服从如下的增长曲线：

$$1000000e^{0.02t}\ (t \text{ 的单位为月}).$$

公司现在需要决定是否举行一次总成本为130000美元的广告活动（按公司惯例，对于超过100000美元的广告活动，若新增销售额产生的利润超过广告投资的10%，才决定做广告）．试问按惯例该公司是否应该做此广告.

解　一年的总销售额为

$$\int_0^{12} 1000000e^{0.02t}\mathrm{d}t = \frac{1000000e^{0.02t}}{0.02}\Bigg|_0^{12}$$

$$=50000000(e^{0.24}-1)\approx 13560000(\text{美元}).$$

所以新增销售额产生的利润是

$$10\%\times(13560000-12\times 1000000)=156000(\text{美元}).$$

而广告所产生的实际利润为

$$156000-130000=26000>130000\times 10\%$$

因此按惯例该公司应该做此广告.

2. 消费者剩余

消费者剩余(CS)是经济学中的重要概念，它可以衡量消费者所得到的额外满足. 具体定义为：消费者对某种商品所愿意付出的代价，超过他实际付出的代价的余额. 即

$$CS=\text{愿意付出的金额}-\text{实际付出的金额}.$$

假定消费者愿意为某种商品所付的价格 p 是由其需求曲线决定的，即

$$p=D(q)$$

其中，q 为需求量，它是价格的减函数，如图 5.20 所示.

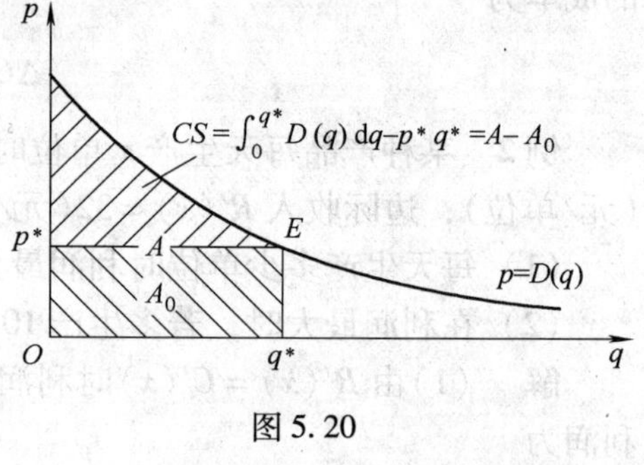

图 5.20

这表明，市场经济中某个消费者对价格为 p^* 的某商品购买量为 q^* 时，他所愿意付出的金额为面积 A，而实际上付出的金额为矩形面积 A_0.

根据消费者剩余的概念，由定积分的几何意义得

$$CS=\int_0^{q^*}D(q)\,dq-p^*q^*=A-A_0.$$

例 4 若需求曲线为 $D(q)=18-3q$，并已知需求量为 2 个单位，试求消费者剩余 CS.

解 由需求量 $q^*=2$，可得

$$p^*=D(q^*)=18-3\times 2=12.$$

则

$$\begin{aligned}CS&=A-A_0=\int_0^2 D(q)\,dq-12\times 2\\&=\int_0^2(18-3q)\,dq-24\\&=\left(18q-\frac{3q^2}{2}\right)\Big|_0^2-24\\&=30-24=6.\end{aligned}$$

3. 国民收入分配

我们先给出图 5.21 所示的劳伦茨(M. O. Lorenz)曲线. 其中，横轴 OH 表示人口(由收入由低到高分组)的累积百分比，纵轴 OM 表示收入的累积百分比.

当收入完全相等时，人口累积百分比等于收入累积百分比，劳伦茨曲线为过原点、倾角为 45°的直线；当收入完全不平等时，极少部分(如 1%)的人口却占有几乎全部(100%)的收入，劳伦茨曲线为折线 OHL.

实际上，一个国家的收入分配既不会是完全平等，也不会是完全不平等，而是介于两者

之间，即劳伦茨曲线是图 5.21 中位于完全平等线与完全不平等线之间的凹曲线 ODL. 显然，劳伦茨曲线与完全平等线的偏离程度的大小(图 5.21 中阴影部分的面积 $ODLO(A)$)，决定了该国国民收入分配不平等的程度.

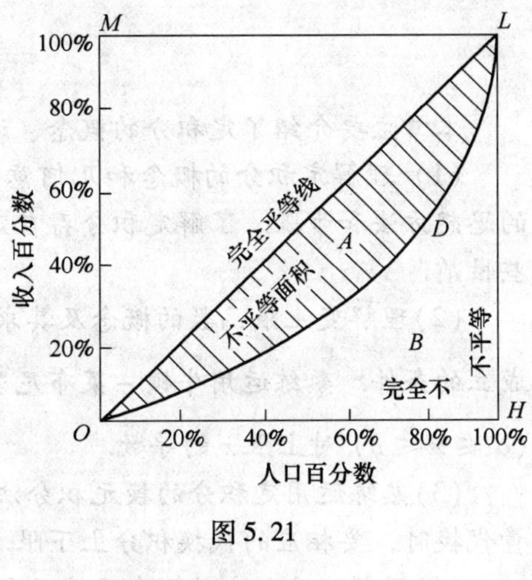

图 5.21

设横轴 OH 为 x 轴，纵轴 OM 为 y 轴，假定某国某一时期国民收入分配的劳伦茨曲线由 $y=f(x)$ 表示，则

$$\begin{aligned}A &= ODLO\text{ 所围成的面积}\\ &= \int_0^1[x-f(x)]\mathrm{d}x\\ &= \frac{1}{2}x^2\Big|_0^1-\int_0^1 f(x)\mathrm{d}x\\ &= \frac{1}{2}-\int_0^1 f(x)\mathrm{d}x.\end{aligned}$$

不平等面积 A 所占最大不平等面积 $(A+B)$ 的比例 $\frac{A}{A+B}$，表示一个国家国民收入在国民之间分配的不平等程度，在经济学上，$\frac{A}{A+B}$ 称为基尼(Gini)系数，记作 G. 显然，当 $G=0$ 时，是完全平等情形；当 $G=1$ 时，是完全不平等情形.

综合以上论述，基尼系数的计算如下：

$$G=\frac{A}{A+B}=\frac{\frac{1}{2}-\int_0^1 f(x)\mathrm{d}x}{\frac{1}{2}}=1-2\int_0^1 f(x)\mathrm{d}x.$$

例 5　某国某年的劳伦茨曲线近似地由 $y=x^2$，$x\in[0,1]$ 表示，试求该国的基尼系数.

解　因为

$$A=\frac{1}{2}-\int_0^1 f(x)\mathrm{d}x=\frac{1}{2}-\int_0^1 x^2\mathrm{d}x=\frac{1}{2}-\frac{x^3}{3}\Big|_0^1=\frac{1}{2}-\frac{1}{3}=\frac{1}{6},$$

所以

$$G=\frac{A}{A+B}=\frac{\frac{1}{6}}{\frac{1}{2}}=\frac{1}{3}=0.\dot{3}.$$

习　题　5.5

1. 某产品的边际收益函数为 $R'(q)=18$(万元/t)，边际成本函数为 $C'(q)=3q^2-18q+33$(万元/t)，其中 q 为产量($0\leqslant q\leqslant 10$，单位为 t)，且固定成本为 10 万元，问当 q 为多少时利润最大？并求出最大利润.

2. 如果需求曲线 $D(q)=50-0.025q^2$，并已知需求量为 20 个单位，试求消费者剩余 CS.

3. 假设某国某年的劳伦茨曲线近似地由 $y=x^3$，$x\in[0,1]$ 表示，试求该国的基尼系数.

本章小结

本章主要介绍了定积分的概念、运算及其应用.

(1) 理解定积分的概念和几何意义，并正确理解定积分的定义所概括的解决实际问题的思想方法和步骤. 了解定积分存在定理，理解定积分的性质，并在计算定积分中会运用这些性质.

(2)理解变上限函数的概念及其求导定理、牛顿－莱布尼茨公式的含义，注意这些定理成立的条件. 熟练运用牛顿－莱布尼茨公式计算定积分. 会求变上限函数 $\Phi(x)=\int_a^x f(x)\mathrm{d}x$ $(a\leqslant x\leqslant b)$ 对上限 x 的导数.

(3)熟练运用定积分的换元积分法和分部积分法计算定积分，注意对被积表达式进行变量代换时，要相应的代换积分上下限.

(4)理解广义积分的概念及广义积分收敛和发散的含义. 会用定义讨论广义积分的敛散性和求广义积分的值. 把定积分作为广义积分的全息元，即“静止”是“变动”的全息元. 很好地体现了全息思想.

(5)把微元法作为定积分应用的全息元，能用微元法解一些比较简单的应用题.

复习题五

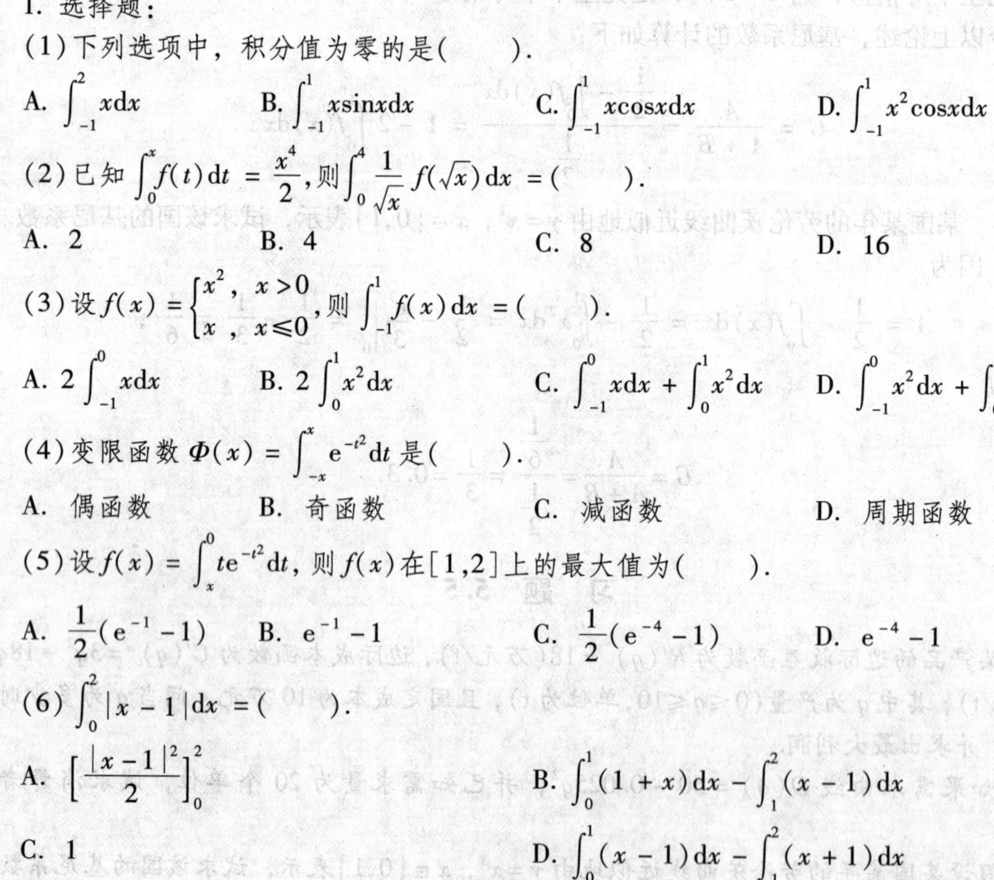

1. 选择题：

(1)下列选项中，积分值为零的是(　　).

A. $\int_{-1}^{2}x\mathrm{d}x$　　B. $\int_{-1}^{1}x\sin x\mathrm{d}x$　　C. $\int_{-1}^{1}x\cos x\mathrm{d}x$　　D. $\int_{-1}^{1}x^2\cos x\mathrm{d}x$

(2)已知 $\int_0^x f(t)\mathrm{d}t=\frac{x^4}{2}$，则 $\int_0^4\frac{1}{\sqrt{x}}f(\sqrt{x})\mathrm{d}x=$(　　).

A. 2　　B. 4　　C. 8　　D. 16

(3)设 $f(x)=\begin{cases}x^2, & x>0\\ x, & x\leqslant 0\end{cases}$，则 $\int_{-1}^{1}f(x)\mathrm{d}x=$(　　).

A. $2\int_{-1}^{0}x\mathrm{d}x$　　B. $2\int_{0}^{1}x^2\mathrm{d}x$　　C. $\int_{-1}^{0}x\mathrm{d}x+\int_0^1 x^2\mathrm{d}x$　　D. $\int_{-1}^{0}x^2\mathrm{d}x+\int_0^1 x\mathrm{d}x$

(4)变限函数 $\Phi(x)=\int_{-x}^{x}\mathrm{e}^{-t^2}\mathrm{d}t$ 是(　　).

A. 偶函数　　B. 奇函数　　C. 减函数　　D. 周期函数

(5)设 $f(x)=\int_x^0 t\mathrm{e}^{-t^2}\mathrm{d}t$，则 $f(x)$ 在 $[1,2]$ 上的最大值为(　　).

A. $\frac{1}{2}(\mathrm{e}^{-1}-1)$　　B. $\mathrm{e}^{-1}-1$　　C. $\frac{1}{2}(\mathrm{e}^{-4}-1)$　　D. $\mathrm{e}^{-4}-1$

(6) $\int_0^2|x-1|\mathrm{d}x=$(　　).

A. $\left[\frac{|x-1|^2}{2}\right]_0^2$　　B. $\int_0^1(1+x)\mathrm{d}x-\int_1^2(x-1)\mathrm{d}x$

C. 1　　D. $\int_0^1(x-1)\mathrm{d}x-\int_1^2(x+1)\mathrm{d}x$

(7) $\lim\limits_{x\to 0}\dfrac{1}{x^3}\int_0^x 3\tan t^2\mathrm{d}t = (\quad)$.

A. 0　　B. $\dfrac{1}{3}$　　C. 1　　D. ∞

(8) 由参数方程 $x(t) = \int_0^t(1+\tan^2 x)\mathrm{d}x, y(t) = \int_0^{t^2}\mathrm{e}^{x^2}\mathrm{d}x$ 所确定的 y 是 x 的函数，则 $\left.\dfrac{\mathrm{d}y}{\mathrm{d}x}\right|_{t=0} = (\quad)$.

A. 0　　B. 1　　C. 2　　D. -2

(9) $\int_{-1}^1 \dfrac{1}{1+x^2}\mathrm{d}x = (\quad)$.

A. $-\int_{-1}^1\dfrac{\mathrm{d}u}{1+u^2}\left(令\ x=\dfrac{1}{u}\right)$　　B. $\int_{-\frac{\pi}{4}}^{\frac{\pi}{4}}\dfrac{-\csc^2 u\mathrm{d}u}{1+\cot^2 u}$ (令 $x=\cot u$)

C. $\int_{-\frac{\pi}{2}}^{\frac{\pi}{2}}\dfrac{-\csc u\cdot\cot u}{1+\csc^2 u}\mathrm{d}u$ (令 $x=\csc u$)　　D. $\arctan x\Big|_{-1}^{1}$

(10) 设函数 $f(x)$ 在 $[0,1]$ 上有连续导数，且 $f(1)=0$, $\int_0^1 f^2(x)\mathrm{d}x = 1$, 则 $\int_0^1 xf(x)f'(x)\mathrm{d}x = (\quad)$.

A. -1　　B. $-\dfrac{1}{2}$　　C. 0　　D. $\dfrac{1}{2}$

2. 填空题：

(1) $\int_{-a}^a x[f(x)+f(-x)]\mathrm{d}x =$ ________.

(2) 已知 $F(x) = \int_0^x t\mathrm{e}^{-t^2}\mathrm{d}t$ 有极值，则 $x=$ ________ 时，$F(x)$ 取得极小值 ________.

(3) $\int_{-\frac{1}{2}}^{\frac{1}{2}}\dfrac{x^3 - x^2\sin x + 2}{\sqrt{1-x^2}}\mathrm{d}x =$ ________.

(4) $\int_{-a}^a \mathrm{d}x =$ ________.

(5) 若 $f(x)$ 连续，则 $\dfrac{\mathrm{d}}{\mathrm{d}x}\int_0^x\left[\int_0^{t^2}f(u)\mathrm{d}u\right]\mathrm{d}t =$ ________.

3. 判断题：

(1) 因为 $\dfrac{x}{1+x^2}$ 为奇函数，所以 $\int_{-\infty}^{+\infty}\dfrac{x}{1+x^2}\mathrm{d}x = 0$.　(　　)

(2) 因为奇函数的导数为偶函数，所以偶函数的原函数必为奇函数.　(　　)

(3) $\dfrac{1}{b-a}\int_a^b f(x)\mathrm{d}x \geqslant 0$.　(　　)

(4) $\int_a^b f(x)\mathrm{d}x = \int_a^b f(a+b-x)\mathrm{d}x$.　(　　)

(5) 当 $k\geqslant 0$ 时，广义积分 $\int_{+\infty}^0 \mathrm{e}^{-kx}\mathrm{d}x$ 收敛.　(　　)

4. 计算下列积分：

(1) $\int_0^{\frac{\pi}{2}} \cos^2 \frac{x}{2} dx$；　(2) $\int_1^3 |2 - x| dx$；　(3) $\int_0^{\frac{\pi}{4}} \tan^3 x dx$；

(4) $\int_0^{\pi} x\cos x dx$；　(5) $\int_{-\infty}^{+\infty} \frac{dx}{x^2 + 2x + 2}$.

5. 求抛物线 $y = -x^2 + 4x - 3$ 与它在点 $(0, -3)$，$(3,0)$ 处的切线所围成的图形的面积.

6. 已知某产品产量 $F(t)$ 的变化率是时间 t 的函数，即

$$f(t) = at^2 + bt + c \ (a, b, c \text{ 是常数}).$$

求 $F(0) = 0$ 时产量与时间的函数关系 $F(t)$.

7. 证明：$$\int_0^1 x^m (1 - x)^n dx = \int_0^1 x^n (1 - x)^m dx \ (m,\ n \in \mathbf{N}).$$

第六章 线性代数

线性代数是现代科学技术所必需的一门技术基础课，本章主要初步介绍行列式、矩阵，并利用它们讨论线性方程组的解. 作为线性代数课程教学，同样需要培养学生的全息意识，提升学生的思维能力. 在正确地选择全息元，形成全息意识的前提条件下，我们还需要从已掌握的信息(全息元)与推知事物之间有何种联系上去把握线性代数的数学思想和方法.

第一节 行列式

行列式是研究线性代数的一个工具，它是为求解线性方程组而引入的.

一、二阶和三阶行列式

定义 1 符号

$$\begin{vmatrix} a_{11} & a_{12} \\ a_{21} & a_{22} \end{vmatrix}$$

称为**二阶行列式**. 它由两行两列 2^2 个数组成，它代表一个算式，等于数 $a_{11}a_{22}-a_{12}a_{21}$，即

$$\begin{vmatrix} a_{11} & a_{12} \\ a_{21} & a_{22} \end{vmatrix} = a_{11}a_{22}-a_{12}a_{21}.$$

其中 $a_{ij}(i,j=1,2)$称为行列式的元素，第一个下标 i 表示第 i 行，第二个下标 j 表示第 j 列. a_{ij}就表示第 i 行第 j 列相交处的那个元素.

定义 2 符号

$$\begin{vmatrix} a_{11} & a_{12} & a_{13} \\ a_{21} & a_{22} & a_{23} \\ a_{31} & a_{32} & a_{33} \end{vmatrix}$$

称为**三阶行列式**，它由 3^2 个数组成，也代表一个算式，即

$$\begin{vmatrix} a_{11} & a_{12} & a_{13} \\ a_{21} & a_{22} & a_{23} \\ a_{31} & a_{32} & a_{33} \end{vmatrix} = a_{11}a_{22}a_{33}+a_{12}a_{23}a_{31}+a_{13}a_{21}a_{32}-a_{13}a_{22}a_{31}-a_{11}a_{23}a_{32}-a_{12}a_{21}a_{33}.$$

三阶行列式常用对角线法计算，如图 6.1 所示.

实线上元素之积为正；虚线上元素之积为负，把这些积相加就是行列式的值.

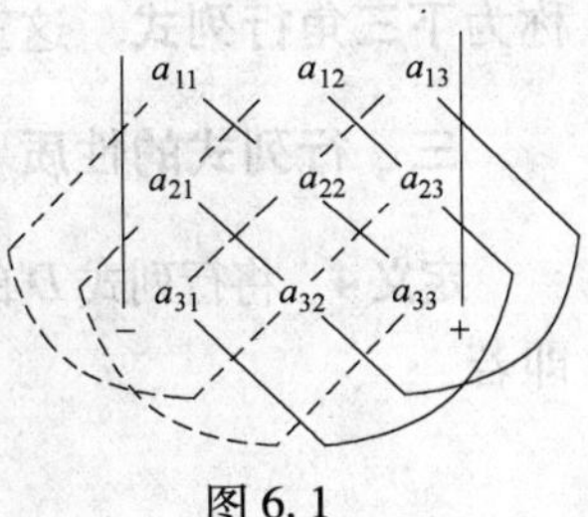

图 6.1

例 1 计算下列行列式：

(1) $\begin{vmatrix} \cos^2\alpha & \sin^2\alpha \\ \sin^2\alpha & \cos^2\alpha \end{vmatrix}$；(2) $\begin{vmatrix} 2 & -3 & 1 \\ 1 & 1 & 1 \\ 3 & 1 & -2 \end{vmatrix}$.

解 (1) $\begin{vmatrix} \cos^2\alpha & \sin^2\alpha \\ \sin^2\alpha & \cos^2\alpha \end{vmatrix} = \cos^4\alpha - \sin^4\alpha$

$$= (\cos^2\alpha - \sin^2\alpha)(\cos^2\alpha + \sin^2\alpha)$$
$$= \cos^2\alpha.$$

(2) $\begin{vmatrix} 2 & -3 & 1 \\ 1 & 1 & 1 \\ 3 & 1 & -2 \end{vmatrix} = 2\times1\times(-2)+(-3)\times1\times3+1\times1\times1-1\times1\times3-2\times1\times1-(-3)\times1\times(-2)$

$$= -23.$$

二、*n* 阶行列式

定义 3 n 阶行列式由 n^2 个元素构成，记为

$$D = \begin{vmatrix} a_{11} & a_{12} & \cdots & a_{1n} \\ a_{21} & a_{22} & \cdots & a_{2n} \\ \vdots & \vdots & & \vdots \\ a_{n1} & a_{n2} & \cdots & a_{nn} \end{vmatrix},$$

其中 $a_{ij}(i,j=1,2,\cdots,n)$ 称为行列式 D 第 i 行第 j 列的元素.

特殊地，

$$D = \begin{vmatrix} a_{11} & 0 & \cdots & 0 \\ 0 & a_{22} & \cdots & 0 \\ \vdots & \vdots & & \vdots \\ 0 & 0 & \cdots & a_{nn} \end{vmatrix}$$

称为**主对角行列式**.

$$D = \begin{vmatrix} a_{11} & a_{12} & \cdots & a_{1n} \\ 0 & a_{22} & \cdots & a_{2n} \\ \vdots & \vdots & & \vdots \\ 0 & 0 & \cdots & a_{nn} \end{vmatrix}$$

称为**上三角行列式**.

$$D = \begin{vmatrix} a_{11} & 0 & \cdots & 0 \\ a_{21} & a_{22} & \cdots & 0 \\ \vdots & \vdots & & \vdots \\ a_{n1} & a_{n2} & \cdots & a_{nn} \end{vmatrix}$$

称为**下三角行列式**. 这三个行列式的值都为 $a_{11}a_{22}\cdots a_{nn}$.

三、行列式的性质

定义 4 将行列式 D 的行与相应的列互换后得到的新行列式，称为 D 的**转置行列式**，记为 D^{T}. 即若

$$D=\begin{vmatrix} a_{11} & a_{12} & a_{13} \\ a_{21} & a_{22} & a_{23} \\ a_{31} & a_{32} & a_{33} \end{vmatrix},$$

则
$$D^{T}=\begin{vmatrix} a_{11} & a_{21} & a_{31} \\ a_{12} & a_{22} & a_{32} \\ a_{13} & a_{23} & a_{33} \end{vmatrix}.$$

行列式具有如下性质：

性质 1　行列式转置后，其值不变，即 $D=D^{T}$.

性质 2　互换行列式中的任意两行(列)，行列式仅改变符号.

性质 3　如果行列式中有两行(列)的对应元素相同，则此行列式为零.

性质 4　如果行列式中有一行(列)元素全为零，则这个行列式等于零.

性质 5　把行列式的某一行(列)的每一个元素同乘以数 k，等于以数 k 乘该行列式，即

$$\begin{vmatrix} a_{11} & a_{12} & a_{13} \\ ka_{21} & ka_{22} & ka_{23} \\ a_{31} & a_{32} & a_{33} \end{vmatrix}=k\begin{vmatrix} a_{11} & a_{12} & a_{13} \\ a_{21} & a_{22} & a_{23} \\ a_{31} & a_{32} & a_{33} \end{vmatrix}.$$

推论 1　如果行列式某行(列)的所有元素有公因子，则公因子可以提到行列式外面.

推论 2　如果行列式有两行(列)的对应元素成比例，则行列式等于零.

性质 6　如果行列式中的某一行(列)所有元素都是两个数的和，则此行列式等于两个行列式的和，而且这两个行列式除了这一行(列)以外，其余的元素与原行列式的对应元素相同，即

$$\begin{vmatrix} a_{11} & a_{12} & a_{13} \\ a_{21}+b_{21} & a_{22}+b_{22} & a_{23}+b_{23} \\ a_{31} & a_{32} & a_{33} \end{vmatrix}=\begin{vmatrix} a_{11} & a_{12} & a_{13} \\ a_{21} & a_{22} & a_{23} \\ a_{31} & a_{32} & a_{33} \end{vmatrix}+\begin{vmatrix} a_{11} & a_{12} & a_{13} \\ b_{21} & b_{22} & b_{23} \\ a_{31} & a_{32} & a_{33} \end{vmatrix}.$$

性质 7　以数 k 乘以行列式的某一行(列)的所有元素，然后加到另一行(列)的对应元素上，则行列式的值不变，即

$$\begin{vmatrix} a_{11} & a_{12} & a_{13} \\ a_{21} & a_{22} & a_{23} \\ a_{31} & a_{32} & a_{33} \end{vmatrix}=\begin{vmatrix} a_{11} & a_{12} & a_{13} \\ ka_{11}+a_{21} & ka_{12}+a_{22} & ka_{13}+a_{23} \\ a_{31} & a_{32} & a_{33} \end{vmatrix}.$$

规定：

(1) $r_i \leftrightarrow r_j$ ($c_i \leftrightarrow c_j$) 表示第 i 行(列)与第 j 行(列)交换位置.

(2) kr_i+r_j (kc_i+c_j) 表示第 i 行(列)的元素乘以数 k 加到第 j 行(列)上.

四、行列式的运算

为了介绍行列式的展开，先引入余子式和代数余子式的概念.

定义 5　在 n 阶行列式中划去元素 a_{ij} 所在的第 i 行和第 j 列的元素，剩下的元素按原次序构成的 $n-1$ 阶行列式称为 a_{ij} 的**余子式**，记作 M_{ij}、a_{ij} 的余子式乘上 $(-1)^{i+j}$ 称为 a_{ij} 的**代数余子式**，记作 A_{ij}，即 $A_{ij}=(-1)^{i+j}M_{ij}$.

例如，三阶行列式$\begin{vmatrix} a_{11} & a_{12} & a_{13} \\ a_{21} & a_{22} & a_{23} \\ a_{31} & a_{32} & a_{33} \end{vmatrix}$中元素$a_{23}$的代数余子式是

$$A_{23}=(-1)^{2+3}M_{23}=-\begin{vmatrix} a_{11} & a_{12} \\ a_{31} & a_{32} \end{vmatrix}.$$

定理1 行列式D等于它的任一行的各元素与对应的代数余子式的乘积之和，即

$$\begin{aligned} D &= a_{i1}A_{i1}+a_{i2}A_{i2}+\cdots+a_{in}A_{in}=\sum_{j=1}^{n}a_{ij}A_{ij} \\ &= a_{1j}A_{1j}+a_{2j}A_{2j}+\cdots+a_{nj}A_{nj}=\sum_{i=1}^{n}a_{ij}A_{ij}(i=1,2,\cdots,n;j=1,2,\cdots,n) \end{aligned} \quad (1)$$

这样，我们可以通过计算n个$n-1$阶行列式来计算n阶行列式.

例2 将行列式$\begin{vmatrix} 2 & 3 & -1 \\ 1 & -4 & 1 \\ 5 & -2 & 3 \end{vmatrix}$分别按第一行和第三列展开.

解 按第一行展开得

$$\begin{vmatrix} 2 & 3 & -1 \\ 1 & -4 & 1 \\ 5 & -2 & 3 \end{vmatrix}=2\times(-1)^{1+1}\begin{vmatrix} -4 & 1 \\ -2 & 3 \end{vmatrix}+3\times(-1)^{1+2}\begin{vmatrix} 1 & 1 \\ 5 & 3 \end{vmatrix}+(-1)\times(-1)^{1+3}\begin{vmatrix} 1 & -4 \\ 5 & -2 \end{vmatrix}=-32.$$

按第三列展开得

$$\begin{vmatrix} 2 & 3 & -1 \\ 1 & -4 & 1 \\ 5 & -2 & 3 \end{vmatrix}=(-1)\times(-1)^{1+3}\begin{vmatrix} 1 & -4 \\ 5 & -2 \end{vmatrix}+1\times(-1)^{2+3}\begin{vmatrix} 2 & 3 \\ 5 & -2 \end{vmatrix}+3\times(-1)^{3+3}\begin{vmatrix} 2 & 3 \\ 1 & -4 \end{vmatrix}=-32.$$

从上例可以看到行列式按不同行或不同列展开计算的结果相等.

推论 行列式的某一行(列)的元素与另一行(列)对应元素的代数余子式乘积之和等于零，即

$$\begin{cases} a_{i1}A_{j1}+a_{i2}A_{j2}+\cdots+a_{in}A_{jn}=0, & i\neq j, \\ a_{1i}A_{1j}+a_{2i}A_{2j}+\cdots+a_{ni}A_{nj}=0, & i\neq j \end{cases} (i=1,2,\cdots,n;j=1,2,\cdots,n). \quad (2)$$

把式(1)和式(2)结合起来可写成为

$$\sum_{k=1}^{n}a_{ik}A_{jk}=\sum_{k=1}^{n}a_{ki}A_{kj}=\begin{cases} D, i=j \\ 0, i\neq j \end{cases}$$

把定理和行列式的性质结合起来，可以使行列式的计算大为简化. 计算行列式时，常常利用行列式的性质使某一行(列)的元素出现尽可能多的零，这种运算叫做化零运算.

例3 计算下列行列式：

(1) $\begin{vmatrix} 3 & 1 & 1 \\ 297 & 101 & 99 \\ 5 & -3 & 2 \end{vmatrix}$；(2) $\begin{vmatrix} 1 & 2 & 0 & 1 \\ 1 & 3 & 5 & 0 \\ 0 & 1 & 5 & 6 \\ 1 & 2 & 3 & 4 \end{vmatrix}$.

解 (1) $$\begin{vmatrix} 3 & 1 & 1 \\ 297 & 101 & 99 \\ 5 & -3 & 2 \end{vmatrix} = \begin{vmatrix} 3 & 1 & 1 \\ 300-3 & 100+1 & 100-1 \\ 5 & -3 & 2 \end{vmatrix}$$

$$= \begin{vmatrix} 3 & 1 & 1 \\ 300 & 100 & 100 \\ 5 & -3 & 2 \end{vmatrix} + \begin{vmatrix} 3 & 1 & 1 \\ -3 & 1 & -1 \\ 5 & -3 & 2 \end{vmatrix}$$

$$= \begin{vmatrix} 3 & 1 & 1 \\ 0 & 2 & 0 \\ 5 & -3 & 2 \end{vmatrix}$$

$$= 2 \times (-1)^{2+2} \begin{vmatrix} 3 & 1 \\ 5 & 2 \end{vmatrix}$$

$$= 2.$$

(2) $$\begin{vmatrix} 1 & 2 & 0 & 1 \\ 1 & 3 & 5 & 0 \\ 0 & 1 & 5 & 6 \\ 1 & 2 & 3 & 4 \end{vmatrix} \xlongequal[(-1)\ r_1 + r_4]{(-1)\ r_1 + r_2} \begin{vmatrix} 1 & 2 & 0 & 1 \\ 0 & 1 & 5 & -1 \\ 0 & 1 & 5 & 6 \\ 0 & 0 & 3 & 3 \end{vmatrix}$$

$$\xlongequal{(-1)\ r_2 + r_3} \begin{vmatrix} 1 & 2 & 0 & 1 \\ 0 & 1 & 5 & -1 \\ 0 & 0 & 0 & 7 \\ 0 & 0 & 3 & 3 \end{vmatrix}$$

$$\xlongequal{r_3 \leftrightarrow r_4} - \begin{vmatrix} 1 & 2 & 0 & 1 \\ 0 & 1 & 5 & -1 \\ 0 & 0 & 3 & 3 \\ 0 & 0 & 0 & 7 \end{vmatrix}$$

$$= -21.$$

五、克莱姆法则

含有 n 个未知量、n 个方程的线性方程组为

$$\begin{cases} a_{11}x_1 + a_{12}x_2 + \cdots + a_{1n}x_n = b_1, \\ a_{21}x_1 + a_{22}x_2 + \cdots + a_{2n}x_n = b_2, \\ \qquad \vdots \\ a_{n1}x_1 + a_{n2}x_2 + \cdots + a_{nn}x_n = b_n. \end{cases} \tag{3}$$

将线性方程组的系数组成的行列式记为 D，即

$$D = \begin{vmatrix} a_{11} & a_{12} & \cdots & a_{1n} \\ a_{21} & a_{22} & \cdots & a_{2n} \\ \vdots & \vdots & & \vdots \\ a_{n1} & a_{n2} & \cdots & a_{nn} \end{vmatrix}.$$

用常数项 b_1，b_2，…，b_n 代替 D 中的第 j 列，组成的行列式记为 D_j，即

$$D_j=\begin{vmatrix} a_{11} & \cdots & a_{1,j-1} & b_1 & a_{1,j+1} & \cdots & a_{1n} \\ a_{21} & \cdots & a_{2,j-1} & b_2 & a_{2,j+1} & \cdots & a_{2n} \\ \vdots & & \vdots & \vdots & \vdots & & \vdots \\ a_{n1} & \cdots & a_{n,j-1} & b_n & a_{n,j+1} & \cdots & a_{nn} \end{vmatrix} \quad (j=1,2,\cdots,n).$$

定理 2（克莱姆法则） 若线性方程组(3)的系数行列式 $D\neq 0$，则存在唯一解：

$$x_1=\frac{D_1}{D},\ x_2=\frac{D_2}{D},\ \cdots,\ x_n=\frac{D_n}{D},$$

即

$$x_j=\frac{D_j}{D} \qquad (j=1,2,\cdots,n).$$

例 4 解线性方程组

$$\begin{cases} x_1+x_2+2x_3+3x_4=1, \\ 3x_1-x_2-x_3-2x_4=-4, \\ 2x_1+3x_2-x_3-x_4=-6, \\ x_1+2x_2+3x_3-x_4=-4. \end{cases}$$

解 因为

$$D=\begin{vmatrix} 1 & 1 & 2 & 3 \\ 3 & -1 & -1 & -2 \\ 2 & 3 & -1 & -1 \\ 1 & 2 & 3 & -1 \end{vmatrix}=-153\neq 0,$$

$$D_1=\begin{vmatrix} 1 & 1 & 2 & 3 \\ -4 & -1 & -1 & -2 \\ -6 & 3 & -1 & -1 \\ -4 & 2 & 3 & -1 \end{vmatrix}=153,$$

$$D_2=\begin{vmatrix} 1 & 1 & 2 & 3 \\ 3 & -4 & -1 & -2 \\ 2 & -6 & -1 & -1 \\ 1 & -4 & 3 & -1 \end{vmatrix}=153,$$

$$D_3=\begin{vmatrix} 1 & 1 & 1 & 3 \\ 3 & -1 & -4 & -2 \\ 2 & 3 & -6 & -1 \\ 1 & 2 & -4 & -1 \end{vmatrix}=0,$$

$$D_4=\begin{vmatrix} 1 & 1 & 2 & 1 \\ 3 & -1 & -1 & -4 \\ 2 & 3 & -1 & -6 \\ 1 & 2 & 3 & -4 \end{vmatrix}=-153,$$

所以线性方程组的解为

$$x_1=\frac{D_1}{D}=-1,\quad x_2=\frac{D_2}{D}=-1,\quad x_3=\frac{D_3}{D}=0,\ x_4=\frac{D_4}{D}=1.$$

克莱姆法则揭示了线性方程组的解与它的系数和常数项之间的关系，用克莱姆法则解 n 元线性方程组时有以下两个前提条件：

(1)　方程个数与未知数个数相等；

(2)　系数行列式 D 不等于零.

如果方程组(3)的常数项全都为零，即

$$\begin{cases} a_{11}x_1 + a_{12}x_2 + \cdots + a_{1n}x_n = 0, \\ a_{21}x_1 + a_{22}x_2 + \cdots + a_{2n}x_n = 0, \\ \quad\vdots \\ a_{n1}x_1 + a_{n2}x_2 + \cdots + a_{nn}x_n = 0. \end{cases} \tag{4}$$

则方程组(4)称为**齐次线性方程组**，而方程组(3)称为**非齐次线性方程组**.

推论　如果齐次线性方程组(4)的系数行列式 D 不等于零，则它只有零解，即只有解 $x_1 = x_2 = \cdots = x_n = 0$.

由推论可知齐次线性方程组(4)有非零解的条件为：它的系数行列式 D 等于零.

例 5　设方程组

$$\begin{cases} x_1 + 2x_2 + 3x_3 = mx_1, \\ 2x_1 + x_2 + 3x_3 = mx_2, \\ 3x_1 + 3x_2 + 6x_3 = mx_3 \end{cases}$$

有非零解，求 m 的值.

解　将方程组改写成为

$$\begin{cases} (1-m)x_1 + 2x_2 + 3x_3 = 0, \\ 2x_1 + (1-m)x_2 + 3x_3 = 0, \\ 3x_1 + 3x_2 + (6-m)x_3 = 0. \end{cases}$$

根据推论，它有非零解的条件为

$$\begin{vmatrix} (1-m) & 2 & 3 \\ 2 & (1-m) & 3 \\ 3 & 3 & (6-m) \end{vmatrix} = 0.$$

展开此行列式，得

$$m(m+1)(m-9) = 0.$$

所以

$$m_1 = 0,\ m_2 = -1,\ m_3 = 9.$$

习　题　6.1

1. 计算下列行列式：

(1) $\begin{vmatrix} 3 & 2 \\ -1 & 4 \end{vmatrix}$；　(2) $\begin{vmatrix} a+b & -(a-b) \\ a-b & a+b \end{vmatrix}$；　(3) $\begin{vmatrix} 2 & 3 & 5 \\ 3 & -1 & 1 \\ 4 & -2 & -5 \end{vmatrix}$；

(4) $\begin{vmatrix} 0 & a & b \\ a & 0 & c \\ b & c & 0 \end{vmatrix}$； (5) $\begin{vmatrix} 6 & 19 & -23 \\ 0 & 7 & 35 \\ 0 & 0 & 5 \end{vmatrix}$；

2. 计算下列行列式：

(1) $\begin{vmatrix} 3 & -6 & 2 \\ 2 & 3 & 6 \\ -6 & -2 & 3 \end{vmatrix}$； (2) $\begin{vmatrix} 1 & 1 & 1 \\ 1 & 1+a & 1 \\ 1 & 1 & 1+b \end{vmatrix}$； (3) $\begin{vmatrix} 5 & 0 & 4 & 2 \\ 1 & 1 & 2 & 1 \\ 4 & 1 & 2 & 0 \\ 1 & 1 & 1 & 1 \end{vmatrix}$.

3. 证明下列等式：

(1) $\begin{vmatrix} a & b & c \\ x & y & z \\ h & q & r \end{vmatrix} = \begin{vmatrix} y & b & q \\ x & a & h \\ z & c & r \end{vmatrix}$； (2) $\begin{vmatrix} b & a & a \\ a & b & a \\ a & a & b \end{vmatrix} = (2a+b)(b-a)^2$.

4. 解下列方程：

$$\begin{vmatrix} 2+x & x & x \\ x & 3+x & x \\ x & x & 4+x \end{vmatrix} = 0.$$

5. 用克莱姆法则解下列线性方程组：

(1) $\begin{cases} x+3y+z-5=0, \\ x+y+5z+7=0, \\ 2x+3y-3z-14=0; \end{cases}$ (2) $\begin{cases} x_1-x_2-x_3-x_4=2, \\ x_1-x_2+x_3+x_4=3, \\ x_1+x_2-x_3+x_4=4, \\ x_1+x_2+x_3-x_4=4. \end{cases}$

6. 设下列齐次线性方程组有非零解，求 m 的值：

$$\begin{cases} (m-2)x+y=0, \\ x+(m-2)y+z=0, \\ y+(m-2)z=0. \end{cases}$$

第二节 矩 阵

在实际问题中，还会出现未知数的个数与方程个数不相等的方程组，为了讨论一般的线性方程组，我们需要引入一个数学工具——矩阵.

一、矩阵的概念

1. 引例

下面先看两个实例.

引例 1 在物资调运中，经常要考虑如何供应销地，使物资的总运费最低. 如果某个地区的煤有三个产地 x_1，x_2，x_3，有四个销地 y_1，y_2，y_3，y_4，可以用一个数表来表示煤的调运方案. 具体如下：

销地＼产地	x_1	x_2	x_3
y_1	a_{11}	a_{21}	a_{31}
y_2	a_{12}	a_{22}	a_{32}
y_3	a_{13}	a_{23}	a_{33}
y_4	a_{14}	a_{24}	a_{34}

表中数字 a_{ij}表示由产地 x_i 运到销地 y_j 的数量，这个按一定次序排列的数表

$$\begin{pmatrix} a_{11} & a_{21} & a_{31} \\ a_{12} & a_{22} & a_{32} \\ a_{13} & a_{23} & a_{33} \\ a_{14} & a_{24} & a_{34} \end{pmatrix}$$

表示了煤的调运方案.

引例 2 设线性方程组为

$$\begin{cases} a_{11}x_1 + a_{12}x_2 + \cdots + a_{1n}x_n = b_1, \\ a_{21}x_1 + a_{22}x_2 + \cdots + a_{2n}x_n = b_2, \\ \quad\vdots \\ a_{m1}x_1 + a_{m2}x_2 + \cdots + a_{mn}x_n = b_m. \end{cases} \tag{1}$$

把它的系数按原来的次序排成系数表

$$\begin{pmatrix} a_{11} & a_{12} & \cdots & a_{1n} \\ a_{21} & a_{22} & \cdots & a_{2n} \\ \vdots & \vdots & & \vdots \\ a_{m1} & a_{m2} & \cdots & a_{mn} \end{pmatrix},$$

常数项也排成一个表

$$\begin{pmatrix} b_1 \\ b_2 \\ \vdots \\ b_m \end{pmatrix}.$$

有了这两个表，方程组(1)就完全确定了.

类似这种矩形表，在自然科学、工程技术及经济领域中常常被应用到，这种数表在数学上就叫做矩阵，下面我们对它进行研究.

2. 矩阵的概念

定义 1 由 $m \times n$ 个数 $a_{ij}(i=1,2,\cdots,m;\ j=1,2,\cdots,n)$ 排成的矩形数表

$$\begin{pmatrix} a_{11} & a_{12} & \cdots & a_{1n} \\ a_{21} & a_{22} & \cdots & a_{2n} \\ \vdots & \vdots & & \vdots \\ a_{m1} & a_{m2} & \cdots & a_{mn} \end{pmatrix}$$

称为一个 m 行 n 列的**矩阵**. 简称 $m\times n$ **矩阵**. 这 $m\times n$ 个数称为矩阵的**元素**. a_{ij}称为该矩阵第 i 行第 j 列的元素.

$m\times n$ 矩阵可记作 $\boldsymbol{A}_{m\times n}$或$(a_{ij})_{m\times n}$，有时简记作 $\boldsymbol{A}$ 或(a_{ij})(矩阵常用大写黑体字母 $\boldsymbol{A},\boldsymbol{B},\boldsymbol{C},\cdots$来表示).

当 $m=n$ 时，矩阵 $\boldsymbol{A}$ 称为 $\boldsymbol{n}$ **阶矩阵**.

当 $m=1$ 时，矩阵 $\boldsymbol{A}$ 称为**行矩阵**，即

$$\boldsymbol{A}_{1\times n}=(a_{11},a_{12}\cdots,a_{1n}).$$

当 $n=1$ 时，矩阵 $\boldsymbol{A}$ 称为**列矩阵**，即

$$\boldsymbol{A}_{m\times 1}=\begin{pmatrix}a_{11}\\a_{21}\\\vdots\\a_{m1}\end{pmatrix}.$$

如果矩阵的元素全为零，则称 $\boldsymbol{A}$ 为**零矩阵**，记作 $\boldsymbol{O}$. 即

$$\boldsymbol{O}_{m\times n}=\boldsymbol{O}=\begin{pmatrix}0&0&\cdots&0\\0&0&\cdots&0\\\vdots&\vdots&&\vdots\\0&0&\cdots&0\end{pmatrix}.$$

在 n 阶方阵中，如果主对角线左下方的元素全为零，则称为**上三角矩阵**，即

$$\begin{pmatrix}a_{11}&a_{12}&\cdots&a_{1n}\\0&a_{22}&\cdots&a_{2n}\\\vdots&\vdots&&\vdots\\0&0&\cdots&a_{nn}\end{pmatrix}.$$

如果主对角线右上方的元素全为零，则称为**下三角矩阵**，即

$$\begin{pmatrix}a_{11}&0&\cdots&0\\a_{21}&a_{22}&\cdots&0\\\vdots&\vdots&&\vdots\\a_{n1}&a_{n2}&\cdots&a_{nn}\end{pmatrix}.$$

如果一个方阵主对角线以外的元素全为零，则这个方阵称为**对角矩阵**，简称对角阵，即

$$\begin{pmatrix}a_{11}&0&\cdots&0\\0&a_{22}&\cdots&0\\\vdots&\vdots&&\vdots\\0&0&\cdots&a_{nn}\end{pmatrix}.$$

在 n 阶对角方阵中，当对角线上的元素都为 1 时，则称为 n 阶**单位矩阵**，记作 $\boldsymbol{E}$，即

$$\boldsymbol{E}=\begin{pmatrix}1&0&\cdots&0\\0&1&\cdots&0\\\vdots&\vdots&&\vdots\\0&0&\cdots&1\end{pmatrix}.$$

如果矩阵 $\boldsymbol{A}=(a_{ij})$，$\boldsymbol{B}=(b_{ij})$ 的行数与列数分别相同，并且各对应位置的元素也相等，则称矩阵 $\boldsymbol{A}$ 与矩阵 $\boldsymbol{B}$ **相等**，记作 $\boldsymbol{A}=\boldsymbol{B}$. 即如果 $\boldsymbol{A}=(a_{ij})_{m\times n}$，$\boldsymbol{B}=(b_{ij})_{m\times n}$，且 $a_{ij}=b_{ij}(i=1,2,\cdots,m;\ j=1,2,\cdots,n)$，那么 $\boldsymbol{A}=\boldsymbol{B}$.

例1 设矩阵

$$\boldsymbol{A}=\begin{pmatrix} a & -1 & 3 \\ 0 & b & -4 \\ -5 & 6 & 7 \end{pmatrix},\ \boldsymbol{B}=\begin{pmatrix} -2 & -1 & c \\ 0 & 1 & -4 \\ d & 6 & 7 \end{pmatrix},$$

且 $\boldsymbol{A}=\boldsymbol{B}$，求 a，b，c，d.

解 由 $\boldsymbol{A}=\boldsymbol{B}$ 的定义得

$$a=-2,\ b=1,\ c=3,\ d=-5.$$

将 $m\times n$ 矩阵 $\boldsymbol{A}_{m\times n}$ 的行换成列，列换成行，所得到的 $n\times m$ 矩阵称为 $\boldsymbol{A}_{m\times n}$ 的**转置矩阵**，记作 $\boldsymbol{A}^{\mathrm{T}}$，即若

$$\boldsymbol{A}=\begin{pmatrix} a_{11} & a_{12} & \cdots & a_{1n} \\ a_{21} & a_{22} & \cdots & a_{2n} \\ \vdots & \vdots & & \vdots \\ a_{m1} & a_{m2} & \cdots & a_{mn} \end{pmatrix},$$

则

$$\boldsymbol{A}^{\mathrm{T}}=\begin{pmatrix} a_{11} & a_{21} & \cdots & a_{m1} \\ a_{12} & a_{22} & \cdots & a_{m2} \\ \vdots & \vdots & & \vdots \\ a_{1n} & a_{2n} & \cdots & a_{mn} \end{pmatrix}.$$

例2 求下列矩阵的转置矩阵：

$$\boldsymbol{A}=(1,-1,2),\ \boldsymbol{B}=\begin{pmatrix} 2 & -1 & 0 \\ 1 & 1 & 3 \\ 4 & 2 & 1 \end{pmatrix}.$$

解

$$\boldsymbol{A}^{\mathrm{T}}=\begin{pmatrix} 1 \\ -1 \\ 2 \end{pmatrix},\ \boldsymbol{B}^{\mathrm{T}}=\begin{pmatrix} 2 & 1 & 4 \\ -1 & 1 & 2 \\ 0 & 3 & 1 \end{pmatrix}.$$

转置矩阵具有下列性质：

(1) $(\boldsymbol{A}^{\mathrm{T}})^{\mathrm{T}}=\boldsymbol{A}$；

(2) $(\boldsymbol{A}+\boldsymbol{B})^{\mathrm{T}}=\boldsymbol{A}^{\mathrm{T}}+\boldsymbol{B}^{\mathrm{T}}$；

(3) $(\lambda\boldsymbol{A})^{\mathrm{T}}=\lambda\boldsymbol{A}^{\mathrm{T}}$；

(4) $(\boldsymbol{A}\boldsymbol{B})^{\mathrm{T}}=\boldsymbol{B}^{\mathrm{T}}\boldsymbol{A}^{\mathrm{T}}$.

如果方阵 $\boldsymbol{A}$ 满足 $\boldsymbol{A}^{\mathrm{T}}=\boldsymbol{A}$，那么 $\boldsymbol{A}$ 称为**对称矩阵**，即 $a_{ij}=a_{ji}(i,j=1,2,\cdots,n)$.

例如，矩阵

$$\boldsymbol{A}=\begin{pmatrix} 1 & 3 & 7 \\ 3 & 0 & 2 \\ 7 & 2 & -12 \end{pmatrix}$$

是一个三阶对称矩阵.

矩阵与行列式是完全不同的两个概念，两者有本质的区别. 行列式可以展开，它的值是一个算式或一个数；矩阵是一个数表，它不表示一个算式或一个数，也没有展开式.

通常把方阵 $\boldsymbol{A}_{n\times n}$ 的元素按原来顺序所构成的行列式，称为方阵 $\boldsymbol{A}_{n\times n}$ 的行列式，记作 $\det\boldsymbol{A}$.

如果方阵 $\boldsymbol{A}$ 满足 $\det\boldsymbol{A}\neq 0$，称 $\boldsymbol{A}$ 为**非奇异方阵**；否则，称 $\boldsymbol{A}$ 为**奇异方阵**.

二、矩阵的运算

1. 矩阵的加减运算

定义 2 设两个 $m\times n$ 矩阵 $\boldsymbol{A}=(a_{ij})$，$\boldsymbol{B}=(b_{ij})$，将其对应位置元素相加(或相减)得到的 $m\times n$ 矩阵，称为矩阵与矩阵的和(或差)，记作 $\boldsymbol{A}+\boldsymbol{B}$ 或($\boldsymbol{A}-\boldsymbol{B}$)，即

$$\boldsymbol{A}=\begin{pmatrix} a_{11} & a_{12} & \cdots & a_{1n} \\ a_{21} & a_{22} & \cdots & a_{2n} \\ \vdots & \vdots & & \vdots \\ a_{m1} & a_{m2} & \cdots & a_{mn} \end{pmatrix},\ \boldsymbol{B}=\begin{pmatrix} b_{11} & b_{12} & \cdots & b_{1n} \\ b_{21} & b_{22} & \cdots & b_{2n} \\ \vdots & \vdots & & \vdots \\ b_{m1} & b_{m2} & \cdots & b_{mn} \end{pmatrix},$$

则

$$\boldsymbol{A}\pm\boldsymbol{B}=\begin{pmatrix} a_{11}\pm b_{11} & a_{12}\pm b_{12} & \cdots & a_{1n}\pm b_{1n} \\ a_{21}\pm b_{21} & a_{22}\pm b_{22} & \cdots & a_{2n}\pm b_{2n} \\ \vdots & \vdots & & \vdots \\ a_{m1}\pm b_{m1} & a_{m2}\pm b_{m2} & \cdots & a_{mn}\pm b_{mn} \end{pmatrix}.$$

例 3 设

$$\boldsymbol{A}=\begin{pmatrix} 3 & 0 & -4 \\ -2 & 5 & -1 \end{pmatrix},\ \boldsymbol{B}=\begin{pmatrix} -2 & 3 & 2 \\ 0 & -3 & 1 \end{pmatrix},$$

求 $\boldsymbol{A}+\boldsymbol{B}$，$\boldsymbol{A}-\boldsymbol{B}$.

解

$$\begin{aligned}\boldsymbol{A}+\boldsymbol{B}&=\begin{pmatrix} 3 & 0 & -4 \\ -2 & 5 & -1 \end{pmatrix}+\begin{pmatrix} -2 & 3 & 2 \\ 0 & -3 & 1 \end{pmatrix}\\ &=\begin{pmatrix} 3+(-2) & 0+3 & -4+2 \\ -2+0 & 5+(-3) & -1+1 \end{pmatrix}\\ &=\begin{pmatrix} 1 & 3 & -2 \\ -2 & 2 & 0 \end{pmatrix}.\end{aligned}$$

$$\begin{aligned}\boldsymbol{A}-\boldsymbol{B}&=\begin{pmatrix} 3 & 0 & -4 \\ -2 & 5 & -1 \end{pmatrix}-\begin{pmatrix} -2 & 3 & 2 \\ 0 & -3 & 1 \end{pmatrix}\\ &=\begin{pmatrix} 3-(-2) & 0-3 & -4-2 \\ -2-0 & 5-(-3) & -1-1 \end{pmatrix}\\ &=\begin{pmatrix} 5 & -3 & -6 \\ -2 & 8 & -2 \end{pmatrix}.\end{aligned}$$

注意：只有在两个矩阵的行数和列数都对应相同时才能作加法(或减法)运算.

由定义 2，可得矩阵的加法具有以下性质：

(1) $A+B=B+A$;

(2) $(A+B)+C=A+(B+C)$;

(3) $A+O=A$;

其中，A，B，C，O 都是$m\times n$矩阵.

2. 数与矩阵的乘法

定义 3　设 k 为任意实数，以 k 乘以矩阵 A 中的每一个元素所得到的矩阵叫做 k 与 A 的积，记作 kA(或 Ak)，即

$$kA=(ka_{ij})_{m\times n}=\begin{pmatrix} ka_{11} & ka_{12} & \cdots & ka_{1n} \\ ka_{21} & ka_{22} & \cdots & ak_{2n} \\ \vdots & \vdots & & \vdots \\ ka_{m1} & ka_{m2} & \cdots & ka_{mn} \end{pmatrix}.$$

易证数乘矩阵具有以下运算规律：

(1) $k(A+B)=kA+kB$;

(2) $(k+h)A=kA+hA$;

(3) $(kh)A=k(hA)$.

其中，A、B 都是 $m\times n$ 矩阵，k，h 为任意实数.

例 4　已知

$$A=\begin{pmatrix} 3 & -1 & 2 & 0 \\ 1 & 5 & 7 & 9 \\ 2 & 4 & 6 & 8 \end{pmatrix},\quad B=\begin{pmatrix} 7 & 5 & -2 & 4 \\ 5 & 1 & 9 & 7 \\ 3 & 2 & -1 & 6 \end{pmatrix},$$

且 $A+2Z=B$，求 Z.

解

$$\begin{aligned} Z &= \frac{1}{2}(B-A) \\ &= \frac{1}{2}\begin{pmatrix} 4 & 6 & -4 & 4 \\ 4 & -4 & 2 & -2 \\ 1 & -2 & -7 & -2 \end{pmatrix} \\ &= \begin{pmatrix} 2 & 3 & -2 & 2 \\ 2 & -2 & 1 & -1 \\ \frac{1}{2} & -1 & -\frac{7}{2} & -1 \end{pmatrix}. \end{aligned}$$

3. 矩阵与矩阵相乘

定义 4　设矩阵 $A=(a_{ik})_{m\times s}$，矩阵 $B=(b_{kj})_{s\times n}$(A 的列数与 B 的行数相等)，那么，矩阵 $C=(c_{ij})_{m\times n}$称为矩阵 A 与矩阵 B 的乘积，其中

$$\begin{aligned} c_{ij} &= a_{i1}b_{1j}+a_{i2}b_{2j}+\cdots+a_{is}b_{sj} \\ &= \sum_{k=1}^{s}a_{ik}b_{kj}(i=1,2,\cdots,m;j=1,2,\cdots,n) \end{aligned}$$

(即表示 A 的第 i 行元素依次乘以 B 的第 j 列相应元素后相加)，记作 $C=AB$.

例如，计算 c_{23}这个元素(即 $i=2,j=3$)就是用 A 的第 2 行元素分别乘以 B 的第 3 列相应的元素，然后相加就得 c_{23}.

注意：两个矩阵 $\boldsymbol{A}$，$\boldsymbol{B}$ 相乘只有当矩阵 $\boldsymbol{A}$ 的列数等于矩阵 $\boldsymbol{B}$ 的行数时，才有意义. 为此，我们常用下面方法来记：$\boldsymbol{A}_{m\times s}\boldsymbol{B}_{s\times n}=\boldsymbol{C}_{m\times n}$.

例5 设

$$\boldsymbol{A}=\begin{pmatrix}3 & 2 & -1\\ 2 & -3 & 5\end{pmatrix},\ \boldsymbol{B}=\begin{pmatrix}1 & 3\\ -5 & 4\\ 3 & 6\end{pmatrix}.$$

求 $\boldsymbol{AB}$ 及 $\boldsymbol{BA}$.

解

$$\boldsymbol{AB}=\begin{pmatrix}3 & 2 & -1\\ 2 & -3 & 5\end{pmatrix}\begin{pmatrix}1 & 3\\ -5 & 4\\ 3 & 6\end{pmatrix}$$

$$=\begin{pmatrix}3\times1+2\times(-5)+(-1)\times3 & 3\times3+2\times4+(-1)\times6\\ 2\times1+(-3)\times(-5)+5\times3 & 2\times3+(-3)\times4+5\times6\end{pmatrix}$$

$$=\begin{pmatrix}-10 & 11\\ 32 & 24\end{pmatrix}.$$

$$\boldsymbol{BA}=\begin{pmatrix}1 & 3\\ -5 & 4\\ 3 & 6\end{pmatrix}\begin{pmatrix}3 & 2 & -1\\ 2 & -3 & 5\end{pmatrix}$$

$$=\begin{pmatrix}1\times3+3\times2 & 1\times2+3\times(-3) & 1\times(-1)+3\times5\\ -5\times3+4\times2 & -5\times2+4\times(-3) & -5\times(-1)+4\times5\\ 3\times3+6\times2 & 3\times2+6\times(-3) & 3\times(-1)+6\times5\end{pmatrix}$$

$$=\begin{pmatrix}9 & -7 & 14\\ -7 & -22 & 25\\ 21 & -12 & 27\end{pmatrix}.$$

这里 $\boldsymbol{AB}\neq\boldsymbol{BA}$，说明矩阵乘法不满足交换律.

注意：$\boldsymbol{AB}=\boldsymbol{O}$ 推不出 $\boldsymbol{A}=\boldsymbol{O}$ 或 $\boldsymbol{B}=\boldsymbol{O}$；$\boldsymbol{AC}=\boldsymbol{BC}$ 推不出 $\boldsymbol{A}=\boldsymbol{B}$.

例如，$\boldsymbol{A}=\begin{pmatrix}1 & 1\\ 1 & 1\end{pmatrix}$，$\boldsymbol{B}=\begin{pmatrix}1\\ -1\end{pmatrix}$，有 $\begin{pmatrix}1 & 1\\ 1 & 1\end{pmatrix}\begin{pmatrix}1\\ -1\end{pmatrix}=\begin{pmatrix}0\\ 0\end{pmatrix}$；

$\begin{pmatrix}3 & 1\\ 4 & 6\end{pmatrix}\begin{pmatrix}0 & 0\\ 1 & 1\end{pmatrix}=\begin{pmatrix}2 & 1\\ 4 & 6\end{pmatrix}\begin{pmatrix}0 & 0\\ 1 & 1\end{pmatrix}$，而 $\begin{pmatrix}3 & 1\\ 4 & 6\end{pmatrix}\neq\begin{pmatrix}2 & 1\\ 4 & 6\end{pmatrix}$.

矩阵的乘法满足下列运算规律：

(1) $(\boldsymbol{AB})\boldsymbol{C}=\boldsymbol{A}(\boldsymbol{BC})$；

(2) $\boldsymbol{A}(\boldsymbol{B}+\boldsymbol{C})=\boldsymbol{AB}+\boldsymbol{AC}$，$(\boldsymbol{B}+\boldsymbol{C})\boldsymbol{A}=\boldsymbol{BA}+\boldsymbol{CA}$；

(3) $k(\boldsymbol{AB})=(k\boldsymbol{A})\boldsymbol{B}=\boldsymbol{A}(k\boldsymbol{B})$；

(4) $\boldsymbol{AE}=\boldsymbol{EA}=\boldsymbol{A}$；

(5) $\boldsymbol{A}^k=\underbrace{\boldsymbol{AA}\cdots\boldsymbol{A}}_{k个}$，$\boldsymbol{A}^k\cdot\boldsymbol{A}^l=\boldsymbol{A}^{k+l}$，$(\boldsymbol{A}^k)^l=\boldsymbol{A}^{kl}$.

其中 (4)、(5) 中要求 $\boldsymbol{A}$ 为 n 阶矩阵.

4. 矩阵的初等变换

定义5 对矩阵的行(或列)作下列三种变换称为矩阵的**初等变换**：

(1)互换变换：交换矩阵的某两行(列)，用记号 $r_i \leftrightarrow r_j (c_i \leftrightarrow c_j)$ 表示.

(2)倍法变换：用一个不为零的数乘以矩阵的某一行(列)，用记号 $kr_i (kc_i)$ 表示.

(3)消法变换：用一个数乘矩阵的某一行(列)加到另一行(列)上，用记号 $kr_i + r_j (kc_i + c_j)$ 表示.

例 6 利用初等变换，将矩阵

$$A = \begin{pmatrix} 2 & 3 & 1 \\ 0 & 1 & 3 \\ 1 & 2 & 5 \end{pmatrix}$$

化成单位矩阵.

解 $A = \begin{pmatrix} 2 & 3 & 1 \\ 0 & 1 & 3 \\ 1 & 2 & 5 \end{pmatrix} \xrightarrow{r_1 \leftrightarrow r_3} \begin{pmatrix} 1 & 2 & 5 \\ 0 & 1 & 3 \\ 2 & 3 & 1 \end{pmatrix} \xrightarrow{-2r_1 + r_3} \begin{pmatrix} 1 & 2 & 5 \\ 0 & 1 & 3 \\ 0 & -1 & -9 \end{pmatrix} \xrightarrow{r_2 + r_3}$

$$\begin{pmatrix} 1 & 2 & 5 \\ 0 & 1 & 3 \\ 0 & 0 & -6 \end{pmatrix} \xrightarrow{-\frac{1}{6}r_3} \begin{pmatrix} 1 & 2 & 5 \\ 0 & 1 & 3 \\ 0 & 0 & 1 \end{pmatrix} \xrightarrow[-3r_3 + r_2]{-5r_3 + r_1} \begin{pmatrix} 1 & 2 & 0 \\ 0 & 1 & 0 \\ 0 & 0 & 1 \end{pmatrix} \xrightarrow{-2r_2 + r_1} \begin{pmatrix} 1 & 0 & 0 \\ 0 & 1 & 0 \\ 0 & 0 & 0 \end{pmatrix}.$$

习 题 6.2

1. 判断题：

(1) n 阶方阵是可以求值的. ( )

(2)用同一组数组成的两个矩阵是相等的. ( )

(3)两个行数、列数都相同的矩阵是相等的. ( )

(4)矩阵都有行列式. ( )

(5)两个 n 阶矩阵的行列式相等，则两个矩阵相等. ( )

(6)两个 n 阶矩阵相等，则其行列式对应相等. ( )

(7)如果矩阵 A 的行列式 $\det A = 0$，则 $A = O$.

2. 填空题：

(1)如果 A 是一个 $m \times n$ 矩阵，那么，A 有____行____列；当 $m = 1$ 时，$1 \times n$ 矩阵是______矩阵；当 $n = 1$ 时，$m \times 1$ 矩阵是____矩阵.

(2)设矩阵

$$A = \begin{pmatrix} 3 & 2 & -1 \\ 0 & -2 & 4 \end{pmatrix},\ B = \begin{pmatrix} a & 2 & c \\ 0 & b & 4 \end{pmatrix}.$$

当 $A = B$ 时，$a =$ ____，$b =$ ____，$c =$ ____.

(3)设 A 既是上三角矩阵，又是下三角矩阵，则 A 是一个______.

(4)如果矩阵 A 满足 $A^T = A$，那么 A 是____矩阵，它的元素 $a_{ij} =$ ______.

(5)设 A 是三角矩阵，且 $\det A = 0$，那么 A 的对角线上的元素________.

(6)两个矩阵 A 与 B 可作加、减运算的条件是这两个矩阵的__________.

(7)数 k 乘以矩阵 A 是把 k 乘以 A 的________.

(8)两个矩阵 A 与 B 可作乘法运算的条件是____________.

(9)设 A 是一个 $m \times n$ 矩阵，B 是一个 $n \times 5$ 矩阵，那么 AB 是_______矩阵，第 i 行第 j

列的元素为________.

(10)设$\boldsymbol{A}$，$\boldsymbol{B}$是两个上三角矩阵，那么，$(\boldsymbol{AB})^{\mathrm{T}}$是______矩阵，$(k\boldsymbol{A}-l\boldsymbol{B})$是______矩阵，其中$k$，$l$是常数.

3. 设矩阵

$$\boldsymbol{A}=\begin{pmatrix}1 & -2 & 1 & 2\\ 2 & 3 & -4 & 0\\ -3 & 5 & 0 & -4\end{pmatrix},\ \boldsymbol{B}=\begin{pmatrix}-3 & 3 & 0 & -3\\ 0 & -4 & 9 & 12\\ 6 & -8 & -9 & 5\end{pmatrix}.$$

求：(1)$3\boldsymbol{A}-\boldsymbol{B}$；　(2)$2\boldsymbol{A}+3\boldsymbol{B}$；　(3)若$\boldsymbol{X}$满足$\boldsymbol{A}+\boldsymbol{X}=\boldsymbol{B}$，求$\boldsymbol{X}$.

4. 计算：

(1)$\begin{pmatrix}1 & 0\\ 0 & 1\end{pmatrix}\begin{pmatrix}3 & 2\\ 5 & 6\end{pmatrix}$；　(2)$\begin{pmatrix}2 & -1\\ -3 & 3\end{pmatrix}^2-5\begin{pmatrix}2 & -1\\ -3 & 3\end{pmatrix}+2\begin{pmatrix}1 & 0\\ 0 & 1\end{pmatrix}$.

5. 设n阶方阵$\boldsymbol{A}$和$\boldsymbol{B}$满足$\boldsymbol{AB}=\boldsymbol{BA}$，证明：

(1)$(\boldsymbol{A}+\boldsymbol{B})^2=\boldsymbol{A}^2+2\boldsymbol{AB}+\boldsymbol{B}^2$；　(2)$\boldsymbol{A}^2-\boldsymbol{B}^2=(\boldsymbol{A}+\boldsymbol{B})(\boldsymbol{A}-\boldsymbol{B})$.

6. 若矩阵

$$\boldsymbol{A}=\begin{pmatrix}1 & 3\\ 0 & 2\\ -1 & 0\end{pmatrix},\ \boldsymbol{B}=\begin{pmatrix}1 & 0 & 1\\ -1 & 1 & 0\end{pmatrix},$$

验证：$(\boldsymbol{AB})^{\mathrm{T}}=\boldsymbol{B}^{\mathrm{T}}\boldsymbol{A}^{\mathrm{T}}$.

第三节　逆矩阵与矩阵的秩

一、逆矩阵的概念

利用矩阵的乘法和矩阵相等的含义，可以把线性方程组写成矩阵形式. 对于线性方程组

$$\begin{cases}a_{11}x_1+a_{12}x_2+\cdots+a_{1n}x_n=b_1,\\ a_{21}x_1+a_{22}x_2+\cdots+a_{2n}x_n=b_2,\\ \qquad\vdots\\ a_{m1}x_1+a_{m2}x_2+\cdots+a_{mn}x_n=b_m,\end{cases}$$

令

$$\boldsymbol{A}=\begin{pmatrix}a_{11} & a_{12} & \cdots & a_{1n}\\ a_{21} & a_{22} & \cdots & a_{2n}\\ \vdots & \vdots & & \vdots\\ a_{m1} & a_{m2} & \cdots & a_{mn}\end{pmatrix},\ \boldsymbol{X}=\begin{pmatrix}x_1\\ x_2\\ \vdots\\ x_n\end{pmatrix},\ \boldsymbol{B}=\begin{pmatrix}b_1\\ b_2\\ \vdots\\ b_m\end{pmatrix},$$

则方程组可写成

$$\boldsymbol{AX}=\boldsymbol{B}.$$

方程$\boldsymbol{AX}=\boldsymbol{B}$是线性方程组的矩阵表达形式，称为**矩阵方程**. 其中$\boldsymbol{A}$称为方程组的**系数矩阵**，$\boldsymbol{X}$称为**未知矩阵**，$\boldsymbol{B}$称为**常数项矩阵**.

这样，解线性方程组的问题就变成求矩阵方程中未知矩阵$\boldsymbol{X}$的问题. 类似于一元一次

方程 $ax=b(a\neq0)$ 的解可以写成 $x=a^{-1}b$，矩阵方程 $\boldsymbol{AX}=\boldsymbol{B}$ 的解是否也可以表示为 $\boldsymbol{X}=\boldsymbol{A}^{-1}\boldsymbol{B}$ 的形式呢？如果可以，则 $\boldsymbol{X}$ 可求出，但 $\boldsymbol{A}^{-1}$ 的含义和存在的条件是什么呢？下面来讨论这些问题.

定义 1　对于 n 阶矩阵 $\boldsymbol{A}$，如果存在 n 阶矩阵 $\boldsymbol{C}$，使得 $\boldsymbol{AC}=\boldsymbol{CA}=\boldsymbol{E}$（$\boldsymbol{E}$ 为 n 阶单位矩阵），则把矩阵 $\boldsymbol{C}$ 称为 $\boldsymbol{A}$ 的**逆矩阵**（简称**逆阵**），记作 $\boldsymbol{A}^{-1}$，即 $\boldsymbol{C}=\boldsymbol{A}^{-1}$.

例如：
$$\boldsymbol{A}=\begin{pmatrix}1&3\\2&5\end{pmatrix},\ \boldsymbol{C}=\begin{pmatrix}-5&3\\2&-1\end{pmatrix},$$
因为
$$\boldsymbol{AC}=\begin{pmatrix}1&3\\2&5\end{pmatrix}\begin{pmatrix}-5&3\\2&-1\end{pmatrix}=\begin{pmatrix}1&0\\0&1\end{pmatrix},$$
$$\boldsymbol{CA}=\begin{pmatrix}-5&3\\2&-1\end{pmatrix}\begin{pmatrix}1&3\\2&5\end{pmatrix}=\begin{pmatrix}1&0\\0&1\end{pmatrix},$$
所以 $\boldsymbol{C}$ 是 $\boldsymbol{A}$ 的逆矩阵，即 $\boldsymbol{C}=\boldsymbol{A}^{-1}$.

由定义 1 可知，$\boldsymbol{AC}=\boldsymbol{CA}=\boldsymbol{E}$，$\boldsymbol{C}$ 是 $\boldsymbol{A}$ 的逆矩阵，也可以称 $\boldsymbol{A}$ 是 $\boldsymbol{C}$ 的逆矩阵，即 $\boldsymbol{A}=\boldsymbol{C}^{-1}$. 因此，$\boldsymbol{A}$ 与 $\boldsymbol{C}$ 称为互逆矩阵.

可以证明，逆矩阵有如下性质：

(1) 若 $\boldsymbol{A}$ 是可逆的，则逆矩阵唯一.

(2) 若 $\boldsymbol{A}$ 可逆，则 $(\boldsymbol{A}^{-1})^{-1}=\boldsymbol{A}$.

(3) 若 $\boldsymbol{A}$，$\boldsymbol{B}$ 为同阶方阵且均可逆，则 $\boldsymbol{AB}$ 可逆，且 $(\boldsymbol{AB})^{-1}=\boldsymbol{B}^{-1}\boldsymbol{A}^{-1}$.

(4) 若 $\boldsymbol{A}$ 可逆，则 $\det\boldsymbol{A}\neq0$. 反之，若 $\det\boldsymbol{A}\neq0$，则 $\boldsymbol{A}$ 是可逆的.

二、逆矩阵的求法

1. 用伴随矩阵求逆矩阵

定义 2　设矩阵
$$\boldsymbol{A}=\begin{pmatrix}a_{11}&a_{12}&\cdots&a_{1n}\\a_{21}&a_{22}&\cdots&a_{2n}\\\vdots&\vdots&&\vdots\\a_{n1}&a_{n2}&\cdots&a_{nn}\end{pmatrix},$$
则其所对应的行列式 $\det\boldsymbol{A}$ 中元素 a_{ij} 的代数余子式矩阵
$$\boldsymbol{A}^{*}=\begin{pmatrix}A_{11}&A_{21}&\cdots&A_{n1}\\A_{12}&A_{22}&\cdots&A_{n2}\\\vdots&\vdots&&\vdots\\A_{1n}&A_{2n}&\cdots&A_{nn}\end{pmatrix}$$
称为 $\boldsymbol{A}$ 的**伴随矩阵**.

显然，
$$\boldsymbol{AA}^{*}=\begin{pmatrix}a_{11}&a_{12}&\cdots&a_{1n}\\a_{21}&a_{22}&\cdots&a_{2n}\\\vdots&\vdots&&\vdots\\a_{n1}&a_{n2}&\cdots&a_{nn}\end{pmatrix}\begin{pmatrix}A_{11}&A_{21}&\cdots&A_{n1}\\A_{12}&A_{22}&\cdots&A_{n2}\\\vdots&\vdots&&\vdots\\A_{1n}&A_{2n}&\cdots&A_{nn}\end{pmatrix}$$

仍是一个 n 阶矩阵，其中第 i 行第 j 列的元素为

$$a_{i1}A_{j1}+a_{i2}A_{j2}+\cdots+a_{in}A_{jn}.$$

由行列式按一行(列)的展开式可知

$$a_{i1}A_{j1}+a_{i2}A_{j2}+\cdots+a_{in}A_{jn}=\begin{cases}\det\boldsymbol{A}, & i=j,\\ 0, & i\neq j.\end{cases}$$

所以

$$\boldsymbol{A}\boldsymbol{A}^*=\begin{pmatrix}\det\boldsymbol{A} & 0 & \cdots & 0\\ 0 & \det\boldsymbol{A} & \cdots & 0\\ \vdots & \vdots & & \vdots\\ 0 & 0 & \cdots & \det\boldsymbol{A}\end{pmatrix}=(\det\boldsymbol{A})\ \boldsymbol{E}.$$

同理

$$\boldsymbol{A}\boldsymbol{A}^*=(\det\boldsymbol{A})\boldsymbol{E}=\boldsymbol{A}^*\boldsymbol{A}.$$

定理1 n 阶矩阵 $\boldsymbol{A}$ 可逆的充分必要条件是 $\boldsymbol{A}$ 为非奇异矩阵，而且

$$\boldsymbol{A}^{-1}=\frac{1}{\det\boldsymbol{A}}\boldsymbol{A}^*=\frac{1}{\det\boldsymbol{A}}\begin{pmatrix}A_{11} & A_{21} & \cdots & A_{n1}\\ A_{12} & A_{22} & \cdots & A_{n2}\\ \vdots & \vdots & & \vdots\\ A_{1n} & A_{2n} & \cdots & A_{nn}\end{pmatrix}.$$

例1 求矩阵 $\boldsymbol{A}=\begin{pmatrix}1 & 0 & 1\\ 2 & 1 & 0\\ -3 & 2 & -5\end{pmatrix}$ 的逆矩阵.

解 因为

$$\det\boldsymbol{A}=\begin{vmatrix}1 & 0 & 1\\ 2 & 1 & 0\\ -3 & 2 & -5\end{vmatrix}=2\neq0,$$

所以 $\boldsymbol{A}$ 是可逆的. 又因为

$$A_{11}=\begin{vmatrix}1 & 0\\ 2 & -5\end{vmatrix}=-5,\ A_{12}=-\begin{vmatrix}2 & 0\\ -3 & -5\end{vmatrix}=10,\ A_{13}=\begin{vmatrix}2 & 1\\ -3 & 2\end{vmatrix}=7,$$

$$A_{21}=-\begin{vmatrix}0 & 1\\ 2 & -5\end{vmatrix}=2,\ A_{22}=\begin{vmatrix}1 & 1\\ -3 & -5\end{vmatrix}=-2,\ A_{23}=-\begin{vmatrix}1 & 0\\ -3 & 2\end{vmatrix}=-2,$$

$$A_{31}=\begin{vmatrix}0 & 1\\ 1 & 0\end{vmatrix}=-1,\ A_{32}=-\begin{vmatrix}1 & 1\\ 2 & 0\end{vmatrix}=2,\ A_{33}=\begin{vmatrix}1 & 0\\ 2 & 1\end{vmatrix}=1,$$

所以

$$\boldsymbol{A}^{-1}=\frac{1}{\det\boldsymbol{A}}\boldsymbol{A}^*=\frac{1}{2}\begin{pmatrix}-5 & 2 & -1\\ 10 & -2 & 2\\ 7 & -2 & 1\end{pmatrix}=\begin{pmatrix}-\frac{5}{2} & 1 & -\frac{1}{2}\\ 5 & -1 & 1\\ \frac{7}{2} & -1 & \frac{1}{2}\end{pmatrix}.$$

2. 用初等变换求逆矩阵

用初等变换求一个可逆矩阵 $\boldsymbol{A}$ 的逆矩阵，其具体方法为：把方阵 $\boldsymbol{A}$ 和同阶的单位矩阵

$\boldsymbol{E}$，写成一个新的矩阵$(\boldsymbol{A} \vdots \boldsymbol{E})$，对该矩阵的行实施初等行变换，当虚线左边的$\boldsymbol{A}$变成单位矩阵$\boldsymbol{E}$时，虚线右边的$\boldsymbol{E}$变成了$\boldsymbol{A}^{-1}$，即

$$(\boldsymbol{A} \vdots \boldsymbol{E}) \xrightarrow{\text{初等行变换}} (\boldsymbol{E} \vdots \boldsymbol{A}^{-1}).$$

例 2　用初等行变换求

$$\boldsymbol{A}=\begin{pmatrix}0 & 1 & 2\\ 1 & 1 & 4\\ 2 & -1 & 0\end{pmatrix}$$

的逆矩阵.

解　因为

$$(\boldsymbol{A} \vdots \boldsymbol{E})=\left(\begin{array}{ccc:ccc}0 & 1 & 2 & 1 & 0 & 0\\ 1 & 1 & 4 & 0 & 1 & 0\\ 2 & -1 & 0 & 0 & 0 & 1\end{array}\right)\xrightarrow{r_2 \leftrightarrow r_1}\left(\begin{array}{ccc:ccc}1 & 1 & 4 & 0 & 1 & 0\\ 0 & 1 & 2 & 1 & 0 & 0\\ 2 & -1 & 0 & 0 & 0 & 1\end{array}\right)\xrightarrow{-2r_1+r_3}$$

$$\left(\begin{array}{ccc:ccc}1 & 1 & 4 & 0 & 1 & 0\\ 0 & 1 & 2 & 1 & 0 & 0\\ 0 & -3 & -8 & 0 & -2 & 1\end{array}\right)\xrightarrow[-r_2+r_1]{3r_2+r_3}\left(\begin{array}{ccc:ccc}1 & 0 & 2 & -1 & 1 & 0\\ 0 & 1 & 2 & 1 & 0 & 0\\ 0 & 0 & -2 & 3 & -2 & 1\end{array}\right)\xrightarrow{-\frac{1}{2}r_3}$$

$$\left(\begin{array}{ccc:ccc}1 & 0 & 2 & -1 & 1 & 0\\ 0 & 1 & 2 & 1 & 0 & 0\\ 0 & 0 & 1 & -\frac{3}{2} & 1 & -\frac{1}{2}\end{array}\right)\xrightarrow[-2r_3+r_2]{-2r_3+r_1}\left(\begin{array}{ccc:ccc}1 & 0 & 0 & 2 & -1 & 1\\ 0 & 1 & 0 & 4 & -2 & 1\\ 0 & 0 & 1 & -\frac{3}{2} & 1 & -\frac{1}{2}\end{array}\right),$$

所以

$$\boldsymbol{A}^{-1}=\begin{pmatrix}2 & -1 & 1\\ 4 & -2 & 1\\ -\frac{3}{2} & 1 & -\frac{1}{2}\end{pmatrix}.$$

例 3　解线性方程组

$$\begin{cases} x_2+2x_3=1,\\ x_1+x_2+4x_3=0,\\ 2x_1-x_2=-1.\end{cases}$$

解　方程组可写成为

$$\begin{pmatrix}0 & 1 & 2\\ 1 & 1 & 4\\ 2 & -1 & 0\end{pmatrix}\begin{pmatrix}x_1\\ x_2\\ x_3\end{pmatrix}=\begin{pmatrix}1\\ 0\\ -1\end{pmatrix}.$$

设

$$\boldsymbol{A}=\begin{pmatrix}0 & 1 & 2\\ 1 & 1 & 4\\ 2 & -1 & 0\end{pmatrix},\ \boldsymbol{X}=\begin{pmatrix}x_1\\ x_2\\ x_3\end{pmatrix},\ \boldsymbol{B}=\begin{pmatrix}1\\ 0\\ -1\end{pmatrix},$$

则

$$\boldsymbol{AX}=\boldsymbol{B}.$$

由例 2 知$\boldsymbol{A}$可逆，且

$$A^{-1}=\begin{pmatrix} 2 & -1 & 1 \\ 4 & -2 & 1 \\ -\frac{3}{2} & 1 & -\frac{1}{2} \end{pmatrix}.$$

所以

$$X=A^{-1}B,$$

即

$$\begin{pmatrix} x_1 \\ x_2 \\ x_3 \end{pmatrix}=A^{-1}B=\begin{pmatrix} 2 & -1 & 1 \\ 4 & -2 & 1 \\ -\frac{3}{2} & 1 & -\frac{1}{2} \end{pmatrix}\begin{pmatrix} 1 \\ 0 \\ -1 \end{pmatrix}=\begin{pmatrix} 1 \\ 3 \\ -1 \end{pmatrix}.$$

于是，方程组的解是

$$\begin{cases} x_1 = 1, \\ x_2 = 3, \\ x_3 = -1. \end{cases}$$

三、矩阵的秩

为了进一步讨论方程组解的问题，有必要引进矩阵秩的概念，下面先介绍矩阵子式的概念.

定义 3 从矩阵 A 中任取 r 行及 r 列，将这 r 行 r 列中的 r^2 个数按原次序构成一个行列式，称为矩阵 A 的一个 **r 阶子行列式**(或称 **r 阶子式**).

例如，矩阵 $A=\begin{pmatrix} 1 & 2 & -1 & 2 \\ 2 & -1 & 3 & 5 \\ 5 & 5 & 0 & -1 \end{pmatrix}$中，位于第 1，2 行与第 3，4 列相交处的元素构成一个二阶子式是$\begin{vmatrix} -1 & 2 \\ 3 & 5 \end{vmatrix}$，位于第 1，2，3 行与第 1，2，4 列相交处的元素构成一个三阶子式是$\begin{vmatrix} 1 & 2 & 2 \\ 2 & -1 & 5 \\ 5 & 5 & -1 \end{vmatrix}$. 显然，$n$ 阶矩阵 A 的 n 阶子式就是方阵 A 的行列式 $\det A$.

定义 4 矩阵 $A=(a_{ij})_{m\times n}$中不为零的子式的最高阶数 r 称为矩阵 A 的**秩**，记作 $r_A=r$.

显然，对任意矩阵 $A=(a_{ij})_{m\times n}$都有 $r_A\leqslant\min\{m,n\}$. 若方阵 $A_{n\times n}$的 $\det A\neq 0$，那么一定有 $r_A=n$，则称方阵 A 是满秩的.

由定义 4 可知，如果矩阵 A 的秩是 r，则至少有一个 A 的 r 阶子式不为零，而 A 的所有高于 r 阶的子式全为零.

四、用初等变换求矩阵的秩

根据定义 4 计算矩阵的秩，有时需要计算许多个行列式，显然非常麻烦. 下面我们来讨论通过初等变换求矩阵的秩，为此先给出下面的定理:

定理 2 矩阵 A 经过初等变换变为矩阵 B，矩阵的秩不变，即 $r_A=r_B$.

根据定理2，可以利用初等变换把矩阵 A 变成一个容易求秩的阶梯形矩阵 B，从而求出 A 的秩.

满足下列两个条件的矩阵为**阶梯形矩阵**：

1）矩阵的零行在矩阵的最下方；

2）非零行的第一个不为零的元素的列标随着行标的增大而增大.

例4 求矩阵

$$A=\begin{pmatrix}1 & 2 & -1 & 4\\ 2 & 4 & 3 & 5\\ -1 & -2 & 6 & -7\end{pmatrix}$$

的秩.

解 因为

$$A=\begin{pmatrix}1 & 2 & -1 & 4\\ 2 & 4 & 3 & 5\\ -1 & -2 & 6 & -7\end{pmatrix}\xrightarrow[r_1+r_3]{-2r_1+r_2}\begin{pmatrix}1 & 2 & -1 & 4\\ 0 & 0 & 5 & -3\\ 0 & 0 & 5 & -3\end{pmatrix}$$

$$\xrightarrow{-r_2+r_3}\begin{pmatrix}1 & 2 & -1 & 4\\ 0 & 0 & 5 & -3\\ 0 & 0 & 0 & 0\end{pmatrix}=B,$$

所以

$$r_A=r_B=2.$$

习 题 6.3

1. 用伴随矩阵求下列矩阵的逆矩阵：

$$\begin{pmatrix}2 & 1\\ 1 & 2\end{pmatrix}.$$

2. 用初等变换求下列矩阵的逆矩阵：

(1) $\begin{pmatrix}5 & 7\\ 8 & 11\end{pmatrix}$；(2) $\begin{pmatrix}1 & 0 & 1\\ -1 & 1 & 1\\ -2 & 1 & -1\end{pmatrix}$.

3. 解下列矩阵方程：

(1) $X\begin{pmatrix}2 & 5\\ 1 & 3\end{pmatrix}=\begin{pmatrix}4 & -6\\ 2 & 1\end{pmatrix}$；　　(2) $\begin{pmatrix}3 & -1\\ 5 & -2\end{pmatrix}X\begin{pmatrix}5 & 6\\ 7 & 8\end{pmatrix}=\begin{pmatrix}14 & 16\\ 9 & 10\end{pmatrix}$.

4. 解线性方程组

$$\begin{cases}x_1+x_2-x_3=2,\\ -2x_1+x_2+x_3=3,\\ x_1+x_2+x_3=6.\end{cases}$$

5. 用定义求矩阵

$$A=\begin{pmatrix}2 & 1 & -1 & 1\\ 3 & -2 & 1 & -3\\ 1 & 4 & -3 & 5\end{pmatrix}$$

的秩.

6. 求下列矩阵的秩：

(1)$\begin{pmatrix}0&0&2\\1&0&0\end{pmatrix}$；(2)$\begin{pmatrix}1&2&-4\\1&7&-9\\-2&1&3\end{pmatrix}$.

第四节 线性方程组

前面我们已经讨论了含有 n 个方程、n 个未知数的线性方程组的求解问题，可以用克莱姆法则或逆矩阵的方法求解. 本节将进一步研究含有 m 个方程、n 个未知数的一般的线性方程组，讨论它们是否有解，有多少解及怎样求解问题.

一、高斯消元法

下面用一简单例题说明高斯－约当消元法的基本思想.

例如，线性方程组

$$\begin{cases}3x_1+2x_2+6x_3=6,\\3x_1+5x_2+9x_3=9,\\6x_1+4x_2+15x_3=6.\end{cases}$$

首先把方程组的系数矩阵及常数项矩阵写成如下形式：

$$\widetilde{A}=\begin{pmatrix}3&2&6&6\\3&5&9&9\\6&4&15&6\end{pmatrix},$$

称 $\widetilde{A}$ 为原方程组的**增广矩阵**. 我们将方程组消元过程与方程组的增广矩阵的变换过程对照如下：

方程组消元过程		增广矩阵的变换过程
$\begin{cases}3x_1+2x_2+6x_3=6,\\3x_1+5x_2+9x_3=9,\\6x_1+4x_2+15x_3=6\end{cases}$	(a) (b) (c)	$\widetilde{A}=\begin{pmatrix}3&2&6&6\\3&5&9&9\\6&4&15&6\end{pmatrix}$
$\xrightarrow[(-2)\times式(a)+式(c)]{(-1)\times式(a)+式(b)}\begin{cases}3x_1+2x_2+6x_3=6,\\3x_2+3x_3=3,\\3x_3=-6\end{cases}$	(d) (e) (f)	$\xrightarrow[-2r_1+r_3]{-r_1+r_2}\begin{pmatrix}3&2&6&6\\0&3&3&3\\0&0&3&-6\end{pmatrix}$
$\xrightarrow[(-1)\times式(f)+式(e)]{(-2)\times式(f)+式(d)}\begin{cases}3x_1+2x_2=18,\\3x_2=9,\\3x_3=-6\end{cases}$	(g) (h) (i)	$\xrightarrow[-r_3+r_2]{-2r_3+r_1}\begin{pmatrix}3&2&0&18\\0&3&0&9\\0&0&3&-6\end{pmatrix}$

(续)

方程组消元过程	增广矩阵的变换过程
$\xrightarrow{\left(-\frac{2}{3}\right)\times 式(h)+式(g)}\begin{cases}3x_1=12, & (j)\\ 3x_2=9, & (k)\\ 3x_3=-6 & (l)\end{cases}$	$\xrightarrow{-\frac{2}{3}r_2+r_1}\begin{pmatrix}3&0&0&12\\0&3&0&9\\0&0&3&-6\end{pmatrix}$
$\xrightarrow[\frac{1}{3}\times 式(l)]{\frac{1}{3}\times 式(i)\quad \frac{1}{3}\times 式(k)}\begin{cases}x_1=4,\\ x_2=3,\\ x_3=-2.\end{cases}$	$\xrightarrow[\frac{1}{3}r_3]{\frac{1}{3}r_1\quad \frac{1}{3}r_2}\begin{pmatrix}1&0&0&4\\0&1&0&3\\0&0&1&-2\end{pmatrix}.$

从上面的对照过程可看出，用消元法解线性方程组，其实质是对方程组的增广矩阵施行初等变换，使它变为一个简化阶梯形矩阵(首非零元都是1,且首非零元所在列的其余元素均为零的阶梯形矩阵)．所以用消元法解线性方程组的步骤为：

第一步，写出方程组的增广矩阵 $\widetilde{\boldsymbol{A}}$；

第二步，对 $\widetilde{\boldsymbol{A}}$ 施行一系列初等行变换成为简化阶梯形矩阵 $\boldsymbol{B}$；

第三步，由 $\boldsymbol{B}$ 写出方程组的相应解.

例1 解方程组

$$\begin{cases}x_1+2x_2-3x_3=13,\\ 2x_1+3x_2+x_3=4,\\ 3x_1-x_2+2x_3=-1,\\ x_1-x_2+3x_3=-8.\end{cases}$$

解 对于方程组的增广矩阵，作初等变换如下：

$$\widetilde{\boldsymbol{A}}=\begin{pmatrix}1&2&-3&13\\2&3&1&4\\3&-1&2&-1\\1&-1&3&-8\end{pmatrix}\xrightarrow[-r_1+r_4]{-2r_1+r_2\quad -3r_1+r_3}\begin{pmatrix}1&2&-3&13\\0&-1&7&-22\\0&-7&11&-40\\0&-3&6&-21\end{pmatrix}\xrightarrow[-3r_2+r_4]{-7r_2+r_3}\begin{pmatrix}1&2&-3&13\\0&-1&7&-22\\0&0&-38&114\\0&0&-15&45\end{pmatrix}$$

$$\xrightarrow[-\frac{1}{15}r_4]{-\frac{1}{38}r_3}\begin{pmatrix}1&2&-3&13\\0&-1&7&-22\\0&0&1&-3\\0&0&1&-3\end{pmatrix}\xrightarrow{-r_3+r_4}\begin{pmatrix}1&2&-3&13\\0&-1&7&-22\\0&0&1&-3\\0&0&0&0\end{pmatrix}\xrightarrow[3r_3+r_1]{-7r_3+r_2}\begin{pmatrix}1&2&0&4\\0&-1&0&-1\\0&0&1&-3\\0&0&0&0\end{pmatrix}$$

$$\xrightarrow{-r_2}\begin{pmatrix}1&2&0&4\\0&1&0&1\\0&0&1&-3\\0&0&0&0\end{pmatrix}\xrightarrow{-2r_2+r_1}\begin{pmatrix}1&0&0&2\\0&1&0&1\\0&0&1&-3\\0&0&0&0\end{pmatrix}.$$

于是方程组的解为

$$x_1=2,\ x_2=1,\ x_3=-3.$$

例 2 解线性方程组

$$\begin{cases}x_1+\ x_2-2x_3-\ x_4=1.\\2x_1+\ x_2-2x_3-3x_4=2.\\x_1+3x_2-\ x_3-2x_4=0.\end{cases}$$

解 $\widetilde{A}=\begin{pmatrix}1&1&-2&-1&1\\2&1&-2&-3&2\\1&3&-1&-2&0\end{pmatrix}\xrightarrow[-r_1+r_3]{-2r_1+r_2}\begin{pmatrix}1&1&-2&-1&1\\0&-1&2&-1&0\\0&2&1&-1&-1\end{pmatrix}$

$$\xrightarrow{-r_2}\begin{pmatrix}1&1&-2&-1&1\\0&1&-2&1&0\\0&2&1&-1&-1\end{pmatrix}\xrightarrow{-2r_2+r_3}\begin{pmatrix}1&1&-2&-1&1\\0&1&-2&1&0\\0&0&5&-3&-1\end{pmatrix}$$

$$\xrightarrow{\frac{1}{5}r_3}\begin{pmatrix}1&1&-2&-1&1\\0&1&-2&1&0\\0&0&1&-\frac{3}{5}&-\frac{1}{5}\end{pmatrix}.$$

与上述矩阵相对应的方程组为

$$\begin{cases}x_1+x_2-2x_3-x_4=1,\\x_2-2x_3+x_4=0,\\x_3-\frac{3}{5}x_4=-\frac{1}{5}.\end{cases}$$

化简上述方程组得

$$\begin{cases}x_1=2x_4+1,\\x_2=\frac{1}{5}x_4-\frac{2}{5}.\\x_3=\frac{3}{5}x_4-\frac{1}{5}.\end{cases}$$

方程组中未知量 x_4 称为**自由未知量**，也就是说无论 x_4 在方程组中取何值，得到的都是方程组的解，故方程组有无数组解.

例 3 解方程组

$$\begin{cases} x_1+3x_2+5x_3+2x_4=2, \\ 3x_1+5x_2+6x_3+4x_4=4, \\ x_1+7x_2+14x_3+4x_4=4, \\ 3x_1+x_2-3x_3+2x_4=5. \end{cases}$$

解 $$\widetilde{A}=\begin{pmatrix} 1 & 3 & 5 & 2 & 2 \\ 3 & 5 & 6 & 4 & 4 \\ 1 & 7 & 14 & 4 & 4 \\ 3 & 1 & -3 & 2 & 5 \end{pmatrix} \xrightarrow[-3r_1+r_4]{\substack{-3r_1+r_2 \\ -r_1+r_3}} \begin{pmatrix} 1 & 3 & 5 & 2 & 2 \\ 0 & -4 & -9 & -2 & -2 \\ 0 & 4 & 9 & 2 & 2 \\ 0 & -8 & -18 & -4 & -1 \end{pmatrix}$$

$$\xrightarrow[-2r_2+r_4]{r_2+r_3} \begin{pmatrix} 1 & 3 & 5 & 2 & 2 \\ 0 & -4 & -9 & -2 & -2 \\ 0 & 0 & 0 & 0 & 0 \\ 0 & 0 & 0 & 0 & 3 \end{pmatrix}.$$

与上述矩阵相对应的线性方程组为

$$\begin{cases} x_1+3x_2+5x_3+2x_4=2, \\ -4x_2-9x_3-2x_4=-2, \\ 0=0, \\ 0=3, \end{cases}$$

从上述方程组中可以看到，不论 x_1，x_2，x_3，x_4 取怎样的一组数，都不能使方程组中的“0 = 3”成立，这样的方程组无解.

二、线性方程组的基本定理

设含有 n 个未知数、m 个方程的线性方程组为

$$\begin{cases} a_{11}x_1+a_{12}x_2+\cdots+a_{1n}x_n=b_1, \\ a_{21}x_1+a_{22}x_2+\cdots+a_{2n}x_n=b_2, \\ \quad\vdots \\ a_{m1}x_1+a_{m2}x_2+\cdots+a_{mn}x_n=b_m. \end{cases} \tag{1}$$

它的系数矩阵和增广矩阵分别为

$$A=\begin{pmatrix}a_{11}&a_{12}&\cdots&a_{1n}\\a_{21}&a_{22}&\cdots&a_{2n}\\\vdots&\vdots&&\vdots\\a_{m1}&a_{m2}&\cdots&a_{mn}\end{pmatrix},\quad \widetilde{A}=\begin{pmatrix}a_{11}&a_{12}&\cdots&a_{1n}&b_1\\a_{21}&a_{22}&\cdots&a_{2n}&b_2\\\vdots&\vdots&&\vdots&\vdots\\a_{m1}&a_{m2}&\cdots&a_{mn}&b_m\end{pmatrix}.$$

定理 若线性方程组(1)有解，则它的系数矩阵的秩等于它的增广矩阵的秩，即 $r_A=r_{\widetilde{A}}$. 反之亦对. 在有解时：

(1)若 $r_A=r_{\widetilde{A}}<n$，则方程组有无数多组解.

(2)若 $r_A=r_{\widetilde{A}}=n$，则方程组有唯一解，其中 n 是未知数的个数.

例 4 判断下列方程组是否有解？若有解，其解是否唯一？

$$(1)\begin{cases}x_1+x_2-2x_3=2,\\2x_1-3x_2+5x_3=1,\\4x_1-x_2-x_3=5,\\5x_1-x_3=2;\end{cases}\quad(2)\begin{cases}x_1+x_2-2x_3=2,\\2x_1-3x_2+5x_3=1,\\4x_1-x_2+x_3=5,\\5x_1-x_3=7;\end{cases}\quad(3)\begin{cases}x_1+x_2-2x_3=2,\\2x_1-3x_2+5x_3=1,\\4x_1-x_2+x_3=5,\\5x_1+x_3=7.\end{cases}$$

解
$$(1)\widetilde{A}=\begin{pmatrix}1&1&-2&2\\2&-3&5&1\\4&-1&-1&5\\5&0&-1&2\end{pmatrix}\xrightarrow[-2r_1+r_2]{-5r_1+r_4,\ -4r_1+r_3}\begin{pmatrix}1&1&-2&2\\0&-5&9&-3\\0&-5&7&-3\\0&-5&9&-8\end{pmatrix}$$

$$\xrightarrow[-r_2+r_3]{-r_2+r_4}\begin{pmatrix}1&1&2&2\\0&-5&9&-3\\0&0&-2&0\\0&0&0&-5\end{pmatrix}.$$

类似地，有

$$(2)\widetilde{A}=\begin{pmatrix}1&1&-2&2\\2&-3&5&1\\4&-1&1&5\\5&0&-1&7\end{pmatrix}\xrightarrow{\text{作初等行变换}}\begin{pmatrix}1&1&-2&2\\0&-5&9&-3\\0&0&0&0\\0&0&0&0\end{pmatrix}.$$

$$(3)\widetilde{A}=\begin{pmatrix}1&1&-2&2\\2&-3&5&1\\4&-1&1&5\\5&0&1&7\end{pmatrix}\xrightarrow{\text{作初等行变换}}\begin{pmatrix}1&1&-2&2\\0&-5&9&-3\\0&0&2&0\\0&0&0&0\end{pmatrix}.$$

由此可知：

(1) $r_A=3$，$r_{\widetilde{A}}=4$，两者不相等，方程组无解；

(2) $r_A=r_{\widetilde{A}}=2<n=3$，方程组有无穷多组解；

(3) $r_A=r_{\widetilde{A}}=3=n$，方程组有唯一组解.

例 5 当 λ 为何值时，线性方程组

$$\begin{cases}\lambda x_1+x_2+x_3=1,\\x_1+\lambda x_2+x_3=\lambda,\\x_1+x_2+\lambda x_3=\lambda^2\end{cases}$$

(1)有唯一组解?

(2)有无穷多组解?

(3)无解?

解 (1)按克莱姆法则,当系数行列式

$$\det\boldsymbol{A}=\begin{vmatrix}\lambda & 1 & 1\\ 1 & \lambda & 1\\ 1 & 1 & \lambda\end{vmatrix}=(\lambda-1)^2(\lambda+2)\neq 0,$$

即当 $\lambda\neq 1$ 且 $\lambda\neq -2$ 时,方程组有唯一组解.

(2)当 $\lambda=1$ 时,其增广矩阵为

$$\widetilde{\boldsymbol{A}}=\begin{pmatrix}1&1&1&1\\1&1&1&1\\1&1&1&1\end{pmatrix}\xrightarrow[-r_1+r_3]{-r_1+r_2}\begin{pmatrix}1&1&1&1\\0&0&0&0\\0&0&0&0\end{pmatrix}.$$

因为 $r_A=r_{\widetilde{A}}=1<n=3$,故方程组有无穷多组解.

(3)当 $\lambda=-2$ 时,其增广矩阵为

$$\widetilde{\boldsymbol{A}}=\begin{pmatrix}-2&1&1&1\\1&-2&1&-2\\1&1&-2&4\end{pmatrix}\xrightarrow{r_2+r_1}\begin{pmatrix}-1&-1&2&-1\\1&-2&1&-2\\1&1&-2&4\end{pmatrix}$$

$$\xrightarrow[r_1+r_3]{r_1+r_2}\begin{pmatrix}-1&-1&2&-1\\0&-3&3&-3\\0&0&0&3\end{pmatrix}.$$

因为 $r_A=2\neq r_{\widetilde{A}}=3$,故方程组无解.

例 6 交通流量问题

图 6.2 所示是某地区的交通网络图,设所有道路均为单行道,且路边不能停车,图中的箭头标志了交通的方向,标志的数为高峰期每小时进出道路网络的车辆数. 设进出道路网络的车辆相同,总数各有 800 辆,若进入每个交叉点的车辆数等于离开该点的车辆数,则交通流量平衡条件满足,交通就不出现堵塞. 求各支路交通流量为多少时,此交通网络交通流量达到平衡?

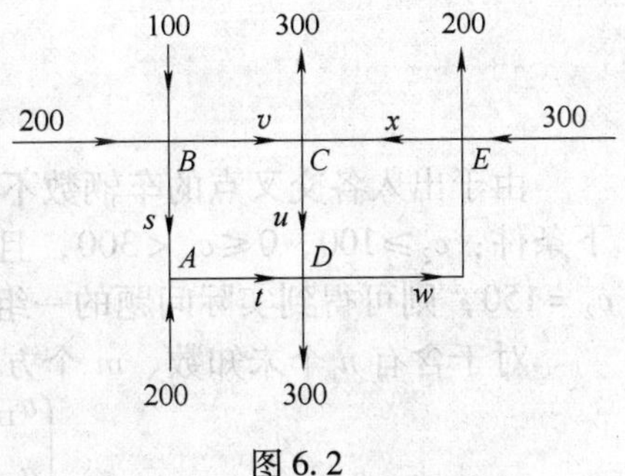

图 6.2

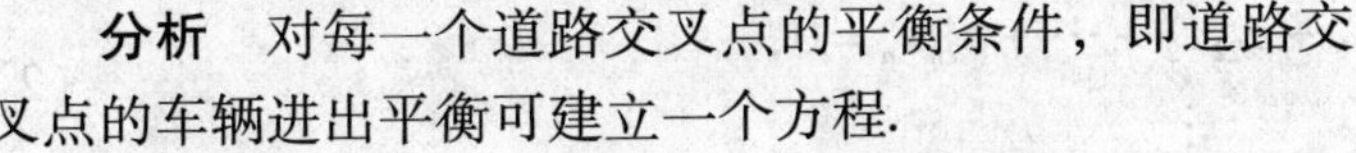

分析 对每一个道路交叉点的平衡条件,即道路交叉点的车辆进出平衡可建立一个方程.

解 设每小时进出交叉点的未知车辆如图所示,根据"进入该点的车辆数 = 离开该点的车辆数"建立如下方程:

A 点: $200+s=t,$

B 点: $200+100=s+v,$

C 点: $v+x=300+u,$

D 点: $u+t=300+w,$

E 点: $300+w=200+x.$

从而,得到一个描述交通网络的线性方程组为

$$\begin{cases} s-t=-200, \\ s+v=300, \\ -u+v+x=300, \\ t+u-w=300, \\ -w+x=100. \end{cases}$$

可利用初等变换解此方程组如下：

$$\widetilde{A}=\begin{pmatrix} s & t & u & v & w & x & \\ 1 & -1 & 0 & 0 & 0 & 0 & -200 \\ 1 & 0 & 0 & 1 & 0 & 0 & 300 \\ 0 & 0 & -1 & 1 & 0 & 1 & 300 \\ 0 & 1 & 1 & 0 & -1 & 0 & 300 \\ 0 & 0 & 0 & 0 & -1 & 1 & 100 \end{pmatrix} \xrightarrow{-r_2+r_1} \begin{pmatrix} 1 & -1 & 0 & 0 & 0 & 0 & -200 \\ 0 & 1 & 0 & 1 & 0 & 0 & 500 \\ 0 & 0 & -1 & 1 & 0 & 1 & 300 \\ 0 & 1 & 1 & 0 & -1 & 0 & 300 \\ 0 & 0 & 0 & 0 & -1 & 1 & 100 \end{pmatrix}$$

$$\xrightarrow[-r_2+r_4]{r_2+r_1} \begin{pmatrix} 1 & 0 & 0 & 1 & 0 & 0 & 300 \\ 0 & 1 & 0 & 1 & 0 & 0 & 500 \\ 0 & 0 & -1 & 1 & 0 & 1 & 300 \\ 0 & 0 & 1 & -1 & -1 & 0 & -200 \\ 0 & 0 & 0 & 0 & -1 & 1 & 100 \end{pmatrix} \xrightarrow{r_3+r_4} \begin{pmatrix} 1 & 0 & 0 & 1 & 0 & 0 & 300 \\ 0 & 1 & 0 & 1 & 0 & 0 & 500 \\ 0 & 0 & -1 & 1 & 0 & 1 & 300 \\ 0 & 0 & 0 & 0 & -1 & 1 & 100 \\ 0 & 0 & 0 & 0 & -1 & 1 & 100 \end{pmatrix}.$$

其中 v，x 为自由变量，分别设为 c_1 与 c_2，由此可知方程组有无穷多组解，方程组的解为

$$\begin{cases} s=300-c_1, \\ t=500-c_1, \\ u=-300+c_1+c_2, \\ w=-100+c_2, \\ v=c_1, \\ x=c_2. \end{cases}$$

由于出入各交叉点的车辆数不能为负数，即各未知数必须为正，因此 c_1，c_2 必须满足以下条件：$c_2 \geqslant 100$，$0 \leqslant c_1 < 300$，且 $c_1+c_2 \geqslant 300$，才可得到实际问题的解. 如取 $c_1=100$，$c_2=150$，则可得到实际问题的一组解(150,350,50,100,150,200).

对于含有 n 个未知数、m 个方程的齐次线性方程组

$$\begin{cases} a_{11}x_1+a_{12}x_2+\cdots+a_{1n}x_n=0, \\ a_{21}x_1+a_{22}x_2+\cdots+a_{2n}x_n=0, \\ \quad \vdots \\ a_{m1}x_1+a_{m2}x_2+\cdots+a_{mn}x_n=0, \end{cases} \tag{2}$$

由于其系数矩阵 $\boldsymbol{A}$ 的秩与其增广矩阵 $\widetilde{\boldsymbol{A}}$ 的秩总相等，因此齐次线性方程组总有解，且当 $r_A=r_{\widetilde{A}}=n$ 时，方程组只有零解.

推论 齐次线性方程组(2)有非零解的充要条件为 $r_A<n$，即系数矩阵的秩小于未知数的个数.

习题 6.4

1. 解下列线性方程组：

(1) $\begin{cases} x_1-2x_2+3x_3=4, \\ 2x_1+x_2-3x_3=5, \\ -x_1+2x_2+2x_3=6, \\ 3x_1-3x_2+2x_3=7; \end{cases}$ (2) $\begin{cases} 2x_1-3x_2+x_3+5x_4=6, \\ -3x_1+x_2+2x_3-4x_4=5, \\ -x_1-2x_2+3x_3+x_4=2; \end{cases}$

(3) $\begin{cases} x_1-3x_2-2x_3-x_4=6, \\ 3x_1-8x_2+x_3+5x_4=0, \\ -2x_1+x_2-4x_3+x_4=-12, \\ -x_1+4x_2-x_3-3x_4=2. \end{cases}$

2. 设方程组

$$\begin{cases} \lambda x_1+x_2+x_3=2, \\ x_1+\lambda x_2+x_3=0, \\ x_1+x_2+\lambda x_3=-1. \end{cases}$$

试就 λ 取何值时讨论方程组解的情况.

3. 判定下列方程组是否有解:

(1) $\begin{cases} 2x_1+x_2+x_3=2, \\ x_1+3x_2+x_3=5, \\ x_1+x_2+5x_3=-7, \\ 2x_1+3x_2-3x_3=14; \end{cases}$ (2) $\begin{cases} x_1+x_2-3x_3=-3, \\ 2x_1+2x_2-2x_3=-2, \\ x_1+x_2+x_3=1, \\ 3x_1+3x_2-5x_3=-5; \end{cases}$

(3) $\begin{cases} 2x_1+x_2-x_3+x_4=1, \\ 3x_1-2x_2+2x_3-3x_4=2, \\ 5x_1+x_2-x_3+2x_4=-1, \\ 2x_1-x_2+x_3-3x_4=4. \end{cases}$

4. 若下列线性方程组有非零解，试确定 m 的值，并求出它们的解.

(1) $\begin{cases} (m-6)x_1+2x_2-2x_3=0, \\ 2x_1+(m-3)x_2-4x_3=0, \\ -2x_1-4x_2+(m-3)x_3=0; \end{cases}$ (2) $\begin{cases} x_1+2x_2+3x_3=0, \\ x_1+x_2+2x_3=0, \\ x_1-x_2+mx_3=0. \end{cases}$

本 章 小 结

本章主要学习了 n 阶行列式的概念、性质和计算方法；矩阵的概念和计算；矩阵的逆、矩阵的秩，以及用行列式、逆矩阵解线性方程组等.

(1)二、三阶行列式，n 阶行列式，余子式和代数余子式，n 阶行列式的七条性质和三条推论，矩阵，逆矩阵，矩阵的初等变换等.

需要注意：行列式与矩阵是两个不同的概念，二者之间有本质的区别，行列式的意义是表示一个算式或一个数，通过计算可求得它的值；而矩阵仅仅是一个数表.

(2)二、三阶行列式的对角线展开法则；n 阶行列式的两种计算方法：一种是“化三角形法”，即利用性质(主要是性质5和性质2)将行列式化为三角形行列式并求其值；另一种是"降阶法"，即利用性质(主要是性质5,还有性质2、性质3、性质6)先将阶数较高的行列式化为阶数较低的行列式，然后再求其值.

(3)矩阵的加减法、数乘法、乘法，矩阵的初等行变换等：要求掌握这些运算的方法和规则，记住矩阵运算必须满足的条件(两个同型的矩阵才能相加减、左矩阵的列数等于右矩阵的行数才能相乘)，注意矩阵的运算与数的运算的不同之处(矩阵乘法不满足交换律和消去律,两个非零矩阵的乘积可能为零矩阵).

(4)克莱姆法则，用逆矩阵、矩阵的初等变换解线性方程组. 需要注意，克莱姆法则只能解特殊的(方程个数与未知数相等且满足系数行列式不等于零)线性方程组，而矩阵的初等行变换不但能解特殊的线性方程组，还可解一般的线性方程组.

(5)依据全息元重演性原理，把握课程的框架结构. 本章讨论的核心问题是线性方程组的求解，线性方程组的求解问题是以 $m\times n$ 矩阵作为信息元，利用矩阵的初等变换为工具来解决问题的；同时还要对所有的知识点进行排列，系统地加以梳理，使之成为一条条清楚明晰的知识链.

复习题六

1. 选择题：

(1)设 A_{ij} 是行列式 D 的元素 $a_{ij}(i=1,2,\cdots,n;j=1,2,\cdots,n)$ 的代数余子式. 那么当 $i\neq j$ 时，下列式子中(　　)是正确的.

A. $a_{i1}A_{j1}+\cdots+a_{in}A_{jn}=0$　　B. $a_{i1}A_{i1}+\cdots+a_{in}A_{in}=0$

C. $a_{1j}A_{1j}+\cdots+a_{nj}A_{nj}=0$　　D. $a_{11}A_{21}+\cdots+a_{1n}A_{1n}=0$

(2)设 $\boldsymbol{A}$ 是一个四阶方阵，且 $\det\boldsymbol{A}=3$，那么 $\det 2\boldsymbol{A}=($　　$)$.

A. 2×3^4　　B. 2×4^3　　C. $2^4\times3$　　D. $2^3\times4$

(3)方阵 $\boldsymbol{A}$ 可逆的充要条件是(　　).

A. $\boldsymbol{A}>\boldsymbol{O}$　　B. $\det\boldsymbol{A}\neq0$　　C. $\det\boldsymbol{A}>0$　　D. $\boldsymbol{A}\neq\boldsymbol{O}$

(4)设 $\boldsymbol{A}$、$\boldsymbol{B}$ 是两个 $m\times n$ 矩阵，$\boldsymbol{C}$ 是 n 阶方阵，那么(　　).

A. $\boldsymbol{C}(\boldsymbol{A}+\boldsymbol{B})=\boldsymbol{CA}+\boldsymbol{CB}$　　B. $(\boldsymbol{A}^{\mathrm{T}}+\boldsymbol{B}^{\mathrm{T}})\boldsymbol{C}=\boldsymbol{A}^{\mathrm{T}}\boldsymbol{C}+\boldsymbol{B}^{\mathrm{T}}\boldsymbol{C}$

C. $\boldsymbol{C}^{\mathrm{T}}(\boldsymbol{A}+\boldsymbol{B})=\boldsymbol{C}^{\mathrm{T}}\boldsymbol{A}+\boldsymbol{C}^{\mathrm{T}}\boldsymbol{B}$　　D. $(\boldsymbol{A}+\boldsymbol{B})\boldsymbol{C}=\boldsymbol{AC}+\boldsymbol{BC}$

2. 计算下列行列式：

(1) $\begin{vmatrix}-ab & ac & ae\\ bd & -cd & de\\ bf & cf & -ef\end{vmatrix}$；(2) $\begin{vmatrix}1&1&1&1\\a&x&b&b\\b&b&x&c\\c&c&c&x\end{vmatrix}$；(3) $\begin{vmatrix}-8&1&7&-3\\1&3&2&4\\3&0&4&0\\4&0&1&0\end{vmatrix}$；

(4) $\begin{vmatrix}\cos\alpha & \sin\alpha & 0 & 0 & 0\\ -\sin\alpha & \cos\alpha & 0 & 0 & 0\\ 0&0&1&0&0\\ 0&0&0&\cos\alpha&\sin\alpha\\ 0&0&0&-\sin\alpha&\cos\alpha\end{vmatrix}$.

3. 证明：

(1) $\begin{vmatrix} \cos(\alpha-\beta) & \sin\alpha & \cos\alpha \\ \sin(\alpha+\beta) & \cos\alpha & \sin\alpha \\ 1 & \sin\beta & \cos\beta \end{vmatrix}=0$;

(2) $\begin{vmatrix} a-b-c & 2a & 2a \\ 2b & b-c-a & 2b \\ 2c & 2c & c-a-b \end{vmatrix}=(a+b+c)^3$.

4. 求下列矩阵的逆矩阵:

(1) $\begin{pmatrix} 2 & 0 & 0 & 0 \\ 0 & 1 & 4 & 0 \\ 0 & 0 & -1 & 1 \\ 0 & 0 & 0 & 9 \end{pmatrix}$; (2) $\begin{pmatrix} 1 & -1 & 1 & 1 \\ -1 & 0 & 1 & 0 \\ 1 & -1 & 1 & 0 \\ 1 & 0 & 0 & 2 \end{pmatrix}$.

5. 当 λ 取何值时,方程组

$$\begin{cases} x_1+x_2+\lambda x_3=1, \\ x_1+\lambda x_2+x_3=\lambda, \\ \lambda x_1+x_2-x_3=\lambda^2, \end{cases}$$

(1)有唯一解?(2)无解?(3)有无穷多组解?

6. 解下列线性方程组:

(1) $\begin{cases} x_1+3x_2-7x_3=-8, \\ 2x_1+5x_2+4x_3=4, \\ -3x_1-7x_2-2x_3=-3, \\ x_1+4x_2-12x_3=-15; \end{cases}$ (2) $\begin{cases} x_1-x_2+5x_3-x_4=0, \\ x_1+x_2-2x_3+3x_4=0, \\ 3x_1-x_2+8x_3+x_4=0, \\ x_1+3x_2-9x_3+7x_4=0. \end{cases}$

第七章　线 性 规 划

在经济管理中常会遇到这样的问题：在资源有限的情况下，如何安排生产才能使利润最大？或者如何安排生产才能既完成任务又能使成本最小？诸如此类的经济活动都可归结为用矩阵和线性方程组可解决的数学问题——线性规划.

线性规划是运筹学中理论最成熟、应用最广泛的一个分支，目前已广泛应用于工农业生产、经济管理、交通运输管理、军事等各个领域.

本章结合具体实例简要介绍线性规划的基本概念和常用方法.

第一节　线性规划的数学模型

本节结合实例说明什么是线性规划问题，并给出线性规划问题的数学描述，即线性规划问题的数学模型.

一、线性规划问题

我们通过两个实例来说明什么是线性规划问题.

例 1　某厂生产甲、乙两种产品，需要煤、电、钢铁三种资源，生产每单位(t)产品需要各种资源的数量、各种资源的限量及生产每单位产品的利润见表 7.1，问生产甲、乙两种产品各多少时，才能使该厂在满足生产条件的情况下所获利润最大？

表 7.1

资源 / 单位消耗 / 产品	甲	乙	资源限量
煤/t	2	1	8
电/kW	1	2	7
钢铁/t	0	3	9
单位产品利润/千元	4	5	

设甲、乙两种产品的产量分别为 x_1 和 x_2，x_1 和 x_2 为问题中有待解决的变量，称为决策变量．需要满足的生产条件(约束条件)由下列不等式组表示：

$$\begin{cases} 2x_1 + \ \ x_2 \leqslant 8, \\ \ \ x_1 + 2x_2 \leqslant 7, \\ \qquad 3x_2 \leqslant 9, \\ \ \ x, \ x_2 \geqslant 0. \end{cases}$$

解决这个问题的目的，是要工厂获利 $z=4x_1+5x_2$（目标函数）最大．

综上所述，例 1 的数学模型为

$$\max z=4x_1+5x_2$$

$$\text{s.t.}\begin{cases}2x_1+x_2\leqslant 8\\ x_1+2x_2\leqslant 7\\ 3x_2\leqslant 9\\ x_1,\ x_2\geqslant 0\end{cases}$$

例 2　某种物资需要由三个产地 A_1，A_2，A_3 运往四个销点 B_1，B_2，B_3，B_4，三个产地的产量分别为 7t，4t，9t，四个销点的销量（需求量）分别为 3t，6t，5t，6t. 从各产地到各销点的运价（元/t）见表 7.2. 问如何调运才能使总费用最小？

表 7.2

产地 / 运价 / 销点	B_1	B_2	B_3	B_4
A_1	3	11	3	10
A_2	1	9	2	8
A_3	7	4	10	5

设决策变量为由 A_i 运往 B_j 的运量，记为 $x_{ij}(i=1,2,3;j=1,2,3,4)$，确定目标函数和约束条件，该问题表述为以下数学模型：

$$\min z=3x_{11}+11x_{12}+3x_{13}+10x_{14}+x_{21}+9x_{22}+2x_{23}+8x_{24}+7x_{31}+4x_{32}+10x_{33}+5x_{34}$$

$$\text{s.t.}\begin{cases}x_{11}+x_{12}+x_{13}+x_{14}=7\\ x_{21}+x_{22}+x_{23}+x_{24}=4\\ x_{31}+x_{32}+x_{33}+x_{34}=9\\ x_{11}+x_{21}+x_{31}=3\\ x_{12}+x_{22}+x_{32}=6\\ x_{13}+x_{23}+x_{33}=5\\ x_{14}+x_{24}+x_{34}=8\\ x_{ij}\geqslant 0(i=1,2,3;j=1,2,3,4)\end{cases}$$

此类问题的目标函数是决策变量的线性函数，约束条件是决策变量的线性等式或线性不等式．这种以未知量（决策变量）的线性函数为特征的一类最优化问题即是线性规划问题．

二、线性规划模型的一般形式

实际问题的线性规划模型是多种多样的，其一般形式可表为：求一组变量 x_1，x_2，…，x_n 的值，使之满足：

$$\max(\text{或}\min)z = c_1x_1 + c_2x_2 + \cdots + c_nx_n$$

$$\text{s. t.}\begin{cases} a_{11}x_1 + a_{12}x_2 + \cdots + a_{1n}x_n \leqslant b_1(\text{或} \geqslant b_1, \text{或} = b_1) \\ a_{21}x_1 + a_{22}x_2 + \cdots + a_{2n}x_n \leqslant b_2(\text{或} \geqslant b_2, \text{或} = b_2) \\ \vdots \\ a_{m1}x_1 + a_{m2}x_2 + \cdots + a_{mn}x_n \leqslant b_m(\text{或} \geqslant b_m, \text{或} = b_m) \\ x_i \geqslant 0(i = 1, 2, 3, \cdots, n) \end{cases} \tag{1}$$

其中

$$\boldsymbol{A} = \begin{pmatrix} a_{11} & a_{12} & \cdots & a_{1n} \\ a_{21} & a_{22} & \cdots & a_{2n} \\ \vdots & \vdots & & \vdots \\ a_{m1} & a_{m2} & \cdots & a_{mn} \end{pmatrix}, \boldsymbol{x} = \begin{pmatrix} x_1 \\ x_2 \\ \vdots \\ x_n \end{pmatrix}, \boldsymbol{b} = \begin{pmatrix} b_1 \\ b_2 \\ \vdots \\ b_m \end{pmatrix}, \boldsymbol{c} = \begin{pmatrix} c_1 \\ c_2 \\ \vdots \\ c_n \end{pmatrix}$$

利用矩阵的知识，可将该模型表为

$$\max(\text{或}\min)z = \boldsymbol{c}^{\mathrm{T}}\boldsymbol{x}$$

$$\text{s. t.}\begin{cases} \boldsymbol{A}x \leqslant \boldsymbol{b}(\text{或} \geqslant \boldsymbol{b}, \text{或} = \boldsymbol{b}) \\ \boldsymbol{x} \geqslant \boldsymbol{0} \end{cases} \tag{2}$$

称其为线性规划模型的矩阵表示式，其中 $\boldsymbol{A}$ 为约束条件的 $m \times n$ 系数矩阵，$\boldsymbol{b}$ 为限定向量，$\boldsymbol{c}$ 为价值向量，$\boldsymbol{x}$ 为决策变量向量.

为讨论线性规划问题方便起见，我们称目标函数求极小、约束条件均是等式(方程)的线性规划模型为标准形，用矩阵和向量表示为

$$\min z = \boldsymbol{c}^{\mathrm{T}}\boldsymbol{x}$$

$$\text{s. t.}\begin{cases} \boldsymbol{A}x = \boldsymbol{b} \\ \boldsymbol{x} \geqslant \boldsymbol{0} \end{cases} \tag{3}$$

由前述内容可知，线性规划问题的本质是：在约束条件所确定的范围内，寻求决策变量的一组值，使目标函数取得最大(或最小)值，而其线性特征表现在目标函数及约束条件均是决策变量的线性关系式.

习　题　7.1

1. 线性规划问题的数学模型由哪几部分组成?

2. 什么是线性规划的标准形?

3. 某工厂计划生产甲、乙两种产品，这两种产品每生产 1t，对 A，B，C，D 四种原料的消耗量(t)见表 7.3. 已知这四种原料的库存量分别为 12t，8t，20t，12t，又知每生产 1t 甲种产品可得利润 2 千元，每生产 1t 乙种产品可得利润 3 千元. 问如何安排生产计划才能使该厂获得最高利润?(只写出此问题的数学模型)

表 7.3

原料 / 消耗 / 产品	A	B	C	D
甲	2	1	4	0
乙	2	2	0	4

第二节　线性规划的图解法

对第一节中线性规划问题(3)，称满足全部约束条件的解为线性规划问题(3)的**可行解**(实际决策问题中称为可行方案)，全部可行解的集合称为**可行域**；使目标函数取最小值的可行解，称为**最优解**(实际问题中称为最佳方案)，此时目标函数的最小值称为**最优值**.

一、图解法举例

对于只涉及两个变量的线性规划问题，可在直角坐标平面上借助其几何意义求出其解.

1. 图解法步骤

下面用一实例说明图解法步骤.

例 1　试解本章第一节例 1 中的线性规划问题，即

$$\max z=4x_1+5x_2$$

$$\text{s.t.}\begin{cases}2x_1+x_2\leqslant 8\\ x_1+2x_2\leqslant 7\\ 3x_2\leqslant 9\\ x_1,\ x_2\geqslant 0\end{cases}$$

解　第一步：由全部约束条件作图求出可行域．若用 x_1，x_2 分别表示平面直角坐标系中的横坐标和纵坐标，则每个约束条件恰好表示一个半平面．例如，作 $2x_1+x_2=8$ 的图像为一直线，此直线将整个平面划分为两个部分，满足约束条件 $2x_1+x_2\leqslant 8$ 的点全部在该直线及其左下部的平面内，而该直线及其左下部的平面内的任一点也都满足约束条件 $2x_1+x_2\leqslant 8$.

同理可得约束条件 $x_1+2x_2\leqslant 7$，$3x_2\leqslant 9$，$x_1\geqslant 0$，$x_2\geqslant 0$ 相应的各个部分平面．全部约束条件相应的各个部分平面的交集 $OABCD$ 即为线性规划问题的可行域，如图 7.1 中阴影部分所示.

第二步：作出目标函数的等值线．在目标函数 $z=4x_1+5x_2$ 中，任给 z 一个确定的值，就得到一条直线，在这条直线上所有的点都具有相同的目标函数值，因此该直线为目标函数的等值线．给 z 不同的取值，就得到一族平行直线，如图 7.1 中虚线所示.

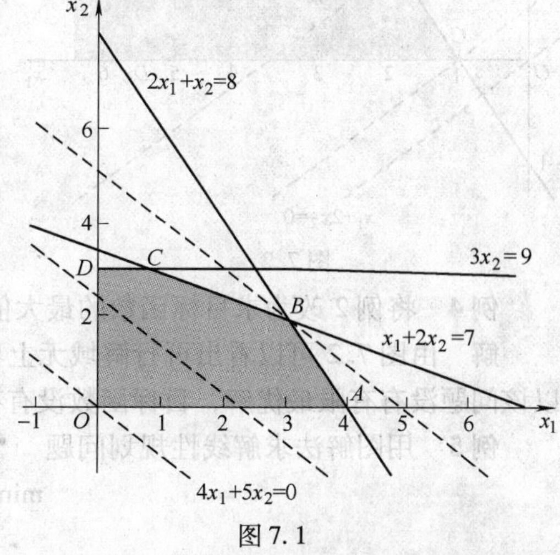

图 7.1

第三步：平行移动目标函数的等值线，作图求解最优点，再算出最优值.

当 z 值由小变大时，直线 $z=4x_1+5x_2$ 向右上方移动，显然，当直线平移到可行解域 $OABCD$ 边界上的 B 点时，就不能再平移了，则直线 $2x_1+x_2=8$ 与直线 $x_1+2x_2=7$ 的交点 B 的坐标 $x_1=3$，$x_2=2$ 就是我们找的最优解．将最优点代入目标函数中，得目标函数最优值为 22 千元.

即此工厂应生产甲产品3t，乙产品2t时，可获得最大利润22千元.

例2　用图解法求解线性规划问题

$$\min z = x_1 + 2x_2$$

$$\text{s. t.}\begin{cases} x_1 - x_2 \geqslant 1 \\ -x_1 + 2x_2 \leqslant 2 \\ x_1, \quad x_2 \geqslant 0 \end{cases}$$

解　(1) 由约束条件作出无界区域 BCD 为可行解域，如图7.2所示.

(2) 作等值线，显然直线 $z = x_1 + 2x_2$ 越向左下方平移，目标函数值就越小，由图7.2可以看出，C 点处目标函数值最小.

(3)解方程组 $\begin{cases} x_1 - x_2 = 1, \\ x_2 = 0, \end{cases}$ 得 C 点坐标 $x_1 = 1$，$x_2 = 0$ 为最优解，最优值为 $z = 1$.

例3　将例1中的目标函数改为 $z = x_1 + 2x_2$，仍求最大值.

解　此时可行解域没变，但目标函数最大值等值线与区域 $OABCD$ 中的边界线 $x_1 + 2x_2 = 7$ 重合，故线段 BC 上的每一点的坐标都是最优解，所以这一问题的最优解有无穷多个，如图7.3所示，目标函数最优值为7.

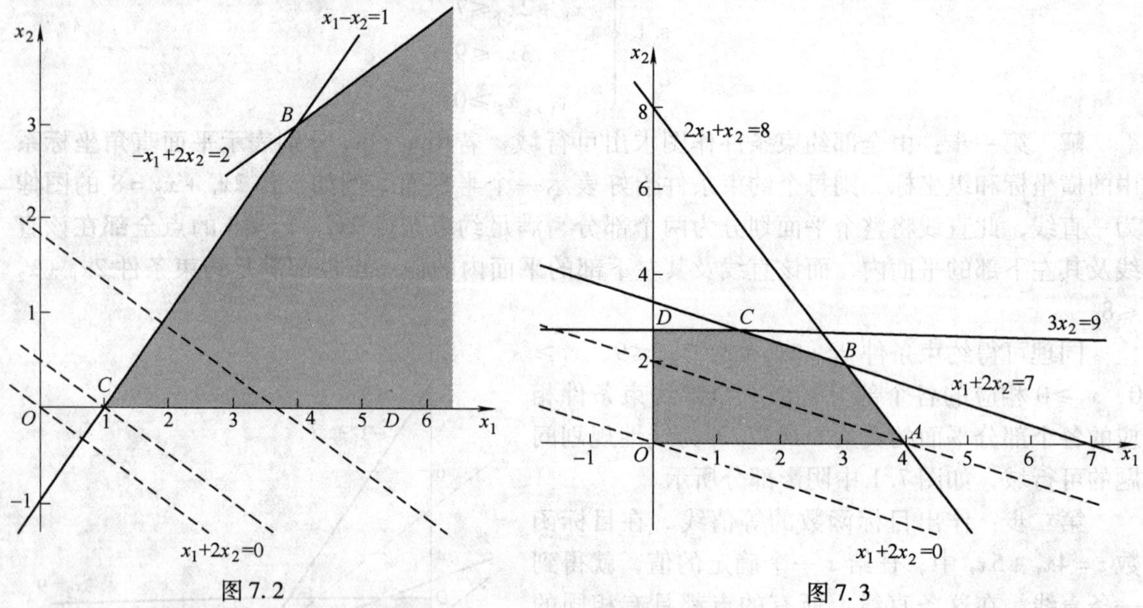

图7.2　　　　　　　　　　　　图7.3

例4　将例2改为求目标函数的最大值，并求解.

解　由图7.2可以看出可行解域无上界，目标函数在该区域的最大值可以无限增大，所以该问题没有有限最优解，目标函数没有有限最优值.

例5　用图解法求解线性规划问题

$$\min z = 3x_1 + 2x_2$$

$$\text{s. t.}\begin{cases} 2x_1 + 3x_2 \geqslant 6 \\ x_1 + 2x_2 \leqslant 1 \\ x_1, \quad x_2 \geqslant 0 \end{cases}$$

解　如图7.4所示，由约束条件所表示的半平面没有公共部分，即该问题无可行解域，所以也不存在最优解．

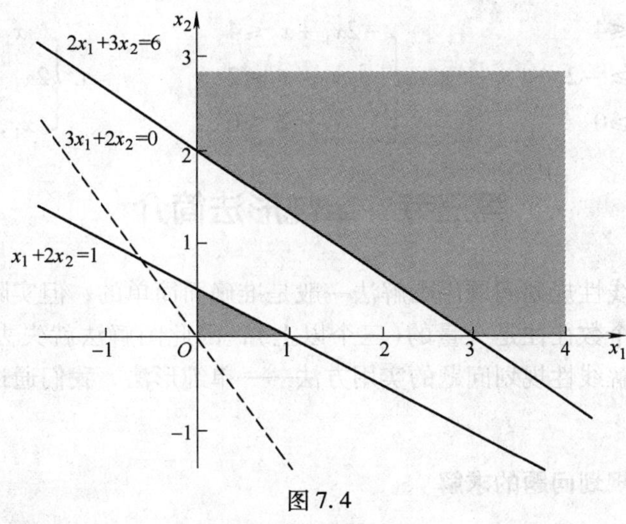

图 7.4

2. 线性规划问题的基本定理(解的基本性质)

若线性规划问题有最优解，则必存在可行区域的某个顶点是最优的．一般来讲，线性规划问题的可行解有无穷多个，要从中找出最优解，当然是困难的．对涉及两个变量的线性规划问题，或者可依照本书例题那样，通过在可行区域内平行地移动目标函数的等值线到极端，从而得出解；或者是将所有顶点的目标函数值全算出进行比较以确定最优解，后一方法也正是一般线性规划问题的单纯形法的思想基础．

二、从图解法看线性规划问题解的几种情况

1. 有唯一最优解

最优解必在可行域的某个顶点处达到，这属于通常情况，如本节例 1 与例 2.

2. 有无穷多组最优解

目标函数同时在两个顶点上达到最优，则这两个顶点之间的可行域边界上的各点均为最优点，它们对应同一最优值．如本节例 3.

3. 无有限最优解(无界解)

如果全部约束条件构成的可行域是无界的，则有可能出现无有限最优解的情况，这表明数学模型中可能缺少必要的约束条件．如本节例 4.

4. 无可行解

如果数学模型中存在矛盾的约束条件，则不存在可行解域，所以也不存在最优解．如本节例 5.

习　题　7.2

用图解法求解下列线性规划问题：

(1) $\min z=-x_1+2x_2$

$$\text{s. t.}\begin{cases}x_1-x_2\geqslant -2\\ x_1+2x_2\leqslant 6\\ x_1,\quad x_2\geqslant 0\end{cases}$$

(2) $\max z=-x_1+2x_2$

$$\text{s. t.}\begin{cases}x_1-x_2\geqslant -2\\ x_1+2x_2\leqslant 6\\ x_1,\quad x_2\geqslant 0\end{cases}$$

(3) $\max z = 2x_1 + 2x_2$

$$\text{s. t.} \begin{cases} x_1 + x_2 \leqslant 4 \\ x_1 - x_2 \geqslant -2 \\ x_1,\ x_2 \geqslant 0 \end{cases}$$

(4) $\max z = x_1 + x_2$

$$\text{s. t.} \begin{cases} -2x_1 + x_2 \leqslant 4 \\ x_1 - x_2 \leqslant 2 \\ x_1,\ x_2 \geqslant 0 \end{cases}$$

(5) $\min z = 2x_1 + x_2$

$$\text{s. t.} \begin{cases} x_1 - x_2 \geqslant 2 \\ 2x_1 + x_2 \leqslant 2 \\ x_1,\ x_2 \geqslant 0 \end{cases}$$

第三节　单纯形法简介

求解两个变量的线性规划问题用图解法一般是准确而简单的，但实际工作中我们遇到的线性规划问题的变量个数往往是大量的(三个以上)，因此图解法就失去了实用价值．本节介绍一种最基本的求解线性规划问题的实用方法——单纯形法．我们通过实例说明单纯形法的基本思路和步骤．

一、最大化线性规划问题的求解

例 1　用单纯形法求解线性规划问题

$$\max z = 100x_1 + 80x_2$$

$$\text{s. t.} \begin{cases} 2x_1 + 4x_2 \leqslant 80 \\ 3x_1 + x_2 \leqslant 60 \\ x_1,\ x_2 \geqslant 0 \end{cases} \tag{1}$$

解　首先对两个约束不等式分别添加非负松弛变量(记作 $x_3, x_4 \geqslant 0$)，使之成为等式(方程组)

$$\begin{cases} 2x_1 + 4x_2 + x_3 = 80 \\ 3x_1 + x_2 + x_4 = 60 \end{cases} \tag{2}$$

可得问题(1)的标准形为

$$\min(-z) = -100x_1 - 80x_2$$

$$\text{s. t.} \begin{cases} 2x_1 + 4x_2 + x_3 = 80 \\ 3x_1 + x_2 + x_4 = 60 \\ x_1,\ x_2,\ x_3,\ x_4 \geqslant 0 \end{cases} \tag{3}$$

方程组(2)有无穷多组解，而此问题的解就是其中之一，单纯形法就是确定一个迭代过程求出此解．

接着由标准形(3)写出初始单纯形表：

	x_1	x_2	x_3	x_4	x_0
x_3	2	4	1	0	80
x_4	3	1	0	1	60
	−100	−80	0	0	0

在初始单纯形表中，横线以上部分即为约束方程组(2)的增广矩阵，而横线以下的这一行由目标函数的系数组成(注意到：目标函数中未出现 x_3 和 x_4 及常数项，故认为其系数均为零，即 $c_3 = c_4 = c_0 = 0$)．今后称这一行为检验行，其每一元为相应变量的检验数(x_0 名下的不作为检验数)．

在单纯形表中，称系数组成的单位矩阵的两个(m 个)变量为基本变量，而其他变量为非基本变量．称约束方程组的非基本变量取值为零时的解为线性规划问题的基本解，在基本解的每个分量皆满足非负限制时称为基本可行解．对于这张初始单纯形表，对应的基本变量是 x_3 和 x_4(为便于读取,标记在单纯形表的第一列)，非基本变量是 x_1，x_2.

最后单纯形法的运算过程是反复执行以下运算(称为单纯形迭代)：

(1) 从检验数中选出绝对值最大的负数(也称负元,该负元所在的列称为主元列)，若检验数中无负数，则过程结束，已达到最优解；

(2) 用主元列中每一个正数(也称正元,若无正元,则线性规划问题无解)去除(不是除以)最后一列中对应的数，选出使比值最小的正元，称其为主元；

(3) 按矩阵的初等行变换，将该列的主元化成1，其他元(包括检验数)全都消成零．

现列表求解此问题(符号"↑"指明这一列被定为主元列,带＊的元为主元)：

	x_1	x_2	x_3	x_4	x_0
x_3	2	4	1	0	80
x_4	3^*	1	0	1	60
	-100	-80	0	0	0
	↑				

因为检验行中，绝对值最大的负检验数为 -100，故选检验数 -100 对应的列，即第一列作为主元列；又因为$(60\div 3)<(80\div 2)$，所以选 3 为主元．然后按矩阵的初等行变换，将主元化成1，将主元列中的2 和 -100 化成0，得如下单纯形表，对这张单纯形表，两横线中间的部分对应的方程组与原约束方程组同解，此时等价地将原规划问题变为如下问题：

$$\min(-z)=-2000-\frac{140}{3}x_2+\frac{100}{3}x_4$$

$$\text{s. t.}\begin{cases}\dfrac{10}{3}x_2+x_3-\dfrac{2}{3}x_4=40\\ x_1+\dfrac{1}{3}x_2+\dfrac{1}{3}x_4=20\\ x_1,\ x_2,\ x_3,\ x_4\geqslant 0\end{cases}$$

此时的基本变量是 x_1 和 x_3，而 x_2 与 x_4 是非基本变量，对应的单纯形表如下：

	x_1	x_2	x_3	x_4	x_0
x_3	0	$\frac{10}{3}^*$	1	$-\frac{2}{3}$	40
x_1	1	$\frac{1}{3}$	0	$\frac{1}{3}$	20
	0	$-\frac{140}{3}$	0	$\frac{100}{3}$	2000
		↑			

由于检验数尚有负值，需继续进行迭代，上表中，因$\left(40\div\frac{10}{3}\right)<\left(20\div\frac{1}{3}\right)$，故选$\frac{10}{3}$为

主元，迭代后得如下单纯形表：

	x_1	x_2	x_3	x_4	x_0
x_2	0	1	$\frac{3}{10}$	$-\frac{1}{5}$	12
x_1	1	0	$-\frac{1}{10}$	$\frac{2}{5}$	16
	0	0	14	24	2560

至此，检验数已无负元，故已达到最优解，称这样的单纯形表为最优表．在最优表中，由第一列可知对应的基本变量是 x_1，x_2，由 x_0 名下这列可知，当 $x_3=x_4=0$ 时，由约束方程组可解得 $x_1=16$，$x_2=12$，故最优表对应的基本可行解是$(16,12,0,0)^T$，这就是最优解，最优值 $\max z=2560$.

二、最小化线性规划问题的求解

例 2 求解线性规划问题

$$\min z=5x_1+6x_2+7x_3+8x_4$$

$$\text{s. t.}\begin{cases} x_1+x_2+x_3+x_4=100 \\ 5x_1+4x_2+5x_3+6x_4\geqslant 530 \\ 2x_1+x_2+x_3+2x_4\leqslant 160 \\ x_1,\ x_2,\ x_3,\ x_4\geqslant 0 \end{cases}$$

解 引入松弛变量 x_5，x_6，将问题化为标准形为

$$\min z=5x_1+6x_2+7x_3+8x_4+0x_5+0x_6$$

$$\text{s. t.}\begin{cases} x_1+x_2+x_3+x_4=100 \\ 5x_1+4x_2+5x_3+6x_4-x_5=530 \\ 2x_1+x_2+x_3+2x_4+x_6=160 \\ x_1,\ x_2,\ x_3,\ x_4,\ x_5,\ x_6\geqslant 0 \end{cases}$$

由标准形得单纯形表为

	x_1	x_2	x_3	x_4	x_5	x_6	x_0
	1	1	1	1	0	0	100
x_5	5	4	5	6	−1	0	530
x_6	2*	1	1	2	0	1	160
	5	6	7	8	0	0	0
	↑						

因为所有的检验数为正，取第一列为主元列，由于$\frac{530}{5}>\frac{100}{1}>\frac{160}{2}$，所以选 2 为主元，然后按矩阵的初等行变换，将主元化成 1，将主元列中的其余元素化成 0，得如下单纯形表：

	x_1	x_2	x_3	x_4	x_5	x_6	x_0
	0	$\frac{1}{2}^*$	$\frac{1}{2}$	0	0	$-\frac{1}{2}$	20
x_5	0	$\frac{3}{2}$	$\frac{5}{2}$	1	-1	$-\frac{5}{2}$	130
x_1	1	$\frac{1}{2}$	$\frac{1}{2}$	1	0	$\frac{1}{2}$	80
	0	$\frac{7}{2}$	$\frac{9}{2}$	3	0	$-\frac{5}{2}$	-400
		↑					

取第二列为主元列，与上一步方法一样，选第一行的$\frac{1}{2}$为主元，然后按矩阵的初等行变换，将主元化成1，将主元列中的其余元素化成0，得如下单纯形表：

	x_1	x_2	x_3	x_4	x_5	x_6	x_0
x_2	0	1	1^*	0	0	-1	40
x_5	0	0	1	1	-1	-1	70
x_1	1	0	0	1	0	1	60
	0	0	1	3	0	1	-540
			↑				

取第三列为主元列，与上一步方法一样，选第一行的1为主元，然后按矩阵的初等行变换，将主元化成1，将主元列中的其余元素化成0，得如下单纯形表：

	x_1	x_2	x_3	x_4	x_5	x_6	x_0
x_3	0	1	1	0	0	-1	40
x_5	0	-1	0	1^*	-1	0	30
x_1	1	0	0	1	0	1	30
	0	-1	0	3	0	2	-580
				↑			

取第四列为主元列，与上一步方法一样，选第二行的1为主元，然后按矩阵的初等行变换，将主元化成1，将主元列中的其余元素化成0，得如下单纯形表：

	x_1	x_2	x_3	x_4	x_5	x_6	x_0
x_3	0	1	1	0	0	-1	40
x_4	0	-1	0	1	-1	0	30
x_1	1	1	0	0	1	1	30
	0	2	0	0	3	2	-670

至此，检验数已无负元，故已达到最优解，在最优表中，由第一列可知对应的基本变量是x_3，x_4，x_1，由x_0名下这列可知当$x_2=x_5=x_6=0$时，由约束方程组可解得最优解$x_3=40$，$x_4=x_1=30$，最优值$\min z=670$.

综上所述可以看出，在将约束不等式组加上松弛变量写成约束方程组后，可行域的顶点就是约束方程组的基本可行解，反之亦然．这样，可重述线性规划问题基本定理为：

基本定理　若线性规划问题有最优解，则必有某个基本可行解是最优的．

单纯形法的过程可看作由一个基本可行解（顶点），转向另一基本可行解（顶点）的一个搜索过程，目的是逐步实现最优化（过程中逐次消灭负的检验数）．

习　题　7.3

用单纯形法求解下列线性规划问题：

（1）$\max z = 10x_1 + 16x_2$

$$\text{s.t.}\begin{cases}2x_1 + x_2 \leqslant 2\\ x_1 + 3x_2 \leqslant 6\\ x_1,\ x_2 \geqslant 0\end{cases}$$

（2）$\min z = -3x_1 + x_2$

$$\text{s.t.}\begin{cases}-2x_1 + 2x_2 \leqslant 4\\ x_1 - x_2 \leqslant 6\\ x_1,\ x_2 \geqslant 0\end{cases}$$

（3）$\max z = 3x_1 + 5x_2 + x_3$

$$\text{s.t.}\begin{cases}-4x_1 + 2x_2 + x_3 \leqslant 14\\ -x_1 + x_2 - x_3 \leqslant 4\\ x_1,\ x_2,\ x_3 \geqslant 0\end{cases}$$

第四节　对偶线性规划问题

实际中，任何一个线性规划问题都存在着一个与其对偶的线性规划问题，本节介绍对偶线性规划问题的数学模型、性质及其经济意义．

一、对偶问题数学模型

我们在本章第一节例1中提出过一个工厂的生产安排问题：工厂生产甲、乙产品各多少时，获得的总利润最大？其数学模型为

$$\max z = 4x_1 + 5x_2$$

$$\text{s.t.}\begin{cases}2x_1 + x_2 \leqslant 8\\ x_1 + 2x_2 \leqslant 7\\ 3x_2 \leqslant 9\\ x_1,\ x_2 \geqslant 0\end{cases}$$

现在从另一个角度来考虑此问题：假如工厂的决策者自己不打算生产这两种产品，而准备将现有资源转让给其他厂，自己收取资源费，这时需要考虑以怎样的价格转让才是合算的．一个明显的要求是将生产一件产品的资源转让所得不应低于生产一件产品取得的利润，否则宁可自己生产．假设煤、钢铁每吨转让费分别为 y_1，y_3（单位：千元），电每千瓦为 y_2（单位：千元）．由于生产1t甲产品可获得利润4千元，生产1t乙产品可获得利润5千元，所以对生产甲产品资源转让费约束条件为

$$2y_1 + y_2 \geqslant 4,$$

生产乙产品资源转让费约束条件为

$$y_1 + 2y_2 + 3y_3 \geqslant 5.$$

这时转让资源总收入为

$$s = 8y_1 + 7y_2 + 9y_3.$$

显然，依据实际情况，就是要考虑在满足约束条件时，总收入最小值是多少．此问题的数学模型为

$$\min s = 8y_1 + 7y_2 + 9y_3$$

$$\text{s.t.}\begin{cases}2y_1 + y_2 \geqslant 4 \\ y_1 + 2y_2 + 3y_3 \geqslant 5 \\ y_1,\ y_2,\ y_3 \geqslant 0\end{cases}$$

对同一个问题从两个不同角度考虑，得到了两个线性规划模型，它们之间有着自然的关系，我们称前者为原线性规划(简称原问题)，称后者为原问题的对偶线性规划(简称对偶问题).

若线性规划问题的原问题 P 为

$$\max z = \boldsymbol{c}^{\mathrm{T}}\boldsymbol{x}$$

$$\text{s.t.}\begin{cases}\boldsymbol{Ax} \leqslant \boldsymbol{b} \\ \boldsymbol{x} \geqslant \boldsymbol{0}\end{cases}$$

其对偶问题 D 为

$$\min s = \boldsymbol{y}^{\mathrm{T}}\boldsymbol{b}$$

$$\text{s.t.}\begin{cases}\boldsymbol{y}^{\mathrm{T}}\boldsymbol{A} \leqslant \boldsymbol{c} \\ \boldsymbol{y} \geqslant \boldsymbol{0}\end{cases}$$

其中，$\boldsymbol{A}$ 是 $m \times n$ 矩阵，$\boldsymbol{x} = \begin{pmatrix} x_1 \\ x_2 \\ \vdots \\ x_n \end{pmatrix}$，$\boldsymbol{y} = \begin{pmatrix} y_1 \\ y_2 \\ \vdots \\ y_m \end{pmatrix}$，这里的 y_1，y_2，…，y_m 称为对偶变量．显然线性规划问题的原问题与对偶问题是互为对偶的．

二、对偶线性规划问题的性质

先不加证明地给出以下定理．

对偶定理 对互为对偶的线性规划问题 P 与 D，若两者之一有最优解，则另一个也有最优解，且最优值相同，若两者之一具有无界解(无有限最优解)，则另一个必定没有可行解．

例 1 用对偶单纯形法求解线性规划问题(本章第三节例 1)

$$\max z = 100x_1 + 80x_2$$

$$\text{s.t.}\begin{cases}2x_1 + 4x_2 \leqslant 80 \\ 3x_1 + x_2 \leqslant 60 \\ x_1,\ x_2 \geqslant 0\end{cases}$$

解 先写出该问题的对偶问题

$$\min s = 80y_1 + 60y_2$$

$$\text{s.t.}\begin{cases}2y_1 + 3y_2 \geqslant 100 \\ 4y_1 + y_2 \geqslant 80 \\ y_1,\ y_2 \geqslant 0\end{cases}$$

然后写出标准形，即

$$\min s = 80y_1 + 60y_2$$

$$\text{s. t.}\begin{cases}2y_1 + 3y_2 - y_3 = 100\\ 4y_1 + y_2 - y_4 = 80\\ y_1,\ y_2,\ y_3,\ y_4 \geqslant 0\end{cases}$$

且由此可形成初始单纯形表，并按单纯形迭代法则，得到以下一系列表格：

	y_1	y_2	y_3	y_4	y_0
y_3	2	3	−1	0	100
y_4	4^*	1	0	−1	80
	80	60	0	0	0
	↑				

	y_1	y_2	y_3	y_4	y_0
y_3	0	$\frac{5}{2}^*$	−1	$\frac{1}{2}$	60
y_1	1	$\frac{1}{4}$	0	$-\frac{1}{4}$	20
	0	40	0	20	−1600
		↑			

	y_1	y_2	y_3	y_4	y_0
y_2	0	1	$-\frac{2}{5}$	$\frac{1}{5}$	24
y_1	1	0	$\frac{1}{10}$	$-\frac{3}{10}$	14
	0	0	16	12	−2560

至此已得最优表．从中可读出对偶问题的最优解 $y_1 = 14$，$y_2 = 24$，最优值是 2560.

从最优表中，我们还可以发现松弛变量所对应的检验数正好是原问题的最优解，并且这里的最优值与原问题的最优值相一致．

一般地，当我们得到一对对偶规划中的一个问题的最优单纯形表时，最优表中松弛变量对应的检验数就是对偶问题的最优解，最优表中的最优值也是对偶问题的最优值．

三、对偶规划的经济意义——影子价格

从对偶定理可知，在用单纯形法求解 P 和 D 中的某一问题的过程中，当达到最优解时，原问题和对偶问题的目标函数值相等．即有

$$z = \boldsymbol{c}^{\mathrm{T}}\boldsymbol{x}^* = \boldsymbol{y}^{*\mathrm{T}}\boldsymbol{b} = y_1^* b_1 + y_2^* b_2 + \cdots + y_m^* b_m, \tag{1}$$

其中 $\boldsymbol{x}^* = \begin{pmatrix} x_1^* \\ x_2^* \\ \vdots \\ x_n^* \end{pmatrix}$，$\boldsymbol{y}^* = \begin{pmatrix} y_1^* \\ y_2^* \\ \vdots \\ y_m^* \end{pmatrix}$分别是原问题与对偶问题的最优解．

现考虑在最优解处，常数项 b_j 的微小变动对目标函数值的影响(不改变原来的最优解所对应的基变量组)．

由式(1)可得

$$\frac{\partial z}{\partial b_j}=y_j^* \quad (j=1,2,\cdots,m).$$

于是，由偏导数的概念可知，当问题P中常数项 b_j 取得微小的改变量 Δb_j，而其他的常数项 $b_i(i=1,2,\cdots,m_j i\neq j)$ 不变时，目标函数值 z 的改变量为

$$\Delta z\approx\frac{\partial z}{\partial b_j}\cdot\Delta b_j=y_j^*\cdot\Delta b_j.$$

这说明，若原问题的某一约束条件的右端常数项 b_j 增加一个单位，则由此引起的最优目标函数值的增加量，就等于该约束条件相对应的对偶变量的最优值．

因此，最优对偶变量 y_j^* 的值，就相当于对单位第 j 种资源在实现最大利润时的一种价格估计．这种估计是针对具体企业具体产品而存在的一种特殊价格，通常称之为第 j 种资源的影子价格，影子价格在资源利用、投资决策等方面有着重要作用．

习　题　7.4

1. 写出下列线性规划问题的对偶问题：

（1）$\max z=10x_1+16x_2$

$$\text{s.t.}\begin{cases}2x_1+x_2\leqslant 2\\x_1+3x_2\leqslant 6\\x_1,\ x_2\geqslant 0\end{cases}$$

（2）$\min z=-3x_1+x_2$

$$\text{s.t.}\begin{cases}-2x_1+2x_2\leqslant 4\\x_1-x_2\leqslant 6\\x_1,\ x_2\geqslant 0\end{cases}$$

2. 对于如下线性规划问题：

$$\min z=4x_1+3x_2+x_3$$

$$\text{s.t.}\begin{cases}x_1-x_2+x_3\geqslant 1\\x_1+2x_2-3x_3\geqslant 2\\x_1,\ x_2,\ x_3\geqslant 0\end{cases}$$

试同时求出该问题及其对偶问题的解．

3. 若本章第三节例1的线性规划模型针对的实际问题为：某工厂生产甲、乙两种产品都需要逐次经过 A，B 两道工序进行装配，甲、乙每件在不同工序上所需的工时、它们销售后所能获得的利润值以及这两道工序每工期能提供的有限工时数均列于表7.4. 问甲、乙两种产品各生产多少件时，可使该厂获得的利润值最大？试对此问题的影子价格作出实际分析．

表7.4

工序	每件产品的装配工时		总有限工时
	甲	乙	
A	2	4	80
B	3	1	60
利润/(元/件)	100	80	求最大

本 章 小 结

本章主要介绍线性规划的基本概念、简单的计算与应用．

（1）正确理解线性规划数学模型的一般形式，正确理解决策变量、约束条件、目标函数、可行解、松弛变量等概念．

（2）明确线性规划标准形的特点，会将一般形式化为标准形式．

（3）正确理解并牢记原问题与对偶问题数学模型之间的关系，会写出已知线性规划的对偶规划．

（4）掌握线性规划问题的图解法，并通过图解法了解线性规划问题的三个重要结论．

（5）会写出线性规划问题的初始单纯形表，熟练掌握换基迭代解法；明确有无最优解的判断准则．

（6）学习把简单应用作为复杂问题的全息元，从简到难是顺理成章、水到渠成的事，掌握全息学习方法，学起来并没有想象的那么难，运用起来也感觉到容易多了．

复习题七

1. 问答题：

（1）线性规划方法可用于解决什么类型的问题？

（2）什么是线性规划的最优解和最优值？两者有何关系？

（3）研究对偶线性规划问题有何意义？

2. 写出下列问题的数学模型：

（1）某食品厂生产蛋糕和面包两种食物，两种食物都要用到面粉和白糖，现有面粉2000斤，白糖500斤．生产一斤蛋糕和一斤面包所需材料见表7.5. 每生产一斤蛋糕可获利润2元，生产一斤面包可获利润3.5元，食品厂在现有条件下，问蛋糕和面包应各生产多少时，才可获得利润最大？（生产计划与组织问题）

表7.5

产品	材料/斤	
	面粉	白糖
蛋糕	0.5	0.3
面包	0.4	0.25

（2）用长度为500cm的肠衣，截成长度分别为98cm和78cm两种规格的备料，要求共截出98cm的备料10000根，78cm的备料20000根，问采取怎样的截法，才能使所有的原材料最少？（合理下料问题）

（3）某养鸡场有1万只鸡，用两种饲料混合喂养，每天每只鸡吃混合饲料0.5kg，其中第一种饲料占的比例不得少于$\frac{1}{5}$. 第一种饲料0.9元/kg，第二种饲料0.28元/kg，饲料公司每周只保证供应第二种饲料50000kg. 问饲料应怎样混合，才使成本最低？（配料问题）

3. 写出下列线性规划的标准形：

（1）$\max z=10x_1+16x_2$

$$\text{s.t.}\begin{cases}2x_1+x_2\leqslant 2\\ x_1+3x_2\leqslant 6\\ x_1,\ x_2\geqslant 0\end{cases}$$

（2）$\min z=-3x_1+x_2$

$$\text{s.t.}\begin{cases}-2x_1+2x_2\leqslant 4\\ x_1-x_2\leqslant 6\\ x_1,\ x_2\geqslant 0\end{cases}$$

4. 用图解法求解下列线性规划问题：

（1）$\max z = 10x_1 + 16x_2$

$$\text{s. t.}\begin{cases}2x_1 + x_2 \leqslant 2\\ x_1 + 3x_2 \leqslant 6\\ x_1,\ x_2 \geqslant 0\end{cases}$$

（2）$\min z = -3x_1 + x_2$

$$\text{s. t.}\begin{cases}-2x_1 + 2x_2 \leqslant 4\\ x_1 - x_2 \leqslant 6\\ x_1,\ x_2 \geqslant 0\end{cases}$$

5. 对于如下线性规划问题：

$$\max z = 3x_1 - x_2 + 2x_3$$

$$\text{s. t.}\begin{cases}-4x_1 + x_2 + 3x_3 \geqslant 8\\ 2x_1 - x_2 + 2x_3 \geqslant 4\\ 3x_1 + 2x_2 + x_3 \leqslant 9\\ x_1,\ x_2,\ x_3 \geqslant 0\end{cases}$$

试用单纯形法同时求出该问题及其对偶问题的解.

第八章　概率论与数理统计

由于随机现象在经济学中的普遍存在性，因此研究方法独特、教学内容实用的概率论与数理统计这门数学课程，在经济学的研究中越来越受到人们的重视.

第一节　随机事件及其概率

一、随机现象和随机试验

在自然界和人类社会中发生的种种现象，按其发生的可能性，大体可分为两类：一是必然现象，例如一标准大气压下水加热到100℃必然沸腾. 二是随机现象，即在一定条件下，有可能发生，也有可能不发生的现象. 例如，抛一枚均匀硬币，正面朝上还是反面朝上就是随机的. 就一次的观测而言，随机现象的结果是不确定的，但是实践证明，进行大量的重复试验，随机现象的发生便呈现某种规律性. 英国数学家皮尔逊(Pearson)曾作过24000次重复抛硬币试验，结果正面朝上和反面朝上的比率都接近0.5. 可见，随机现象具有二重性：表面的偶然性和蕴涵的必然性. 偶然性是它的随机性，必然性是它在大量重复试验中表现出来的统计规律性. 概率论就是从数量的角度研究随机现象统计规律性的科学.

研究随机现象，就需要在一定条件下，对现象的结果是否发生进行观测，这种观测的过程，称为**随机试验**，简称**试验**，记作E. 随机试验有以下特点：

(1) 重复性：试验可以在相同条件下重复进行；

(2) 随机性：每次试验的结果事先是不能确定的；

(3) 明确性：虽然每次试验的结果事先是不能确定的，但所用可能出现的结果是可以确定和罗列出来的.

二、随机事件

1. 随机事件的概念

随机试验中的每个可能的结果称为**样本点**(Sample)，用ω表示，全体样本点构成的空间称为**样本空间**(Sample Space)，用Ω表示. 按照集合论的观点，样本空间就是针对该试验的全集，而样本点就是构成样本空间的元素.

样本空间Ω的子集称为**随机事件**(Random Event)，简称**事件**(Event)，一般用大写字母A，B，C等表示. 若$\omega\in A$，则称事件A在试验中发生(出现)了；若$\omega\notin A$，则称事件A在试验中没有发生(出现). 显然，Ω在每次试验都会发生，故称为**必然事件**(Certainty). 空集$\varnothing$在每次试验时都不会发生，故称为**不可能事件**(impossible event).

例如，掷一颗质地均匀的骰子，观察出现的点数.

ω_i代表出现的点数为$i(i=1,2,\cdots,6)$，则ω_i为样本点，样本空间$\Omega=\{\omega_1,\omega_2,\cdots,\omega_6\}$. 若记$A_i=\{\omega_i\}$，$B=\{$点数为奇数$\}$，$C=\{$点数小于5$\}$，$D=\{$点数大于6$\}$. 显然，$A$，$B$，$C$

为事件，Ω 为必然事件，D 为不可能事件．

2. 随机事件的运算

（1）事件的和

定义 1　事件“A 和 B”称为事件 A 与事件 B 的**和事件**，记作 $A+B$ 或 $A\cup B$，表示事件 A 与事件 B 至少发生一个（图 8.1）．

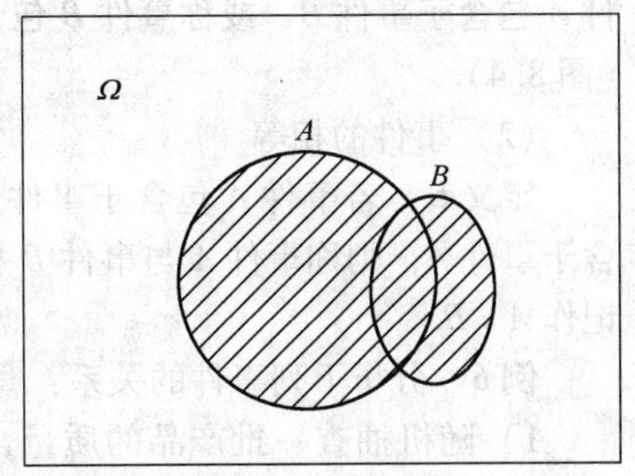

图 8.1　事件的和

此定义可以推广到有限个事件的和．

例 1　以直径和长度两项指标衡量某零件是否合格，规定零件的直径或长度之一不合格的，就是不合格零件．设

A＝{零件直径不合格}，

B＝{零件长度不合格}，

E＝{零件不合格}．

试用事件 A，B 表示事件 E.

解　显然，事件 A，B 至少一个发生就是事件 E，所以

$$E=A+B.$$

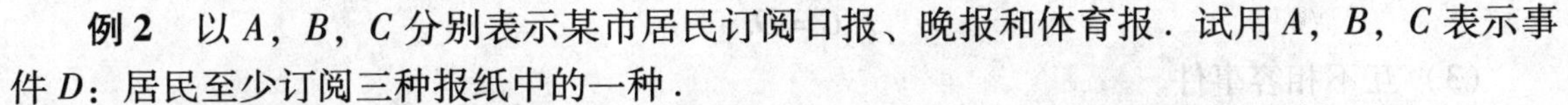

例 2　以 A，B，C 分别表示某市居民订阅日报、晚报和体育报．试用 A，B，C 表示事件 D：居民至少订阅三种报纸中的一种．

解　$D=A+B+C.$

（2）事件的积

定义 2　事件“A 且 B”称为事件 A 与事件 B 的**积事件**，记作 $A\cdot B$ 或 AB 或 $A\cap B$，表示事件 A 与事件 B 同时发生（图 8.2）．此定义可以推广到有限个事件的积．

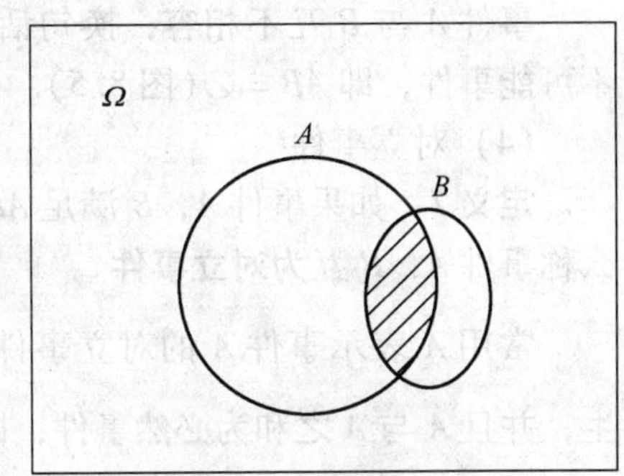

图 8.2　事件的积

例 3　在例 1 中，设 C＝{直径合格的零件}，D＝{长度合格的零件}，F＝{零件合格}．试用事件 C，D 表示事件 F.

解　只有零件的直径和长度都合格，零件才能合格，所以

$$F=CD.$$

例 4　在例 2 中，试用 A，B，C 表示事件 E：居民三种报都订阅．

解　$E=A\cdot B\cdot C=ABC.$

（3）事件的差

定义 3　若事件 A 发生而事件 B 不发生，则这一事件称为事件 A 与事件 B 的**差事件**，记作 $A-B$（图 8.3）．

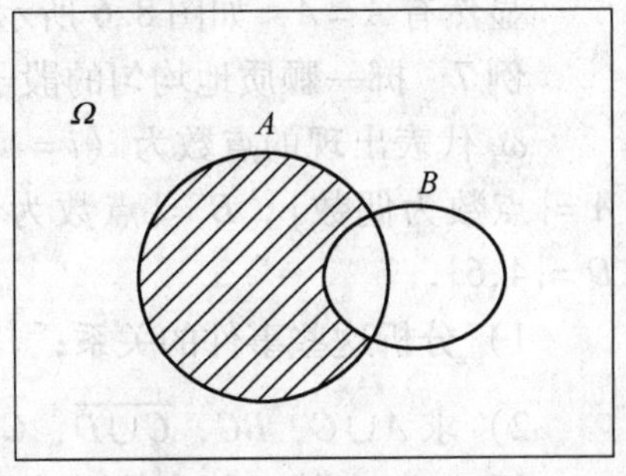

图 8.3　事件的差

例 5　在例 2 中，试用 A，B，C 表示事件 F：居民只订阅日报．

解　$F=A-B-C.$

3. 事件的关系

(1) 事件的包含

定义 4 若事件 A 发生必导致事件 B 发生，则称事件 A **包含于**事件 B，或称事件 B **包含**事件 A，记作 $A\subset B$（图 8.4）.

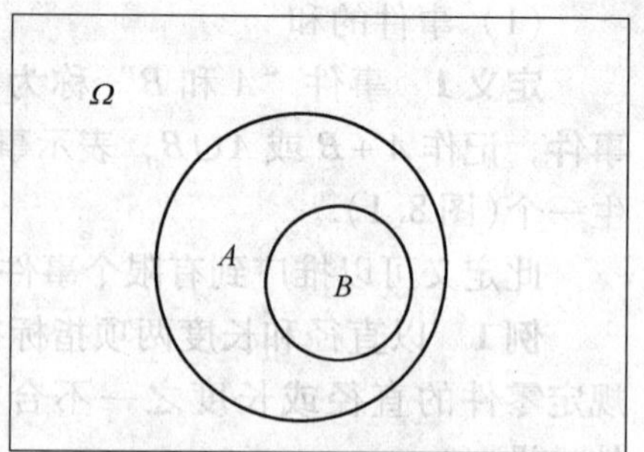

图 8.4 事件包含关系

(2) 事件的相等

定义 5 若事件 A 包含于事件 B，同时事件 B 又包含于事件 A，则称事件 A 与事件 B **相等**(或称等价)，并记作 $A=B$.

例 6 分析下列事件的关系：

1) 随机抽查一批产品的质量，记 $A=\{$抽到三个不合格品$\}$，$B=\{$抽到两个以上不合格品$\}$；

2) 抛两枚均匀硬币，记 $C=\{$不出现反面朝上$\}$，$D=\{$两个都是正面朝上$\}$.

解 1) 因为 A 发生时，就是抽到两个以上不合格品，即事件 B 也发生，故有

$$A\subset B.$$

2) 抛两枚硬币，不出现反面朝上，就是两个都是正面朝上，显然

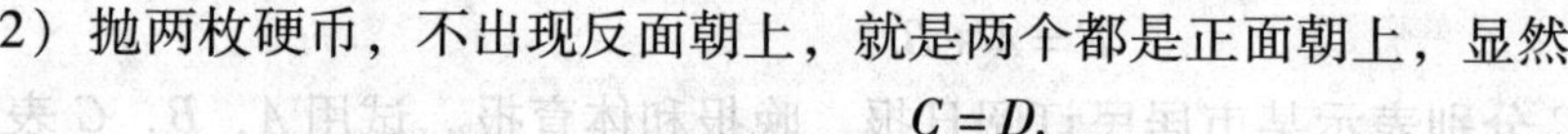

$$C=D.$$

(3) 互不相容事件

定义 6 如果事件 A 与 B 不能同时发生，那么称事件 A 与 B 为**互不相容**，或称事件 A 与 B 为**互斥事件**.

事件 A 与 B 互不相容，换句话说，事件 A 与 B 的积为不可能事件，即 $AB=\varnothing$（图 8.5）.

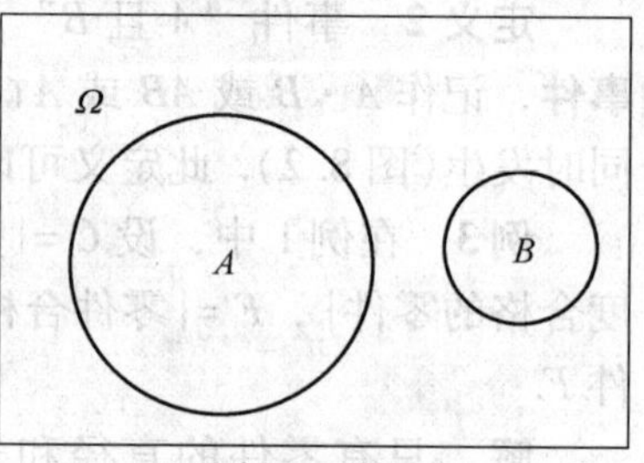

图 8.5 互斥事件

(4) 对立事件

定义 7 如果事件 A，B 满足 $AB=\varnothing$，且 $A+B=\Omega$，那么称事件 A，B 互为**对立事件**.

常用 $\overline{A}$ 表示事件 A 的对立事件，即 A 发生，则 $\overline{A}$ 不发生，并且 A 与 $\overline{A}$ 之和为必然事件，即

$$\overline{A}A=\varnothing,\ A+\overline{A}=\Omega$$

显然有 $\overline{\overline{A}}=A$，如图 8.6 所示.

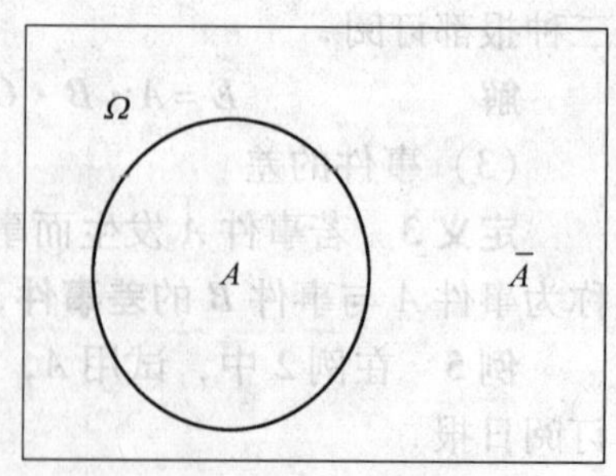

图 8.6 对立事件

例 7 掷一颗质地均匀的骰子，观察出现的点数.

ω_i 代表出现的点数为 $i(i=1,2,\cdots,6)$，若记 $A_i=\{\omega_i\}$，$A=\{$点数为偶数$\}$，$B=\{$点数为奇数$\}$，$C=\{$点数小于 5$\}$，$D=\{4,6\}$.

1) 分析这些事件的关系；

2) 求 $A\cup C$，BC，$\overline{C\cup D}$，$\overline{C}\cap D$.

解 1) 事件 A 与事件 B 为对立事件，事件 D 与事件 B 为互不相容事件，$D\subset A$；

2）$A\cup C=\{1,2,3,4,6\}$，$BC=\{1,3\}$，$\overline{C\cup D}=\overline{C}\cap\overline{D}=\{5\}$.

三、随机事件的概率

1. 古典概型

在掷一颗质地均匀的骰子，观察出现的点数的试验中，显然有：

(1) 所有可能的试验结果是有限个(有限性)；

(2) 每个可能结果在一次试验中出现的可能性相同(等可能性).

我们把具有这两个特点的试验称为**古典概型**(Classical Probability).

如果试验只有 n 个等可能结果，其中导致事件 A 出现的结果有 k 个，则事件 A 出现的概率定义为

$$P(A)=\frac{\text{导致 }A\text{ 出现的结果数}}{\text{等可能结果总数}}=\frac{k}{n}.$$

例 8　一次共发行 10000 张社会福利彩票，其中有 1 张特等奖，2 张一等奖，10 张二等奖，100 张三等奖，其余不得奖．问买一张彩票能中奖的概率是多少？

解　设事件 $A=\{\text{中奖}\}$，显然买一张彩票所有的结果数 $n=10000$，事件 A 包含的结果数

$$k=1+2+10+100=113.$$

所以中奖的概率为

$$P(A)=\frac{k}{n}=\frac{113}{10000}=0.0113.$$

例 9　箱中装有 10 件产品，其中 1 件是次品，在 9 件合格品中有 6 件一等品，3 件二等品．现从箱中任取 3 件，试求：

(1) 取得 3 件产品都是一等品的概率；

(2) 取得 3 件产品中有 1 件是一等品，2 件是二等品的概率；

(3) 取得 3 件产品中至少有 2 件是一等品的概率．

解　从箱中任取 3 件，所有可能的结果为

$$n=\mathrm{C}_{10}^{3}.$$

(1) 设 $A=\{3\text{ 件产品都是一等品}\}$，则使 A 发生的结果为 $k=\mathrm{C}_6^3$，从而有

$$P(A)=\frac{\mathrm{C}_6^3}{\mathrm{C}_{10}^3}=\frac{1}{6}.$$

(2) 设 $B=\{3\text{ 件产品中有 1 件是一等品,2 件是二等品}\}$，则使 B 发生的结果为 $k=\mathrm{C}_6^1\cdot\mathrm{C}_3^2$，从而有

$$P(B)=\frac{\mathrm{C}_6^1\cdot\mathrm{C}_3^2}{\mathrm{C}_{10}^3}=\frac{3}{20}.$$

(3) $C=\{3\text{ 件产品中至少有 2 件是一等品}\}$，则使 C 发生的结果为 $k=\mathrm{C}_6^2\mathrm{C}_4^1+\mathrm{C}_6^3$，从而有

$$P(C)=\frac{\mathrm{C}_6^2\cdot\mathrm{C}_4^1+\mathrm{C}_6^3}{\mathrm{C}_{10}^3}=\frac{2}{3}.$$

2. 公理化定义

在概率计算过程中，发现它们具有三个基本特点：

(1) 非负性．任何随机事件 A 的概率都有 $0\leqslant P(A)\leqslant 1$；

(2) 规范性．$P(\Omega)=1$，$P(\varnothing)=0$；

(3) 可加性．若 $A_i(i=1,2,\cdots)$ 是两两互不相容的事件，则 $P(\bigcup\limits_{i=1}^{\infty}A_i)=\sum\limits_{i=1}^{\infty}P(A_i)$．

以上三点也被称为概率的公理化定义．

3. 概率的性质

由概率的公理化定义可以推出以下性质：

(1) 若 $A_i(i=1,2,\cdots)$ 是两两互不相容的事件，则 $P(\bigcup\limits_{i=1}^{\infty}A_i)=\sum\limits_{i=1}^{\infty}P(A_i)$；

(2) $P(\overline{A})=1-P(A)$；

(3) $P(A-B)=P(A)-P(AB)$；

(4) $P(A\cup B)=P(A)+P(B)-P(AB)$；

(5) $P(A\cup B)\leqslant P(A)+P(B)$．

证明略．

例 10 假设事件 A 出现的概率为 0.6，事件 A 与 B 都出现的概率为 0.1，事件 A 与 B 都不出现的概率为 0.15，求：

(1) 事件 A 出现但是事件 B 不出现的概率；

(2) 事件 A 与 B 至少出现一个的概率．

解 依题意，有

$$P(A)=0.6,\ P(AB)=0.1,\ P(\overline{A}\overline{B})=0.15,$$

于是

(1) $P(A-B)=P(A)-P(AB)=0.5$；

(2) $P(A\cup B)=1-P(\overline{A\cup B})=1-P(\overline{A}\overline{B})=0.85$．

习 题 8.1

1. 将一枚均匀的硬币向上抛两次，事件 A，B，C 分别表示“第一次出现正面”“两次出现同一面”“至少有一次出现正面”．试写出必然事件及事件 A，B，C．

2. 对一批含有一定数量次品的零件进行抽检，用 A 表示“被抽检的 5 件产品中至少有 1 件次品”，B 表示“被抽检的 5 件产品全为正品”，试问事件 $A+B$、事件 AB 各表示什么？

3. 若随机试验中，$\Omega=(-\infty,+\infty)$，事件 $A=\{x|0\leqslant x<2\}$，事件 $B=\{x|0\leqslant x<3\}$，试求以下事件：

(1) $A+B$； (2) AB； (3) $\overline{A}$； (4) $A\overline{B}$．

4. 从 1，2，3，4，5，6，7，8，9 这 9 个数中任取一个，求这个数能被 2 或 3 除尽的概率．

5. 从 5 个球(其中 3 个红球，2 个白球) 中任取 2 个，求

(1) 2 个球都是红球的概率；

(2) 2 个球都是白球的概率；

（3）红球、白球各 1 个的概率．

第二节　条件概率与独立性及其应用

一、条件概率

先看一个试验 E：箱中装有 10 件产品，其中 2 件是次品，8 件是正品．先后有两人买此产品，每人 1 个，甲先乙后．

（1）已知甲买走 1 件正品(A)，而乙在该箱中买的也是正品(B)；

（2）已知甲买走 1 件正品，乙要求打开另一箱，且乙也买到正品；

（3）甲买走 1 件产品，乙在该箱中买的是正品．

以上三种情况的结果只有一个：乙买走了正品(B)，但前提条件不同，因此发生的概率也就不同．

下面我们先讨论第一种情况．

用 $P(B|A)$ 来表示该事件的概率．由于乙在买产品时箱中有 9 件产品，其中 2 件次品，7 件正品，于是由古典概型的公式得 $P(B|A)=\frac{7}{9}$.

我们再进一步讨论这个问题．由古典概型的公式易得 $P(A)=\frac{8}{10}$，$P(AB)=\frac{C_8^1\cdot C_7^1}{C_{10}^1\cdot C_9^1}=\frac{8\times7}{10\times9}$，那么 $\frac{P(AB)}{P(A)}=\frac{7}{9}$，此时可得

$$P(B|A)=\frac{P(AB)}{P(A)}.$$

事实上，这个公式有普遍的意义．因为讨论事件 $P(B|A)$ 时是在事件 A 包含的结果数目内考虑事件 AB，即是在缩小的必然事件 A 中讨论的．

定义 1　对于两个事件 A 与 B，如果 $P(A)>0$，则称

$$P(B|A)=\frac{P(AB)}{P(A)}$$

为事件 A 出现的条件下事件 B 出现的**条件概率**(Condition Probability)．

显然，当 $\Omega=A$ 时，条件概率 $P(B|\Omega)=P(B)$，这也正反映了条件概率与无条件概率之间的区别与联系．

在计算条件概率时，一般有两种方法：

（1）公式 $P(B|A)=\frac{P(AB)}{P(A)}$，$P(A)>0$；

（2）由($B|A$)的实际意义，按古典概型公式直接计算．

由条件概率的定义很容易得到下面的公式：

（1）当 $P(A)>0$ 时，$P(AB)=P(A)P(B|A)$；

（2）当 $P(B)>0$ 时，$P(AB)=P(B)P(A|B)$；

（3）当 $P(AB)>0$ 时，$P(ABC)=P(A)P(B|A)P(C|AB)$．

以上公式称为乘法公式，在相应条件成立的情况下，此结论可推广到任意有限个事件的积．

二、独立性

下面我们讨论试验 E 的第二种情况．

由于乙要求另打开一箱，此时箱中仍有 10 件产品，其中 2 件次品，8 件正品，所以 $P(B|A)=\frac{8}{10}$.

我们发现，这种情况下乙买到正品(B)的概率并不受甲是否买到正品(A)的影响，即 $P(B|A)=P(B)=\frac{8}{10}$.

由乘法公式即得 $P(AB)=P(A)P(B)$.

定义 2 如果两个事件 A 与 B 满足等式

$$P(AB)=P(A)P(B),$$

则称事件 A 与 B 是**相互独立**的，简称 A 与 B 独立(Independent).

从直观上讲，A 与 B 独立就是其中任何一个事件出现的概率不受另一个事件出现与否的影响.

推论 1 A 与 B 为两个事件，当 $P(B)>0$ 时，独立的充分必要条件是

$$P(A|B)=P(A);$$

当 $P(A)>0$ 时，独立的充分必要条件是

$$P(B|A)=P(B).$$

推论 2 设 A 与 B 为两个事件，则下列四对事件：A 与 B，$\overline{A}$ 与 B，A 与 $\overline{B}$，$\overline{A}$ 与 $\overline{B}$ 中，只要有一对事件独立，则其余三对也独立．

判断事件的独立性一般有两种方法：

(1) 由定义判断，看其是否满足 $P(AB)=P(A)P(B)$；

(2) 由问题的性质从直观上去判断．

以上关于独立性的概念可以推广到任意有限个．

例 1 甲、乙、丙三人在同一时间内分别破译某个密码，设甲、乙、丙三人能单独译出的概率分别为 0.8，0.7 和 0.6，求：

(1) 密码能译出的概率；

(2) 最多只有一人能译出的概率．

解 设 A，B，C 分别表示甲、乙、丙三人破译出密码，$D=\{$密码被破译$\}$，$F=\{$最多只有一人译出$\}$. 依实际情况，A，B，C 相互独立，则

(1)
$$\begin{aligned}P(D)&=P(A+B+C)\\&=P(A)+P(B)+P(C)-P(A)P(B)-P(A)P(C)-\\&\quad P(B)P(C)+P(A)P(B)P(C)\\&=0.8+0.7+0.6-0.8\times0.7-0.8\times0.6-0.7\times0.6+0.8\times0.7\times0.6\\&=0.976.\end{aligned}$$

当然也可以这样做：

$$\begin{aligned}P(\overline{D})&=P(\overline{A+B+C})\\&=P(\overline{A})P(\overline{B})P(\overline{C})\end{aligned}$$

$$=(1-0.8)\times(1-0.7)\times(1-0.6)$$
$$=0.024,$$

故

$$P(D)=1-P(\overline{D})=1-0.024=0.976.$$

以上是计算独立事件之和的概率时常用的两种方法.

(2) 因为 $F=\overline{A}\overline{B}\overline{C}+A\overline{B}\overline{C}+\overline{A}B\overline{C}+\overline{A}\overline{B}C$，而 $\overline{A}\overline{B}\overline{C}$，$A\overline{B}\overline{C}$，$\overline{A}B\overline{C}$，$\overline{A}\overline{B}C$ 两两互斥，所以

$$\begin{aligned}P(F)&=P(\overline{A}\overline{B}\overline{C}+A\overline{B}\overline{C}+\overline{A}B\overline{C}+\overline{A}\overline{B}C)\\&=P(\overline{A}\overline{B}\overline{C})+P(A\overline{B}\overline{C})+P(\overline{A}B\overline{C})+P(\overline{A}\overline{B}C)\\&=P(\overline{A})P(\overline{B})P(\overline{C})+P(A)P(\overline{B})P(\overline{C})+P(\overline{A})P(B)P(\overline{C})+P(\overline{A})P(\overline{B})P(C)\\&=0.2\times0.3\times0.4+0.8\times0.3\times0.4+0.2\times0.7\times0.4+0.2\times0.3\times0.6\\&=0.212.\end{aligned}$$

三、应用

1. 全概率公式与贝叶斯公式

我们再讨论试验 E 中的第三种情况.

由于不知道甲买走的是正品还是次品，这就增加了问题的难度，为此我们要从实际情况出发，全面考虑问题.

显然，$B=BA+B\overline{A}$，其中 $A\overline{A}=\varnothing$，$A+\overline{A}=\Omega$，那么

$$\begin{aligned}P(B)&=P(BA+B\overline{A})=P(BA)+P(B\overline{A})\\&=P(A)P(B|A)+P(\overline{A})P(B|\overline{A})\\&=\frac{8}{10}\times\frac{7}{9}+\frac{2}{10}\times\frac{8}{9}\\&=\frac{4}{5}.\end{aligned}$$

按照上面处理问题的思路和方法，可以得出下面两个很重要的公式，它们对于计算较为复杂的条件概率是很有用的.

(1) 全概率公式

若事件组 A_1，A_2，…，A_n 满足：

1) $A_iA_j=\varnothing(i\neq j)$；

2) $\bigcup_{i=1}^{n}A_i=\Omega$，$P(A_i)>0\quad(i=1,2,\cdots,n)$，

则对任一事件 B，有

$$P(B)=\sum_{i=1}^{n}P(A_i)P(B|A_i).$$

这个公式的直观意义很清楚：把复杂事件 B 分解成两两互斥的若干个简单事件的并(图 8.7).

(2) 贝叶斯公式

若事件组 A_1，A_2，…，A_n 满足：

1）$A_iA_j=\varnothing(i\neq j)$；

2）$\bigcup_{i=1}^{n}A_i=\Omega$，$P(A_i)>0\quad(i=1,2,\cdots,n)$，

则对任一事件 B，有

$$P(A_j|B)=\frac{P(A_j)P(B|A_j)}{\sum_{i=1}^{n}P(A_i)P(B|A_i)}$$

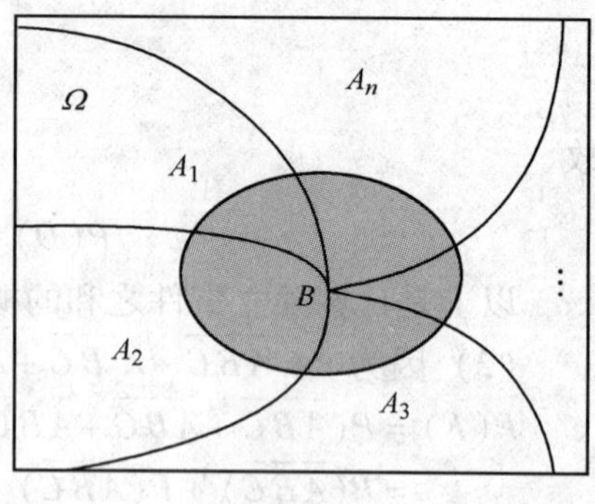

图 8.7

在用全概率公式和贝叶斯公式计算时，关键是找到与事件 B 有关且满足两个条件的事件组 A_1，A_2，…，A_n，事件组 A_1，A_2，…，A_n 一般是导致事件出现的因素.

例 2 每箱产品有 10 件，其中的次品数从 0 到 2 是等可能的．开箱试验时，从中一次抽取 2 件，如果发现有次品，则拒收该箱产品．试计算：

1）一箱产品通过验收的概率；

2）已知该箱产品通过验收，则该箱中有 2 件次品的概率．

解 设 $A_i=\{$箱内有 i 件次品$\}(i=0,1,2)$；$B=\{$该箱产品通过验收$\}$.

显然，A_0，A_1，A_2 满足 $A_iA_j=\varnothing(i\neq j)$；$\bigcup_{i=0}^{2}A_i=\Omega$，而且

$$P(A_i)=\frac{1}{3}\quad(i=0,1,2)\text{；}P(B|A_0)=1\text{；}$$

$$P(B|A_1)=\frac{C_9^2}{C_{10}^2}\text{；}\qquad P(B|A_2)=\frac{C_8^2}{C_{10}^2}.$$

1）由全概率公式，有

$$\begin{aligned}P(B)&=P(A_0)P(B|A_0)+P(A_1)P(B|A_1)+P(A_2)P(B|A_2)\\&=\frac{1}{3}\times1+\frac{1}{3}\times\frac{C_9^2}{C_{10}^2}+\frac{1}{3}\times\frac{C_8^2}{C_{10}^2}\\&\approx0.807.\end{aligned}$$

2）由贝叶斯公式，有

$$P(A_2|B)=\frac{P(A_2)P(B|A_2)}{P(B)}\approx\frac{\frac{1}{3}\times\frac{C_8^2}{C_{10}^2}}{0.807}\approx0.257.$$

2. 伯努利公式

下面再看一个关于独立性的试验．

现有 5 箱产品，每箱中均有 10 件产品，其中 3 件次品，7 件正品．现在每箱中均取 1 件产品，共取得 5 件产品，我们研究这 5 件产品中正品数的情况．

这个试验是由 5 次基本试验（从每箱中任取 1 件产品为一次基本试验）构成，它显然有以下特点：

（1）每次基本试验只有两个结果：正品(A)，次品($\overline{A}$)；

（2）每次基本试验中每个结果出现的概率不变：$P(A)=\frac{7}{10}$，$P(\overline{A})=\frac{3}{10}$；

(3) 基本试验之间相互独立；

(4) 在相同条件下，试验可以重复进行．

具有以上四个特点的试验为独立重复试验，也称伯努利(Bernoulli)试验．若试验由 n 次基本事件构成，就称为 n 重伯努利试验．上面的试验就是一个 5 重伯努利试验．这种概率模型在理论和实践方面都有重要意义．

这 5 件产品中正品数的情况究竟如何呢？我们研究其中一种情况．令 $B_2=\{$5 件产品中恰有 2 件正品$\}$，$A_i=\{$第 i 个箱中取出的是正品$\}(i=1,2,3,4,5)$，显然有

$$B_2=A_1A_2\overline{A_3}\,\overline{A_4}\,\overline{A_5}+A_1\overline{A_2}\,\overline{A_3}\,\overline{A_4}A_5+\cdots+\overline{A_1}A_2A_3\overline{A_4}A_5+\cdots+\overline{A_1}\,\overline{A_2}\,\overline{A_3}A_4A_5.$$

即分解为若干互不相容事件的并．这并中恰好有 C_5^2 个事件数，由于独立性 $P(A)$ 及 $P(\overline{A})$ 不变，那么这 C_5^2 个事件的概率相等，都等于 $\left(\frac{7}{10}\right)^2\left(\frac{3}{10}\right)^3$．所以

$$P(B_2)=C_5^2\left(\frac{7}{10}\right)^2\left(\frac{3}{10}\right)^3.$$

根据同样的思想，令 $B_k=\{$5 件产品中恰有 k 件正品$\}(k=0,1,2,3,4,5)$，那么

$$P(B_k)=C_5^k\left(\frac{7}{10}\right)^k\left(\frac{3}{10}\right)^{5-k}\quad(k=0,1,2,3,4,5).$$

将上面的式子推广一下，即得到重要的伯努利公式．

伯努利公式　在 n 重伯努利试验中，如果事件 A 在每次试验中出现的概率为 p，令 $B_k=\{$在 n 次试验中事件 B 恰好出现 k 次$\}$，那么

$$P(B_k)=C_n^kp^k(1-p)^{n-k}\quad(k=0,1,2,\cdots,n).$$

例 3　某人定点投篮的命中率是 0.6，在 10 次投篮中，求：

(1) 恰有 4 次命中的概率；

(2) 至少命中 1 次的概率．

解　由伯努利公式，有

(1) $P(B_4)=C_{10}^4(0.6)^4(1-0.6)^6=\frac{10!}{4!\,6!}\times0.6^4\times0.4^6\approx0.1115.$

(2) 至少命中 1 次的概率 $=1-P(B_0)$

$$=1-C_{10}^0(0.6)^0(1-0.6)^{10}=1-0.4^{10}\approx0.9999.$$

习　题　8.2

1. 假设一批产品中有一、二、三等品各占 60%，10%，30%，从中任取 1 件，结果不是三等品，求取到的是一等品的概率．

2. 甲、乙两人各投篮一次，设甲的命中率是 0.7，乙的命中率是 0.8，求：

(1) 两人都命中的概率；

(2) 至少有一人命中的概率；

(3) 恰有 1 人命中的概率．

3. 甲、乙、丙三台机床独立工作，在同一段时间内它们不需要工人照顾的概率分别为

0.7，0.8和0.9，求在这段时间内，最多只有一台机床需要工人照顾的概率．

4. 在肝癌诊断中，有一种甲胎蛋白法，用这种方法能够检查出95%的真实患者，但也有可能将10%的人误诊．根据以往的记录，每10000人中有4人患有肝癌，试求：

(1) 某人经此检验法诊断患有肝癌的概率；

(2) 已知某人经此检验法诊断患有肝癌，而他确实是肝癌患者的概率．

5. 同时掷4颗均匀的骰子，试计算：

(1) 恰有一颗是6点的概率；

(2) 至少有一颗是6点的概率．

第三节 随机变量及其分布

一、随机变量的概念

前面我们只是用初等数学的方法对试验中单个的事件进行了研究，而试验中事件是很多的，为了从整体上认识这个试验，更好地利用高等数学的知识进行更深入的研究，我们引入随机变量．

我们知道，很多试验的结果都是用数值表示的．例如，掷一颗骰子出现的点数为1，2，3，4，5，6；一箱中有10件产品，其中3件次品，7件正品，一次拿5件产品，其中的次品数可能为0，1，2，3等．它们有一个共同的规律，即不同的结果对应不同的数值，这样我们自然得到一个以基本事件(ω)为自变量，以必然事件(Ω)为定义域的实函数．

定义1 设E为随机试验，它的必然事件为$\Omega=\{\omega\}$，如果对于每一个$\omega\in\Omega$均有实数$X(\omega)$与之对应，则称这个定义在Ω上的实单值函数$X(\omega)$为**随机变量**(Random Variable)，$X(\omega)$简记为X.

当然，有些试验的结果不具有数值的含义．例如，掷一枚硬币观察出现正、反面的情况，但我们可以引入变量X按下面规定取值：

$$X=\begin{cases}0, & \text{当出现正面时,}\\ 1, & \text{当出现反面时.}\end{cases}$$

这样X是一个随机变量，它取何值是由试验结果而定的．

在上面的掷骰子、抽检产品、掷硬币等试验中，对于随机变量的取值，我们可以按一定的顺序一一列出，这样的随机变量称为离散型随机变量．

有的随机变量，可以取某一区间或某几个区间内的一切值，而不能一一列出．例如，某公共汽车每隔5min来一辆，那么某乘客在车站的候车时间X是一个随机变量，它可以取区间$[0,5]$内的一切值．某一灯泡的使用寿命X是一个随机变量，它可以取区间$(0,+\infty)$内的一切值．像这种可以取区间内一切值的随机变量称为非离散型随机变量．我们常研究这类随机变量中的一部分，通常称为连续型随机变量．

二、离散型随机变量的概率分布

1. 概率分布

掷一颗均匀的骰子，我们设X代表出现的点数，则X可取到的值为1，2，3，4，5，6.

由古典概型可知，X 取各值的概率都等于$\frac{1}{6}$，列表如下：

X	1	2	3	4	5	6
P	$\frac{1}{6}$	$\frac{1}{6}$	$\frac{1}{6}$	$\frac{1}{6}$	$\frac{1}{6}$	$\frac{1}{6}$

这个表从概率的角度指出了随机变量在随机试验中取值的分布状况，称为 X 的概率分布.

一般地，设离散型随机变量 X 可能取的值为 x_1，x_2，…，x_i，…，X 取每一个值 $x_i(i=1,2,\cdots)$的概率 $P\{X=x_i\}=p_i$，则称下表

X	x_1	x_2	…	x_i	…
P	p_1	p_2	…	p_i	…

为随机变量 X 的**概率分布**(Probability Distribution)，也称 X 的**分布列**(Distribution Series).

显然，概率分布必须满足下列两个条件：

(1) $0\leqslant p_i\leqslant 1\quad(i=1,2,\cdots)$；

(2) $\sum_{i=1}^{\infty}p_i=1$.

概率分布的重要作用是，有了随机变量 X 的概率分布，就可以求得该随机变量 X 所代表的随机试验中任何事件的概率，从而对整个试验了如指掌.

对任意的 $a<b$，有

$$P\{a<X<b\}=\sum_{a<x_i<b}p_i.$$

一般地，对实轴上任一集合 A，有

$$P(X\in A)=\sum_{x_i\in A}p_i.$$

例 1　某人骑自行车从学校到火车站，一路上要经过 3 个交通灯，设各灯工作独立，且设各灯为红灯的概率为 p，$0<p<1$，以 X 表示首次停车时所通过的交通灯数，求 X 的概率分布及 $P\{-1<X\leqslant 2\}$.

解　设 $A_i=\{$第 i 个灯为红灯$\}$，则 $P(A_i)=p(i=1,2,3)$，且 A_1，A_2，A_3相互独立.

$$P\{X=0\}=P(A_1)=p;\ P\{X=1\}=P(\overline{A_1}A_2)=(1-p)p;$$

$$P\{X=2\}=P(\overline{A_1}\,\overline{A_2}A_3)=(1-p)^2p;\ P\{X=3\}=P(\overline{A_1}\,\overline{A_2}\,\overline{A_3})=(1-p)^3.$$

则 X 的概率分布为

X	0	1	2	3
P	p	$(1-p)p$	$(1-p)^2p$	$(1-p)^3$

由 X 的概率分布得

$$P\{-1<X\leqslant 2\}=P\{X=0\}+P\{X=1\}+P\{X=2\}=1-(1-p)^3.$$

2. 常见分布

不同的随机试验对应着不同的概率分布，下面我们介绍三种常见的离散型随机变量的概率分布.

（1）两点分布

定义 2 如果随机变量 X 的概率分布$(0<p<1)$为

X	0	1
P	$(1-p)$	p

则称 X 服从**两点分布**，也称 0—1 分布．

两点分布刻画的是一次基本伯努利试验．

（2）二项分布

定义 3 如果随机变量 X 的概率分布$(0<p<1)$为

$$P\{X=k\}=C_n^k p^k q^{n-k} \quad (k=0,1,2,\cdots,n),$$

其中，$q=1-p$，则称 X 服从参数为 n，p 的**二项分布**，记为 $X\sim B(n,p)$．

n 重伯努利试验正是二项分布的试验背景．

（3）泊松分布

定义 4 如果随机变量 X 的概率分布为

$$P\{X=k\}=\frac{\lambda^k}{k!}e^{-\lambda} \quad (k=0,1,2,\cdots;\lambda>0),$$

则称 X 服从参数为 λ 的**泊松分布**，记为 $X\sim P(\lambda)$．

在实际中，有很多“排队”问题都可以近似地用泊松分布来描绘．

可以证明，当 n 很大，p 很小，$\lambda=np$ 是一个不太大的常数时，可以用泊松分布作为二项分布的近似，即

$$C_n^k p^k (1-p)^{n-k}\approx\frac{\lambda^k}{k!}e^{-\lambda} \quad (k=0,1,2,\cdots,n).$$

例 2 据调查，市场上假冒的某名牌香烟有 15%，某人每年买 20 条这个品牌的香烟，求他至少买到 1 条假烟的概率．

解 假设他买到 X 条假烟，对 1 条香烟而言，真假必具其一，为假的概率是 15%，为真的概率就是 85%，所以 $X\sim B(20,0.15)$．

由二项分布的分布列，得所求概率为

$$1-P\{X=0\}=1-C_{20}^0\times0.15^0\times0.85^{20}\approx1-0.039=0.961.$$

例 3 电话交换台每分钟接到的呼唤次数 X 为随机变量，设 $X\sim P(3)$，求 1min 内呼叫次数不超过 1 次的概率．

解 因为 $X\sim P(3)$，所以 $\lambda=3$，则 X 的概率分布为

$$P\{X=k\}=\frac{3^k}{k!}e^{-3} \quad (k=0,1,2,\cdots).$$

于是，所求概率为

$$\begin{aligned}P\{X\leqslant1\}&=P\{X=0\}+P\{X=1\}\\&=\frac{3^0}{0!}e^{-3}+\frac{3^1}{1!}e^{-3}=4e^{-3}\approx0.199.\end{aligned}$$

三、连续型随机变量的概率密度函数

1. 概率密度函数

定义 5 设随机变量 X，如果存在非负可积函数 $f(x)\,(-\infty<x<+\infty)$，使得对任意 $a<$

b，有

$$P\{a<X\leqslant b\}=\int_a^b f(x)\,\mathrm{d}x,$$

那么称 X 为**连续型随机变量**，函数 $f(x)$ 称为 Y 的**概率密度函数**(Function of Probability Density)，简称为**概率密度**.

显然，与离散随机变量的概率分布类似，概率密度函数 $f(x)$ 必须具备以下两个条件：

(1) $f(x)\geqslant 0\quad(-\infty<x<+\infty)$；

(2) $\int_{-\infty}^{+\infty} f(x)\,\mathrm{d}x=1$.

由于连续型随机变量取值的连续性，它取值的有效集合必须是一个区间，即它在个别点上的概率为0. 所以对任意 $a<b$，有

$$P\{a<X\leqslant b\}=P\{a<X<b\}=P\{a\leqslant X\leqslant b\}=\int_a^b f(x)\,\mathrm{d}x.$$

例4　设随机变量 X 具有概率密度函数

$$f(x)=\begin{cases}A(1-x), & 0\leqslant x\leqslant 1,\\ 0, & \text{其他}.\end{cases}$$

试求：

(1) 常数 A；(2) $P\left\{-4<X\leqslant\frac{1}{2}\right\}$；(3) $P\left\{\frac{1}{4}<X<1\right\}$.

解　(1) 因为

$$1=\int_{-\infty}^{+\infty} f(x)\,\mathrm{d}x=\int_0^1 A(1-x)\,\mathrm{d}x=\frac{A}{2},$$

所以 $A=2$. 于是

$$f(x)=\begin{cases}2(1-x), & 0\leqslant x\leqslant 1,\\ 0, & \text{其他}.\end{cases}$$

(2) $P\left\{-4<X\leqslant\frac{1}{2}\right\}=\int_0^{\frac{1}{2}}2(1-x)\,\mathrm{d}x=0.75.$

(3) $P\left\{\frac{1}{4}<X<1\right\}=\int_{\frac{1}{4}}^{1}2(1-x)\,\mathrm{d}x=0.5625.$

2. 常见的分布

(1) 均匀分布

定义6　如果随机变量 X 具有概率密度函数

$$f(x)=\begin{cases}\dfrac{1}{b-a}, & a\leqslant x\leqslant b,\\ 0, & \text{其他},\end{cases}$$

则称 X 服从区间 $[a,\ b]$ 上的**均匀分布**，记作 $X\sim U(a,b)$. 其概率密度函数如图8.8所示.

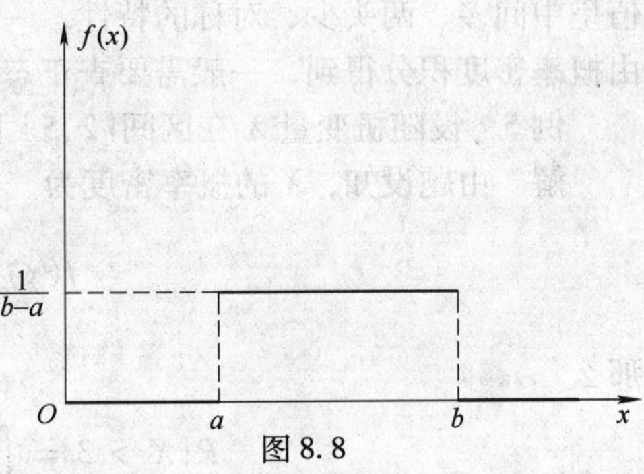

图8.8

常用均匀分布描述在区间 (a,b) 内取值的可能性大小均等的一类随机现象，如乘客在车站的候车时间等.

(2) 指数分布

定义7 如果随机变量 X 具有概率密度函数

$$f(x)=\begin{cases}\lambda e^{-\lambda x}, & x>0,\\ 0, & x\leqslant 0,\end{cases}$$

其中 $\lambda>0$，则称 X 服从参数为 λ 的**指数分布**，记作 $X\sim E(\lambda)$. 其概率密度函数如图8.9所示.

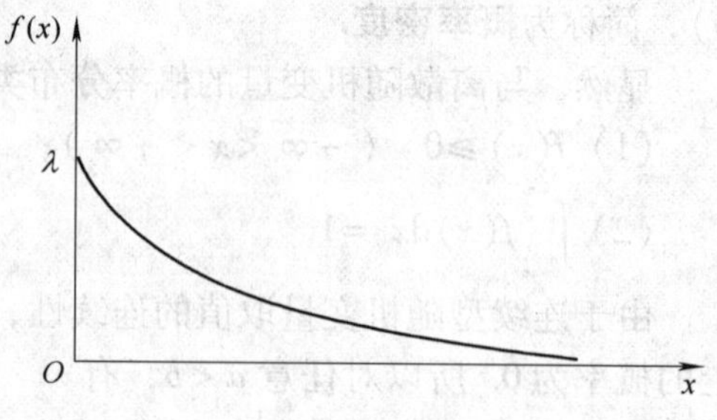

图8.9

指数分布常用作各种"寿命"分布的近似，例如无线电元件的寿命、动物的寿命、电话的通话时间等都近似服从**指数分布**. 指数分布具有无记忆性，它的直观意义是有些元件在使用过程中损坏与否同过去使用的历史无关.

(3) 正态分布

定义8 如果随机变量 X 具有概率密度函数

$$f(x)=\frac{1}{\sqrt{2\pi}\sigma}e^{-\frac{(x-\mu)^2}{2\sigma^2}}\quad(-\infty<x<+\infty),$$

其中 $\sigma>0$，则称 X 服从参数为 μ，σ^2 的正态分布，记作 $X\sim N(\mu,\sigma^2)$. 其概率密度函数如图8.10所示.

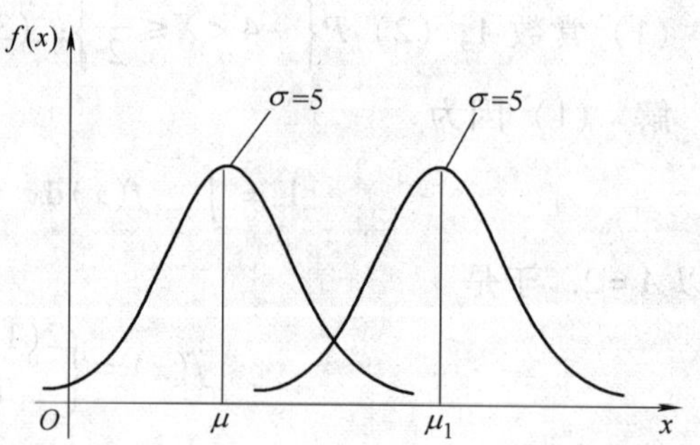

图8.10

特别地，当 $X\sim N(0,1)$ 时，称随机变量 X 服从**标准正态分布**，此时概率密度函数为

$$\phi(x)=\frac{1}{\sqrt{2\pi}}e^{-\frac{x^2}{2}}\quad(-\infty<x<+\infty)$$

可以观察出正态分布的概率密度函数曲线有以下性质：

1) 以直线 $x=\mu$ 为对称轴；

2) 以 x 轴为渐近线；

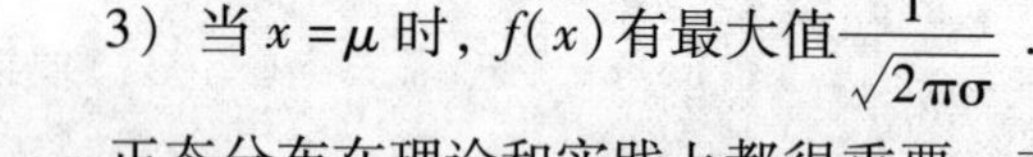

3) 当 $x=\mu$ 时，$f(x)$ 有最大值 $\frac{1}{\sqrt{2\pi}\sigma}$.

正态分布在理论和实践上都很重要. 在自然现象和社会现象中，只要随机变量 X 的取值呈中间多、两头少、对称的特性，一般都服从或近似服从正态分布. 正态分布的概率很难由概率密度积分得到，一般需要查正态分布表.

例5 设随机变量 X 在区间[2,5]上服从均匀分布，试求 X 的观测值大于3的概率.

解 由题设知，X 的概率密度为

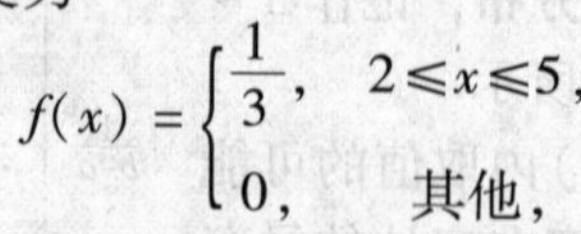

$$f(x)=\begin{cases}\frac{1}{3}, & 2\leqslant x\leqslant 5,\\ 0, & 其他,\end{cases}$$

那么

$$P\{X>3\}=\int_{-\infty}^{+\infty}f(x)dx=\int_3^5\frac{1}{3}dx=\frac{2}{3}.$$

例 6　某种机器出故障前正常运行的时间 X(单位:h)是一个连续型随机变量，其概率密度函数是

$$f(x)=\begin{cases}\dfrac{1}{200}e^{-\frac{x}{200}}, & x>0,\\ 0, & x\leqslant 0.\end{cases}$$

试求该机器能连续工作 50～150h 的概率以及能连续正常工作超过 200h 的概率.

解　由题设，得

$$P\{50\leqslant X\leqslant 150\}=\int_{50}^{150}\frac{1}{200}e^{-\frac{x}{200}}dx=e^{-\frac{1}{4}}-e^{-\frac{3}{4}}\approx 0.306,$$

$$P\{X>200\}=\int_{200}^{+\infty}\frac{1}{200}e^{-\frac{x}{200}}dx=e^{-1}\approx 0.368.$$

习　题　8.3

1. 判断以下两表的对应值能否作为离散型随机变量的概率分布:

(1)

X	-2	1	0
P	$\frac{1}{2}$	$\frac{3}{10}$	$\frac{2}{5}$

(2)

X	1	2	3	4
P	$\frac{1}{2}$	$\frac{1}{4}$	$\frac{1}{8}$	$\frac{1}{8}$

2. 设随机变量 X 的概率分布为

$$P\{X=k\}=\frac{k}{6}(k=1,2,3).$$

求 $P\{X=1\}$，$P\{X>2\}$，$P\{X\leqslant\sqrt{5}\}$，$P\{1.5\leqslant X\leqslant 5.\}$

3. 罐中有 5 颗跳棋子，其 2 颗为蓝的，3 颗为红的，如果按有放回和无放回两种方法，每次取一颗跳棋子，共取三次. 求三次中取到的蓝色跳棋子次数 X 的概率分布分别是什么?

4. 设随机变量 X 服从参数为 λ 的泊松分布，且

$$P\{X=0\}=\frac{1}{2}.$$

求:(1) λ;(2) $P\{X>1\}$.

5. 设连续型随机变量 X 的概率密度函数为

$$f(x)=\begin{cases}Ax, & 0\leqslant x\leqslant 1,\\ 0, & \text{其他}.\end{cases}$$

求:(1) 常数 A;(2) $P\{0.25<X\leqslant 2\}$.

6. 设随机变量 X 在区间$[0,10]$上服从均匀分布.

(1) 试写出 X 的概率密度函数;(2) 试求 $P\{3<X\leqslant 8.\}$

7. 某计算机的试验寿命 X(单位:h)服从参数为 0.001 的指数分布.

(1) 试写出 X 的概率密度函数;

（2）试求此计算机使用时间不超过1000h的概率．

第四节　随机变量的数字特征

随机变量的取值是不确定的，但随机变量的变化又有自身的统计规律性．规律之一就是我们上一节介绍的可以具体、细致地描述随机变量的概率分布或概率密度（一般情况下较难得到）；规律之二就是在主要概率特征上表现出来的稳定性．这种稳定的随机变量的特征一般以数字的形式出现，称为随机变量的数字特征，数字特征往往比概率分布或概率密度更直接、更简洁、更清晰、更实用地反映出随机变量的本质．

最常用的数字特征为期望和方差．

一、期望

“平均数”是我们在日常生活中使用最多的一个数值特征，它简洁地指出了所研究对象的位置特征，对评判事物、作出决策都有重要作用．

1．离散型随机变量的期望

根据实际中加权平均值的计算方法，下面给出离散型随机变量数学期望的定义．

定义1　如果离散型随机变量 X 的概率分布为

X	x_1	x_2	$\cdots$	x_i	$\cdots$
P	p_1	p_2	$\cdots$	p_i	$\cdots$

则有限和数

$$x_1p_2 + x_2p_2 + \cdots + x_ip_i + \cdots = \sum_{i=1}^{\infty} x_ip_i$$

为随机变量 X 的**数学期望**（Mathematical Expectation），简称**期望**，记作 $E(X)$．

例1　求两点分布的数学期望．

解　由两点分布的分布列，得

$$E(X)=1\times p+0\times(1-p)=p.$$

例2　甲、乙两个工人生产同一种产品，日产量相同，在一天中出现的不合格品的件数分别为 X 和 Y，其概率分布分别为

X	0	1	2	3	4
P	0.4	0.3	0.2	0.1	0

Y	0	1	2	3	4
P	0.5	0.1	0.2	0.1	0.1

试比较这两个工人的技术情况．

解　先求出他们各自出现不合格品的平均数：

$$E(X)=0\times0.4+1\times0.3+2\times0.2+3\times0.1+4\times0=1,$$

$$E(X)=0\times0.5+1\times0.1+2\times0.2+3\times0.1+4\times0.1=1.2.$$

这说明，就平均数而言，工人乙每天生产出的废品数比工人甲多，从这个意义上说，甲的技术比乙好一些．

2. 连续型随机变量的数学期望

由定积分的思想，不难得出连续型随机变量的数学期望的定义.

定义 2　如果连续型随机变量 X 的概率密度为 $f(x)$，那么称收敛的

$$E(X) = \int_{-\infty}^{+\infty} xf(x)\,\mathrm{d}x$$

为连续型随机变量 X 的**数学期望**(简称**期望**).

例 3　求均匀分布的期望.

解　由均匀分布的概率密度，得

$$E(X) = \int_{-\infty}^{+\infty} xf(x)\,\mathrm{d}x = \int_a^b x\frac{1}{b-a}\mathrm{d}x = \frac{1}{b-a}\frac{x^2}{2}\bigg|_a^b = \frac{a+b}{2}.$$

例 4　设连续型随机变量 X 的概率密度为

$$f(x)=\begin{cases}\dfrac{3}{2}x^2, & -1\leqslant x\leqslant 1,\\ 0, & \text{其他}.\end{cases}$$

求 $E(X)$.

解　$E(X) = \int_{-\infty}^{+\infty} xf(x)\,\mathrm{d}x = \int_{-1}^{1} x\frac{3}{2}x^2\,\mathrm{d}x = 0.$

3. 期望的性质

性质 1　$E(C)=C$　(其中 C 为常数).

性质 2　$E(kX)=kE(X)$　(k 为常数).

性质 3　设随机变量 X 的概率密度为 $f(x)$，则 $Y=g(X)$ 是随机变量 X 的函数，也是随机变量. 随机变量 Y 的数学期望为

$$E(Y) = E[g(X)] = \int_{-\infty}^{+\infty} g(x)f(x)\,\mathrm{d}x.$$

例 5　设连续型随机变量 X 的概率密度为

$$f(x)=\begin{cases}2(1-x), & 0\leqslant x\leqslant 1,\\ 0, & \text{其他}.\end{cases}$$

求 $E(2X-3)$ 及 $E(X^2)$.

解　因为

$$E(X) = \int_{-\infty}^{+\infty} xf(x)\,\mathrm{d}x = \int_0^1 x\cdot 2(1-x)\,\mathrm{d}x = x^2\Big|_0^1 - \frac{2}{3}x^3\Big|_0^1 = \frac{1}{3}.$$

所以，由性质 1 和性质 2，得

$$E(2X-3) = 2E(X)-3 = 2\times\frac{1}{3}-3 = -\frac{7}{3}.$$

由性质 3，得

$$E(X^2) = \int_{-\infty}^{+\infty} x^2 f(x)\,\mathrm{d}x = \int_0^1 x^2\cdot 2(1-x)\,\mathrm{d}x = 2\left[\frac{x^3}{3}-\frac{x^4}{4}\right]_0^1 = \frac{1}{6}.$$

二、方差

随机变量取值的稳定性是判断随机现象性质的十分重要的指标. 例如，地震仪上描出曲

线的起伏大小、某天股市股票价格的波动等.

定义 3 设随机变量 X 的 $E(X)$ 存在，若 $E[X-E(X)]^2$ 存在，则 $E[X-E(X)]^2$ 称为 X 的**方差**(Variance)，记作 $D(X)$，即

$$D(X)=E[X-E(X)]^2.$$

$\sqrt{D(X)}$ 称为 X 的**标准差**.

如果 X 是离散型随机变量，其概率分布为

$$P\{X=x_k\}=p_k(k=1,2,\cdots),$$

那么
$$D(X)=\sum_{k=1}^{\infty}[x_k-E(X)]^2p_k.$$

如果 X 是连续型随机变量，其概率密度为 $f(x)$，那么

$$D(X)=\int_{-\infty}^{+\infty}[x-E(X)]^2f(x)\mathrm{d}x.$$

由期望的性质，可以推出对离散型和连续型随机变量都适用的方差常用计算公式，即

$$D(X)=E(X^2)-E^2(X).$$

例 6 求两点分布的方差.

解 由两点分布的分布列，有

$$E(X)=p,\ E(X^2)=1^2\times p+0^2\times(1-p)=p,$$

则

$$D(X)=E(X^2)-E^2(X)=p-p^2=p(1-p).$$

例 7 设随机变量 X 服从区间 $[a,b]$ 上的均匀分布，求 $D(X)$.

解 已知 X 的概率密度函数

$$f(x)=\begin{cases}\dfrac{1}{b-a}, & a\leqslant x\leqslant b,\\ 0, & \text{其他},\end{cases}$$

而且 $E(X)=\dfrac{a+b}{2}$，又因为

$$E(X^2)=\int_{-\infty}^{+\infty}x^2f(x)\mathrm{d}x=\int_a^b\frac{x^2}{b-a}\mathrm{d}x=\frac{1}{3}(a^2+ab+b^2),$$

所以

$$D(X)=E(X^2)-E^2(X)=\frac{1}{3}(a^2+ab+b^2)-\left(\frac{a+b}{2}\right)^2=\frac{(b-a)^2}{12}.$$

由方差的定义，也可以得到关于方差的一些性质：

性质 1 $D(C)=0$ （其中 C 为常数).

性质 2 $D(X+C)=D(X)$ （其中 C 为常数).

性质 3 $D(kX)=k^2D(X)$ （k 为常数).

习 题 8.4

1. 已知随机变量 X 的概率分布为

$$P\{X=k\}=\frac{1}{10}\quad(k=2,4,\cdots,18,20).$$

求 $E(X)$ 及 $D(X)$.

2. 在射击比赛中，每人射击4次(每次1发)，约定全都不命中得0分；只中1发得15分；中2发得30分；中3发得55分；中4发得100分．某人每次射击的命中率为0.5，问他期望能得多少分？

3. 设随机变量X的概率密度函数为

$$f(x)=\begin{cases}2x, & 0\leqslant x\leqslant 1\\ 0, & \text{其他}\end{cases}$$

求：

(1) $E(X)$ 及 $D(X)$；

(2) $E(2X+3)$ 及 $D(3X-2)$.

第五节　样本及其分布

一、总体与样本

定义1　研究对象的全体称为**总体**，组成总体的每个基本单位称为**个体**．

例如，在研究某班学生的身高时，该班全体学生的身高就是总体，其中每个学生的身高就是该总体中的个体．又如，数轴上的一条线段，所有点的全体组成一个总体，其中的每一个点是总体中的一个个体．

总体可以包含有限个个体，也可以包含无限个个体．在一个有限总体所包含的个体相当多的情况下，也可以把它作为无限总体来处理，如一大批服装、一个国家的人口等．

在数理统计中，对于总体中的某一个个体具有的特性，人们并不感兴趣，而关心的是表征总体性质的某一个或某几个数量指标和该指标在总体中的分布情况．例如，灯泡的使用寿命 X 就是灯泡质量的一个重要指标；人的身高 X_1、体重 X_2 是人的体征的两个重要数量指标．虽然每一个数量指标 X 的值是一个随个体不同而变化的量，但它却是按一定规律分布的．因此总体的每一数量特征就是一个随机变量 X，由于人们主要是研究总体的某些数量指标，这样，总体就可以看做一个随机变量 X 的全体取值．每个个体便是一个试验观察值，而 X 的分布规律能完整地表达这个总体的统计特性．

定义2　从总体中抽取若干个个体而组成的集合，称为**样本**．样本中所含个体的个数称为**样本容量**．

从总体 X 中抽取容量为 n 的样本，一般记为 $(X_1,X_2,\cdots,X_n)$．显然 $X_i(i=1,2,\cdots,n)$ 都是随机变量．而把一次具体抽样所得的数据记为 $(x_1,x_2,\cdots,x_n)$，它是样本 $(X_1,X_2,\cdots,X_n)$ 的一次具体观察值或样本值．

抽取样本的目的是对总体的分布进行分析推断，因此要求抽取的样本能很好地反映总体的特征，这就需要对样本提出一定要求．

(1) 代表性：每个 $X_i(i=1,2,\cdots,n)$ 与 X 具有相同的分布；

(2) 独立性：$X_i(i=1,2,\cdots,n)$ 相互独立．

满足以上两点的样本称为**简单随机样本**．一般在无限总体中的随机抽样或在有限总体中有放回地抽样所得的样本都是简单随机样本．今后若不作特别说明，所说的样本都是简单随机样本.

定义 3 样本$(X_1,X_2,\cdots,X_n)$的函数$f(X_1,X_2,\cdots,X_n)$称为**统计量**，其中$f(X_1,X_2,\cdots,X_n)$不包含总体的未知参数.

统计量一般是样本的连续函数. 由于样本是随机变量，因而它的函数也是随机变量. 下面介绍两个重要的统计量(即样本的数字特征).

(1) 样本均值：
$$\overline{X}=\frac{1}{n}\sum_{i=1}^{n}X_i.$$

(2) 样本方差：
$$S^2=\frac{1}{n-1}\sum_{i=1}^{n}(X_i-\overline{X})^2.$$

样本标准差：
$$S=\sqrt{S^2}.$$

例 1 从某总体中抽取容量为 5 的样本，测得样本值为 32.5，31.8，32.0，33.2，32.9，求样本的均值和样本方差.

解 $\overline{X}=\frac{1}{5}(32.5+31.8+32.0+33.2+32.9)=32.48$,

$$S^2=\frac{1}{4}\left[(32.5-32.48)^2+(31.8-32.48)^2+(32.0-32.48)^2+(33.2-32.48)^2+(32.9-32.48)^2\right]=0.347.$$

二、几个常用统计量的分布

后面的几节所涉及的多为正态总体，因此，这里将介绍有关正态分布随机变量函数的一系列分布.

1. 样本均值 $\overline{X}$ 的分布(U 分布)

定理 1 设随机变量$(X_1,X_2,\cdots,X_n)$相互独立，且X_i服从正态分布$N(\mu_i,\sigma_i^2)$ $(i=1,2,\cdots,n)$，则它们的线性函数$\eta=\sum_{i=1}^{n}a_iX_i$ (a_i不全为0;$i=1,2,\cdots,n$)也服从正态分布，其中
$$E(\eta)=\sum_{i=1}^{n}a_i\mu_i,\quad D(\eta)=\sum_{i=1}^{n}a_i^2\sigma_i^2$$

推论 设$(X_1,X_2,\cdots,X_n)$是取自正态总体$N(\mu,\sigma^2)$的样本，则有

(1) $\overline{X}=\frac{1}{n}\sum_{i=1}^{n}X_i\sim N\left(\mu,\frac{\sigma^2}{n}\right)$,

(2) $U=\frac{\overline{X}-\mu}{\sigma}\sqrt{n}\sim N(0,1)$.

2. χ^2 分布

定理 2 若$(X_1,X_2,\cdots,X_n)$是正态总体$N(0,1)$的样本，称统计量
$$\chi^2=X_1{}^2+X_2{}^2+\cdots+X_n{}^2$$
所服从的分布为自由度是 n 的χ^2 分布，记作$\chi^2\sim\chi^2(n)$.

推论 设$(X_1,X_2,\cdots,X_n)$是取自正态总体$N(\mu,\sigma^2)$的样本，则统计量
$$\frac{1}{\sigma^2}\sum_{i=1}^{n}(X_i-\mu)^2\sim\chi^2(n),$$

$$\frac{1}{\sigma^2}\sum_{i=1}^{n}(X_i-\overline{X})^2 \sim \chi^2(n-1).$$

利用随机变量函数的分布的计算方法，可以证明$\chi^2(n)$分布的概率密度函数为

$$f(x)=\begin{cases}\dfrac{1}{2^{n/2}\Gamma(n/2)}x^{\frac{n}{2}-1}\mathrm{e}^{-\frac{n}{2}}, & x\geqslant 0,\\ 0, & x<0.\end{cases}$$

$f(x)$的图形如图 8.11 所示．

从图中可以看出：当$n\to\infty$时，χ^2 分布是渐近正态分布的．

对于给定的正数$\alpha(0<\alpha<1)$，称满足条件

$$P\{\chi^2(n)\geqslant\chi^2_\alpha(n)\}=\int_{\chi^2_\alpha(n)}^{+\infty}f(x)\,\mathrm{d}x=\alpha$$

的数$\chi^2_\alpha(n)$为$\chi^2(n)$分布的上侧α分位数，如图 8.12 所示．

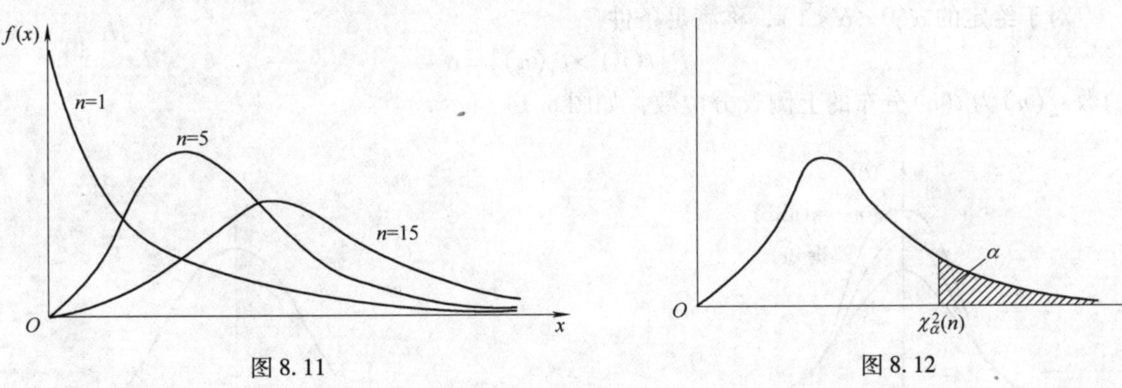

图 8.11　　图 8.12

对于不同的α，n，上侧α分位数表见附表 3. 如$\chi^2_{0.05}(10)=18.307$，$\chi^2_{0.95}(18)=9.390$等．其中$\chi^2_{0.05}(10)=18.307$的意义是$\chi^2(n)$不小于 18.307 的概率为 0.05.

例 2　查附表 3 求：

(1)$\chi^2_{0.1}(25)$；　(2)$\chi^2_{0.01}(33)$；　(3)$\chi^2_{0.01}(10)$；　(4)$\chi^2_{0.99}(5)$.

解　查附表 3，得

(1)$\chi^2_{0.1}(25)=34.382$；　(2)$\chi^2_{0.01}(33)=54.776$；

(3)$\chi^2_{0.01}(10)=23.209$；　(4)$\chi^2_{0.99}(5)=0.554$.

例 3　设X_1，X_2，…，X_{10}是取自总体$N(0,0.09)$的样本，求$P\{\sum\limits_{i=1}^{10}X_i^2>1.44\}$．

解　正态总体均值$\mu=0$，方差$\sigma^2=0.09$，因此

$$\frac{1}{\sigma^2}\sum_{i=1}^{10}X_i^2=\frac{1}{0.09}\sum_{i=1}^{10}X_i^2\sim\chi^2(10),$$

所以

$$P\{\sum_{i=1}^{10}X_i^2>1.44\}=P\{\frac{1}{0.09}\sum_{i=1}^{10}X_i^2>16\}=0.1.$$

3. *t* 分布

定理 3　设$X\sim N(0,1)$，$Y\sim\chi^2(n)$，且X和Y相互独立，则称随机变量

$$T=\frac{X}{\sqrt{Y/n}}$$

所服从的分布为自由度是 n 的 t 分布，记作 $T\sim t(n)$.

推论　设$(X_1,X_2,\cdots,X_n)$是取自正态总体 $N(\mu,\sigma^2)$ 的样本，则统计量

$$T=\frac{\bar{X}-\mu}{S}\sqrt{n}\sim t(n-1).$$

$t(n)$分布的概率密度函数为(证明略)

$$f(t)=\frac{\Gamma[(n+1)/2]}{\sqrt{n\pi}\Gamma(n/2)}\left(1+\frac{t^2}{n}\right)^{-(n+1)/2}\quad(-\infty<x<+\infty).$$

$f(t)$的图形如图 8.13 所示.

从图 8.13 中可以看出：$t(n)$分布是图形对称的分布，并且当 $n\to\infty$ 时，它渐近于标准正态分布.

对于给定的 $\alpha(0<\alpha<1)$，称满足条件

$$P\{t(n)>t_\alpha(n)\}=\alpha$$

的数 $t_\alpha(n)$ 为 $t(n)$ 分布的上侧 α 分位数，如图 8.14 所示.

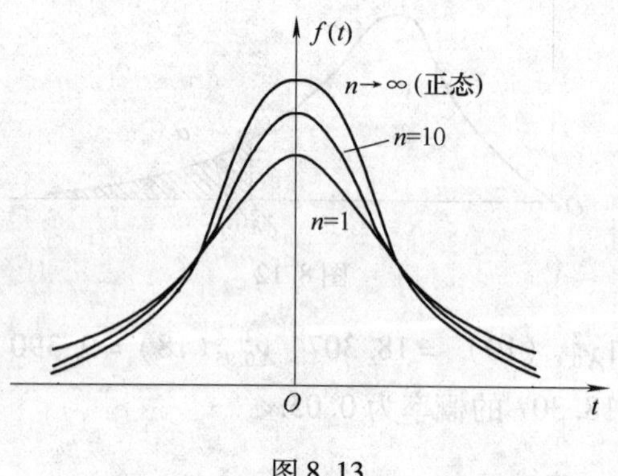

图 8.13

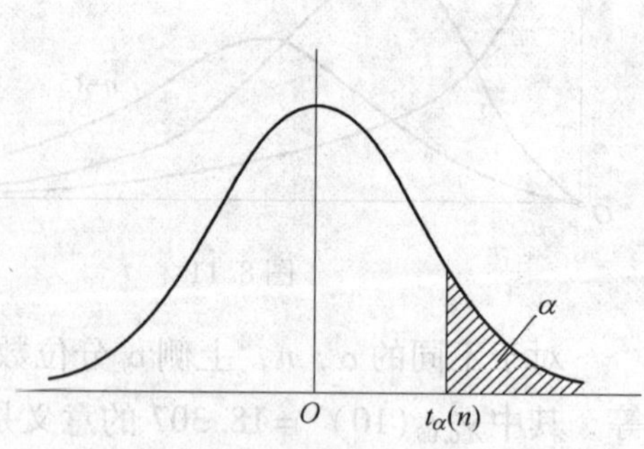

图 8.14

为便于求 t 分布的上侧 α 分位数，可查 t 分布表(附表2)确定 $t_\alpha(n)$ 的值. 当 $\alpha>0.5$ 时，可用公式 $t_\alpha(n)=-t_{1-\alpha}(n)$.

例 4　查附表 2 求：

(1) $t_{0.1}(6)$；　(2) $t_{0.025}(22)$；　(3) $t_{0.01}(43)$；　(4) $t_{0.9}(15)$.

解　查附表 2，得

(1) $t_{0.1}(6)=1.4398$；　(2) $t_{0.025}(22)=2.0739$；

(3) $t_{0.01}(43)=2.4163$　(4) $t_{0.9}(15)=-t_{0.1}(15)=-1.3406$.

习　题　8.5

1. 已知总体 X 服从正态分布 $N(\mu,\sigma^2)$，其中 μ，σ^2 均未知，设$(x_1,x_2,\cdots,x_n)$是从总体中抽取的样本值，指出下面哪些是统计量？

(1) $x_1+x_2+\cdots+x_n$；

(2) $(x_1-\mu)^2+(x_2-\mu)^2+\cdots+(x_n-\mu)^2$；

(3) $\sum_{i=1}^{n}\frac{x_i}{\sigma}$；

(4) $\max\{x_1,x_2,\cdots,x_n\}-\min\{x_1,x_2,\cdots,x_n\}$.

2. 设有一样本值为

$$9.0,\ 7.8,\ 8.2,\ 10.5,\ 7.5$$

试求样本均值 $\overline{X}$ 及样本方差 S^2.

3. 查附表 3 求：

(1) $\chi^2_{0.975}(17)$；　(2) $\chi^2_{0.95}(8)$；　(3) $\chi^2_{0.025}(24)$；　(4) $\chi^2_{0.005}(35)$.

4. 查附表 2 求：

(1) $t_{0.10}(15)$；　(2) $t_{0.01}(26)$；　(3) $t_{0.9}(41)$；　(4) $t_{0.95}(9)$.

第六节　参数估计

在许多实际问题中，总体的分布类型往往可以根据经验确定，但其中的若干参数未知；或者总体的分布函数类型未知，而所关心的只是总体中某些数字特征，通常我们把这些数字特征也称为参数．例如，产品的质量指标 X 服从正态分布 $N(\mu,\sigma^2)$，但参数 μ，σ^2 均未知，需要估计 μ，σ^2. 又如，某厂生产的电视显像管寿命 X 的分布函数类型未知，但我们只关心电视显像管的平均使用寿命和寿命的波动情况，即需要估计 X 的数学期望 $E(X)$ 和方差 $D(X)$. 诸如此类都需要从总体中抽取样本，然后利用样本值给出总体未知参数的估计值的问题，称为参数估计问题．参数估计有两种类型：一个是点估计，一个是区间估计．

一、点估计

用总体 X 的简单随机样本 $(X_1,X_2,\cdots,X_n)$ 构造一个统计量 $\hat{\theta}(X_1,X_2,\cdots,X_n)$，用统计量对总体参数 θ 的值作出估计，就称为参数 θ 的点估计．$\hat{\theta}$ 称为 θ 的估计量，它是一个随机变量，而将样本的一组观测值 $(x_1,x_2,\cdots,x_n)$ 代入 $\hat{\theta}(X_1,X_2,\cdots,X_n)$ 就得到 $\hat{\theta}$ 的一个具体数值，称为 θ 的估计值．

点估计方法很多，常用的有矩估计法和极大似然估计法．这里我们只介绍矩估计法，它是一种既直观又简单的传统估计方法．

1. 矩估计法（数字特征法）

总体和样本都有矩，矩有中心矩与原点矩之分．其中，随机变量 X 的期望是它的一阶原点矩，方差是二阶中心矩．样本均值是样本的一阶原点矩，样本方差是样本的二阶中心矩．

矩估计法是以样本矩作为相应的总体矩的估计量，以样本矩的函数作为相应的总体矩的同一函数的估计量．最常用的是用一本均值与方差估计总体的期望与方差．即：

(1) 用样本均值来估计总体均值

$$\hat{\mu}=\overline{X}=\frac{1}{n}\sum_{i=1}^{n}X_i\,.$$

（2）用样本方差来估计总体方差

$$\hat{\sigma}^2 = S^2 = \frac{1}{n-1}\sum_{i=1}^{n}(X_i - \overline{X})^2.$$

例 1 某百货公司准备在某地设置分店，为确定分店的规模和商品的种类，需要知道该地区住户家庭收入情况，为此，在该地区随机抽查了 10 户居民，得每户人均年收入为(单位:元)：

1150 800 970 1020 1100 950 1640 1330 1280 1400

试估计该地区每户人均年收入的均值和方差.

解
$$\hat{\mu} = \overline{X} = \frac{1}{10}\sum_{i=1}^{10} X_i = 1164(\text{元}),$$

$$\hat{\sigma}^2 = S^2 = \frac{1}{10-1}\sum_{i=1}^{10}(X_i - \overline{X})^2 = 62693.3.$$

例 2 设总体服从指数分布，其密度函数为

$$f(x,\theta) = \begin{cases} \theta e^{-\theta x}, & x \geqslant 0, \\ 0, & x < 0. \end{cases}$$

其中，$(X_1, X_2, \cdots, X_n)$是来自 X 的样本，用矩估计法估计参数 θ.

解
$$E(X) = \int_0^{+\infty} x\theta e^{-\theta x}\mathrm{d}x = \frac{1}{\theta}.$$

由 $E(X) = \overline{X}$，得

$$\overline{X} = \frac{1}{\theta}.$$

所以
$$\hat{\theta} = \frac{1}{\overline{X}}.$$

2. 估计量的评选标准

设 θ 为总体中要估计的一个未知参数，$\hat{\theta}(X_1, X_2, \cdots, X_n)$是 θ 的估计量，人们总希望估计量能代表真实参数，根据不同的要求，评价估计量的好坏可以有各种各样的标准. 这里只介绍两种常用的标准.

（1）无偏性

估计量是随机变量，对于不同的样本观察值它有不同的估计值，这些估计值在未知参数的真值附近波动. 我们希望得到的各个估计值的平均值等于未知参数的真值. 也就是说，要求它们的均值和参数的真值之间没有偏移.

定义 1 设 $\hat{\theta}$ 为未知参数 θ 的估计量，若

$$E(\hat{\theta}) = \theta,$$

则称 $\hat{\theta}$ 为 θ 的无偏估计量，否则就称 $\hat{\theta}$ 为 θ 的有偏估计量.

例 3 证明样本均值 $\overline{X}$ 是总体均值 μ 的无偏估计量.

证 因为

$$\overline{X} = \frac{1}{n}\sum_{i=1}^{n} X_i,$$

$$E(\overline{X}) = \frac{1}{n}\sum_{i=1}^{n} E(X_i) = \frac{1}{n} \cdot n\mu = \mu ,$$

所以样本均值 $\overline{X}$ 是总体均值 μ 的无偏估计量.

例 4　证明样本方差 S^2 是总体方差 σ^2 的无偏估计量.

证　因为

$$\begin{aligned} E(S^2) &= E\left(\frac{1}{n-1}\sum_{i=1}^{n}(X_i-\overline{X})^2\right) \\ &= \frac{1}{n-1}E\left\{\sum_{i=1}^{n}\left[(X_i-\mu)-(\overline{X}-\mu)\right]^2\right\} \\ &= \frac{1}{n-1}E\left[\sum_{i=1}^{n}(X_i-\mu)^2 - 2\sum_{i=1}^{n}(X_i-\mu)(\overline{X}-\mu) + n(\overline{X}-\mu)^2\right] \\ &= \frac{1}{n-1}\left\{E\left[\sum_{i=1}^{n}(X_i-\mu)^2\right] - nE(\overline{X}-\mu)^2\right\} \\ &= \frac{1}{n-1}\left(n\sigma^2 - n\cdot\frac{1}{n}\sigma^2\right) = \sigma^2 , \end{aligned}$$

所以样本方差 S^2 是总体方差 σ^2 的无偏估计量.

若采用统计量

$$S_*^2 = \frac{1}{n}\sum_{i=1}^{n}(X_i-\overline{X})^2$$

作为样本方差的估计量，由于

$$E(S_*^2) = E\left(\frac{n-1}{n}S^2\right) = \frac{n-1}{n}E(S^2) = \frac{n-1}{n}\sigma^2 \neq \sigma^2 ,$$

故统计量 S_*^2 是总体方差 σ^2 的有偏估计量. 不过当 n 充分大时，S_*^2 与 S^2 的差异很小，因此，S_*^2 是总体方差的渐近无偏估计量.

例 5　设总体 X 的概率密度函数为

$$f(x) = \begin{cases} \dfrac{1}{\theta}e^{-\frac{x}{\theta}}, & x>0, \\ 0, & x<0. \end{cases}$$

其中 $(X_1, X_2, \cdots, X_n)$ 是来自总体 X 的样本，证明 $\overline{X} = \frac{1}{n}\sum_{i=1}^{n} X_i$ 是 θ 的无偏估计量.

证　因为

$$\begin{aligned} E(\overline{X}) &= E(X) = \int_0^{+\infty} x\frac{1}{\theta}e^{-\frac{x}{\theta}}dx \\ &= \frac{1}{\theta}\int_0^{+\infty} xe^{-\frac{x}{\theta}}dx \\ &= \frac{1}{\theta}\left(\left|-\theta xe^{-\frac{x}{\theta}}\right|_0^{+\infty} + \int_0^{+\infty}\theta e^{-\frac{x}{\theta}}dx\right) \\ &= \theta , \end{aligned}$$

所以 $\overline{X} = \frac{1}{n}\sum_{i=1}^{n} X_i$ 是 θ 的无偏估计量.

（2）有效性

参数 θ 的无偏估计量不是唯一的，为了判别多个 θ 的无偏估计量的优劣，我们引入无偏估计量的有效性概念．

定义2 设 $\hat{\theta}_1=\hat{\theta}_1(X_1,X_2,\cdots,X_n)$ 与 $\hat{\theta}_2=\hat{\theta}_2(X_1,X_2,\cdots,X_n)$ 都是待估参数 θ 的无偏估计量，若有

$$D(\hat{\theta}_1)<D(\hat{\theta}_2),$$

则称 $\hat{\theta}_1$ 较 $\hat{\theta}_2$ 有效．

例如，$\overline{X}$ 和 X_i 都是 $E(X)$ 的无偏估计量，但 $D(\overline{X})=\frac{\sigma^2}{n}$，$D(X_i)=\sigma^2$，有 $D(\overline{X})<D(X_i)$，所以作为 $E(X)$ 的无偏估计量 $\overline{X}$ 较 X_i 有效．

这样，在无偏估计量中，方差越小越好．

二、区间估计

用点估计对总体未知参数 θ 进行估计时，即使是无偏有效的估计量，也会由于样本的随机性难免有一些偏差．究竟估计量 $\hat{\theta}$ 与真值 θ 相差多少？这就需要确定未知参数 θ 所在的范围，而且希望知道这个范围包含参数 θ 真值的可靠程度，这个范围通常用区间形式来表示．这就是参数的区间估计问题．

定义3 设 θ 是总体 X 的未知参数，$(X_1,X_2,\cdots,X_n)$ 是来自总体 X 的一组样本．如果由样本所确定的两个统计量 $\hat{\theta}_1$，$\hat{\theta}_2$ 对于给定的 $\alpha(0<\alpha<1)$ 能满足条件

$$P\{\hat{\theta}_1<\theta<\hat{\theta}_2\}=1-\alpha,$$

则区间 $(\hat{\theta}_1,\hat{\theta}_2)$ 称为 θ 的 $1-\alpha$ **置信区间**．$1-\alpha$ 称为**置信水平**．α 称为**显著性水平**．

若取 $\alpha=0.05$，即 $1-\alpha=0.95=95\%$，也就是说，由样本统计量得到的区间 $(\hat{\theta}_1,\hat{\theta}_2)$ 能以95%的可靠性包含 θ 的真值．具体地说，在反复抽样100次（每个样本的容量相同）中，每个样本都可以确定一个区间 $(\hat{\theta}_1,\hat{\theta}_2)$，这样可获得100个区间 $(\hat{\theta}_1,\hat{\theta}_2)$，约有95个区间包含 θ 的真值，约有5个区间不包含 θ 的真值．这表明了置信区间是一个随机区间，且 $1-\alpha$ 说明置信区间的可靠程度．

在许多实际问题中，总体都服从正态分布 $N(\mu,\sigma^2)$．因此，本书只讨论正态总体参数的区间估计．

1. 正态总体均值的区间估计

(1) 已知 σ^2 时，求 μ 的置信区间

设 $(X_1,X_2,\cdots,X_n)$ 是来自总体 $X\sim N(\mu,\sigma^2)$ 的一组样本，$\overline{X}=\frac{1}{n}\sum_{i=1}^{n}X_i$ 是 μ 的无偏估计量，利用 $\overline{X}$ 求 μ 的置信区间．其步骤如下：

1）确定统计量．因 $\overline{X}\sim N\left(\mu,\frac{\sigma^2}{n}\right)$，则 $U=\frac{\overline{X}-\mu}{\sigma/\sqrt{n}}\sim N(0,1)$，且 U 中只含待估参数 μ，故可使用 U 统计量作区间估计.

2）对于给定的置信水平 $1-\alpha$，求出使下式成立的常数 u_α，即

$$P\{|U|<u_{\frac{\alpha}{2}}\}=P\left\{\left|\frac{\overline{X}-\mu}{\sigma/\sqrt{n}}\right|<u_{\frac{\alpha}{2}}\right\}=1-\alpha.$$

其中 $u_{\frac{\alpha}{2}}$ 由 $P\{U<u_{\frac{\alpha}{2}}\}=1-\frac{\alpha}{2}$ 查正态分布表确定，如图 8.15 所示.

3）解以上绝对值不等式，得出 μ 的置信水平为 $1-\alpha$ 的置信区间为

$$\left(\overline{X}-\frac{u_{\frac{\alpha}{2}}\sigma}{\sqrt{n}},\overline{X}+\frac{u_{\frac{\alpha}{2}}\sigma}{\sqrt{n}}\right) \tag{1}$$

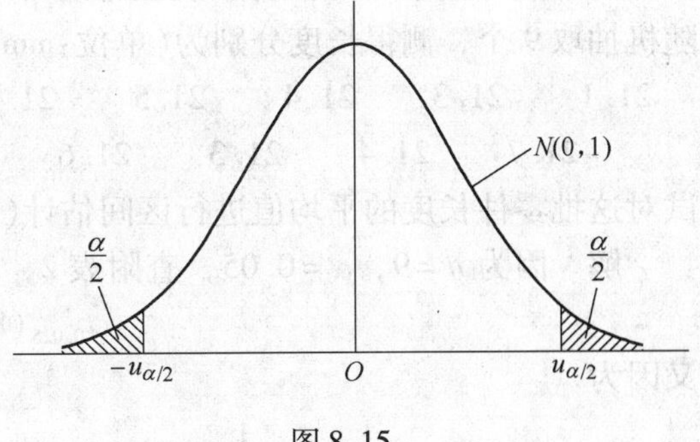

图 8.15

例 6　某车间生产的滚珠，其直径服从正态分布 $N(\mu,0.06)$. 从某天产品中随机抽取 6 个，测得直径(单位:mm)为

14.6　15.1　14.9　14.8　15.2　15.1

分别求平均直径当 $\alpha=0.01$ 和 $\alpha=0.05$ 时的置信区间.

解　根据题意，总体是正态分布 $N(\mu,0.06)$，$n=6$，则

$$\overline{X}=\frac{1}{6}(14.6+15.1+14.9+14.8+15.2+15.1)=14.95,$$

$$\sigma=\sqrt{0.06}.$$

1）当 $\alpha=0.01$ 时，$u_{\frac{\alpha}{2}}=2.58$ 时，代入式(1)，得 $1-\alpha=0.99$ 的置信区间为(14.692，15.208)；

2）当 $\alpha=0.05$，$u_{\frac{\alpha}{2}}=1.96$ 时，代入式(1)，得 $1-\alpha=0.95$ 的置信区间为(14.75，15.146).

可以看出，置信水平越高，置信区间越大，即估计的精确程度越差，由式(1)还可看出，样本容量 n 越大，置信区间就越小，估计越精确，因此，在实际中要结合经济效益等情况，适当确定 α 与 n 的值.

（2）σ^2 未知时，求 μ 的置信区间

在许多实际问题中，如新产品的试制或新工艺的施行，根本无法知道 σ 的值，所以要估计正态总体的均值 μ，就不能直接利用式(1). 这时可以考虑用样本方差 S^2 来代替 σ^2，也可以分三步求 μ 的置信区间.

1）确定统计量，即

$$T=\frac{\overline{X}-\mu}{S/\sqrt{n}}\sim t(n-1).$$

2）由于 T 中只含待估参数 μ，故可用 T 变量对 μ 作区间估计. 与前面方法相似，给定置信水平 $1-\alpha$，即

$$P\{|T|<t_{\frac{\alpha}{2}}\}=P\left\{\left|\frac{\overline{X}-\mu}{S/\sqrt{n}}\right|<t_{\frac{\alpha}{2}}\right\}=1-\alpha.$$

3）解上述绝对值不等式，即可得 μ 的置位水平为 $1-\alpha$ 的置信区间为

$$\left(\overline{X}-\frac{t_{\frac{\alpha}{2}}S}{\sqrt{n}},\overline{X}+\frac{t_{\frac{\alpha}{2}}S}{\sqrt{n}}\right) \tag{2}$$

其中，$t_{\frac{\alpha}{2}}$由 $P\{t(n-1)>t_{\frac{\alpha}{2}}\}=\frac{\alpha}{2}$查 t 分布表可得，如图 8.16 所示.

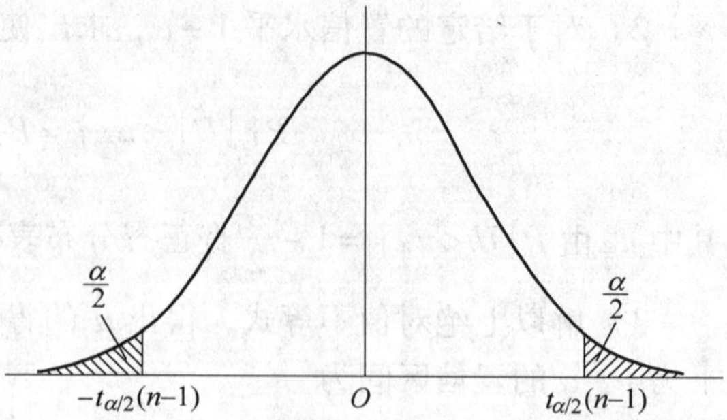

$\frac{\alpha}{2}$ $\frac{\alpha}{2}$ $-t_{\alpha/2}(n-1)$ O $t_{\alpha/2}(n-1)$

图 8.16

例 7 一批零件的长度服从正态分布，今随机抽取 9 个，测得长度分别为(单位:mm)

21.1 21.3 21.4 21.5 21.3
21.7 21.4 21.3 21.6

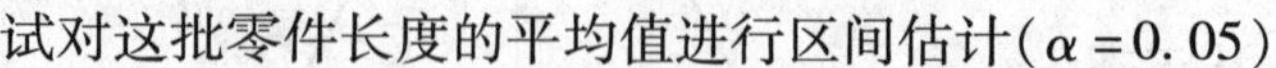

试对这批零件长度的平均值进行区间估计($\alpha=0.05$).

解 因为 $n=9$，$\alpha=0.05$，查附表 2，得

$$t_{0.025}(8)=2.306.$$

又因为

$$\overline{X}=\frac{1}{9}(21.1+21.3+\cdots+21.6)=21.4(\text{mm}),$$

$$S^2=\frac{1}{9-1}[(21.1-21.4)^2+(21.3-21.4)^2+\cdots+(21.6-21.4)^2]=0.17^2,$$

所以这批零件长度的平均值的置信水平为 0.95 的置信区间为

$$(21.27,21.53).$$

2. 正态总体方差的区间估计

设$(X_1,X_2,\cdots,X_n)$是来自总体 $X\sim N(\mu,\sigma^2)$的一组样本，数学期望μ未知，样本容量为 n，给定置信度为 $1-\alpha$ 时，也可分三步求 σ^2 的置信区间.

1）确定统计量，可利用某一包含 σ^2 的统计量，因样本方差 S^2 是 σ^2 的无偏估计量，统计量

$$\chi^2=\frac{(n-1)S^2}{\sigma^2}\sim\chi^2(n-1)$$

中只含待估参数 σ^2，故可用χ^2 的统计量对 σ^2 作区间估计.

2）对于给定的置信水平 $1-\alpha$，可以确定 a 及 b.

$$P\{a<\chi^2<b\}=P\{a<\frac{(n-1)S^2}{\sigma^2}<b\}=1-\alpha.$$

3）解上述不等式，得 σ^2 的置信水平为 $1-\alpha$ 的置信区间为

$$\left(\frac{(n-1)S^2}{b},\frac{(n-1)S^2}{a}\right).$$

其中，a，b 由 $P\{\chi^2\leqslant a\}=P\{\chi^2\geqslant b\}=\frac{\alpha}{2}$查$\chi^2$分布表确定，如图 8.17 所示.

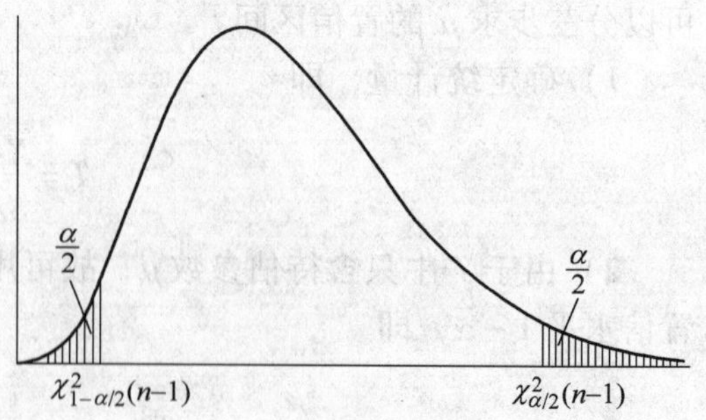

图 8.17

例 8 假定初生婴儿(男婴)的体重(单位:g)服从正态分布. 随机抽取 12 名新生婴儿，测其体重为

3100　2520　3000　3000　3600　3160
3560　3320　2880　2600　3400　2540

试对新生男婴儿体重的方差进行区间估计($\alpha=0.05$).

解　$\alpha=0.05$，$n-1=11$，a，b 满足：

$$P\{\chi^2\geqslant a\}=1-\frac{\alpha}{2}=0.975,$$

$$P\{\chi^2\geqslant b\}=\frac{\alpha}{2}=0.025,$$

查χ^2 分布表得，$a=3.816$，$b=21.920$.

$$\overline{X}=\frac{1}{12}(3100+2520+\cdots+2540)\approx 3057,$$

$$(12-1)S^2=\sum_{i=1}^{12}(x_i-3057)^2\approx 1549467,$$

则 σ^2 的置信区间为

$$(70687,406045).$$

习　题　8.6

1. 设总体 X 服从正态分布 $N(\mu,\sigma^2)$，现从总体中抽取 12 个样本为

60　61　47　56　61　60　65　69　54　59　43　61

试用矩估计法估计参数 μ 及 σ^2 的值.

2. 用矩估计法求出指数分布

$$f(x)=\frac{1}{\lambda}e^{-\frac{x}{\lambda}}$$

中参数 λ 的估计量.

3. 设 X_1，X_2，X_3为总体 X 的样本，证明

$$\mu_1=\frac{1}{6}X_1+\frac{1}{3}X_2+\frac{1}{2}X_3,\ \mu_2=\frac{2}{5}X_1+\frac{1}{5}X_2+\frac{2}{5}X_3,$$

是总体 μ 的无偏估计，并判断哪一个估计较有效.

4. 已知灯泡的使用寿命的标准差 $\sigma=50\text{h}$，抽出 25 个灯泡进行检验，得平均寿命 $\overline{X}=500\text{h}$，试以 95% 可靠性对灯泡的平均寿命进行区间估计(假设灯泡寿命服从正态分布).

5. 设某种电子管的使用寿命服从正态分布. 从中随机抽取 15 个进行检验，得平均使用寿命为 1950h，标准差 S 为 300h. 以 95% 的可靠性估计整批电子管平均使用寿命的置信上限和下限(即置信区间的上限和下限).

6. 随机地从一批钉子中抽取 16 个，测得其长度(单位:cm)为

2.14　2.10　2.13　2.15　2.13　2.12　2.13　2.14
2.10　2.15　2.12　2.14　2.10　2.13　2.11　2.11

设钉子长度为正态分布，在下面两种情形下，试求均值 μ 的置信区间($\alpha=0.1$)：

(1) 已知 $\sigma=0.01$；

(2) 未知 σ.

7. 测量铝的相对密度16次，测量 $\overline{X}=2.705$，$S=0.029$，这16次测量结果可以看成来自正态总体的样本，试求相对密度的置信区间($\alpha=0.05$).

8. 为了估计灯泡使用时数的均值 μ 及方差 σ^2，测试10个灯泡，得其使用时数的样本均值 $\overline{X}=1500\text{h}$，样本方差 $S^2=400$，若灯泡的使用时数服从正态分布，试求 μ 及 σ^2 的置信区间($\alpha=0.05$).

第七节 假设检验

前面介绍了对总体中未知参数的估计方法，本节将介绍统计推断中另一类重要问题，就是先对总体的未知参数作出一些假设，然后根据样本提供的信息，利用统计分析的方法来检验这一假设是否合理，从而作出接受或拒绝的决定，这就是假设检验问题.

一、假设检验的概念

1. 假设检验的基本思想

下面举例来说明假设检验的基本思想和推理方法.

例1 某电瓷厂生产的一种绝缘子抗弯破坏负荷服从正态分布，其均值为740kg，标准差 $\sigma=180\text{kg}$，今采用新工艺生产此种绝缘子，实测10个新绝缘子，得样本均值 $\bar{x}=860\text{kg}$，问新绝缘子的均值 μ 与原绝缘子的均值 $\mu_0=740\text{kg}$ 是否相同?

从新工艺生产的绝缘子来看，$\bar{x}$ 比 μ_0 大些，这个差异是新工艺造成的，还是纯粹由于随机因素引起的，可以用“假设检验”对此作出判断.

绝缘子抗弯破坏负荷 X 是一个正态总体，$\sigma=180\text{kg}$. 在此总体上作假设

$$H_0:\ \mu=740.$$

要从抽得的样本来判断这一假设是否成立，此假设为原假设.

这项假设检验问题要用一个合适的检验统计量，这一检验统计量应与 $\bar{x}$ 有关.

在 H_0 成立时，$E(\bar{x})=\mu=740$，因而

$$U=\frac{\bar{x}-740}{\sigma}\sqrt{n}=\frac{\bar{x}-740}{180}\sqrt{n}\sim N(0,1).$$

给定小概率 α(一般取 $\alpha=0.05, 0.01$ 或 0.1)称为显著性水平，可得 $N(0,1)$ 分布的上侧 $\frac{\alpha}{2}$ 分位数 $u_{\frac{\alpha}{2}}$，也即临界值，有

$$P\{|U|>u_{\frac{\alpha}{2}}\}=\alpha.$$

这就说明：当假设 H_0 成立时，则

$$|U|>u_{\frac{\alpha}{2}}$$

是一小概率事件(概率仅为 α). 若根据实际取得的样本算得的样本均值 $\bar{x}$ 满足上述不等式，说明小概率事件发生了. 但由实际推断原理，小概率事件实际上不会发生，因而说明原假设 H_0 是不正确的，应该拒绝原假设，选择相应的备择假设：$H_1: \mu\neq740$，此时统计量取值范围称为拒绝域；否则就接受原假设，此时统计量取值范围称为接受域，如图8.18所示. 这就是假设检验的基本思想.

此例中，$n=10$，$\bar{x}=860\text{kg}$，当 $\alpha=0.05$ 时，$u_{\frac{\alpha}{2}}=1.96$. 而

$$|U|=\left|\frac{860-740}{180}\sqrt{10}\right|\approx 2.108>1.96,$$

所以应该拒绝假设 H_0.

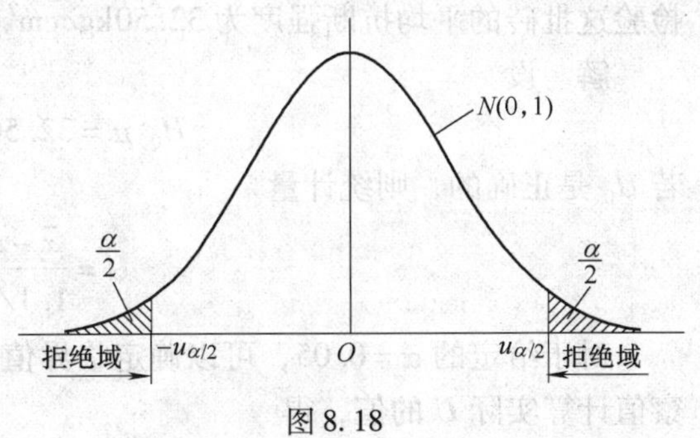

图 8.18

2. 假设检验的基本步骤

根据以上的讨论与分析，可将假设检验的基本步骤概括如下：

(1) 对总体分布或参数提出原假设及备择假设，即说明需要检验的假设 H_0 的具体内容.

(2) 选取适当的统计量，并在假设 H_0 成立的条件下确定该统计量的分布.

(3) 按问题的具体要求，选取适当的显著性水平 α. 根据统计量的分布查表，得出对应于 α 的临界值，从而确定接受域和拒绝域.

(4) 根据样本观测值计算统计量的值，然后与临界值比较，从而对接受或拒绝假设 H_0 作出判断.

3. 两类错误

假设检验中由于抽样的随机性和局限性，使检验不可能绝对正确，即使质量可靠的产品只要混入少量次品，而抽样正好取得这些次品，就会造成这批产品不合格的假象；另一类情况正好相反，如一批质量不稳定的产品，在抽样时刚好取得质量好的样本，就认为这批产品合格.

以上两种情况发生的概率通常不大，前文已经说过，小概率事件一般不会发生，但无论在理论或实践中，发生小概率事件还是有可能的. 例如飞机失事的概率很小，所以旅客一般认为乘飞机是安全的，但是飞机失事的事件有时也会发生.

假设检验是以统计规律性为依据，可能犯的错误有两类：

第一类错误是：原假设 H_0 符合实际情况，而检验结果把它否定了，这称为弃真错误；

第二类错误是：原假设 H_0 不符合实际情况，而检验结果把它肯定下来了，这称为取伪错误.

自然，人们希望犯这两类错误的概率越小越好，增大样本容量，犯两类错误的概率都会减小；但对于一定的样本容量 n，一般来说，不能同时做到犯这两类错误的概率都很小，往往是先固定“犯第一类错误”的概率，再考虑如何减小“犯第二类错误”的概率. 这类问题超出本书范围，这里不再介绍.

二、一个正态总体的假设检验

设总体 X 服从正态分布 $N(\mu,\sigma^2)$，关于参数 μ，σ^2 的检验问题，下面介绍三种类型.

1. U 检验法

当方差 σ^2 已知，检验假设 $H_0:\mu=\mu_0$ 时，利用统计量 $U=\dfrac{\bar{x}-\mu_0}{\sigma/\sqrt{n}}$ 来检验总体均值的方法称为 U 检验法.

例 2　根据长期经验和资料的分析，某砖机厂生产的砖“抗断强度” X 服从正态分布，方差 $\sigma^2=1.21$. 从该厂产品中随机抽取 6 块，测得抗断强度如下（单位：kg/cm²）：

32.56　29.66　31.64　30.00　31.87　31.03

检验这批砖的平均抗断强度为32.50kg/cm^{2}是否成立($\alpha=0.05$).

解 设

$$H_0:\mu=32.50,\ H_1:\mu\neq 32.50.$$

若H_0是正确的，则统计量

$$U=\frac{\bar{x}-\mu_0}{1.1/\sqrt{6}}\sim N(0,1).$$

对于给定的$\alpha=0.05$，可以确定临界值$u_{\alpha/2}=1.96$，且$\bar{x}=31.13$，从而由取定的样本观察值计算实际U的值，得

$$|U|=\left|\frac{31.13-32.50}{1.1/\sqrt{6}}\right|\approx 3.05>1.96.$$

最后可以下结论否定H_0，即不能认为这批产品的平均抗断强度是32.50kg/cm^2.

由上例可知，U检验法的一般步骤如下：

(1) 提出假设$H_0:\mu=\mu_0$及$H_1:\mu\neq\mu_0$，选定检验水平α；

(2) 选取统计量$U=\dfrac{\bar{x}-\mu_0}{\sigma/\sqrt{n}}\sim N(0,1)$，并将根据样本值计算的值$U$作为检验指标；

(3) 临界值：根据检验水平α，由

$$P\{|U|>u_{\alpha/2}\}=\alpha$$

查附表得临界值$u_{\alpha/2}$，从而获得拒绝域$|U|>u_{\alpha/2}$，如图8.18所示；

(4)判断：若U落入拒绝区间，则否定H_0；否则接受H_0.

2. t检验法

当方差σ^2未知，检验假设$H_0:\mu=\mu_0$时，利用统计量$T=\dfrac{\bar{x}-\mu_0}{S/\sqrt{n}}$来检验总体均值的方法称为$t$检验法.

例3 某工厂生产的电灯泡的使用寿命X服从正态分布$N(\mu,\sigma^2)$，其中μ，σ^2都是未知数，现在观测$n=20$的样本值(x_1，x_2，…，x_{20})，算得$\bar{x}=1832$，$S^2=497^2$，试问该厂电灯泡的平均使用寿命是否为$\mu=2000$h($\alpha=0.01$)?

解 提出假设$H_0:\mu=2000$及$H_1:\mu\neq 2000$，由样本方差S^2来代替σ^2，选取统计量

$$T=\frac{\bar{x}-\mu_0}{S/\sqrt{n}}=\frac{\bar{x}-2000}{497/\sqrt{20}}\sim t(20-1).$$

根据检验水平$\alpha=0.01$，查t分布表确定临界值$t_{\alpha/2}(19)$，使之满足：

$$P\{|T|>t_{\frac{\alpha}{2}}(19)\}=0.01.$$

易得$t_{0.005}(19)=2.8609$，而$\bar{x}=1832$，则

$$|T|=\left|\frac{1832-2000}{497/\sqrt{20}}\right|=1.512<2.8609.$$

即统计量T的值落入接受域内，因此接受假设H_0，即认为该厂电灯泡的平均使用寿命为2000h.

由上例可知，t检验法的一般步骤如下：

(1)提出假设$H_0:\mu=\mu_0$及$H_1:\mu\neq\mu_0$，选定检验水平α；

(2)确定样本的统计量：选取统计量 $T=\dfrac{\bar{x}-\mu_0}{S/\sqrt{n}}\sim t(n-1)$；

(3)确定临界值：查 t 分布表确定临界值 $t_{\frac{\alpha}{2}}(n-1)$，得拒绝域

$$|T|>t_{\frac{\alpha}{2}}(n-1);$$

(4)判断：由样本值计算统计量 T，作出接受或拒绝 H_0 的结论．如图 8.19 所示．

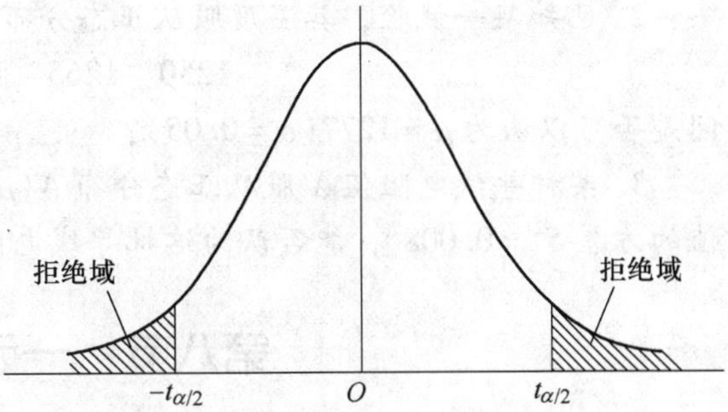

拒绝域　拒绝域

$-t_{\alpha/2}$　O　$t_{\alpha/2}$

图 8.19

3.χ^2 检验法

U 检验法和 t 检验法都是对期望 μ 作假设检验，现在研究对方差进行检验．

例 4　某炼铁厂的铁水含碳量 X 在正常情况下服从正态分布，现对操作工艺进行了某些改进，从中抽取 5 炉铁液，测得含碳量的数据如下：

4.421　4.052　4.357　4.287　4.683

据此是否可以认为新工艺炼出的铁液含碳量的方差仍为 $0.108^2(\alpha=0.05)$．

解　提出假设 $H_0:\sigma^2=0.108^2$ 及 $H_1:\sigma^2\neq 0.108^2$，由于检验 $\sigma^2=0.108^2$ 是否成立，所以我们选取统计量

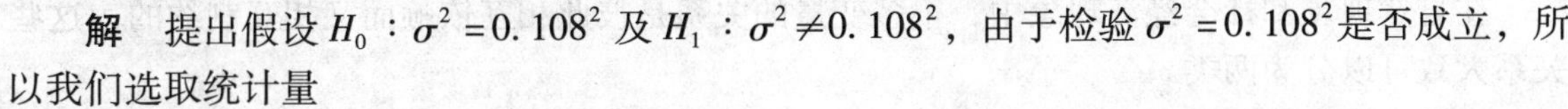

$$\chi^2=\frac{(n-1)S^2}{0.108^2}\sim\chi^2(n-1).$$

对于给定的检验水平 $\alpha=0.05$，由 χ^2 分布表查出临界值 a 及 b，使

$$P\left\{\frac{(n-1)S^2}{0.108^2}\leqslant a\right\}=P\left\{\frac{(n-1)S^2}{0.108^2}\geqslant b\right\}=\frac{\alpha}{2}.$$

其中，$a=\chi^2_{0.975}(4)=0.484$，$b=\chi^2_{0.025}(4)=11.143$．由样本观测值计算统计量 χ^2 的值：

$$\chi^2=\frac{4\times 0.228^2}{0.108^2}\approx 17.827\geqslant 11.143.$$

因而应拒绝 H_0，即方差不能认为是 0.108^2．

由上例可知，χ^2 检验法的一般步骤如下：

(1) 提出假设 H_0：$\sigma^2=\sigma_0^2$ 及 H_1：$\sigma^2\neq\sigma_0^2$；

(2) 选取统计量 $\chi^2=\dfrac{(n-1)S^2}{\sigma_0{}^2}\sim\chi^2(n-1)$；

(3) 确定临界值：由 χ^2 分布表查出临界值 a 及 b，使之满足：

$$P\{\chi^2(n-1)\geqslant b\}=P\{\chi^2(n-1)\leqslant a\}=\frac{\alpha}{2},$$

从而确定拒绝域 $\chi^2(n-1)\geqslant b$ 或 $\chi^2(n-1)\leqslant a$，如图 8.20所示；

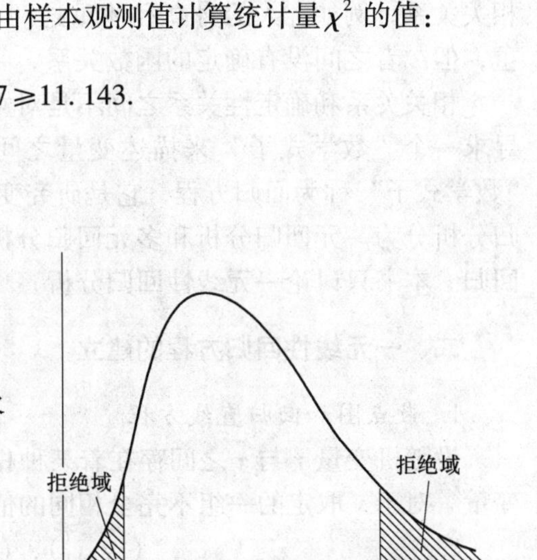

图 8.20

(4)判断：由样本观测值计算统计量 χ^2，当 χ^2 值落入拒绝区域时，则否定 H_0，否则接受 H_0．

习　题　8.7

1. 已知总体 X 服从正态分布 $N(\mu,1^2)$，现抽样为$(-0.2,-0.9,-0.6,0.1)$. 试问“$\mu=0$”是否正确$(\alpha=0.05)$？

2. 已知某一试验，其温度服从正态分布 $N(\mu,\sigma^2)$，现在测量了5个温度值为

$$1250\quad 1265\quad 1245\quad 1260\quad 1275$$

问是否可以认为 $\mu=1277(\alpha=0.05)$？

3. 某种导线电阻值 X 服从正态分布 $N(\mu,0.05^2)$，现从一批导线中抽取9根，测得电阻值的方差 $S^2=0.008^2$，能否认为这批导线电阻的标准差为 $0.005(\alpha=0.05)$？

第八节　一元线性回归分析

一、回归分析的概念和思想

在自然现象和社会经济现象中，很多变量的关系是彼此相互依赖而又相互制约的，这些关系大致可以分为两类.

一类为确定性关系，即函数关系，它反映变量之间的确定性关系. 这类关系的特点就是当其中一个(或几个)变量的值确定以后，另一个变量的值就完全确定了. 这些变量的关系一般可用函数关系表示. 例如，电路中的欧姆定律：$U=IR$，其中 U 为电压，I 为电流，R 为电阻. 三个变量中有两个已知，另一个就可以精确地求出.

另一类是非确定性关系，变量之间存在密切的关系，但不能用函数关系表示，即不能由一个(或几个)变量的值精确地求出另一个变量的值. 我们称变量之间这种非确定性关系为相关关系. 例如，人的身高和体重这两个变量之间的关系，一般来说，身材高大的体重较重，但二者之间没有确定的函数关系.

相关关系和确定性关系之间不是对立的，存在相关关系的变量之间，可以用统计的方法寻求一个“数学式子”来描述变量之间的关系，这种统计方法称为回归分析. 所求得的“数学式子”称为回归方程，它是研究变量相关关系的有力工具之一. 根据变量的多少，回归分析分为一元回归分析和多元回归分析. 根据经验公式的形式，又分为线性回归和非线性回归. 本书只讨论一元线性回归分析.

二、一元线性回归方程的建立

1. 散点图和回归直线方程

设随机变量 y 与 x 之间存在着某种相关关系，这里 x 是可以控制或可以精确观测的普通变量. 对于 x 取定的一组不完全相同的值 x_1，x_2，…，x_n，做独立实验得到 n 对观测结果

$$(x_1,y_1),\ (x_2,y_2),\ \cdots,\ (x_n,y_n).$$

其中 y_i 是 $x=x_i$ 处对随机变量 y 观测的结果. 这 n 对观测结果就是一个容量为 n 的样本，将每对观测值 (x_i,y_i) 在直角坐标系中描出它的相应的点，得到实验的**散点图**. 如果我们发现这 n 个点大部分都明显地集中在一条直线附近，那么可以认为该直线的方程反映了 y 与 x 的相关关系.

我们把在总体上最接近散点的一条直线方程称为**回归直线方程**(又称为**经验公式**)，记作

$$\hat{y}=a+bx.$$

这里，对于变量 x 的任一观测值 x_i，对应的 y 的观测值 y_i与回归值 $\hat{y}$ 一般是不一样的，其中称 b 为回归系数，a 为常数项．

例 1　某化工产品的反应温度与得率之间有相关关系，今测得 5 对数据见表 8.1.

表 8.1

温度 x_i/℃	70	80	90	100	110
得率 y_i/%	11.25	11.28	11.65	11.70	12.14

试建立温度与得率之间的经验公式．

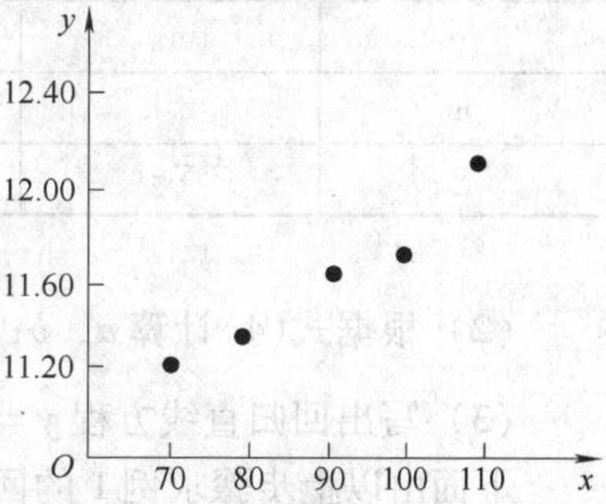

从表 8.1 可见，得率 y 有随温度 x 升高的趋势，它们具有相关关系．为直观地反映这种关系，先画出实验数据的散点图,如图 8.21 所示．

图 8.21

由散点图可见，这些点虽然是散乱的，但是大体散布在一条直线的附近，也就是说产品的得率与温度之间大致呈线性关系．因此可得经验公式

$$\hat{y}=a+bx. \tag{3}$$

如何确定 a，b，是我们下面要解决的问题．

2. 最小二乘法求回归直线方程

一般地，设有 n 对数据$(x_i,y_i)(i=1,2,\cdots,n)$，代入式(3)得到变量 y_i的估计值 $\hat{y}_i=a+bx_i$，记

$$\varepsilon_i=y_i-\hat{y}_i=y_i-(a+bx_i)\qquad(i=1,2,\cdots,n),$$

则 ε_i 的几何意义是点(x_i,y_i)沿平行于 y 轴方向对回归直线的偏差，称作残差，如图 8.22 所示．

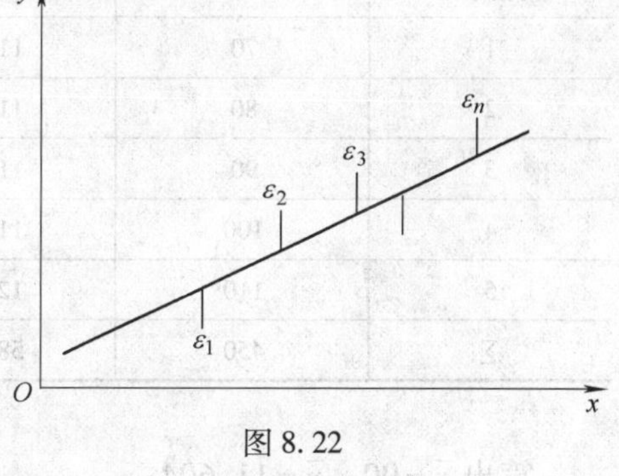

图 8.22

那么，回归直线与点（x_i，y_i）总的接近程度，常用残差平方和

$$Q(a,b)=\sum_{i=1}^{n}\varepsilon_i^2=\sum_{i=1}^{n}(y_i-a-bx_i)^2$$

来反映．把这种由“残差的平方和最小”来确定 a，b 的方法称为最小二乘法．

由于 $Q(a,b)$是 a，b 的二元函数，又是非负的，所以最小值是存在的．根据多元函数极值的求法，可得

$$\begin{cases}a=\bar{y}-b\bar{x}\\ b=\dfrac{\sum\limits_{i=1}^{n}x_iy_i-n\bar{x}\,\bar{y}}{\sum\limits_{i=1}^{n}x_i^2-n\bar{x}^2}=\dfrac{L_{xy}}{L_{xx}}\end{cases}. \tag{4}$$

其中，$\bar{x}=\dfrac{1}{n}\sum\limits_{i=1}^{n}x_i,\bar{y}=\dfrac{1}{n}\sum\limits_{i=1}^{n}y_i,L_{xy}=\sum\limits_{i=1}^{n}x_iy_i-n\bar{x}\bar{y},L_{xx}=\sum\limits_{i=1}^{n}x_i^2-n\bar{x}^2$.

式(4)就是回归方程 $\hat{y}=a+bx$ 的系数 a 与 b 的计算公式.

现将求回归直线方程的步骤归纳如下:

(1) 整理数据并列表 8.2,计算出 $\bar{x}$,$\bar{y}$;

表 8.2

实验序号	x_i	y_i	${x_i}^2$	${y_i}^2$	x_iy_i
1					
2					
3					
…					
n					
$\sum$	$\sum x_i$	$\sum y_i$	$\sum x_i^2$	$\sum y_i^2$	$\sum x_iy_i$

(2) 根据式(4)计算 a,b;

(3) 写出回归直线方程 $\hat{y}=a+bx$.

下面由以上步骤求例 1 的回归直线方程.

(1) 列表 8.3:

表 8.3

实验序号	x_i	y_i	${x_i}^2$	${y_i}^2$	x_iy_i
1	70	11.25	4900	126.5625	787.5
2	80	11.28	6400	127.2384	902.4
3	90	11.65	8100	135.7225	1048.5
4	100	11.70	10000	136.8900	1170.0
5	110	12.14	12100	147.3796	1335.4
$\sum$	450	58.02	41500	673.7930	5243.8

算出 $\bar{x}=90$,$\bar{y}=11.604$;

(2)算出 $L_{xx}=1000$,$L_{xy}=22.0$,代入式(4)得

$$b=\frac{L_{xy}}{L_{xx}}=0.022,\ a=\bar{y}-b\,\bar{x}=9.624;$$

(3) 写出回归直线方程为

$$\hat{y}=a+bx=9.624+0.022x.$$

三、线性相关的显著检验

从上述确定回归直线方程的过程可以看出,对任何两个变量 x 和 y,只要知道它们的 n 对观测值(x_i,y_i),就可以利用最小二乘法,形式上求得 y 与 x 的回归直线方程,这样就产生了一个问题,y 与 x 是否真的具有线性相关关系呢?或者线性相关的程度如何呢?因此,需

要建立一个检验法，用来检验变量 y 与 x 之间是否具有线性相关关系，通常称为相关系数检验法.

1. 相关系数

我们称

$$r=\frac{L_{xy}}{\sqrt{L_{xx}L_{yy}}}$$

为样本**相关系数**. 其中

$$L_{yy}=\sum_{i=1}^{n}y_i^2-n\bar{y}^2.$$

例 2　求例 1 中的相关系数.

解　已知在例 1 里有

$$L_{xx}=1000,\ L_{xy}=22.0,$$

又有

$$L_{yy}=673.7930-5\times(11.604)^2=0.52892,$$

所以

$$r=\frac{L_{xy}}{\sqrt{L_{xx}L_{yy}}}=\frac{22.0}{\sqrt{1000\times0.52892}}\approx0.9566.$$

2. 相关系数的意义

将

$$Q(a,b)=\sum_{i=1}^{n}(y_i-a-bx_i)^2$$

右端展开，整理得

$$\begin{aligned}Q(a,b)&=\left(1-\frac{L_{xy}^2}{L_{xx}L_{yy}}\right)L_{yy}\\&=(1-r^2)L_{yy}.\end{aligned}$$

因为 $Q(a,b)\geqslant0$，$L_{yy}>0$，所以 $1-r^2\geqslant0$，得 $r^2\leqslant1$，即

$$|r|\leqslant1.$$

由此可见，$|r|$越接近于 1 时，$Q(a,b)$就越接近于 0，说明这 n 个点总体上就越靠近回归直线，这样变量 x 与 y 的线性相关程度就越好，反之就越不好.

由例 2 的计算结果可知，例 1 中的变量 x 与 y 的线性相关程度比较好.

3. 线性相关的显著检验

相关系数只要满足 $0<|r|<1$，都可以认为 x 与 y 之间存在着线性相关关系. 但 x 与 y 之间的线性相关程度如何呢？我们可以找到一个数值 λ，当$|r|>\lambda$ 时，就认为 x 与 y 的线性相关是显著的. 否则，认为 x 与 y 的线性相关是不显著的. 数值 λ 称为相关系数的临界值，给定显著性水平 α，可查相关系数的临界值表(附表 4)，得到 r 的临界值.

相关性检验的具体步骤如下：

(1) 给定显著性水平 α；

(2) 根据样本值计算检验统计量的值；

(3) 查显著性水平为 α、自由度为 $n-2$(n 为样本容量)的相关系数检验表，得临

界值

$$\lambda = r_{\alpha}(n-2);$$

(4) 比较判断：若 $|r| > \lambda$，就认为 x 与 y 的线性相关是显著的；若 $|r| < \lambda$，就认为 x 与 y 的线性相关是不显著的，或说 x 与 y 不存在线性相关关系.

例 3　求例 1 中 r 的临界值(给定 $\alpha = 0.05$).

解　已知 $n = 5$，$\alpha = 0.05$，查附表 4 得

$$r_{0.05}(3) = 0.878.$$

在例 2 中已求得 $r = 0.9566$，因为

$$r = 0.9566 > r_{0.05}(3),$$

所以可认为例 1 中 x 与 y 的线性相关是显著的.

在实际应用中，我们常常约定：当 $|r| \leqslant r_{0.05}(n-2)$ 时，认为 x 与 y 的线性相关是不显著的，或说 x 与 y 不存在线性相关关系；当 $r_{0.05}(n-2) < |r| \leqslant r_{0.01}(n-2)$ 时，认为 x 与 y 的线性相关是显著的；当 $|r| > r_{0.01}(n-2)$ 时，认为 x 与 y 的线性相关特别显著.

习　题　8.8

1. 某公司在为期 10 年内的年利润如下：

年份 t	1	2	3	4	5	6	7	8	9	10
年利润 y	1.89	2.19	2.06	2.31	2.26	2.39	2.61	2.56	2.82	2.96

求该公司年利润 y 对于年份 t 的回归直线方程，并检验 y 与 t 的线性相关关系是否显著($\alpha = 0.05$)?

2. 对某种产品表面进行 11 次腐蚀刻线实验，腐蚀深度与腐蚀时间对应的数据如下：

时间 t/s	5	10	15	20	30	40	50	60	70	90	120
深度 y/μm	6	10	10	13	16	17	19	23	25	29	46

(1) 试建立 y 对 t 的回归直线方程；

(2) 作相关性检验($\alpha = 0.05$).

3. 在硝酸钠的溶解度试验中，测得在不同温度 x(℃)下，溶解于 100 份水中的硝酸钠份数 y 的数据如下：

x_i	0	4	10	15	21	29	36	51	68
y_i	66.7	71.0	76.3	80.6	85.7	92.9	99.4	113.6	125.1

求 y 对 x 的线性回归方程.

本 章 小 结

在本章概率论学习中，把“有限”作“无限”的全息元，“离散”作为“连续”的全息元，从简单到复杂全面掌握知识点. 数理统计学习中，把“统计量”作为全息元，抓住精髓，有效解决问题.

1. 主要内容

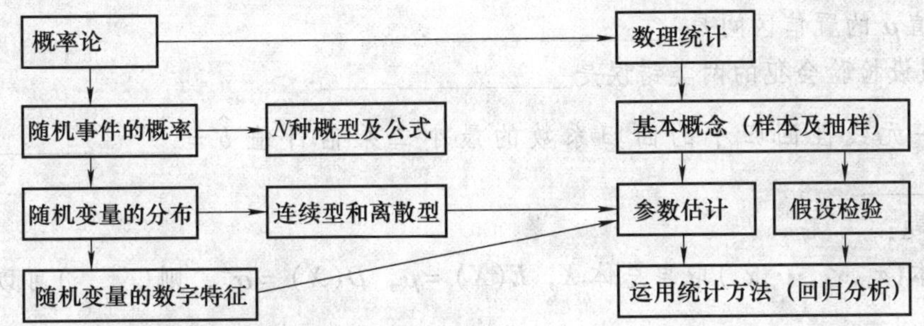

2. 基本要求

(1) 理解概率论与数理统计的基本思想和方法.

(2) 掌握随机事件与概率的性质与运算(公式).

(3) 掌握随机变量的概率分布的性质与运算.

(4) 掌握常用分布及其期望、方差.

(5) 掌握参数点估计与区间估计的基本方法.

(6) 掌握假设检验的基本步骤以及正态总体均值、方差的检验方法.

复习题八

1. 填空题:

(1) 若 $AB=\varnothing$，则称两事件 A 与 B 是__________的，且有 $P(A\cup B)=$__________. 若 $AB\neq\varnothing$，则有 $P(A\cup B)=$__________.

(2) 设随机变量 X 服从二项分布 $B(n,p)$，则有 $P(X=x)=$__________，$E(X)=$______，$D(X)=$______.

(3) 从一堆次品率5%的产品中有放回地抽取20次，每次抽取一个，则次品数 X 服从__________，$E(X)=$______，$D(X)=$______.

(4) 已知 $P(A)=0.3$，$P(B)=0.4$，$P(A|B)=0.32$，则 $P(AB)=$__________，$P(A\cup B)=$__________. $P(\overline{AB})=$__________，$P(\overline{A}\,\overline{B})=$__________.

(5) 甲、乙、丙三人独立射击、P(甲中)$=0.8$，P(乙中)$=0.5$，P(丙中)$=0.7$，则 P(至少一人中)$=$__________.

(6) 某人投篮，命中率为0.8，现独立投五次，则至少命中两次的概率为__________.

(7) 设 $X\sim N(2,0.5^2)$，则 $E(2X+3)=$__________，$D(2X+3)=$__________.

(8) 从总体中随机地抽取容量为 n 的一个样本 $(x_1,x_2,\cdots,x_n)$，若满足性质__________、__________，则称样本为简单随机样本.

(9) 对总体参数 θ 的估计值 $\hat{\theta}$ 的要求是：①__________；②__________.

(10) 从总体中随机地抽取容量为 n 的一个样本 $(x_1,x_2,\cdots,x_n)$，__________是总体均值的一个无偏估计值；__________是总体方差的一个无偏估计值.

(11) 设总体 $X\sim N(\mu,\sigma^2)$，X_1，X_2，X_3 为其样本，则当常数 $a=$__________时，$\hat{\mu}=\frac{1}{3}X_1+aX_2+\frac{1}{6}X_3$ 是未知参数 μ 的无偏估计.

(12) 若 $X\sim N(\mu,\sigma^2)$，当 σ^2 已知时，均值 μ 的置信区间是_______________；当 σ^2

未知时，均值μ的置信区间是________________.

(13) 假设检验会犯的两类错误是________________.

(14) 一元线性回归中的回归系数的最小二乘估计值 $\hat{b}=$________________，$\hat{a}=$________________.

2. 选择题：

(1) 样本$(x_1,x_2,\cdots,x_n)$取自总体X，$E(X)=\mu$，$D(X)=\sigma^2$，则(　　)可以作为σ^2的无偏估计.

A. 当μ已知时，统计量$\dfrac{1}{n+1}\sum\limits_{i=1}^{n}(x_i-\mu)^2$

B. 当μ已知时，统计量$\dfrac{1}{n-1}\sum\limits_{i=1}^{n}(x_i-\mu)^2$

C. 当μ未知时，统计量$\dfrac{1}{n}\sum\limits_{i=1}^{n}(x_i-\bar{x})^2$

D. 当μ未知时，统计量$\dfrac{1}{n-1}\sum\limits_{i=1}^{n}(x_i-\bar{x})^2$

(2) 就进行假设检验时选取的统计量而言，下面说法不正确的是(　　).

A. 是样本的函数

B. 不能包含总体分布中的未知参数

C. 可以包含总体分布中的任何参数

D. 其值可以由取定的样本值计算出来

(3)在假设检验问题中，检验水平α的意义是(　　).

A. 原假设H_0成立，经检验被拒绝的概率

B. 原假设H_0成立，经检验不能拒绝的概率

C. 原假设不成立，经检验被拒绝的概率

D. 原假设不成立，经检验不能拒绝的概率

(4)未知参数θ的$1-\alpha$置信区间为$[\theta_1,\theta_2]$，则它是一个(　　).

A. 90%包含θ的区间　　B. 随机区间

C. 一定包含θ的区间　　D. 一定为包含θ的区间

(5)回归直线的实际效果通常用相关系数来描述两个变量x，y之间线性关系的程度，r的取值范围是(　　)

A. $-1\leqslant r$　　B. $r\leqslant 1$　　C. $-1\leqslant r\leqslant 1$　　D. $r=0$

3. 一个袋子里有6个一样的球，其中3个球上各标有1个点，2个球上各标有2个点，一个球上标有3个点，从袋子里任意取出3个球，设X表示这3个球上的点数和，求：

(1) X的分布列；

(2) $E(X)$，$D(X)$

4. 设连续型随机变量X的密度函数为

$$f(x)=\begin{cases}Ax^2 & 0\leqslant x\leqslant 1,\\ 0 & \text{其他}.\end{cases}$$

求：

（1）A；

（2）$P\{(0.1\leqslant X\leqslant 0.7)\}$；

（3）X 的分布函数；

（4）$E(X)$，$D(X)$.

5. 从正态分布总体 X 中，抽取了 26 个样品，它们的观测值是

3100　3480　2520　2502　3700　2800　3800　3020　3260　3140　3100　3160　2860

3100　3560　3320　3200　3420　2880　3440　3200　3260　3400　2760　3280　3300

试求随机变量 X 的期望和方差的 90% 的置信区间.

6. 一台自动车床加工的零件长度 X(单位:cm)服从正态分布 $N(\mu,\sigma^2)$，从该车床加工的零件中随机抽取 4 个，测得长度分别为：12.6，13.4，12.8 和 13.2；试求：

（1）样本方差 S^2；

（2）总体方差 σ^2 的置信水平为 95% 的置信区间.

7. 从一批灯泡中抽取 50 个灯泡的随机样本，算得样本平均数 $\bar{x}=1900\text{h}$，样本标准差 $S=490\text{h}$，以 $\alpha=1\%$ 的水平，检验整批灯泡的平均使用寿命是否为 2000h.

8. 据统计在一定时间内某种商品的价格 p 与供给量 s 之间有如下一组观测数据：

价格/元	2	3	4	5	6	7	8	9	10	11	12
供给量/t	10	14	16	20	24	30	42	50	55	60	70

试求其线性回归方程，并检验其线性相关关系是否显著($\alpha=0.05$).

第九章* MATLAB 软件与数学建模简介

随着计算机数学运算软件(如 MATLAB, Mathematica, Maple, SAS, SPSS)的广泛使用，复杂的数值计算和推导问题可以迅速无误地解决．数学不再仅仅作为一种工具和手段，而日益成为一种“技术”参与到实际问题中．工程专业的学生对数学教育的需求重点正在从手工演绎和运算能力的培养转变到结合计算机软件进行建模、求解和论证能力的培养．

第一节 MATLAB 软件简介

MATLAB 名字是由 MATrix 和 LABoratory(含义是矩阵实验室)两个词的前三个字母组合而成的．它是美国 MathWorks 公司于 1982 年推出的一套高性能的数值计算和可视化数学软件，被誉为“巨人肩上的工具”．由于使用 MATLAB 编程运算与人进行科学计算的思路和表达方式完全一致，所以它不像学习其他高级语言如 Basic、Fortran 和 C 语言等那样难以掌握，用 MATLAB 编写程序犹如在演算纸上排列出公式与求解问题，所以又被称为演算纸式科学算法语言．在这个环境下，对所要求解的问题，只需简单地列出数学表达式，其结果便以数值或图形方式显示出来．

MATLAB 中包括了被称作工具箱(TOOLBOX)的各类应用问题的求解工具．工具箱实际上是对 MATLAB 进行扩展应用的一系列 MATLAB 函数(称为 M 文件)，它可用来求解各类学科的问题，包括信号处理、图像处理、控制、系统辨识、神经网络等．随着 MATLAB 版本的不断升级，其所含的工具箱的功能也越来越丰富，因此，应用范围也越来越广泛，成为涉及数值分析的各类工程不可或缺的工具．我们在此将以 MATLAB 6.5 为平台简要介绍该软件的一些入门知识和基本用法．

一、MATLAB 界面

1. MATLAB 的启动

与一般的 Windows 程序一样，启动 MATLAB 有两种常见方法：

(1) 通过“开始”按钮，选择“程序”菜单项，然后打开“MATLAB”菜单中的“MATLAB”程序，就可以启动 MATLAB 系统．

(2) 利用 Windows 建立快捷方式的功能，将 MATLAB 程序以快捷方式放在桌面上，只要在桌面上双击该图标即可启动 MATLAB(图 9.1)．

2. MATLAB 命令窗口

(1) 命令窗口的菜单栏

菜单栏共包含 File、Edit、View、Web、Window 和 Help 六项．

(2) 命令窗口的工具栏

工具栏提供了一些命令按钮，使用命令按钮可使操作更快捷、更方便．

(3) 命令窗口的命令编辑区

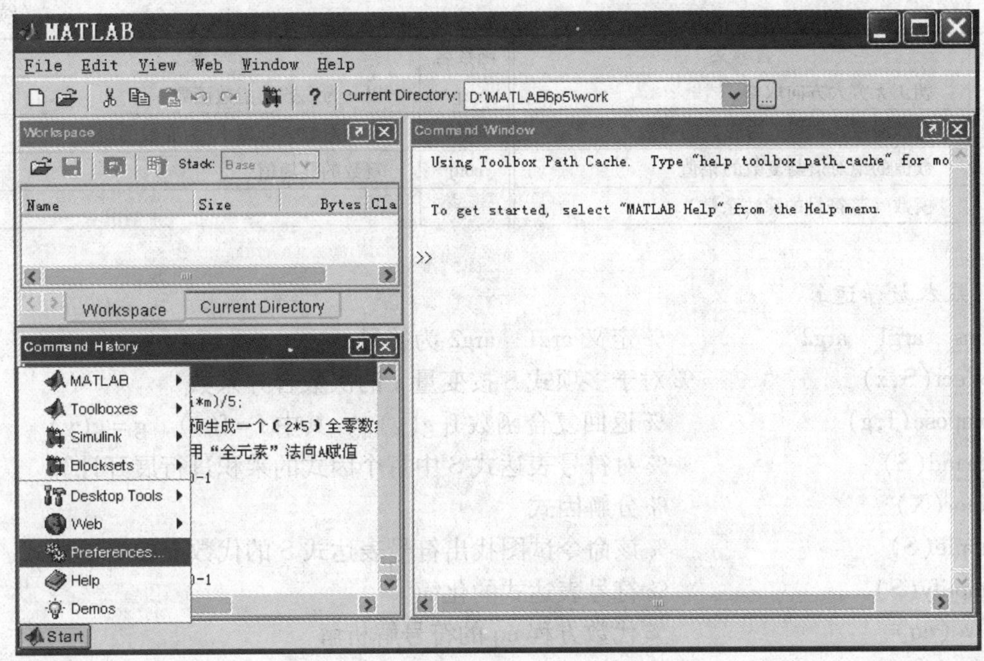

图 9.1

命令编辑区用于输入命令和显示计算结果．键入命令并按下回车键后，MATLAB 就会执行所输入的命令，并在命令后面给出计算结果．

3. MATLAB 中帮助功能

在命令区(Command Window)键入 help 命令查看工具箱，如：

```
help   elfun        % 查看基本函数集中的函数
help   abs          % 查看绝对值函数的功能和用法
help   sqrt         % 查看开方函数的功能和用法
help   linspace     % 查看按分点生成数组命令的功能和用法
```

二、基本数学运算

1. 基本代数符号

基本代数符号有 +、-、*、/、^.

2. 基本数学函数

三角函数：sin、cos、tan、cot、sec、csc

反三角函数：asin、acos、atan、acot、asec、acsc

双曲函数：sinh、cosh、tanh、coth、sech、csch

反双曲函数：asinh、acosh、atanh、acoth、asech、acsch

其他常用函数见表 9.1.

表 9.1 其他常用函数

函数名	含 义	函数名	含 义
fix	朝零方向取整	round	朝最近的方向取整
floor	朝负无穷大方向取整	rem	求作除法后的剩余数

（续）

函数名	含义	函数名	含义
ceil	朝正无穷大方向取整	exp	以 e 为底数的指数函数
log	自然对数，即以 e 为底数的对数	log10	常用对数，即以 10 为底数的对数
abs	数值的绝对值与复数的幅值	conj	复数的共轭值
mod	模数（带符号的除法余数）	—	—

3. 基本数学运算

```
syms   arg1   arg2              %定义 arg1，arg2 为符号
collect(S,x)                   %对于多项式 S 按变量 x 的次数合并系数
compose(f,g)                    %返回复合函数 f[g(y)]，其中 f=f(x)，g=g(y)
expand(S)                       %对符号表达式 S 中每个因式的乘积进行展开计算
factor(X)                       %分解因式
simple(S)                       %该命令试图找出符号表达式 S 的代数上的简单形式
simplify(S)                     %符号表达式的化简
solve(eq)                       %代数方程 eq 的符号解析解
finverse(f)                     %函数的反函数
```

例 1 用键盘在 MATLAB 指令窗中输入：

```
>>(12+2*(7-4))/3^2
```

输入完成后，按 <Enter> 键，将显示以下结果(图 9.2)：

```
ans =
    2
```

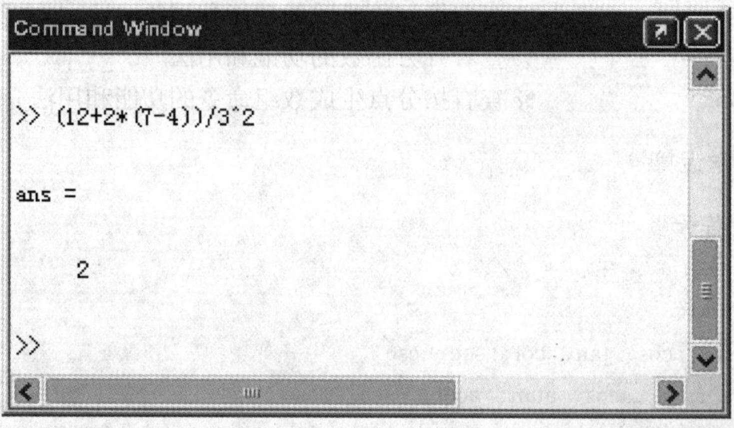

图 9.2

三、MATLAB 在高等数学中的应用

1. 求函数极限

例 2 在 MATLAB 编辑器中建立 M 文件如下：

```
syms x a t h n;
L1=limit((cos(x)-1)/x, x, 0)                  %极限值，当 x→0 时
```

```
L2 = limit(1/x^2,x,0,'right')                    %右极限
L3 = limit(1/x,x,0,'left')                       %左极限
L4 = limit((1 + a/x)^x, x, inf, 'left')          %负无穷处极限
L5 = limit((1 +2/n)^(3 * n), n, inf)             %正无穷处极限
```

按 <F5> 键，计算结果为

```
L1 =
    0
L2 =
    inf
L3 =
    - inf
L4 =
    exp(a)
L5 =
    exp(6)
```

2. 求导数

例 3 在 MATLAB 编辑器中建立 M 文件如下：

```
syms x y t
D1 = diff(sin(x^2) * y^2, 2)      %计算∂²/∂x² y²sinx²
D2 = diff(D1,y)                   %计算∂/∂y(∂²/∂x² y²sinx²)
D3 = diff(t^6,6)
```

计算结果为

```
D1 =
    -4 * sin (x^2) * x^2 * y^2 +2 * cos (x^2) * y^2
D2 =
    -8 * sin (x^2) * x^2 * y +4 * cos (x^2) * y
D3 =
    720
```

3. 解微分方程

例 4 在 MATLAB 编辑器中建立 M 文件如下：

```
D1 = dsolve('D2y = - a * y')                          %D2 表示二阶导数
D2 = dsolve('Dy = a * y','y(0) = b')                  %带一个定解条件
D3 = dsolve('D2y = - a^2 * y','y(0) =1', 'Dy(pi/a) =0')
                                                      %带两个定解条件
```

计算结果为

```
D1 =
C1 * sin(a^(1/2) * t) + C2 * cos(a^(1/2) * t)
```

```
D2 =
    b * exp(a * t)
D3 =
    cos(a * t)
```

4. 求积分

例 5 在 MATLAB 编辑器中建立 M 文件如下：

```
syms x z t
INT1 = int(1/(1 + z^2), z)              % 对变量 z 计算不定积分
INT2 = int(x * log(1 + x), 0, 1)        % 计算从 0 到 1 的定积分
INT3 = int(2 * x, sin(t), 1)            % 计算从 sin (t) 到 1 的定积分
```

计算结果为

```
INT1 =
    atan(z)
INT2 =
    1/4
INT3 =
    1 - sin(t)^2
```

5. 矩阵运算和解线性方程组

（1）特殊矩阵的生成

```
zeros(m,n)      % 生成 m×n 零矩阵
eye(m,n)        % 生成 m×n 单位矩阵
ones(m,n)       % 生成 m×n 全 1 阵
rand(m,n)       % 生成 m×n 随机矩阵，其元素在（0，1）内
magic(n)        % 产生 n 阶魔方矩阵
```

例 6 产生一个 3×4 随机矩阵.

```
>> R = rand(3,4)
R =
    0.9501    0.4860    0.4565    0.4447
    0.2311    0.8913    0.0185    0.6154
    0.6068    0.7621    0.8214    0.7919
```

（2）矩阵基本运算

```
A + B      % 矩阵加法
A - B      % 矩阵减法
A * B      % 矩阵乘法
k * A      % 数乘矩阵
A^P        % A 的 P 次方
A \ B      % 矩阵左除，相当于方程 A * x = B 的解
A/B        % 矩阵右除，相当于方程 x * A = B 的解
A'         % 矩阵转置
```

```
rank(A)              %求矩阵 A 的秩
det(X)               %返回方阵 X 的多项式的值
inv(X)               %求方阵 X 的逆矩阵
A. * B               %A 与 B 对应元素相乘
A. /B                %A 中元素与 B 中元素对应相除
dot(A,B)             %向量 A 与 B 的点积，A 与 B 长度相同
C = cross(A,B)       %A 与 B 的叉乘，即 C = A×B，A，B 必须是 3 个元素的向量
z = null(A,'r')      %z 的列向量是方程 AX =0 的有理基（基础解系）
[V,D\] = eig(A)      %输出矩阵的特征向量和特征值
```

例 7 求解下列方程组的通解：

$$\begin{cases} x_1 + x_2 - 3x_3 - x_4 = 1, \\ 3x_1 - x_2 - 3x_3 + 4x_4 = 4, \\ x_1 + 5x_2 - 9x_3 - 8x_4 = 0. \end{cases}$$

解 在 MATLAB 编辑器中建立 M 文件如下：

```
A = [1  1  -3  -1;3  -1  -3  4;1  5  -9  -8];    %矩阵的生成
b = [1  4  0]';
B = [A  b];
n = 4;
R_A = rank(A)                                    %系数矩阵的秩
R_B = rank(B)                                    %增广矩阵的秩
format rat
if R_A = = R_B&R_A = = n                         %判断有唯一解
   X = A \ b
elseif R_A = = R_B&R_A < n                       %判断有无穷解
   X = A \ b                                     %求特解
   C = null(A,'r')                               %求 AX =0 的基础解系
else X = 'Equation has no solves'                %判断无解
end
```

运行后结果显示为

```
R_A =
   2
R_B =
   2
Warning: Rank deficient, rank  =2   tol =   8.8373e—015.
 >In D: \ Matlab \ pujun \ lx0723. m at line 11
X =
     0
     0
   -8/15
```

```
    3/5
C =
    3/2        -3/4
    3/2         7/4
    1           0
    0           1
```

所以原方程组的通解为

$$X=\begin{pmatrix}x_1\\x_2\\x_3\\x_4\end{pmatrix}=k_1\begin{pmatrix}\frac{3}{2}\\\frac{3}{2}\\1\\0\end{pmatrix}+k_2\begin{pmatrix}-\frac{3}{4}\\\frac{7}{4}\\0\\1\end{pmatrix}+\begin{pmatrix}0\\0\\-\frac{8}{15}\\\frac{3}{5}\end{pmatrix}.$$

四、MATLAB 基本绘图命令

```
plot(X,Y)                           %二维曲线
ezplot(隐函数表达式)                  %二维隐函数曲线
ezplot(x,y,[tmin,tmax])             %二维参数形式函数曲线
polar(theta,r)                      %极坐标图形
plot3(X,Y,Z)                        %三维曲线
ezplot3(x,y,z,[tmin,tmax])          %三维参数形式函数曲线
ezmeshc(f)                          %三维网格等高线图
ezsurfc(f)                          %三维曲面等高线图
```

例 8 用键盘在 MATLAB 指令窗中输入：

```
>>x = -pi:0.01:pi;
>>plot(x,sin(x))
```

输出图形如图 9.3 所示.

输入：

```
>>syms t
>>ezpolar(1 + cos(5 * t))
```

输出结果为图 9.4.

输入：

```
>>syms t;
>>ezplot3(t * sin(t), t * cos(t), t, [0,20 * pi])
```

图形结果为图 9.5.

输入：

```
>>syms x y
>>ezmeshc(x * y/(1 + x^2 + y^2), [-5,5, -2 * pi,2 * pi], 35)
```

图形结果为图 9.6.

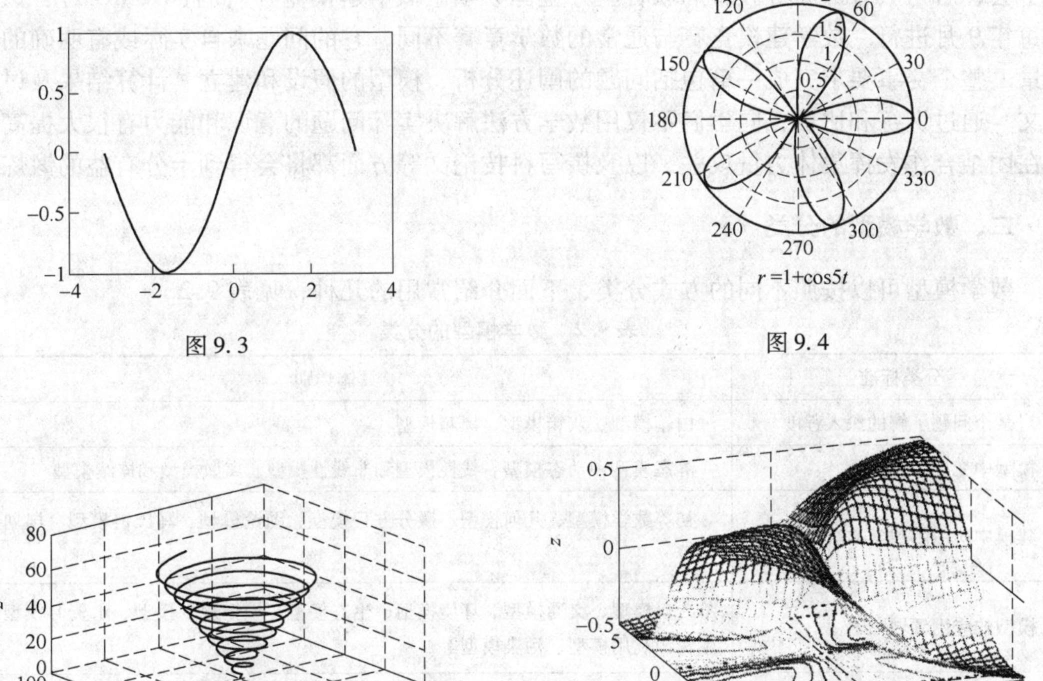

图 9.3

图 9.4

图 9.5

图 9.6

第二节 数学建模简介

一、数学模型与数学建模

数学模型是对于现实世界的一个特定对象，为了一种特定目的，根据特有的内在规律，作出一些必要的简化假设，运用适当的数学工具，得到一个数学结构．简单地说，就是系统某种特征的、本质的数学表达式(或是用数学术语对部分现实世界的描述)，即用数学式子(如函数、图形、代数方程、微分方程、积分方程、差分方程等)来描述(表述、模拟)所研究的客观对象或系统在某一方面的存在规律．

数学建模是利用数学方法解决实际问题的一种实践．即通过抽象、简化、假设、引进变量等处理过程后，将实际问题用数学方式表达，建立起数学模型，然后运用先进的数学方法及计算机技术进行求解．简而言之，建立数学模型的过程就称为数学建模．

1985 年在美国出现了一种叫做 MCM 的一年一度的大学生数学模型竞赛，在国际上产生了很大影响，现已成为国际性的大学生的一项著名赛事．我国自 1989 年首次参加这一竞赛以来，历届均取得了优异的成绩．经过数年参加美国赛表明，中国大学生在数学建模方面是有竞争力和创新联想能力的．为使这一赛事更广泛地展开，1990 年先由中国工业与应用数学学会，后与教育部高等教育局联合主办全国大学生数学建模竞赛(简称 CUMCM)，该项赛事每年 9 月进行. 数学建模竞赛与通常的数学竞赛不同，它的问题来自实际或有明确的实际背景. 整个赛事要求完成一篇包括问题的阐述分析、模型的假设和建立、计算结果及讨论的论文. 通过训练和比赛，同学们不仅用数学方法解决实际问题的意识和能力有很大提高，而且在团结合作发挥集体力量攻关，以及撰写科技论文等方面都将会得到十分有益的锻炼.

二、数学模型的分类

数学模型可以按照不同的方式分类，下面介绍常用的几种，见表 9.2.

表 9.2 数学模型的分类

分类标准	具体类别
对某个问题了解的深入程度	白箱模型、灰箱模型、黑箱模型
模型中变量的特征	静态模型和动态模型、线性模型和非线性模型、离散模型和连续模型
建模中所用的数学方法	初等数学模型、几何模型、微分方程模型、图论模型、马氏链模型、规划论模型等
模型的应用领域	人口模型、交通模型、环境模型、生态模型、城镇规划模型、水资源模型、再生资源利用模型、污染模型等
建模目的	描述模型、分析模型、预报模型、优化模型、决策模型、控制模型等

三、数学建模的方法和步骤

1. 数学建模的方法

一般来讲，数学建模的方法可以分为以下三种.

(1) 机理分析法　从基本物理定律以及系统的结构数据来推导出模型.

1) 比例分析法：建立变量之间函数关系的最基本、最常用的方法.

2) 代数方法：求解离散问题(离散的数据、符号、图形)的主要方法.

3) 逻辑方法：是数学理论研究的重要方法，对社会学和经济学等领域的实际问题，在决策、对策等学科中得到广泛应用.

4) 常微分方程：解决两个变量之间的变化规律，关键是建立“瞬时变化率”的表达式.

5) 偏微分方程：解决因变量与两个以上自变量之间的变化规律.

(2) 数据分析法　由大量的观测数据利用统计方法建立数学模型.

1) 回归分析法：用于对函数 $f(x)$ 的一组观测值 (x_i, f_i)，$i=1, 2, \cdots, n$，确定函数的表达式，由于处理的是静态的独立数据，故又称为数理统计方法.

2) 时序分析法：处理的是动态的相关数据，又称为过程统计方法.

(3) 仿真和其他方法

1) 计算机仿真(模拟)：实质上是统计估计方法，等效于抽样试验.

2) 因子试验法：在系统上作局部试验，再根据试验结果进行不断地分析修改，求得所需的模型结构.

3）人工现实法：基于对系统过去行为的了解和对未来希望达到的目标，并考虑到系统有关因素的可能变化，人为地组成一个系统.

2. 数学建模的步骤

数学建模的步骤一般分为下列几步(图 9.7)：

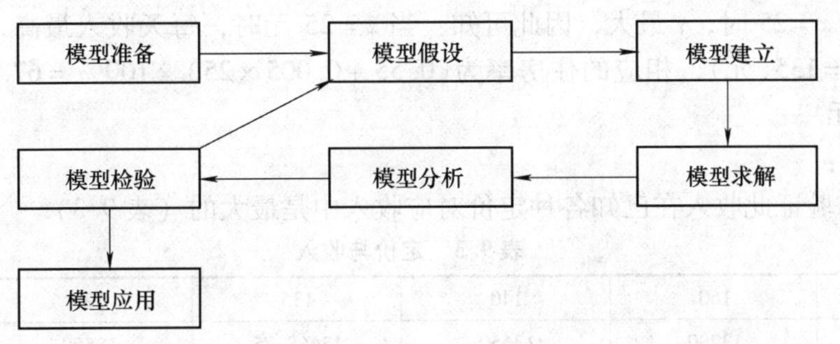

图 9.7

模型准备：了解问题的实际背景，明确其实际意义，掌握对象的各种信息，用数学语言来描述问题.

模型假设：根据实际对象的特征和建模的目的，对问题进行必要的简化，并用精确的语言提出一些恰当的假设.

模型建立：在假设的基础上，利用适当的数学工具来刻画各变量之间的数学关系，建立相应的数学结构(尽量用简单的数学工具).

模型求解：利用获取的数据资料，对模型的所有参数作出计算(估计).

模型分析：对所得的结果进行数学上的分析.

模型检验：将模型分析结果与实际情形进行比较，以此来验证模型的准确性、合理性和适用性. 如果模型与实际较吻合，则要对计算结果给出其实际含义，并进行解释. 如果模型与实际吻合较差，则应该修改假设，再次重复建模过程.

模型应用：应用方式因问题的性质和建模的目的而异.

四、数学建模举例

例 1 一个星级宾馆有 150 间客房，经过一段时间的经营实践，该宾馆经理得到一些数据：如果每间客房定价为 160 元，住房率为 55%；定价为 140 元，住房率为 65%；定价为 120 元，住房率为 75%；定价为 100 元，住房率为 85%，欲使每天收入最高，问每间客房的定价应是多少?

解 模型假设：

(1) 在无其他信息时，不妨设每间客房的最高定价为 160 元.

(2) 根据提供的数据，设随房价的下降，住房率呈线性增长.

(3) 设宾馆每间客房定价相等.

模型建立：

根据题意，设 y 表示宾馆一天的总收入，x 为与 160 元相比降价的房价. 由模型假设(2)，可得每降低 1 元房价，住房率增加为 $10\%/20=0.005$. 所以

$$y=150(160-x)(0.55+0.005x).$$

由于$0.55+0.005x\leqslant 1$，可知

$$0\leqslant x\leqslant 90,$$

整理得

$$y=-0.75\ (x-25)^2+13668.75.$$

显然，当$x=25$时，y最大，因此可知：当$x=25$元时，每天收入最高，每间的客房定价为$160-25=135$(元)，相应的住房率为$(0.55+0.005\times 25)\times 100\%=67.5\%$，最大收入为13668.75元.

分析检验：

(1) 容易验证此收入在已知各种定价对应收入中是最大的（表9.3）.

表9.3 定价与收入

定价/元	160	140	135	120	100
收入/元	13200	13650	13668.75	13500	12750

如果为了便于管理，那么每天定价140元/间也是可以的，因为此时它与最高收入只相差18.75元.

(2) 如果每天定价是180元/间，住房率应为45%，其相应收入只有12150元. 因此模型假设(1)是合理的. 事实上二次函数只有一个极值点25在$[0,90]$之内.

例2(人、狗、鸡、米问题) 人、狗、鸡、米均要过河，船上除1人划船外，最多还能运载一物，而人不在场时，狗要吃鸡，鸡要吃米，问人、狗、鸡、米应如何过河？

解 假设人、狗、鸡、米要从河的南岸到河的北岸，由题意，在过河的过程中，两岸的状态要满足一定条件，所以该问题为有条件的状态转移问题.

(1) 允许状态集合

我们用(w,x,y,z)表示南岸的状态，其中w，x，y，$z=0$或1. 例如$(1,1,1,1)$表示它们都在南岸，$(0,1,1,0)$表示狗、鸡在南岸，人、米在北岸；很显然有些状态是允许的，有些状态是不允许的，用穷举法可列出全部10个允许状态向量：

$$(1,1,1,1)\quad(1,1,1,0)\quad(1,1,0,1)\quad(1,0,1,1)\quad(1,0,1,0)$$
$$(0,0,0,0)\quad(0,0,0,1)\quad(0,0,1,0)\quad(0,1,0,0)\quad(0,1,0,1)$$

我们将上述10个可取状态向量组成的集合记为S，称S为允许状态集合.

(2) 状态转移方程

对于一次过河，可以看成一次状态转移，我们用向量来表示决策，例如$(1,0,0,1)$表示人、米过河. 令D为允许决策集合，则

$$D=\{(1,x,y,z):\ x+y+z=0\text{ 或 }1\}.$$

另外，我们注意到过河有两种，奇数次的为从南岸到北岸，而偶数次的为从北岸回到南岸，因此得到下述转移方程：

$$S_{k+1}=S_k+(-1)^k d_k. \tag{1}$$

其中，$S_k=(w_k,x_k,y_k,z_k)$表示第k次状态，$d_k\in D$为决策向量.

因此，人、狗、鸡、米过河问题，即要找到d_1，d_2，…，$d_{m-1}\in D$，S_0，S_1，…，$S_m\in S$，$S_0=(0,0,0,0)$，$S_m=(1,1,1,1)$且满足式(1).

下面用状态转移图求解.

将10个允许状态用10个点表示，并且仅当某个允许状态经过一个允许决策仍为允许状态时，则这两个允许状态间存在连线，而构成一个图，如图9.8所示，在其中寻找一条从(1,1,1,1)到(0,0,0,0)的路径，这样的路径就是一个解，可得下述路径图9.9.

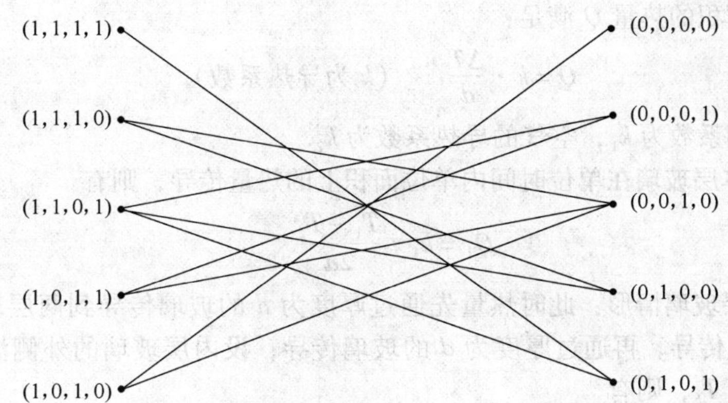

图9.8

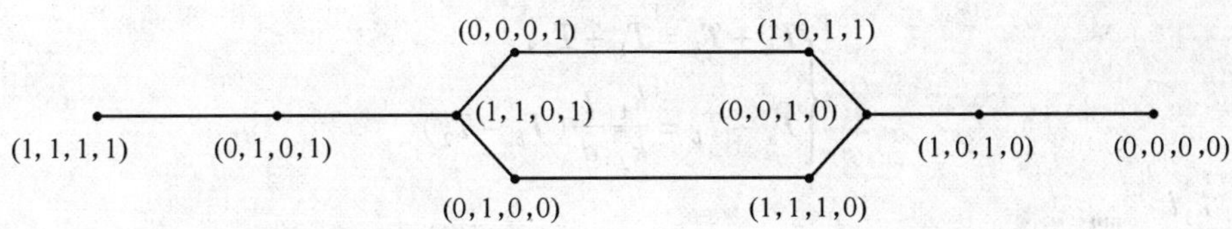

图9.9

由图9.9可知，有两个解都是经过7次运算完成的，均为最优解.

例3(双层玻璃的功效) 房间居室的窗户有的是双层的，即在窗户上装两层玻璃，且中间留有一定的空隙，试比较双层玻璃窗与单层玻璃窗的热量流失.

解 模型假设:

(1) 设双层玻璃窗的两玻璃的厚度都为 d，两玻璃的间距为 l；单层玻璃窗的玻璃厚度为 $2d$，所用玻璃材料相同，如图9.10所示.

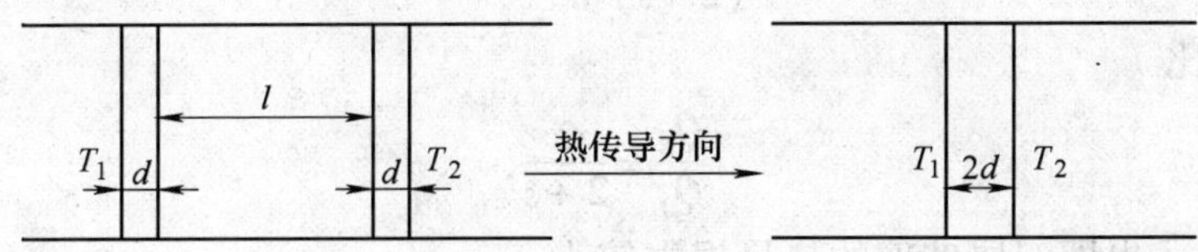

图9.10

(2) 假设窗户的封闭性能很好，两层玻璃之间的空气不流动，即忽略热量的对流，只考虑热量的传导.

(3) 室内温度 T_1 和室外温度 T_2 保持不变，热传导过程处于稳定状态，即单位时间内通过单位面积的热量为常数.

(4) 玻璃材料均匀，导热系数为常数.

模型建立：

对于厚度为 d 的均匀介质，两侧温度差为 ΔT，则单位时间内由温度高的一侧向温度低的一侧通过单位面积的热量 Q 满足：

$$Q = k \cdot \frac{\Delta T}{d} \quad (k\text{ 为导热系数}).$$

设玻璃的导热系数为 k_1，空气的导热系数为 k_2.

(1) 先考虑单层玻璃在单位时间内单位面积上的热量传导，则有

$$Q_1 = k_1 \cdot \frac{T_1 - T_2}{2d}. \tag{2}$$

(2) 考虑双层玻璃情形：此时热量先通过厚度为 d 的玻璃传导到两层玻璃的夹层空气中，然后通过空气传导，再通过厚度为 d 的玻璃传导；设内层玻璃的外侧温度为 T_a，外层玻璃的内侧温度为 T_b，则有

$$Q_2 = k_1 \frac{T_1 - T_a}{d} = k_2 \frac{T_a - T_b}{l} = k_1 \frac{T_b - T_2}{d}. \tag{3}$$

由式 (3) 可得

$$\begin{cases} T_a + T_b = T_1 + T_2, \\ T_a - T_b = \dfrac{k_1}{k_2}\dfrac{l}{d}(T_b - T_2). \end{cases} \tag{4}$$

记 $s = \dfrac{k_1 l}{k_2 d}$，则

$$2T_b = T_1 + T_2 - s(T_b - T_2). \tag{5}$$

从而有

$$2(T_b - T_2) = T_1 - T_2 - s(T_b - T_2), \tag{6}$$

即

$$(T_b - T_2) = \frac{1}{2+s}(T_1 - T_2). \tag{7}$$

故

$$Q_2 = \frac{1}{(2+s)}\frac{k_1}{d}(T_1 - T_2). \tag{8}$$

考虑两者之比

$$\frac{Q_2}{Q_1} = \frac{2}{2+s}, \tag{9}$$

显然 $Q_2 < Q_1$，也即双层玻璃的热量损失较小.

模型分析与应用：

常用玻璃的导热系数为

$$k_1 = 4\times10^{-3} \sim 8\times10^{-3}\,\mathrm{J/(cm\cdot s\cdot ℃)},$$

而不流通、干燥空气的导热系数为

$$k_2 = 2.5 \times 10^{-4} \quad \mathrm{J/(cm \cdot s \cdot ℃)},$$

若取$\frac{l}{d}=h$，则$16h \leqslant s \leqslant 32h$，故

$$\frac{Q_2}{Q_1} \leqslant \frac{1}{1+8h}. \tag{10}$$

若取$h=4$，则

$$\frac{Q_2}{Q_1} \leqslant \frac{1}{33}.$$

由此可见双层玻璃的保暖效果是相当可观的. 因此，我国北方寒冷地区的建筑物，通常采用双层玻璃. 由式(10)知当$h=4$时，$Q_2 \approx \frac{1}{33}Q_1$，$h$再大，热量传递的减少就不明显了，再考虑到墙体的厚度，所以建筑规范通常要求$h \approx 4$.

例 4(人口预测模型) 由于资源的有限性，当今世界各国都注意有计划地控制人口的增长. 为了得到人口预测模型，必须首先搞清影响人口增长的因素，而影响人口增长的因素很多，如人口的自然出生率、人口的自然死亡率、人口的迁移、自然灾害、战争等诸多因素，如果一开始就把所有因素都考虑进去，则无从下手. 因此，先把问题简化，建立比较粗糙的模型，再逐步修改，得到较完善的模型.

解 模型一：马尔萨斯模型

此模型由英国人口学家马尔萨斯(Malthus,1766—1834)于1798年提出.

模型假设：人口增长率r是常数（或单位时间内人口的增长量与当时的人口成正比）.

建立模型：设时刻t的人口为$N(t)$，把$N(t)$当做连续、可微函数处理(因人口总数很大,可近似地这样处理,此乃离散变量连续化处理)，据马尔萨斯的假设，在t到$t+\Delta t$时间段内，人口的增长量为

$$N(t+\Delta t) - N(t) = rN(t)\Delta t.$$

并设$t=t_0$时刻的人口为N_0，于是

$$\begin{cases} \dfrac{\mathrm{d}N}{\mathrm{d}t} = rN, \\ N(t_0) = N_0. \end{cases} \tag{11}$$

模型求解：解微分方程(11)得

$$N(t) = N_0 \mathrm{e}^{r(t-t_0)}. \tag{12}$$

此式表明人口以指数规律随时间无限增长.

模型的参数估计：

要用模型的结果(12)来预报人口，必须对其中的参数r进行估计，通过对1790 ~ 1980年美国实际人口的数据拟合得$r=0.307$.

模型检验：

将$N_0=3.9$，$r=0.307$代入式(12)，求出用指数增长模型预测的1810 ~ 1920年间美国的人口数，发现1810 ~ 1870年间的预测人口数与美国实际人口数吻合较好，但1880年以后的误差越来越大.

分析原因：该模型的结果说明人口将以指数规律无限增长. 而事实上，随着人口的增加，自然资源、环境条件等因素对人口增长的限制作用越来越显著. 如果当人口较少时人口

的自然增长率可以看作常数的话，那么当人口增加到一定数量以后，这个增长率就要随着人口增加而减少．于是应该对指数增长模型关于人口净增长率是常数的假设进行修改．下面的模型是所有修改的模型中著名的一个．

模型二：Logistic 模型

此模型由荷兰生物数学家韦尔侯斯特(Verhulst)于 1838 年提出．

模型假设：

(1) 自然资源和环境条件年容纳的最大人口容量 N_m．

(2) 人口增长率等于 $r\left[1-\frac{N(t)}{N_m}\right]$，即净增长率随着 $N(t)$ 的增加而减小，当$N(t)\to N_m$时，净增长率趋于零，r 叫做固有增长率．

建立模型：

由韦尔侯斯特假定，马尔萨斯模型应改为

$$\begin{cases}\frac{dN}{dt}=r\left(1-\frac{N}{N_m}\right)N,\\ N(t_0)=N_0.\end{cases}\tag{13}$$

模型求解：解微分方程(13)得

$$N(t)=\frac{N_m}{1+\left(\frac{N_m}{N_0}-1\right)e^{-r(t-t_0)}}.\tag{14}$$

模型分析：

(1) 当 $t\to\infty$，$N(t)\to N_m$，即无论人口的初值如何，人口总数趋向于极限值 N_m；

(2) 当 $0<N<N_m$ 时，$\frac{dN}{dt}=r\left(1-\frac{N}{N_m}\right)N>0$，这说明 $N(t)$是时间 t 的单调递增函数；

(3) 由于$\frac{d^2N}{dt^2}=r^2\left(1-\frac{N}{N_m}\right)\left(1-\frac{2N}{N_m}\right)N$，所以当 $N<\frac{N_m}{2}$时，$\frac{d^2N}{dt^2}>0$，$\frac{dN}{dt}$单调增加；当$N>\frac{N_m}{2}$时，$\frac{d^2N}{dt^2}<0$，$\frac{dN}{dt}$单调减少，即人口增长率$\frac{dN}{dt}$由增变减，在$\frac{N_m}{2}$处最大，也就是说在人口总数达到极限值一半以前是加速生长期，过这一点后，生长的速率逐渐变小，并且迟早会达到零，这是减速生长期．

模型检验：用该模型检验美国从 1790 ~ 1950 年间的人口，发现模型计算的结果与实际人口在 1930 年以前都非常吻合，自从 1930 年以后，误差越来越大，一个明显的原因是在 20 世纪 60 年代美国的实际人口数已经突破了 20 世纪初所设的极限人口．由此可见该模型的缺点之一是 N_m 不易确定，事实上，随着一个国家经济的腾飞，它所拥有的食物就越丰富，N_m 的值也就越大．

模型应用：用逻辑模型来预测世界未来人口总数．某生物学家估计，$r=0.029$，又当人口总数为 3.06×10^9 人时，人口每年以 2% 的速率增长，由逻辑模型得

$$\frac{1}{N}\frac{dN}{dt}=r\left(1-\frac{N}{N_m}\right),$$

即

$$0.02=0.029\left(1-\frac{3.06\times10^9}{N_m}\right),$$

从而得 $$N_m = 9.86 \times 10^9,$$

即世界人口总数极限值近 100 亿.

值得说明的是，人也是一种生物，因此，上面关于人口模型的讨论，原则上也可以用于在自然环境下单一物种生存着的其他生物，如森林中的树木、池塘中的鱼等. 逻辑模型有着广泛的应用.

附　表

附表 1　标准正态分布表

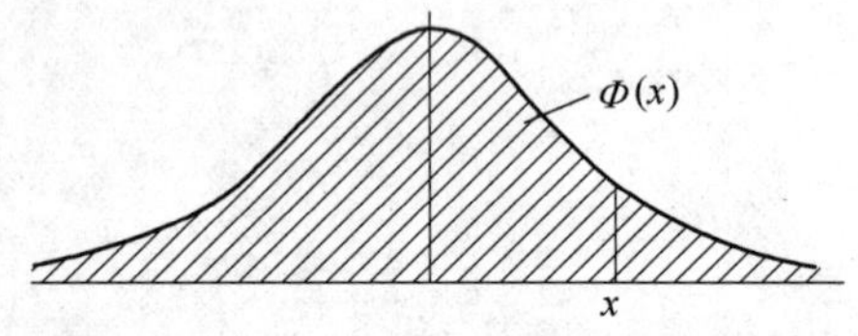

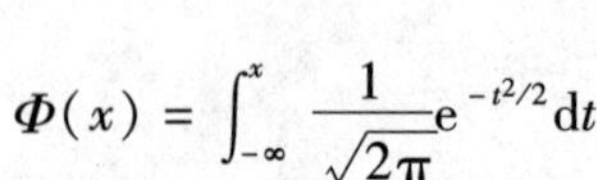

$$\Phi(x)=\int_{-\infty}^{x}\frac{1}{\sqrt{2\pi}}\mathrm{e}^{-t^2/2}\mathrm{d}t$$

x	0.00	0.01	0.02	0.03	0.04	0.05	0.06	0.07	0.08	0.09
0.0	0.5000	0.5040	0.5080	0.5120	0.5160	0.5199	0.5239	0.5279	0.5319	0.5359
0.1	0.5398	0.5438	0.5478	0.5517	0.5557	0.5596	0.5636	0.5675	0.5714	0.5753
0.2	0.5793	0.5832	0.5871	0.5910	0.5948	0.5987	0.6026	0.6064	0.6103	0.6141
0.3	0.6179	0.6217	0.6255	0.6293	0.6331	0.6368	0.6406	0.6443	0.6480	0.6517
0.4	0.6554	0.6591	0.6628	0.6664	0.6700	0.6736	0.6772	0.6808	0.6844	0.6879
0.5	0.6915	0.6950	0.6985	0.7019	0.7054	0.7088	0.7123	0.7157	0.7190	0.7224
0.6	0.7257	0.7291	0.7324	0.7357	0.7389	0.7422	0.7454	0.7486	0.7517	0.7549
0.7	0.7580	0.7611	0.7642	0.7673	0.7704	0.7734	0.7764	0.7794	0.7823	0.7852
0.8	0.7881	0.7910	0.7939	0.7967	0.7995	0.8023	0.8051	0.8078	0.8106	0.8133
0.9	0.8159	0.8186	0.8212	0.8238	0.8264	0.8289	0.8315	0.8340	0.8365	0.8389
1.0	0.8413	0.8438	0.8461	0.8485	0.8508	0.8531	0.8554	0.8577	0.8599	0.8621
1.1	0.8643	0.8665	0.8686	0.8708	0.8729	0.8749	0.8770	0.8790	0.8810	0.8830
1.2	0.8849	0.8869	0.8888	0.8907	0.8925	0.8944	0.8962	0.8980	0.8997	0.9015
1.3	0.9032	0.9049	0.9066	0.9082	0.9099	0.9115	0.9131	0.9147	0.9162	0.9177
1.4	0.9192	0.9207	0.9222	0.9236	0.9251	0.9265	0.9278	0.9292	0.9306	0.9319
1.5	0.9332	0.9345	0.9357	0.9370	0.9382	0.9394	0.9406	0.9418	0.9429	0.9441
1.6	0.9452	0.9463	0.9474	0.9484	0.9495	0.9505	0.9515	0.9525	0.9535	0.9545
1.7	0.9554	0.9564	0.9573	0.9582	0.9591	0.9599	0.9608	0.9616	0.9625	0.9633
1.8	0.9641	0.9649	0.9656	0.9664	0.9671	0.9678	0.9686	0.9693	0.9699	0.9706
1.9	0.9713	0.9719	0.9726	0.9732	0.9738	0.9744	0.9750	0.9756	0.9761	0.9767
2.0	0.9772	0.9778	0.9783	0.9788	0.9793	0.9798	0.9803	0.9808	0.9812	0.9817
2.1	0.9821	0.9826	0.9830	0.9834	0.9838	0.9842	0.9846	0.9850	0.9854	0.9857
2.2	0.9861	0.9864	0.9868	0.9871	0.9875	0.9878	0.9881	0.9884	0.9887	0.9890
2.3	0.9893	0.9896	0.9898	0.9901	0.9904	0.9906	0.9909	0.9911	0.9913	0.9916
2.4	0.9918	0.9920	0.9922	0.9925	0.9927	0.9929	0.9931	0.9932	0.9934	0.9936
2.5	0.9938	0.9940	0.9941	0.9943	0.9945	0.9946	0.9948	0.9949	0.9951	0.9952
2.6	0.9953	0.9955	0.9956	0.9957	0.9959	0.9960	0.9961	0.9962	0.9963	0.9964

（续）

x	0.00	0.01	0.02	0.03	0.04	0.05	0.06	0.07	0.08	0.09
2.7	0.9965	0.9966	0.9967	0.9968	0.9969	0.9970	0.9971	0.9972	0.9973	0.9974
2.8	0.9974	0.9975	0.9976	0.9977	0.9977	0.9978	0.9979	0.9979	0.9980	0.9981
2.9	0.9981	0.9982	0.9982	0.9983	0.9984	0.9984	0.9985	0.9985	0.9986	0.9986
3.0	0.9987	0.9987	0.9987	0.9988	0.9988	0.9989	0.9989	0.9989	0.9990	0.9990
3.1	0.9990	0.9991	0.9991	0.9991	0.9992	0.9992	0.9992	0.9992	0.9993	0.9993
3.2	0.9993	0.9993	0.9994	0.9994	0.9994	0.9994	0.9994	0.9995	0.9995	0.9995
3.3	0.9995	0.9995	0.9995	0.9996	0.9996	0.9996	0.9996	0.9996	0.9996	0.9997
3.4	0.9997	0.9997	0.9997	0.9997	0.9997	0.9997	0.9997	0.9997	0.9997	0.9998

附表2 t 分布表

$$P\{t(n) > t_\alpha(n)\} = \alpha$$

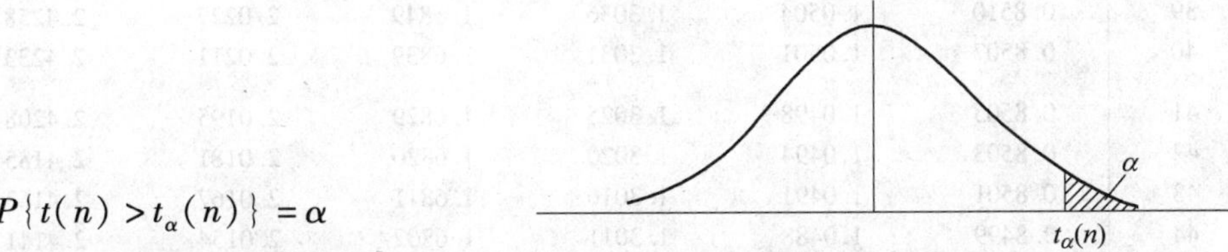

n \ α	0.20	0.15	0.10	0.05	0.025	0.01	0.005
1	1.376	1.963	3.0777	6.3138	12.7062	31.8207	63.6574
2	1.061	1.386	1.8856	2.9200	4.3027	6.9646	9.9248
3	0.978	1.250	1.6377	2.3534	3.1824	4.5407	5.8409
4	0.941	1.190	1.5332	2.1318	2.7764	3.7469	4.6041
5	0.920	1.156	1.4759	2.0150	2.5706	3.3649	4.0322
6	0.906	1.134	1.4398	1.9432	2.4469	3.1427	3.7074
7	0.896	1.119	1.4149	1.8946	2.3646	2.9980	3.4995
8	0.889	1.108	1.3968	1.8595	2.3060	2.8965	3.3554
9	0.883	1.100	1.3830	1.8331	2.2622	2.8214	3.2498
10	0.879	1.093	1.3722	1.8125	2.2281	2.7638	3.1693
11	0.876	1.088	1.3634	1.7959	2.2010	2.7181	3.1058
12	0.873	1.083	1.3562	1.7823	2.1788	2.6810	3.0545
13	0.870	1.079	1.3502	1.7709	2.1604	2.6503	3.0123
14	0.868	1.076	1.3450	1.7613	2.1448	2.6245	2.9768
15	0.866	1.074	1.3406	1.7531	2.1315	2.6025	2.9467
16	0.865	1.071	1.3368	1.7459	2.1199	2.5835	2.9208
17	0.863	1.069	1.3334	1.7396	2.1098	2.5669	2.8982
18	0.862	1.067	1.3304	1.7341	2.1009	2.5524	2.8784
19	0.861	1.066	1.3277	1.7291	2.0930	2.5395	2.8609
20	0.860	1.064	1.3253	1.7247	2.0860	2.5280	2.8453
21	0.859	1.063	1.3232	1.7207	2.0796	2.5177	2.8314
22	0.858	1.061	1.3212	1.7171	2.0739	2.5083	2.8188
23	0.858	1.060	1.3195	1.7139	2.0687	2.4999	2.8073
24	0.857	1.059	1.3178	1.7109	2.0639	2.4922	2.7969

（续）

n \ α	0.20	0.15	0.10	0.05	0.025	0.01	0.005
25	0.856	1.058	1.3163	1.7081	2.0595	2.4851	2.7874
26	0.856	1.058	1.3150	1.7056	2.0555	2.4786	2.7787
27	0.855	1.057	1.3137	1.7033	2.0518	2.4727	2.7707
28	0.855	1.056	1.3125	1.7011	2.0484	2.4671	2.7633
29	0.854	1.055	1.3114	1.6991	2.0452	2.4620	2.7564
30	0.854	1.055	1.3104	1.6973	2.0423	2.4573	2.7500
31	0.8535	1.0541	1.3095	1.6955	2.0395	2.4528	2.7440
32	0.8531	1.0536	1.3086	1.6939	2.0369	2.4487	2.7385
33	0.8527	1.0531	1.3077	1.6924	2.0345	2.4448	2.7333
34	0.8524	1.0526	1.3070	1.6909	2.0322	2.4411	2.7284
35	0.8521	1.0521	1.3062	1.6896	2.0301	2.4377	2.7238
36	0.8518	1.0516	1.3055	1.6883	2.0281	2.4345	2.7195
37	0.8515	1.0512	1.3049	1.6871	2.0262	2.4314	2.7154
38	0.8512	1.0508	1.3042	1.6860	2.0244	2.4286	2.7116
39	0.8510	1.0504	1.3036	1.6849	2.0227	2.4258	2.7079
40	0.8507	1.0501	1.3031	1.6839	2.0211	2.4233	2.7045
41	0.8505	1.0498	1.3025	1.6829	2.0195	2.4208	2.7012
42	0.8503	1.0494	1.3020	1.6820	2.0181	2.4185	2.6981
43	0.8501	1.0491	1.3016	1.6811	2.0167	2.4163	2.6951
44	0.8499	1.0488	1.3011	1.6802	2.0154	2.4141	2.6923
45	0.8497	1.0485	1.3006	1.6794	2.0141	2.4121	2.6896

附表3 χ^2分布表

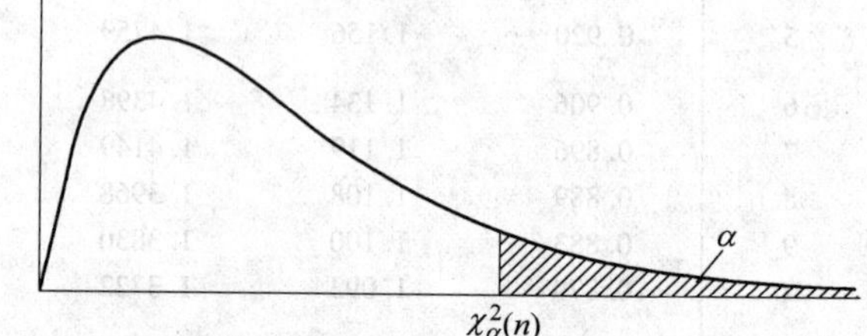

$$P\{\chi^2(n) > \chi_\alpha^2(n)\} = \alpha$$

n \ α	0.995	0.99	0.975	0.95	0.90	0.10	0.05	0.025	0.01	0.005
1	0.000	0.000	0.001	0.004	0.016	2.706	3.843	5.025	6.637	7.882
2	0.010	0.020	0.051	0.103	0.211	4.605	5.992	7.378	9.210	10.597
3	0.072	0.115	0.216	0.352	0.584	6.251	7.815	9.348	11.344	12.837
4	0.207	0.297	0.484	0.711	1.064	7.779	9.488	11.143	13.277	14.860
5	0.412	0.554	0.831	1.145	1.610	9.236	11.070	12.832	15.085	16.748
6	0.676	0.872	1.237	1.635	2.204	10.645	12.592	14.440	16.812	18.548
7	0.989	1.239	1.690	2.167	2.833	12.017	14.067	16.012	18.474	20.276
8	1.344	1.646	2.180	2.733	3.490	13.362	15.507	17.534	20.090	21.954
9	1.735	2.088	2.700	3.325	4.168	14.684	16.919	19.022	21.665	23.587
10	2.156	2.558	3.247	3.940	4.865	15.987	18.307	20.483	23.209	25.188
11	2.603	3.053	3.816	4.575	5.578	17.275	19.675	21.920	24.724	26.755

（续）

n \ α	0.995	0.99	1.975	0.95	0.90	0.10	0.05	0.025	0.01	0.005
12	3.074	3.571	4.404	5.226	6.304	18.549	21.026	23.337	26.217	28.300
13	3.565	4.107	5.009	5.892	7.041	19.812	22.362	24.735	27.687	29.817
14	4.075	4.660	5.629	6.571	7.790	21.064	23.685	26.119	29.141	31.319
15	4.600	5.229	6.262	7.261	8.547	22.307	24.996	27.488	30.577	32.799
16	5.142	5.812	6.908	7.962	9.312	23.542	26.296	28.845	32.000	34.267
17	5.697	6.407	7.564	8.682	10.085	24.769	27.587	30.190	33.408	35.716
18	6.265	7.015	8.231	9.390	10.865	25.989	28.869	31.526	34.805	37.156
19	6.843	7.632	8.906	10.117	11.651	27.203	30.143	32.852	36.190	38.580
20	7.434	8.260	9.591	10.851	12.443	28.412	31.410	34.170	37.566	39.997
21	8.033	8.897	10.283	11.591	13.240	29.615	32.670	35.478	38.930	41.399
22	8.643	9.542	10.982	12.338	14.042	30.813	33.924	36.781	40.289	42.796
23	9.260	10.195	11.688	13.090	14.848	32.007	35.172	38.075	41.637	44.179
24	9.886	10.856	12.401	13.848	15.659	33.196	36.415	39.364	42.980	45.558
25	10.519	11.523	13.120	14.611	16.473	34.381	37.652	40.646	44.313	46.925
26	11.160	12.198	13.844	15.379	17.292	35.563	38.885	41.923	45.642	48.290
27	11.807	12.878	14.573	16.151	18.114	36.741	40.113	43.194	46.962	49.642
28	12.461	13.565	15.308	16.928	18.939	37.916	41.337	44.461	48.278	50.993
29	13.120	14.256	16.147	17.708	19.768	39.087	42.557	45.772	49.586	52.333
30	13.787	14.954	16.791	18.493	20.599	40.256	43.773	46.979	50.892	53.672
31	14.457	15.655	17.538	19.280	21.433	41.422	44.985	48.231	52.190	55.000
32	15.134	16.362	18.291	20.072	22.271	42.585	46.194	49.480	53.486	56.328
33	15.814	17.073	19.046	20.866	23.110	43.745	47.400	50.724	54.774	57.646
34	16.501	17.789	19.806	21.664	23.952	44.903	48.602	51.966	56.061	58.964
35	17.191	18.508	20.569	22.465	24.796	46.059	49.802	53.203	57.340	60.272
36	17.887	19.233	21.336	23.269	25.643	47.212	50.998	54.437	58.619	61.581
37	18.584	19.960	22.105	24.075	26.492	48.363	52.192	55.667	59.891	62.880
38	19.289	20.691	22.878	24.884	27.343	49.513	53.384	56.896	61.162	64.181
39	19.994	21.425	23.654	25.695	28.196	50.660	54.572	58.119	62.426	65.473
40	20.706	22.164	24.433	26.509	29.050	51.805	55.758	59.342	63.691	66.766

当 $n>40$ 时，$\chi_{\alpha}^{2}(n) \approx \frac{1}{2}\left(z_{\alpha}+\sqrt{2n-1}\right)^{2}$.

附表 4　相关系数的临界值表

$n-2$	α		$n-2$	α	
	0.05	0.01		0.05	0.01
1	0.997	1.000	8	0.632	0.765
2	0.950	0.990	9	0.602	0.735
3	0.878	0.959	10	0.576	0.708
4	0.811	0.917	11	0.553	0.684
5	0.754	0.874	12	0.532	0.661
6	0.707	0.834	13	0.514	0.641
7	0.666	0.798	14	0.497	0.623

（续）

$n-2$	α		$n-2$	α	
	0.05	0.01		0.05	0.01
15	0.482	0.606	28	0.361	0.463
16	0.468	0.590	29	0.355	0.456
17	0.456	0.575	30	0.349	0.449
18	0.444	0.561	35	0.325	0.418
19	0.433	0.549	40	0.304	0.393
20	0.423	0.537	45	0.288	0.372
21	0.413	0.526	50	0.273	0.354
22	0.404	0.515	60	0.250	0.325
23	0.396	0.505	70	0.232	0.302
24	0.388	0.496	80	0.217	0.283
25	0.381	0.487	90	0.205	0.267
26	0.374	0.478	100	0.195	0.254
27	0.367	0.470	200	0.138	0.181

参考答案

第一章

习题 1.1

1. (1) $(2,6]$； (2) $(1.9,2.1)$，$U\left(2,\frac{1}{10}\right)$； (3) $(-\infty,-100)\cup(100,+\infty)$； (4) $(0.99,1)\cup(1,1.01)$，$\mathring{U}(1,0.01)$.

2. (1) 不同，定义域不同； (2) 不同，解析式不同 $g(x)=|x|$.

3. $\frac{1}{2}$；1. 4. $f(x)=5x+\frac{2}{x^2}$； $f(x^2+1)=5(x^2+1)+\frac{2}{(x^2+1)^2}$.

5. $f(x,y)=y^2+2x$； $f(1,2)=6$.

6. (1) $[-1,0)\cup(0,1]$； (2) $[2,4]$； (3) $(1,+\infty)$；

(4) $\begin{cases}x\geqslant 0,\\ y\geqslant 0,\\ x^2\geqslant y;\end{cases}$ (5) $\begin{cases}y^2\leqslant 4x,\\ x^2+y^2<1.\end{cases}$

7. $f[g(x)]=\begin{cases}1,x<0\\ 0,x=0;\\ -1,x>0\end{cases}$ $g[f(x)]=\begin{cases}\mathrm{e},|x|<1,\\ 1,|x|=1,\\ \mathrm{e}^{-1},|x|>1.\end{cases}$

8. (1) $y=\sqrt{u}$，$u=3x+2$； (2) $y=u^5$，$u=1+\lg x$；
(3) $y=\mathrm{e}^u$，$u=v^2$，$v=\sin x$； (4) $y=\arccos u$，$u=1-x^2$.

9. $y=\begin{cases}0.15x, & x\leqslant 50\\ 0.25x-5, & x>50\end{cases}$，图形略.

习题 1.2

1. (1) 0； (2) 2； (3) 1； (4) 发散. 2. $\frac{1}{1-q}$.

习题 1.3

1. $\lim\limits_{x\to 0^-}f(x)=5$，$\lim\limits_{x\to 0^+}f(x)=0$；当 $x\to 0$ 时，$f(x)$的极限不存在.

2. (1) 2； (2) $\frac{2}{3}$； (3) -1； (4) 2； (5) 2；

(6) $\frac{1}{2}$； (7) 0； (8) 1； (9) 0； (10) ∞.

3. （1）3；（2）2；（3）-1；（4）e^2；（5）e^2；（6）e.

4. 同阶无穷小.

5. （1）0；（2）ln2.　6. 极限不存在.

习 题 1.4

1. （1）a 为任意实数，$b=1$；（2）$a=b=1$.

2. （1）连续区间为$(-\infty,1)\cup(1,2)\cup(2,+\infty)$；间断点为 $x=1$（可去间断点），$x=2$（无穷间断点）；

（2）连续区间为$(-\infty,-3)\cup(-3,2)\cup(2,+\infty)$；间断点为 $x=-3$ 及 $x=2$（无穷间断点）；

（3）连续区间为$(-\infty,1)\cup(1,+\infty)$；间断点为 $x=1$（跳跃间断点）；

（4）连续区间为$(-\infty,0)\cup(0,+\infty)$；间断点为 $x=0$（跳跃间断点）.

3. 连续区间为$(-\infty,-1)\cup(-1,+\infty)$；间断点为 $x=-1$（跳跃间断点）；图略.

4. 连续区间为$(-\infty,-1)\cup(-1,1)\cup(1,+\infty)$；间断点为 $x=-1$ 及 $x=1$（跳跃间断点）.

5. （1）0；（2）1；（3）1.　6. 略.

7. （1）$x^2-y^2=0$（即 $y=\pm x$）；（2）$xy=0$（即 x 轴与 y 轴）.

复习题一

1. (1)B；(2)D；(3)D；(4)B；(5)C.

2. (1)$y=-\sqrt{1-x^2}$，$[0,1]$；(2)$\dfrac{3}{2}$；(3) -2，3；(4)可去；(5)2.

3. e.　4. $\lim\limits_{x\to-1}y=\infty$，$\lim\limits_{x\to1^+}y=0$，$\lim\limits_{x\to1^-}y=1$，$x=-1$ 为无穷间断点，$x=1$ 为跳跃间断点.

5. $f(x)=\begin{cases}-1, & 0<|x|<1\\ 0, & |x|=1,\\ x^2, & |x|>1\end{cases}$ $x=0$ 为可去间断点，$x=\pm1$ 为跳跃间断点.

6. $a=6$，$b=-7$.　7. 1.　8. 略.

第 二 章

习 题 2.1

1. （1）-1；（2）$\dfrac{1}{5}$.

2. （1）$\dfrac{1}{x\ln3}$；（2）$\dfrac{2}{3}x^{-\frac{1}{3}}$；（3）$-\dfrac{2}{x^3}$；（4）$-\dfrac{3}{2}x^{-\frac{5}{2}}$.

3. $\sqrt{3}x-2y+1-\dfrac{\pi\sqrt{3}}{6}=0$.

4. 切线方程：$x+y-2=0$，法线方程：$x-y=0$.

5. $a=2x_0$，$b=-x_0^2$.

习 题 2.2

1. (1) 4; (2) 2sin1.

2. (1) $4x+\frac{3}{2\sqrt{x}}$; (2) $5x^4-2\sin x-\frac{3}{x}$; (3) $\frac{\sin x+2x\cos x}{2\sqrt{x}}$; (4) $\frac{4}{(x^2+1)^2}$;

(5) $\cos 2x$; (6) $\frac{1}{1+\cos t}$; (7) $-2\cos x(\sin x+1)$; (8) $(1+2x)\cos(x+x^2)$;

(9) $\frac{1}{x\ln x}$; (10) $\frac{x}{|x|\sqrt{1-x^2}}$; (11) $-\frac{2}{4x^2+1}$; (12) $2x-\frac{2}{x^3}$;

(13) $-12x\sin(3x^2+1)$; (14) $\frac{1-x}{x^2+1}$.

3. (1) $-\frac{5\sqrt{3}}{2}$; (2) $-\frac{1}{18}$.

习 题 2.3

1. (1) $\frac{\cos y-2\cos(2x+y)}{x\sin y+\cos(2x+y)}$; (2) $-\frac{y}{e^y+x}$; (3) $\frac{1-y\cos(xy)}{x\cos(xy)}$; (4) $\frac{e^y}{2-y}$.

2. $\sqrt{2}x+6y-9\sqrt{2}=0$.

3. (1) $(1+x^2)^{\tan x}\sec^2 x\ln(1+x^2)+2x\,(1+x^2)^{\tan x-1}\tan x$;

(2) $\frac{1}{2}\sqrt{\frac{(x-1)^2(x-2)}{(x-3)^3(x-4)}}\left(\frac{2}{x-1}+\frac{1}{x-2}-\frac{3}{x-3}-\frac{1}{x-4}\right)(x>4)$.

4. (1) $6-\frac{1}{x^2}$; (2) $-2e^x\sin x$; (3) $2\arctan x+\frac{2x}{1+x^2}$.

习 题 2.4

1. 0.08, 0.0804.

2. (1) $(6x^2-2x)\mathrm{d}x$; (2) $(\cos x-\sin x)\mathrm{d}x$; (3) $x^{-\frac{3}{2}}\left(1-\frac{\ln x}{2}\right)\mathrm{d}x$;

(4) $\frac{(x-1)e^x}{x^2}\mathrm{d}x$; (5) $\frac{x}{x^2-1}\mathrm{d}x$; (6) $-e^{2x}(2x+1)\mathrm{d}x$.

3. (1) $\frac{x^2}{2}+C$; (2) $\sin x+C$; (3) $\ln|x|+C$; (4) $2\sqrt{x}+C$.

4. 11.

习 题 2.5

1. (1) $\frac{\partial z}{\partial x}=y,\frac{\partial z}{\partial y}=x+6y$; (2) $\frac{\partial z}{\partial x}=\frac{\partial z}{\partial y}=\frac{1}{x+y}$;

(3) $\frac{\partial z}{\partial x}=\frac{y^3-x^2y}{(x^2+y^2)^2}$, $\frac{\partial z}{\partial y}=\frac{x^3-xy^2}{(x^2+y^2)^2}$.

2. $\left.\frac{\partial z}{\partial x}\right|_{(1,2)}=7$, $\left.\frac{\partial z}{\partial y}\right|_{(1,2)}=10$.

3. （1） $\frac{\partial^2 z}{\partial x^2}=6x$， $\frac{\partial^2 z}{\partial x\partial y}=\frac{\partial^2 z}{\partial y\partial x}=-12y^3$， $\frac{\partial^2 z}{\partial y^2}=-24xy^2$；

（2） $\frac{\partial^2 z}{\partial x^2}=-4\sin(2x+y)$， $\frac{\partial^2 z}{\partial x\partial y}=\frac{\partial^2 z}{\partial y\partial x}=-2\sin(2x+y)$，

$\frac{\partial^2 z}{\partial y^2}=-\sin(2x+y)$.

4. （1） $\left(y+\frac{1}{y}\right)dx+\left(x-\frac{x}{y^2}\right)dy$；　（2） $\frac{y}{\sqrt{1-x^2y^2}}dx+\frac{x}{\sqrt{1-x^2y^2}}dy$；

（3） $-\frac{x}{y\,(x^2+y^2)^{\frac{3}{2}}}dx+\frac{y}{x\,(x^2+y^2)^{\frac{3}{2}}}dy$.

5. -0.2040402004， -0.2.

6. $\frac{1}{3}dx+\frac{2}{3}dy$.

复习题二

1. （1） ×；（2） √；（3） ×；（4） √；（5） √.
2. （1） A；（2） D；（3） A；（4） B；（5） C.
3. （1） $x-y-1=0$；（2） $2t+2$，2；（3） -1；（4） $\frac{1}{x+1}$；

（5） $f'(\sin\sqrt{x})\frac{\cos\sqrt{x}}{2\sqrt{x}}$.

4. （1） $5(1+\sin 2x)(x+\sin^2 x)^4$；（2） $e^x(x^2+5)$；（3） $-e^{-x}(\sin x+\cos x)$；

（4） $2x\text{arccot}x-1$；（5） $\alpha x^{\alpha-1}+a^x\ln a$；（6） $3x^2\sin\frac{1}{x}-x\cos\frac{1}{x}$；

（7） $\cos x\ln x^2+\frac{2\sin x}{x}$；（8） $\frac{x}{\sqrt{x^2+1}}-\tan x$.

5. （1） $-\frac{1+y\sin(xy)}{x\sin(xy)}$；（2） $\frac{y\cos(xy)-e^x}{e^y-x\cos(xy)}$.

6. （1） 2.5；（2） $x+y-2=0$.

7. （1） $4^x\ln^2 4-\frac{1}{x^2}$；（2） $\frac{1}{x}$；（3） $-\sec^2 x$；（4） $2\sin x+4x\cos x-x^2\sin x$.

8. （1） $(96x^5+80x^4+16x^3-24x^2-8x)dx$；（2） $3(\sin^2 x\cos x-\cos 3x)dx$；

（3） $e^x\left(\arctan x+\frac{1}{1+x^2}\right)dx$；（4） $\frac{x}{\sqrt{1+x^2}}dx$；

（5） $\frac{\sqrt{\ln x}}{2x\ln x}dx$；（6） $5^{\ln\tan x}2\ln 5\csc 2x dx$.

9. （1） $\frac{\partial z}{\partial x}=8x^7e^y,\frac{\partial z}{\partial y}=x^8e^y$；（2） $\frac{\partial\ z}{\partial\ x}=\frac{\partial\ z}{\partial\ y}=\sin(2x+2y)$.

第 三 章

习 题 3.1

1. （1）不满足；（2）满足，3；（3）满足，2.25；（4）满足，$\frac{\sqrt{4\pi-\pi^2}}{\pi}$.

2. $(-\sqrt{3},4+3\sqrt{3})$，$(\sqrt{3},4-3\sqrt{3})$.　3. 略.　4. 略.

5. （1）-2；（2）2；（3）∞；（4）$\frac{3}{2}$；（5）1；（6）0；（7）1；（8）∞.

6. （1）$\frac{1}{2}$；（2）0；（3）$e^{-\frac{2}{\pi}}$.

7. （1）0；（2）2；（3）1；（4）1.

习 题 3.2

1. （1）增区间：$(-1,+\infty)$，减区间：$(-\infty,-1)$；（2）增区间：$(-\infty,-1)$，$(3,+\infty)$，减区间：$(-1,3)$；（3）增区间：$(0,+\infty)$，减区间：$(-1,0)$；（4）增区间：$(-\infty,-2)$，$(2,+\infty)$，减区间：$(-2,0)$，$(0,2)$.

2. （1）极大值：101，极小值：-7；（2）极大值：1，无极小值；（3）极大值：0，极小值：$-\frac{1}{2}$；（4）极大值：$\sqrt{2}$，极小值：$-\sqrt{2}$.

3. $a=10$，$b=-23$.

4. （1）最大值：69，最小值：5；（2）最大值：8，最小值：0.

5. $\theta=\frac{\pi}{3}$.

6. 先沿 AB 掘进$\frac{1550}{3}$m，再沿与 AB 成 $\arccos\frac{5}{13}$角度的方向掘进到 C.

7. 最低平均成本 40 元，相应的销售量为 80 个单位.

8. 最大利润为 660 元，每周泵的销售数量为 33 个.

习 题 3.3

1. （1）凸区间：$(1,+\infty)$，凹区间：$(-\infty,1)$，拐点：$(1,2)$；（2）凸区间：$(-\infty,2)$，凹区间：$(2,+\infty)$，拐点：$(2,3)$；（3）凸区间：$\left(-\infty,\frac{5}{3}\right)$，凹区间：$\left(\frac{5}{3},+\infty\right)$，拐点：$\left(\frac{5}{3},-\frac{250}{27}\right)$；（4）凸区间：$(-\infty,2)$，凹区间：$(2,+\infty)$，拐点：$(2,1)$.

2. （1）铅直渐近线：$x=1$，$x=2$，水平渐近线：$y=0$；
（2）铅直渐近线：$x=2$，水平渐近线：$y=0$.

3. 略.

4. 最小平均成本为 80.

习 题 3.4

1. （1） $-\frac{p}{5}$；（2） -0.6，-1，-1.2.

2. $\frac{3p}{2+3p}$，$\frac{9}{11}$.

3. （1） $\frac{p}{p-24}$；（2） -0.33；（3）减少；（4）12，72.

4. 125，12.5，5；当产量为10个单位时，每多生产1个单位的产品需要增加5个单位成本，因 $12.5>5$，因此应继续提高产量.

5. $-0.1Q+20$，5，-20.

6. （1） $E_{1A}=\frac{2p_A}{2p_A+p_B-20}$，$E_{1B}=\frac{p_B}{2p_A+p_B-20}$，

$E_{2A}=\frac{p_A}{p_A+2p_B-9}$，$E_{2B}=\frac{2p_B}{p_A+2p_B-9}$；

两种商品是互补商品.

（2）$E_{1A}=-2$，$E_{1B}=-1$，$E_{2A}=-1$，$E_{2B}=-2$；两种商品是互补商品.

复 习 题 三

1. （1） $\frac{5}{3}$；（2） $\frac{m}{n}a^{m-n}$；（3） $\frac{4}{3}$；（4） $\frac{1}{3}$；（5） ∞；（6） 1；（7） ∞；（8） 0；

（9） 0；（10） $\frac{1}{2}$.

2. （1） 增区间：$\left(-\infty,\frac{2}{3}\right)$，$(2,+\infty)$，减区间：$\left(\frac{2}{3},2\right)$，极大值：$\frac{32}{27}$，极小值：0；

（2） 增区间：$(0,+\infty)$，减区间：$(-\infty,0)$，极大值：1，无极小值；

（3） 增区间：$(-\infty,0)$，$(1,+\infty)$，减区间：$(0,1)$，极大值：2，极小值：0；

（4） 增区间：$(-2,0)$，$(2,+\infty)$，减区间：$(-\infty,-2)$，$(0,2)$，极大值：16，极小值：0；

（5） 增区间：$\left(0,\frac{\pi}{8}\right)$，$\left(\frac{5\pi}{8},\pi\right)$，减区间：$\left(\frac{\pi}{8},\frac{5\pi}{8}\right)$，极大值：$\sqrt{2}-1$，极小值：$-\sqrt{2}-1$；

（6） 增区间：$(-\infty,0)$，减区间：$(0,+\infty)$，极大值：1，无极小值.

3. （1） 最大值：14，最小值：-13；（2） 最大值：1，最小值：-1.

4. （1） 凸区间：$\left(-\infty,\frac{5}{3}\right)$，凹区间：$\left(\frac{5}{3},+\infty\right)$；

（2） 凸区间：$(-1,1)$，凹区间：$(-\infty,-1)$，$(-1,+\infty)$.

5. 略.

6. $\left(\frac{p}{\sqrt[3]{2}},\sqrt[3]{2}p\right)$.

7. 底面半径和高均为$\sqrt[3]{\dfrac{V}{\pi}}$.

8. 50000.

9. （1）3；（2）$15-12Q+3Q^2$.

第 四 章

习 题 4.1

1. （1）$\dfrac{1}{3}x^3+C$；（2）$\cos 2x$.

2. $y=x^3+1$.

3. （1）$\dfrac{2}{5}x^{\frac{5}{2}}-\ln|x|+C$；（2）$\dfrac{8}{15}x^{\frac{15}{8}}+C$；（3）$\dfrac{1}{3}x^3-2x+5\ln|x|+\dfrac{3}{x}+C$；

   （4）$\dfrac{3^x e^x}{1+\ln 3}+C$；（5）$x-\arctan x+C$；（6）$\arctan x-\dfrac{1}{x}+C$；

   （7）$-\cot x-x+C$；（8）$\dfrac{1}{2}(x+\sin x)+C$；（9）$\sin x-\cos x+C$.

习 题 4.2

1. （1）4；（2）$-\dfrac{1}{2}$；（3）$\dfrac{1}{2}$；（4）2；（5）-1；（6）$-\dfrac{1}{2}$.

2. （1）$\dfrac{1}{12}(3x-4)^4+C$；（2）$-\dfrac{1}{2}e^{-2x}+C$；（3）$e^{\arcsin x}+C$；

   （4）$\dfrac{1}{3}\cos^3 x-\cos x+C$；（5）$-\dfrac{1}{3}\ln|4-3x|+C$；（6）$-\sqrt{1-x^2}+C$；

   （7）$-\tan\dfrac{1}{x}+C$；（8）$-2\cos\sqrt{x}+C$；（9）$-\dfrac{1}{\ln x}+C$；（10）$\dfrac{1}{3}(\arctan x)^3+C$.

3. （1）$\sqrt{2x}-\ln\left|1+\sqrt{2x}\right|+C$；（2）$\dfrac{3}{2}\sqrt[3]{x^2}-3\sqrt[3]{x}+3\ln\left|\sqrt[3]{x}+1\right|+C$；

   （3）$x+2\sqrt{x}+2\ln\left|\sqrt{x}-1\right|+C$；（4）$3\sqrt[3]{x}-6\sqrt[6]{x}+6\ln\left|1+\sqrt[6]{x}\right|+C$；

   （5）$\dfrac{1}{2}(\arcsin x+x\sqrt{1-x^2})+C$.

4. （1）$x\sin x+\cos x+C$；（2）$-e^{-x}(x+1)+C$；（3）$x\arcsin x+\sqrt{1-x^2}+C$；

   （4）$\dfrac{1}{2}x^2\left(\ln x-\dfrac{1}{2}\right)+C$；（5）$\dfrac{1}{2}e^x(\sin x-\cos x)+C$；（6）$2e^{\sqrt{x}}(\sqrt{x}-1)+C$.

习 题 4.3

1. （1）是，1 阶；（2）不是；（3）是，3 阶；（4）是，2 阶；（5）是，1 阶；

   （6）是，2 阶.

2. 略.

3. （1）$y=\ln|x|$；（2）$y=\ln(e^x+C)$；（3）$x^2+y^2=1$；（4）$y=\sin(\arcsin x+C)$.

4. $\frac{dp}{dT}=k\frac{p}{T^2}$.

习　题　4.4

1. （1）$y=\frac{2}{3}+Ce^{-3x}$；（2）$y=e^{x^2}(\sin x+C)$；（3）$y=\frac{1}{2}e^x+Ce^{-x}$；

（4）$y=\frac{1}{x}(\pi-\cos x-1)$.

2. $y=2(e^x-x-1)$.

3. $v=\frac{mg}{k}(1-e^{-\frac{k}{m}t})$.

复习题四

1. （1）C；（2）D；（3）B；（4）D；（5）B；（6）A；（7）C；（8）C.

2. （1）$y=x^3-1$；（2）C；（3）$\frac{1}{2}x^2+C$；（4）$\frac{\sin x}{x^2(1+\sqrt{x})}+C$；

（5）$-F(\cos x)+C$；（6）$x\sin x-\cos x+C$；（7）$y=\cos x+\frac{1}{2}C_1x^2+C_2x+C_3$；

（8）$y=\frac{1}{2}e^x+\frac{3}{2}e^{-x}$.

3. （1）$\frac{3}{2}x^{\frac{2}{3}}-\frac{6}{5}x^{\frac{5}{3}}+\frac{3}{8}x^{\frac{8}{3}}+C$；（2）$-\frac{1}{18}(5-2x)^9+C$；（3）$\cos\frac{1}{x}+C$；

（4）$2\sqrt{e^x+1}+C$；（5）$2(\sqrt{x-1}-\arctan\sqrt{x-1})+C$；

（6）$\frac{1}{3}\ln\left|\frac{\sqrt{9+x^2}-3}{x}\right|+C$；（7）$\frac{1}{3}x^3(\ln x-\frac{1}{3})+C$；

（8）$\frac{1}{4}(2x^2\arcsin x-\arcsin x+x\sqrt{1-x^2})+C$.

4. （1）$y=\ln\frac{Cx^2}{y}$；（2）$y=\tan(x+C)-x$；（3）$x=-\frac{1}{2}y-\frac{1}{4}+Ce^{2y}$；

（4）$y=\frac{x}{2\cos x}+\frac{\sin x}{2}+\frac{C}{\cos x}$.

第　五　章

习　题　5.1

1. (1)$\frac{1}{4}$；(2)10.

2. $A=\int_1^3(x^2+1)dx$.

3. (1)正；(2)负；(3)正；(4) 0.

4. 略.

5. (1) >; (2) <; (3) <; (4) >.

6. (1) $\frac{1}{2} \leqslant \int_0^1 \frac{dx}{1+x^2} \leqslant 1$; (2) $\frac{\pi}{2} \leqslant \int_0^{\frac{\pi}{2}} (1+\cos^4 x)dx \leqslant \pi$.

7. $A = \int_c^d \varphi(y)dy$.

习 题 5.2

1. (1) $\frac{38}{15}$; (2) $7+2\ln 2$; (3) $\frac{2}{5}(1+\ln 2)$; (4) π; (5) $\sqrt{2}-\frac{2\sqrt{3}}{3}$;

(6) $\frac{1}{10}\left(3+\frac{1}{3^6}\right)$; (7) $2(\sqrt{3}-1)$; (8) $\frac{\pi}{2\omega}$.

2. (1) π; (2) 1; (3) $\frac{1}{4}$; (4) $\frac{\pi}{2}-1$; (5) $\frac{1}{4}(e^2-1)$.

3. (1) $1-\frac{1}{2}\sin 2$; (2) 2; (3) $e-\sqrt{e}$; (4) $6-2e$; (5) 0.

习 题 5.3

1. (1) $\frac{1}{3}$; (2) 2; (3) 1; (4) $\frac{1}{2}$; (5) $\frac{2\ln 2}{15}$; (6) $\frac{2\pi}{\sqrt{3}}$.

2. 略.

习 题 5.4

1. (1) $\frac{3}{2}-\ln 2$; (2) $e+\frac{1}{e}-2$; (3) $\frac{1}{3}$; (4) $4\frac{1}{2}$; (5) $\frac{3}{4}(2\sqrt[3]{2}-1)$;

(6) $e-1$.

2. $\frac{9}{4}$.

3. (1) $\frac{32\pi}{3}$; (2) $\frac{512\pi}{15}$; (3) $\frac{4}{3}\pi ab^2$; (4) $\frac{3\pi}{10}$.

4. 略.

5. $\frac{16}{3}R^3$. 6. $\frac{\pi}{16}$.

习 题 5.5

1. $Q=5$t 时利润最大，最大利润为 15 万元.

2. $\frac{400}{3}$. 3. $\frac{1}{2}$.

复习题五

1. (1) C; (2) D; (3) C; (4) B; (5) A; (6) C; (7) C; (8) A; (9) D;

(10) B.

2. (1)0；(2)0，0；(3)$\frac{2\pi}{3}$；(4)$2a$；(5)$\int_0^{x^2} f(t)\mathrm{d}t$.

3. (1)×；(2)×；(3)×；(4)√；(5)×.

4. (1)$\frac{\pi}{4}+\frac{1}{2}$；(2)1；(3)$\frac{1}{2}(1-\ln 2)$；(4)$-2$；(5)$\pi$.

5. $\frac{9}{4}$.

6. $F(t)=\frac{1}{3}at^3+\frac{1}{2}bt^2+ct$.　7. 略.

第六章

习题 6.1

1. (1)14；(2)$2(a^2+b^2)$；(3)61；(4)$2abc$；(5)210.

2. (1)343；(2)ab；(3)-11.

3. 略.　4. $x=-\frac{12}{13}$.

5. (1)$x=1$，$y=2$，$z=-2$；(2)$x_1=\frac{13}{4}$，$x_2=\frac{3}{4}$，$x_3=\frac{1}{4}$，$x_4=\frac{1}{4}$.

6. 2，$2\pm\sqrt{2}$.

习题 6.2

1. (1)×；(2)×；(3)×；(4)×；(5)×；(6)√；(7)×.

2. (1)m，n，行，列；(2)3，-2，-1；(3)对角矩阵；(4)对称，a_{ji}；
(5)至少有一个为0；(6)行数、列数对应相同；(7)每一个元素；
(8)A 的列数与 B 的行数相同；(9)$m\times 5$，$\sum\limits_{k=1}^{n}a_{ik}b_{kj}$；(10)下三角，上三角.

3. (1)$\begin{pmatrix}6&-9&3&9\\6&13&-21&-12\\-15&23&9&-17\end{pmatrix}$；(2)$\begin{pmatrix}-7&5&2&-5\\4&-6&19&36\\12&-14&-27&7\end{pmatrix}$；

(3)$\begin{pmatrix}-4&5&-1&-5\\-2&-7&13&12\\9&-13&-9&9\end{pmatrix}$.

4. (1)$\begin{pmatrix}3&2\\5&6\end{pmatrix}$；(2)$\begin{pmatrix}-1&6\\0&-1\end{pmatrix}$.　5. 略.6. 略

习题 6.3

1. $\begin{pmatrix}\frac{2}{3}&-\frac{1}{3}\\-\frac{1}{3}&\frac{2}{3}\end{pmatrix}$.　2. (1)$\begin{pmatrix}-11&7\\8&-5\end{pmatrix}$；(2)$\begin{pmatrix}2&-1&1\\3&-1&2\\-1&1&-1\end{pmatrix}$.

3. (1) $\begin{bmatrix}18 & -32\\5 & -8\end{bmatrix}$；　(2) $\begin{bmatrix}1 & 2\\3 & 4\end{bmatrix}$.

4. $x_1=1$，$x_2=3$，$x_3=2$.　5. $r_A=2$.

6. (1) $r=2$；　(2) $r=2$.

习　题　6.4

1. (1) $x_1=4$，$x_2=3$，$x_3=2$；(2) 无解；(3) $x_1=2$，$x_2=-1$，$x_3=1$，$x_4=-3$.

2. $\lambda=1$ 或 $\lambda=-2$ 无解；$\lambda\neq1$ 且 $\lambda\neq-2$ 时有唯一解．

3. (1) 唯一解；　(2) 无穷多组解；　(3) 无解．

4. (1) $m=7$ 或 $m=-2$；$m=7$ 时，$x_1=2x_3-2x_2$（x_2, x_3为自由未知量）；

$m=-2$ 时，$x_1=-\frac{1}{2}x_3$，$x_2=-x_3$（x_3为自由未知量）．

(2) $m=0$，$x_1=-x_3$，$x_2=-x_3$（x_3为自由未知量）.

复习题六

1. (1) A；(2) C；(3) B；(4) D.

2. (1) $4abcdef$；(2) $(x-b)(x-a)(x-c)$；(3) 169；(4) 1.

3. 略．　4. (1) $\begin{pmatrix}\frac{1}{2} & 0 & 0 & 0\\0 & 1 & 4 & -\frac{4}{9}\\0 & 0 & -1 & \frac{1}{9}\\0 & 0 & 0 & \frac{1}{9}\end{pmatrix}$；　(2) $\begin{pmatrix}-2 & 0 & 2 & 1\\-4 & 1 & 3 & 2\\-2 & 1 & 2 & 1\\1 & 0 & -1 & 0\end{pmatrix}$.

5. (1) $\lambda\neq0$，±1；　(2) $\lambda=0$；　(3) $\lambda=\pm1$.

6. (1) $x_1=5$，$x_2=-2$，$x_3=1$；

(2) $x_1=-\frac{3}{2}x_3-x_4$，$x_2=\frac{7}{2}x_3-2x_4$（x_3, x_4为自由未知量）.

第　七　章

习　题　7.1

1. 略．　2. 略．

3. $\max z=2x_1+3x_2$

$$\text{s.t.}\begin{cases}2x_1+2x_2\leqslant12\\x_1+2x_2\leqslant8\\4x_1\leqslant20\\4x_2\leqslant12\\x_1,\ x_2\geqslant0\end{cases}$$

习 题 7.2

（1）最优解：$x_1=6$，$x_2=0$，最小值 $z=-6$；

（2）最优解：$x_1=\frac{2}{3}$，$x_2=\frac{8}{3}$，最大值 $z=\frac{14}{3}$；

（3）最优解无限多个，点（1，3）到点（4，0）的线段上的任一点，最大值 $z=8$；

（4）无最优解；　（5）无可行解．

习 题 7.3

（1）最优解：$x_1=0$，$x_2=2$，$\max z=32$；（2）无有限最优解；（3）无有限最优解．

习 题 7.4

1.（1）$\min s'=2y_1+6y_2$

$$\text{s. t.}\begin{cases}2y_1+y_2\geqslant 10\\ y_1+3y_2\geqslant 16\\ y_1,\ y_2\geqslant 0\end{cases}$$

（2）$\max s'=4y_1+6y_2$

$$\text{s. t.}\begin{cases}-2y_1+y_2\geqslant 3\\ 2y_1-y_2\geqslant -1\\ y_1,\ y_2\geqslant 0\end{cases}$$

2. 原问题的最优解为 $x_1=\frac{4}{3}$，$x_2=\frac{1}{3}$，$x_3=0$，最小值 $z=\frac{19}{3}$；

对偶问题的最优解为 $y_1=\frac{5}{3}$，$y_2=\frac{7}{3}$，最大值 $s'=\frac{19}{3}$.

3. 对偶问题的最优解 $y_1=14$，$y_2=24$，其中 $y_1=14$ 表明原问题装配线 A 的可用工时在现有条件下每增加一个工时，最大利润将增加 14 元，因而工厂的决策者若发现市场上装配线 A 的出租价格低于影子价格 14 元/工时，工厂可以把一部分资金用来租进装配线的装配工时，扩大生产，使利润增加；反过来，若市场上装配线 A 的出租价格高于影子价格 14 元/工时，工厂可以把一部分装配线 A 的装配工时租出，缩小生产量，此时，生产利润虽然会减少，但加上出租的收入，总的收入还是会比原来的有所增加．对于装配线 B 的影子价格 $y_2=24$可作类似分析．

复习题七

1. 略．　2. 略．

3.（1）$\max z=10x_1+16x_2$

$$\text{s. t.}\begin{cases}2x_1+x_2+x_3=2\\ x_1+3x_2+x_4=6\\ x_1,\ x_2,\ x_3,\ x_4\geqslant 0\end{cases}$$

（2）$\min z=-3x_1+x_2$

$$\text{s. t.}\begin{cases}-2x_1+2x_2+x_3=4\\ x_1-x_2+x_4=6\\ x_1,\ x_2,\ x_3,\ x_4\geqslant 0\end{cases}$$

4.（1）最优解 $x_1=0$，$x_2=2$，最大值 $z=32$；

（2）最优解 $x_1=0$，$x_2=2$，最小值 $z=2$.

5. 原问题最优解 $x_1=0$，$x_2=0$，$x_3=9$，最大值 $z=18$；

对偶问题最优解 $y_1=0$，$y_2=0$，$y_3=2$，最小值 $s'=18$.

第八章

习题 8.1

1. $\Omega=\{$正正,正反,反正,反反$\}$；$A=\{$正正,正反$\}$；
   $B=\{$正正,反反$\}$；$C=\{$正反,反正,正正$\}$.
2. $A+B=\Omega$；$AB=\varnothing$.
3. （1）$A+B=B$；（2）$AB=A$；（3）$\overline{A}=\{x\mid x<0$ 或 $x\geqslant 2\}$；（4）$A\overline{B}=\varnothing$.
4. $\dfrac{2}{3}$.　5. （1）$\dfrac{C_3^2}{C_5^2}=\dfrac{3}{10}$；（2）$\dfrac{C_2^2}{C_5^2}=\dfrac{1}{10}$；（3）$\dfrac{C_3^1C_2^1}{C_5^2}=\dfrac{3}{5}$.

习题 8.2

1. $\dfrac{6}{7}$. 2. （1）0.56；（2）0.94；（3）0.38.　3. 0.902.
4. （1）0.10034；（2）0.0038.
5. （1）$C_4^1\left(\dfrac{1}{6}\right)\left(\dfrac{5}{6}\right)^3$；（2）$1-C_4^0\left(\dfrac{1}{6}\right)^0\left(\dfrac{5}{6}\right)^4$.

习题 8.3

1. （1）不能；（2）能．　2. $\dfrac{1}{6}$，$\dfrac{1}{2}$，$\dfrac{1}{2}$，$\dfrac{5}{6}$.
3. 有放回：$P\{X=k\}=C_3^k\left(\dfrac{2}{5}\right)^k\left(\dfrac{3}{5}\right)^{3-k}$ $(k=0，1，2，3)$；无放回：$P\{X=k\}=\dfrac{C_2^kC_3^{2-k}}{C_5^3}$ $(k=0，1，2)$.
4. (1) $\lambda=\ln 2$；(2) $P\{X>1\}=1-\dfrac{1}{2}-\dfrac{1}{2}\ln 2$.
5. (1) $A=2$；(2) $\dfrac{15}{16}$. 6. (1) $f(x)=\begin{cases}\dfrac{1}{10}, & 0\leqslant x\leqslant 10\\ 0, & \text{其他}\end{cases}$；(2) $\dfrac{1}{2}$.
7. (1) $f(x)=\begin{cases}0.001e^{-0.001x}, & x>0\\ 0, & x\leqslant 0\end{cases}$；(2) $1-e^{-1}$.

习题 8.4

1. 11，33.　2. 35 分．3. $\dfrac{2}{3}$，$\dfrac{1}{18}$，$\dfrac{13}{3}$，$\dfrac{1}{2}$.

习题 8.5

1. （1），(4)是统计量.　2. $\overline{X}=8.6$，$S^2=1.445$.
3. （1）7.564；(2)2.733；(3) 39.364；(4) 60.275.

4. (1)1.3406;(2) 2.4786;(3) −1.3025;(4) −1.8331.

习 题 8.6

1. $\hat{\mu}=58$, $\hat{\sigma}_2=47.7$. 2. $\hat{\lambda}=\bar{x}$. 3. 证略;$\hat{\mu}_2$ 较有效. 4. (480,520).
5. 2116, 1784. 6. (1) (2.121,2.129);(2) (2.117,2.138). 7. (2.690,2.720).
8. (1485.7,71514.3), (189.25,1333.3).

习 题 8.7

1. 正确. 2. 不可以. 3. 不能.

习 题 8.8

1. $\hat{y}=1.819+0.1065t$,线性相关性显著.
2. $\hat{y}=4.8175+0.3286t$,线性相关性显著.
3. $\hat{y}=67.51+0.87x$.

复习题八

1. (1) ~ (3)略;(4)0.128,0.572,0.872,0.428; (5)0.97;
(6)0.99328; (7)7,1; (8) 代表性,独立性; (9)无偏性,有效性;
(10)$\bar{x}=\frac{1}{n}\sum_{i=1}^{n}x_i, S^2=\frac{1}{n-1}\sum_{i=1}^{n}(x_i-\bar{x})^2$; (11) $\frac{1}{2}$;
(12) $\left(\bar{X}-\frac{u_{\alpha/2}\sigma}{\sqrt{n}},\bar{X}+\frac{u_{\alpha/2}\sigma}{\sqrt{n}}\right),\left(\bar{X}-\frac{t_{\alpha/2}S}{\sqrt{n}},\bar{X}+\frac{t_{\alpha/2}S}{\sqrt{n}}\right)$; (13) 去真,取伪;
(14) $\frac{L_{xy}}{L_{xx}},\bar{y}-\hat{b}\bar{x}$.
2. (1)D; (2)C; (3)A; (4)B; (5)C.
3. (1)

X	3	4	5	6	7
P	$\frac{1}{20}$	$\frac{3}{10}$	$\frac{3}{10}$	$\frac{3}{10}$	$\frac{1}{20}$

(2)$E(X)=5$, $D(X)=1$.
4. (1) $A=3$;(2) 0.342;
(3) $F(x)=\begin{cases}0, & x<0\\ x^3, & 0\leqslant x<1\\ 1, & x\geqslant 1\end{cases}$;(4)$E(x)=0.5$, $D(x)=\frac{3}{20}$.
5. (3047,3305), (62838,194749). 6. (1)$S^2=0.13$;(2) (0.0385,1.667).
7. 是. 8. $\hat{s}=-7.69+6.17p$,线性相关性显著.

参考文献

[1] 黎诣远. 经济数学基础[M]. 2版. 北京：高等教育出版社，2002.

[2] 侯风波. 经济数学[M]. 沈阳：辽宁大学出版社，2006.

[3] 马智杰. 高等数学达标教程[M]. 北京：中国电力出版社，2006.

[4] 郝军，张拓. 高等数学：文科[M]. 2版. 西安：西北大学出版社，2003.

[5] 梁炼. 数学建模[M]. 广州：华南理工大学出版社，2003.

[6] 毛京中. 高等数学竞赛与提高[M]. 2版. 北京：北京理工大学出版社，2004.

[7] 黄英娴. 应用数学基础[M]. 南京：东南大学出版社，1995.

[8] 李瑞. 高等数学分层教学教程[M]. 西安：西北工业大学出版社，2004.